中国职业技术教育学会科研规划课题优秀成果
高职高专汽车专业教学模式创新系列教材

汽车使用与维护

主　编　夏长明
参　编　郭艳红　陈华昌

机械工业出版社

本书以与汽车安全使用密不可分的仪表板图标识别及操纵部件认识为切入点，系统地介绍了汽车发动机、底盘、电气设备、车身四大部分的使用与维护，同时介绍了汽车在特殊与应急情况下的使用与维护要点。

本书内容紧扣汽车使用与维护实际工作，更加符合汽车维护等相关岗位技术要求，有针对性地将汽车维护的清洁、检查、紧固、调整、润滑和补给等作业融入汽车的各系统、总成的使用当中，并按需选择作业项目和深度，使整书内容更加系统、完整、连续、简明、实际。

本书以"案例导入，任务驱动，项目导向"的形式编排，充分体现了"校企合作，工学结合"的现代职业教育特色。书中采用了大量直观及真实的图片，并设置了相关的实训项目，有利于实施理实一体化教学，有较强的针对性和实用性。

本书主要作为高职高专汽车类专业教材，也可供汽车后市场从业人员、汽车驾驶人员以及汽车运行管理人员学习参考。

图书在版编目(CIP)数据

汽车使用与维护/夏长明主编． —北京：机械工业出版社，2014.5（2024.1重印）

中国职业技术教育学会科研规划课题优秀成果　高职高专汽车专业教学模式创新系列教材

ISBN 978-7-111-46438-9

Ⅰ.①汽… Ⅱ.①夏… Ⅲ.①汽车-使用方法-高等职业教育-教材②汽车-车辆修理-高等职业教育-教材 Ⅳ.①U472

中国版本图书馆 CIP 数据核字(2014)第 074892 号

机械工业出版社(北京市百万庄大街22号　邮政编码100037)
策划编辑：赵海青　责任编辑：赵海青　版式设计：赵颖喆
责任校对：张　征　封面设计：马精明　责任印制：邓　博
北京盛通数码印刷有限公司印刷
2024年1月第1版第7次印刷
184mm×260mm・19.5印张・480千字
标准书号：ISBN 978-7-111-46438-9
定价：49.80元

电话服务　　　　　　　　网络服务
客服电话：010-88361066　机　工　官　网：www.cmpbook.com
　　　　　010-88379833　机　工　官　博：weibo.com/cmp1952
　　　　　010-68326294　金　书　网：www.golden-book.com
封底无防伪标均为盗版　机工教育服务网：www.cmpedu.com

前 言

近几年，我国汽车产销量均位居世界第一，汽车保有量不断攀升。2012年第一季度，我国私人汽车拥有量已经突破8650万辆，我国百户家庭汽车拥有量已达到20辆，我国已全面进入汽车社会。

随着我国汽车保有量的不断攀升，交通安全形势日益严峻；油价居高不下，环保要求日趋严格；拥有汽车不难，使用维护不易。"维护是为了更好地使用车辆，正确使用车辆是节能减排、安全行车的基础。"这种观念正在形成。乘用车报废制度的改革，使"七分维护、三分修理"向八分、九分维护方向发展，以养代修、合理使用、深度维护等理念正深入人心。为此，无论是汽车驾驶人员，还是汽车类职业院校都在日益重视汽车安全使用与维护方面知识与技能的培养，尤其是汽车类职业院校正在全面开设"汽车使用与维护"课程。

本书以与汽车安全使用密不可分的仪表板图标识别及操纵部件认识为切入点，系统地介绍了汽车发动机、底盘、电气设备、车身四大部分的使用与维护，同时介绍了汽车在特殊与应急情况下的使用与维护要点。书中内容紧扣汽车使用与维护实际工作，更加符合汽车维护等相关岗位技术要求。书中将车身内外清洁维护产品，燃滑料、冷却液、轮胎等运行材料，蓄电池、火花塞等常用零配件的选用编入到汽车相关系统、总成的清洁、润滑、补给、更换等作业中，与实际汽车维护作业契合度更高，将汽车的使用与维护紧紧联系在一起编写，符合使用离不开维护，而维护又往往是在使用中进行的客观实际。

本书以"案例导入，任务驱动，项目导向"的形式编排，充分体现了"校企合作，工学结合"的现代职业教育特色。书中采用大量直观及真实的图片，并设置了相关的实训项目，使本书内容编排更加合理、系统、详实，有较强的针对性和实用性，有利于实施理实一体化教学。

本书主要作为高职高专汽车类专业教材，也可供汽车后市场从业人员、汽车驾驶人员以及汽车运行管理人员学习参考。

本书由夏长明主编，郭艳红、陈华昌参加编写。由于编者水平所限，书中难免有纰漏甚至错误之处，敬请广大读者给予批评指正！

编 者

目　录

前言
项目1　汽车技术信息解读、仪表板图标识别及操纵部件认识 …… 1
任务1.1　解读汽车技术信息 …… 2
1.1.1　车辆识别码(VIN) …… 2
1.1.2　灯泡规格识别 …… 4
1.1.3　车辆技术参数解读 …… 5
任务1.2　识别汽车仪表板及图标 …… 7
1.2.1　汽车各仪表的安装位置 …… 7
1.2.2　汽车各仪表的作用与结构类型 …… 9
1.2.3　汽车仪表板图标的识别 …… 10
任务1.3　认识汽车操纵部件 …… 12
1.3.1　汽车各操纵部件的安装位置 …… 12
1.3.2　汽车各操纵部件的作用与结构组成 …… 13
1.3.3　汽车各操纵部件的操作实训 …… 18
项目小结 …… 21
思考与实训 …… 21

项目2　汽车发动机的使用与维护 …… 23
任务2.1　发动机燃料供给系统的使用与维护 …… 24
2.1.1　燃油牌号的认识及其选用 …… 24
2.1.2　加速踏板的使用操作 …… 26
2.1.3　发动机燃料供给系统常见故障 …… 29
2.1.4　发动机燃料供给系统维护实训 …… 37
任务2.2　发动机润滑系统的使用与维护 …… 54
2.2.1　机油牌号的认识及其选用 …… 55
2.2.2　发动机润滑系统常见故障 …… 59
2.2.3　发动机润滑系统维护实训 …… 59
任务2.3　发动机冷却系统的使用与维护 …… 65
2.3.1　冷却液的品牌认识及其选用 …… 65
2.3.2　发动机冷却系统常见故障 …… 67
2.3.3　发动机冷却系统维护实训 …… 68
项目小结 …… 72
思考与实训 …… 74

项目3　汽车底盘的使用与维护 …… 76
任务3.1　汽车传动系统的使用与维护 …… 77
3.1.1　手动变速器齿轮油的牌号认识及其选用 …… 77
3.1.2　离合器踏板的使用操作 …… 81
3.1.3　手动变速器常见故障 …… 83
3.1.4　自动变速器液力传动油的牌号及选用 …… 84
3.1.5　变速器的使用操作 …… 86
3.1.6　自动变速器常见故障 …… 90
3.1.7　汽车传动系统维护实训 …… 94
任务3.2　汽车行驶系统的使用与维护 …… 99
3.2.1　轮胎的类型、规格、品牌认识及其选用 …… 99
3.2.2　汽车行驶系统常见故障 …… 108
3.2.3　汽车行驶系统维护实训 …… 110
任务3.3　汽车转向系统的使用与维护 …… 123
3.3.1　动力转向液品牌认识及其选用 …… 124
3.3.2　转向盘的正确使用 …… 125
3.3.3　汽车转向系统常见故障 …… 127
3.3.4　汽车转向系统维护实训 …… 129
任务3.4　汽车制动系统的使用与维护 …… 135
3.4.1　制动器/离合器油液的品牌、规格认识及其选用 …… 135
3.4.2　制动踏板的使用操作 …… 137
3.4.3　驻车制动操纵杆的使用操作 …… 138
3.4.4　汽车制动系统常见故障 …… 139
3.4.5　汽车制动系统维护实训 …… 144
项目小结 …… 152
思考与实训 …… 154

项目 4　汽车电气设备的使用与维护 … 156

任务 4.1　汽车电源系统的使用与维护 … 157
4.1.1　蓄电池的品牌、规格、型号认识及其选用 … 157
4.1.2　蓄电池电解液的品牌、规格认识及其选用 … 163
4.1.3　蓄电池的合理使用 … 164
4.1.4　汽车电源系统常见故障 … 165
4.1.5　汽车电源系统维护实训 … 170

任务 4.2　汽车起动系统的使用与维护 … 177
4.2.1　起动机的正确使用 … 178
4.2.2　起动系统常见故障 … 179
4.2.3　汽车起动系统维护实训 … 180

任务 4.3　汽车点火系统的使用与维护 … 182
4.3.1　火花塞的类型、规格、品牌认识及其选用 … 182
4.3.2　火花塞的正确使用 … 186
4.3.3　点火系统常见故障 … 187
4.3.4　汽车点火系统维护实训 … 190

任务 4.4　汽车照明系统的使用与维护 … 193
4.4.1　汽车灯光的正确使用 … 194
4.4.2　汽车照明系统常见故障诊断与排除 … 198
4.4.3　汽车照明系统维护实训 … 200

项目小结 … 203
思考与实训 … 204

项目 5　汽车车身的使用与维护 … 206

任务 5.1　汽车车门的使用与维护 … 207
5.1.1　车门铰链润滑剂及车窗玻璃密封剂品牌认识及其选用 … 208
5.1.2　汽车车门的正确使用 … 209
5.1.3　汽车车门常见故障诊断与排除 … 210
5.1.4　汽车门窗维护实训 … 214

任务 5.2　汽车座椅及安全带的使用与维护 … 215
5.2.1　皮革保护剂的品牌认识及其选用 … 215
5.2.2　汽车座椅及安全带的正确使用 … 215

5.2.3　汽车电动座椅常见故障诊断与排除 … 219
5.2.4　汽车座椅维护实训 … 219

任务 5.3　汽车刮水系统的使用与维护 … 220
5.3.1　门窗及风窗玻璃洗涤液品牌认识及其选用 … 221
5.3.2　汽车刮水器的正确使用 … 222
5.3.3　汽车刮水器常见故障诊断与排除 … 223
5.3.4　汽车刮水系统维护实训 … 225

任务 5.4　汽车空调系统的使用与维护 … 227
5.4.1　汽车制冷剂品牌认识及其选用 … 228
5.4.2　汽车空调系统的合理使用 … 229
5.4.3　汽车空调常见故障诊断与排除 … 231
5.4.4　汽车空调系统维护实训 … 233

任务 5.5　汽车内饰的维护 … 239
5.5.1　车内清洁剂品牌认识及其选用 … 239
5.5.2　汽车座椅衬套的合理选用 … 242
5.5.3　汽车内饰常见损伤与修复 … 243
5.5.4　汽车内饰维护实训 … 245

任务 5.6　汽车车身外表的维护 … 251
5.6.1　车身外表清洁、护理剂品牌认识及其选用 … 252
5.6.2　车外漆面养护用品的合理选用 … 256
5.6.3　汽车车身常见故障诊断与排除 … 260
5.6.4　汽车车身外表维护实训 … 262

项目小结 … 264
思考与实训 … 266

项目 6　汽车特殊情况下的使用与维护 … 269

任务 6.1　汽车走合期内的使用与维护 … 270
6.1.1　汽车走合期间的车况特点 … 270
6.1.2　汽车走合前的使用要求与维护要点 … 270
6.1.3　汽车走合中的使用要求与

　　　　　　维护要点 …………………… 271
　6.1.4 汽车走合后的使用要求与
　　　　　　维护要点 …………………… 272
任务 6.2 汽车高温条件下的使用与
　　　　　　维护 ………………………… 273
　6.2.1 汽车高温下的车况特点 ……… 273
　6.2.2 汽车高温下的使用要求与
　　　　　　维护要点 …………………… 274
任务 6.3 汽车严寒条件下的使用与
　　　　　　维护 ………………………… 276
　6.3.1 汽车严寒下的车况特点 ……… 276
　6.3.2 汽车严寒下的使用要求与维护
　　　　　　要点 ………………………… 277
任务 6.4 汽车高原条件下的使用与
　　　　　　维护 ………………………… 278
　6.4.1 汽车高原下的车况特点 ……… 278
　6.4.2 汽车高原下的使用要求与维护
　　　　　　要点 ………………………… 280
任务 6.5 汽车冰雪天气下的使用与
　　　　　　维护 ………………………… 282
　6.5.1 汽车冰雪天气下的车况特点 … 282
　6.5.2 汽车冰雪天气下的使用要求与
　　　　　　维护要点 …………………… 283
项目小结 …………………………………… 286
思考与实训 ………………………………… 286

项目 7　汽车应急情况下的使用与
　　　　　维护 ………………………… 288
任务 7.1 汽车燃料系统的应急使用与
　　　　　　维护 ………………………… 289
　7.1.1 燃油管路破裂的应急使用与

　　　　　　维护 ………………………… 289
　7.1.2 油压调节器失效的应急使用与
　　　　　　维护 ………………………… 290
　7.1.3 喷油器堵塞或卡死的应急使用与
　　　　　　维护 ………………………… 291
任务 7.2 汽车冷却系统的应急使用与
　　　　　　维护 ………………………… 293
　7.2.1 散热系统破漏的应急使用与
　　　　　　维护 ………………………… 293
　7.2.2 风扇传动带折断的应急使用与
　　　　　　维护 ………………………… 294
任务 7.3 汽车电气系统的应急使用与
　　　　　　维护 ………………………… 295
　7.3.1 蓄电池损坏的应急使用与
　　　　　　维护 ………………………… 295
　7.3.2 发电机不发电的应急使用与
　　　　　　维护 ………………………… 297
　7.3.3 点火线圈损坏的应急使用与
　　　　　　维护 ………………………… 299
任务 7.4 汽车行驶系统及制动系统的应急
　　　　　　使用与维护 ………………… 300
　7.4.1 汽车钢板弹簧折断的应急使用与
　　　　　　维护 ………………………… 300
　7.4.2 汽车制动主缸缺少制动液的应急
　　　　　　使用与维护 ………………… 301
　7.4.3 汽车制动轮缸漏油或轮缸油管破
　　　　　　裂的应急使用与维护 ……… 302
项目小结 …………………………………… 303
思考与实训 ………………………………… 304

参考文献 ………………………………… 306

项目 1 | 汽车技术信息解读、仪表板图标识别及操纵部件认识

> **教学目标与要求**
> - 学会解读汽车技术信息的含义及其作用。
> - 熟悉汽车仪表的组成及其相应图标的识别方法。
> - 学会识别汽车主要操纵部件及其一般安装位置。

> **教学重点**
> - 汽车仪表板图标识别及其含义理解。
> - 主要操纵部件的名称及安装位置。

> **教学难点**
> - 汽车仪表板各图标的识别及区分。

任务1.1 解读汽车技术信息

1.1.1 车辆识别码(VIN)

> ● 许小姐于2008年8月购买了一辆桑塔纳2000Gsi轿车。两年后,与买主张先生一同驾车到当地车辆管理机关为车辆办理转让过户手续。因当时等待办理此项业务的顾客很多,工作人员暂时抽不出手来,请求许、张二人能否代劳帮助他们拓印一下发动机及车架号码时,许、张二人一下子变得不知所措,不知道到何处找这些号码,也不知道如何拓印。

1. 车辆识别码的作用

车辆识别码(VIN,Vehicle Identification Number),俗称17位编码。这些代码经过排列组合,可以使车辆的生产在30年之内不会发生重号现象,它具有对车辆的唯一识别性,可将其称为"汽车身份证"。当我们为车辆办理有关上牌、过户、保险理赔、被盗抢报警等业务时,必须向有关部门或机关提供车辆识别码,否则,所有相关业务均无法受理。另外,在车辆维修中如果更换零配件,必须依据该车的车辆识别码来查询原厂为该车匹配的零配件,从而保证维修质量。

⚠️提示:快速发现车辆识别码在车辆上的位置并有效拓印车辆识别码是汽车销售人员、安全环保检测人员、事故车辆现场查勘人员以及汽车保险理赔人员应必须具备的专业技能之一。

2. 车辆识别码所在位置

如图1-1、图1-2所示,除挂车和摩托车外,VIN应设置于不影响视线并且能够防止磨损

图1-1 车辆识别码的一般安装位置

或不被人轻易替换的部位。目前我国所生产汽车的 VIN 一般设置于下列位置：

① 仪表板与前风窗玻璃左下角的交界处(图1-1)。
② 发动机前横梁上(图1-2a)。
③ 左前门边或立柱上(图1-1、图1-2b)。
④ 驾驶人左腿前方。
⑤ 前排左座椅下部。

3. 车辆识别码的构成及其含义

车辆识别码由17位编码构成，其中一般含有车辆的制造厂家、生产年代、车型、车身形式、发动机以及其他装备等信息。下面为我国生产及部分引进车型车辆识别码的构成(图1-3)及含义解读。

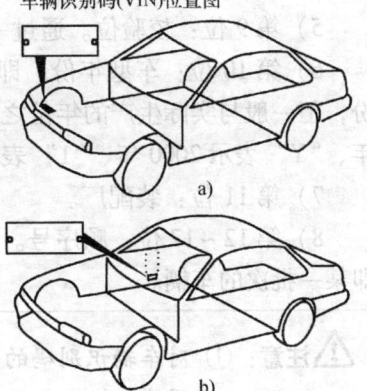

图1-2 VIN的一般设置位置

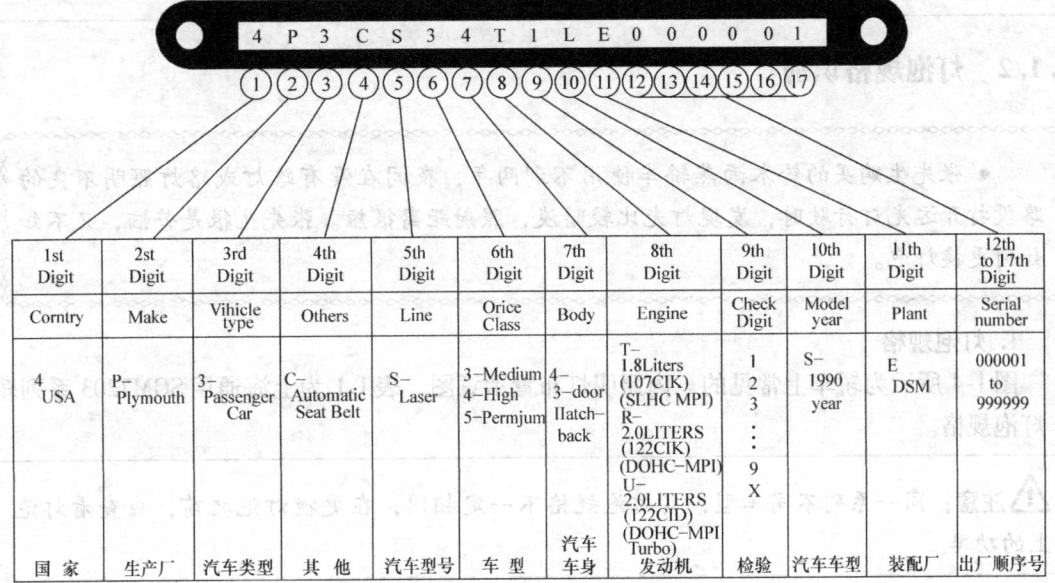

图1-3 车辆识别码的构成

1) 第1位：生产国家代码。例如，"1"代表美国、"L"代表中国、"W"代表德国、"J"代表日本、"K"代表韩国等。

2) 第2位：汽车制造商代码。例如，"B"代表宝马、"F"代表福特、"A"代表奥迪、"V"代表沃尔沃、"G"代表所有属于通用汽车的品牌：Buick、Cadillac、Chevrolet、Oldsmobile、Pontiac、Saturn等。

3) 第3位：汽车类型代码(不同的厂商有不同的解释)。有些厂商可能使用前3位组合代码表示特定的品牌。例如奥迪公司使用"TRU/WAU"、宝马公司使用"4US/WBA/WBS"、马自达使用"1YV/JM1"、沃尔沃使用"YV1"等。

4) 4~8位(VDS)：车辆特征。对于轿车，表示种类、系列、车身类型、发动机类型及约束系统类型；对于MPV，表示种类、系列、车身类型、发动机类型及车辆额定总质量；对于载货汽车，表示型号或种类、系列、底盘、驾驶室类型、发动机类型、制动系统及车辆额定总质量;对于客车,表示型号或种类、系列、车身类型、发动机类型及制动系统。

5)第9位:校验位。通过一定的算法防止输入错误。

6)第10位:车型年份。即厂家规定的型号年(Model Year),不一定是实际生产的年份,但一般与实际生产的年份之差不超过1年。例如,"B"表示1981年、"C"表示1982年、"Y"表示2000年、"1"表示2001年,依次类推。

7)第11位:装配厂。

8)第12~17位:顺序号。一般情况下,汽车召回都是针对某一顺序号范围内的车辆,即某一批次的车辆。

⚠注意:① 对车辆识别码的一般性解释,在某些国家和地区,可能还会有一些特殊的用法。
② 车辆识别码中不会包含I、O、Q三个英文字母。图1-1所示为常见的位于仪表板与前风窗玻璃左下角交界处的VIN的构成。

1.1.2 灯泡规格识别

● 张先生购买的铃木雨燕轿车使用不到两年,夜间在没有路灯或路灯照明不良的路段打开远光灯行驶时,发现灯光比较暗淡,照射距离很短。张先生很是苦恼,又不知如何更换灯泡。

1. 灯泡规格

图1-4所示为轿车上常见的车内照明灯布置示意图,表1-1为上海通用SGM7203系列轿车灯泡规格。

⚠注意:同一系列不同车型,其灯泡规格不一定相同,在更换灯泡之前,应查看灯泡上的功率。

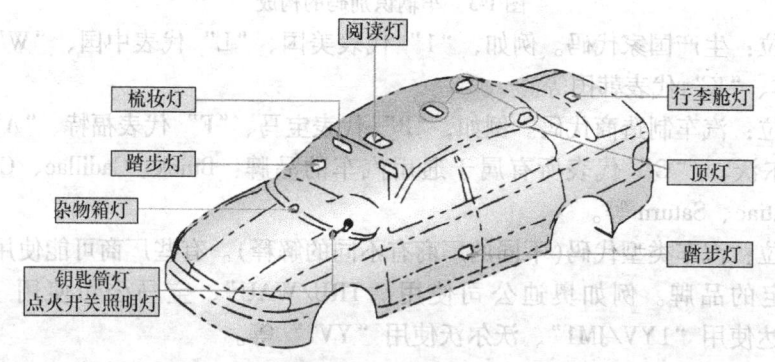

图1-4 常见车内照明灯的布置

表1-1　上海通用SGM7203系列轿车灯泡规格

	灯泡		功率/W×灯数	备注
前	1	近光前照灯	55×2	卤素灯泡
	2	远光前照灯	55×2	卤素灯泡
	3	驻车灯	5×2	
	4	指示灯	21×2	
	5	雾灯	55×2	卤素灯泡
	6	车外后视镜 复示镜	2.56×14	
后	7	指示灯	21×2	琥珀色
	8	制动灯/尾灯	21/5×2	
	9	倒车灯	16×2	
	10	雾灯	21×2	
	11	中间高位制动灯	5×2	
	12	牌照灯	5×2	
车内灯		顶灯	10×1	
		阅读灯	8×2	
		前门驻车灯	5×2	
		行李舱灯	10×1	
		杂物箱灯	5×1	
		梳妆灯（如装备）	5×2	

2. 灯泡更换

不同车型的灯泡规格均列于车辆随车用户手册中，更换时，应查看手册，不能随意更换。若灯泡功率选择过大，则灯光暗淡，照度不够；若灯泡功率选择过小，则易烧坏灯泡，均会影响行车安全。

1.1.3　车辆技术参数解读

● 李先生驾驶一辆朋友购买的2009款一汽大众迈腾轿车回乡下看望父母，途中发现燃油量表指针已接近E位，正好看见道路前方有一加油站，赶忙将汽车开进加油站，停靠在油枪前。当工作人员询问其加多少号汽油时，李先生在得知有93号和97号汽油且93号汽油比较便宜时，立刻答到：就加93号的吧。结果汽车开出加油站不久，就发现汽车加速不良，而且发动机还伴有"突突"的不正常响声，李先生一下子变得不知所措，连连抱怨加油站无良心。

⚠提示：汽油的牌号是根据发动机压缩比的高低来选择的，在随车用户手册以及加油口盖上都有注明。一般情况下，发动机压缩比越高，所选用汽油的牌号就越高，反之就越低。低压缩比的发动机可选用高牌号的汽油,但不经济,而且易使发动机燃烧点滞后,从而导致发动机过热。但高压缩比的发动机,绝不能采用低牌号的汽油,否则发动机立刻产生爆燃,使发动机动力下降、油耗增加、排放加剧。

1. 车辆技术参数

一般轿车的技术参数主要包括:整车主要尺寸参数、整车质量参数、主要液体参数、发动机主要参数和性能指标、前后轮定位参数、轮胎规格和充气压力等。这里以上海通用雪佛兰景程轿车(SGM7203)为例进行介绍,见表1-2~表1-7。其他车型详见随车用户使用手册。

表1-2 整车主要尺寸参数

项 目	单 位	参 数 值	
		SGM7203MT	SGM7203AT
总长	mm	4820	
总宽	mm	1807	
总高(空载)	mm	1450	
轴距	mm	2700	
前轮距	mm	1550	
后轮距	mm	1535	

表1-3 整车质量参数

项 目	单 位	参 数 值	
		SGM7203MT	SGM7203AT
乘坐人数	人	5	
整备质量	kg	1495	1509
满载质量	kg	1870	1884

表1-4 主要液体参数

名 称	牌 号	容量/L
无铅汽油	RON93 或以上	65
发动机冷却液	DEX-COOL	7.5
自动变速器油	DEXRON Ⅲ (TEXACO ETL-7045E)	6.9
手动变速器油	API 等级 GL-4(SAE 75W/85)	1.8

表1-5 发动机主要参数和性能指标

项 目	单 位	参 数 值
总排量	L	1.998
压缩比	—	9.6
最大功率/转速	kW/r·min^{-1}	95/5400
最大转矩/转速	N·m/r·min^{-1}	185/4000

项目1 汽车技术信息解读、仪表板图标识别及操纵部件认识

表1-6 前后轮定位参数

项 目		设计状态①	在线状态②
前轮	外倾角	-0.5 ± 0.5	-0.34 ± 0.5
	主销后倾角	3.0 ± 0.5	2.9 ± 0.5
	前束角(单边)	-0.1 ± 0.08	
后轮	外倾角	-1.5 ± 0.5	-1.34 ± 0.5
	前束角(单边)	0.15 ± 0.08	0.13 ± 0.08

① 设计状态是加载二人和燃油箱注入半箱燃油的状态。
② 在线状态是指不载人,燃油箱注入10L燃油的状态。

表1-7 轮胎规格和充气压力

轮胎规格	车轮尺寸/in	轮胎充气压力(冷态)/kPa	
		前	后
205/55R16	$6.0J \times 16$	220	220
205/65R15	$6.0J \times 15$	220	220

2. 车辆技术参数的作用

车辆技术参数对车辆的使用维修具有重要的指导作用,它是车辆正确选择使用燃油和润滑材料、冷却液以及轮胎等运行补给材料的重要依据,也是对车辆进行检测调整的技术标准。若车辆使用者和维修单位不按车辆技术参数对车辆进行正确的使用维修,则会导致车辆性能降低、寿命缩短、甚至会发生严重的交通事故。如轮胎充气压力过高,很容易引起爆胎,从而导致交通事故。

任务1.2 识别汽车仪表板及图标

1.2.1 汽车各仪表的安装位置

> ● 某高校财务主管何小姐,有一天上早班时找到笔者,述说她的爱车马自达6在来单位的途中,感觉行驶无力,而且闻到车内有股焦糊味,请求笔者到单位停车场帮助看看是怎么回事。结果笔者发现,何小姐一路上驻车制动手柄没松到底,驻车制动灯一直亮着却浑然不知。

1. 汽车仪表的作用

汽车仪表的作用是在汽车的使用、运行过程中,能够随时向驾驶维修人员提供车辆各总成、各系统的动态技术指标,以便驾驶维修人员随时了解各系统的工作性能、技术状况和运行参数,保证汽车安全可靠的行驶。

2. 汽车仪表的布置

现代汽车的仪表总成大体上由指针式仪表和指示灯、信号灯、警告灯式仪表组成。具体

由发动机转速表、车速里程表、燃油量表、冷却液温度表、机油压力表、充电指示灯、驻车制动灯以及档位指示灯等组成。图1-5所示为广州本田雅阁轿车组合式仪表的总体布置,图1-6~图1-8所示为广州本田雅阁轿车各仪表和指示灯的名称及安装位置。

图1-5 广州本田雅阁轿车组合式仪表总体布置

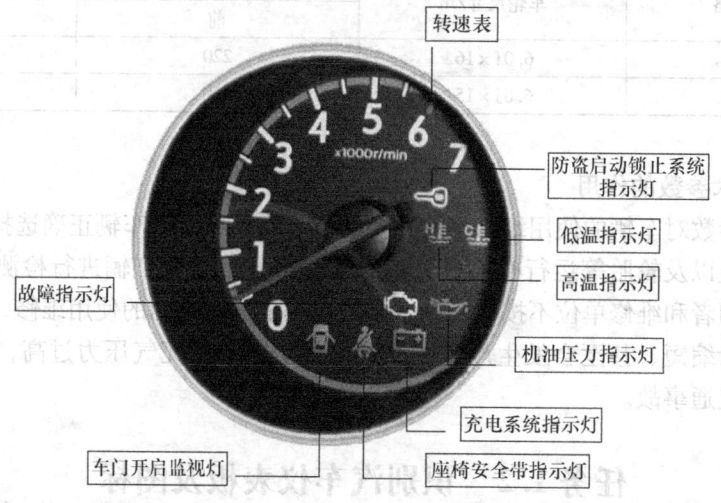

图1-6 广州本田雅阁轿车组合式仪表各组成部分的名称及布置位置(1)

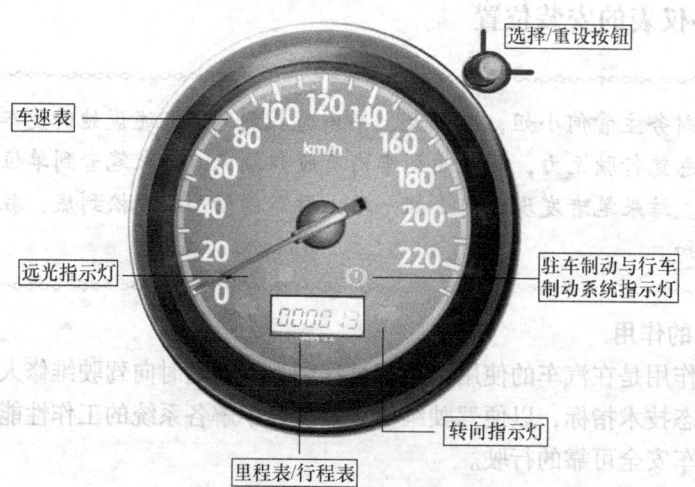

图1-7 广州本田雅阁轿车组合式仪表各组成部分的名称及布置位置(2)

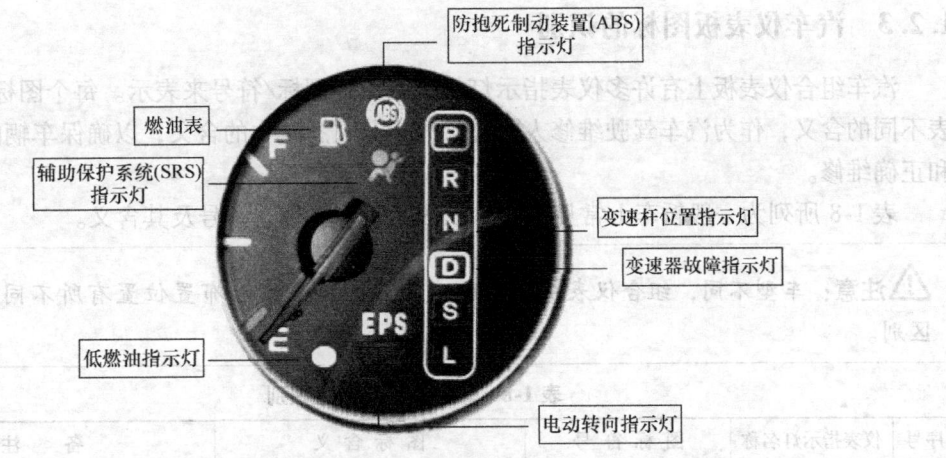

图 1-8 广州本田雅阁轿车组合式仪表各组成部分的名称及布置位置(3)

1.2.2 汽车各仪表的作用与结构类型

现代汽车的仪表板一般都采用组合式仪表，它由若干个动态式指针、信号指示、警报指示和照明等装置组合在同一外壳内组合而成。该类型仪表往往按照不同的车型设计组合成不同作用、不同结构、不同样式的组合仪表。这样的仪表不仅作用齐全，而且造型美观。因为它集中了全车的仪表，所以就好像一扇窗口，能够醒目地显示汽车的工作状况。虽然不同类型汽车仪表板的组合式仪表不尽相同，但一般常见的仪表有机油压力表、车速里程表、发动机转速表、冷却液温度表、燃油量表以及各种指示灯、警告灯等。

1. 机油压力表

机油压力表的作用是在发动机运转过程中，指示发动机主油道机油压力的大小，以便了解发动机润滑系统工作是否正常。它由装在主油道上的机油压力传感器和仪表板上的机油压力指示表(或机油压力指示灯)组成。

机油压力指示表可分为电热式、电磁式和弹簧式三种。

2. 车速里程表

车速里程表的作用是指示汽车行驶速度并记录行驶里程。其中指示速度部分称为车速表，记录里程部分称为里程表。

车速里程表按工作原理分可分为磁感应式和指针电子式两种。

3. 发动机转速表

发动机转速表的作用是指示汽车发动机工作转速。

发动机转速表按工作原理分可分为磁感应式和指针电子式两种。

4. 燃油量表

燃油量表的作用是指示汽车燃油箱内燃油油位。

燃油量表一般由指示燃油油位的指示器和传递燃油油位信号的传感器组成。

5. 冷却液温度表

冷却液温度表的作用是指示汽车发动机冷却液或润滑油温度。

冷却液温度表一般由指示温度的指示器和传递温度信号的传感器组成。

1.2.3 汽车仪表板图标的识别

汽车组合仪表板上有许多仪表指示灯，用相应的图标/符号来表示。每个图标/符号均代表不同的含义，作为汽车驾驶维修人员应必须十分熟悉其中的含义，以确保车辆的安全行驶和正确维修。

表1-8所列为一般轿车上常见的各种仪表指示灯名称、符号及其含义。

⚠ **注意**：车型不同，组合仪表板上的仪表指示灯的数量和布置位置有所不同，应注意区别。

表1-8 轿车仪表指示灯识别

序号	仪表指示灯名称	图标符号	图标含义	备注
1	驻车制动指示灯		该指示灯用来显示车辆驻车制动的状态，平时为熄灭的状态。当驻车制动操纵杆被拉起后，该指示灯自动点亮。驻车制动操纵杆被放下时，该指示灯自动熄灭	有的车型在行驶中未放下驻车制动操纵杆会伴随有警告声
2	ABS指示灯		接通点火开关后点亮，3~4s后熄灭，表示系统正常。不亮或常亮表示系统有故障	此时可以低速行驶，应当避免紧急制动
3	制动盘指示灯		该指示灯用来显示车辆制动盘磨损的状态	一般，该指示灯为熄灭状态，当制动盘出现故障或磨损过度时，该灯点亮，修复后熄灭
4	机油指示灯		该指示灯用来显示发动机内机油的压力状况。接通点火开关，车辆开始自检时，该指示灯点亮，起动后自动熄灭	该指示灯常亮，说明该车发动机机油压力可能低于规定值，需要维修
5	充电系统指示灯		该指示灯用来显示蓄电池的使用状态(间接检测发电机的发电情况)。接通点火开关，车辆开始自检时，该指示灯点亮，起动后自动熄灭	如果起动后指示灯常亮，说明该车辆仍由蓄电池供电，充电系统可能出现了问题，需要检修或更换
6	发动机自诊断灯		该指示灯用来显示发动机的工作状态。接通点火开关后点亮，5~6s后熄灭，表示发动机电控燃油喷射系统正常	不亮或常亮表示发动机电控燃油喷射系统有故障，需及时进行检修
7	安全带指示灯		该指示灯用来显示安全带是否处于锁止状态，当该灯点亮时，说明安全带没有及时扣紧	有些车型有相应的提示声。当安全带被及时扣紧后，该指示灯自动熄灭

项目1 汽车技术信息解读、仪表板图标识别及操纵部件认识

(续)

序号	仪表指示灯名称	图标符号	图标含义	备注
8	安全气囊指示灯		该指示灯用来显示安全气囊的工作状态。接通点火开关后点亮，5~6s后熄灭，表示系统正常	不亮或常亮表示系统存在故障
9	冷却液温度指示灯		用于显示发动机冷却液温度过高，此灯点亮报警时，应及时停车熄火，待冷却液温度达到正常后再继续行驶	有的车型在冷却液温度过高时会伴随有警告声
10	车门指示灯		该指示灯用来显示所有车门是否处于关紧状态	当任意车门未关上或未关好，该指示灯都点亮相应的车门指示灯，提醒驾驶人车门未关好；当车门关闭或关好时，相应的车门指示灯熄灭
11	燃油指示灯		该指示灯用来显示车辆内储油量的多少。当接通点火开关时，该指示灯会短时点亮，随后自动熄灭	如果车辆起动后，该指示灯点亮，则说明车内油量不足，需及时添加
12	清洗液指示灯		该指示灯用来显示车辆内所装玻璃清洗液的多少。平时为熄灭状态	该指示灯点亮时，说明车辆内所装玻璃清洗液已不足，需及时添加。添加到规定值后，指示灯熄灭
13	电子节气门灯	EPC	常见于大众品牌车型中。接通点火开关，车辆开始自检时，该指示灯会点亮数秒，随后熄灭	如果车辆起动后，该指示灯仍不熄灭，则说明车辆机械与电子系统出现故障
14	远光指示灯		该指示灯用来显示车辆远光灯的工作状态	通常情况下，该指示灯为系熄灭状态。当驾驶人点亮远光灯时，该指示灯会同时点亮，以提醒驾驶人，车辆的远光灯处于开启状态
15	雾灯指示灯		该指示灯用来显示车辆前后雾灯的工作状态	当前后雾灯点亮时，该指示灯就会点亮；当关闭雾灯时，该指示灯就会熄灭
16	转向指示灯		该指示灯用来显示车辆转向灯所在的位置	通常情况下，该指示灯为熄灭状态。当驾驶人打开转向灯时，该指示灯会同时点亮相应方向的转向指示灯，转向灯熄灭后，该指示灯自动熄灭

(续)

序号	仪表指示灯名称	图标符号	图标含义	备注
17	示宽指示灯		该指示灯用来显示车辆示宽灯的工作状态	通常情况下，该指示灯为熄灭状态。当示宽灯打开时，该指示灯随即点亮。当示宽灯关闭或关闭示宽灯打开前照灯时，该指示灯自动熄灭
18	O/D 档指示灯	O/D OFF	该指示灯用来显示超速档即 O/D 档的工作状态	当 O/D 档指示灯点亮时，说明 O/D 档已锁止。此时加速能力获得提升，但油耗会增加
19	内循环指示灯		该指示灯用来显示车辆空调系统的工作状态，平时为熄灭状态	当点亮内循环按钮，关闭外循环，空调进入内循环状态时，该指示灯点亮。内循环关闭时熄灭
20	TCS 指示灯		该指示灯用来显示车辆 TCS（牵引力控制系统）的工作状态，多出现在日产车系	当 TCS 指示灯点亮时，说明 TCS 系统已被关闭
21	VSC 指示灯	VSC	该指示灯用来显示车辆 VSC（电子车身稳定系统）的工作状态，多出现在日系汽车上	当 VSC 指示灯点亮时，说明 VSC 系统已被关闭

任务1.3 认识汽车操纵部件

1.3.1 汽车各操纵部件的安装位置

> ● 唐先生所驾驶的桑塔纳 2000GLi 轿车为五速手动变速器。唐先生每次换档时，发现发动机总是发出轰鸣声。而桑塔纳 2000GLi 轿车，在正常换档时声音平顺柔和，转速会随着离合器的接合和分离而变低或变高。对此，唐先生不知怎么办。

1. 手动变速器汽车各操纵部件的安装位置

手动变速器汽车一般有转向盘、离合器踏板、制动踏板、加速踏板、手动变速杆和驻车制动操纵杆等六大操纵部件。图1-9 所示为五速手动变速器桑塔纳 2000GLi 轿车各操纵部件的名称及其安装位置。

2. 自动变速器汽车各操纵部件的安装位置

自动变速器汽车一般有转向盘、制动踏板、加速踏板、自动变速杆和驻车制动操纵杆等五大操纵部件。图1-10 所示为四速自动变速器桑塔纳 2000GLi 轿车各操纵部件的名称及其安装位置。

图 1-9　手动变速器桑塔纳 2000GLi 轿车各操纵部件的名称及安装位置

⚠ **提示**：由于自动变速器采用液力变矩器进行柔性动力传递，且液力变矩器起着飞轮、离合器及无级变速器（只是变速范围有限而已）的作用，因此不需要离合器，从而使操纵变得比较简单。

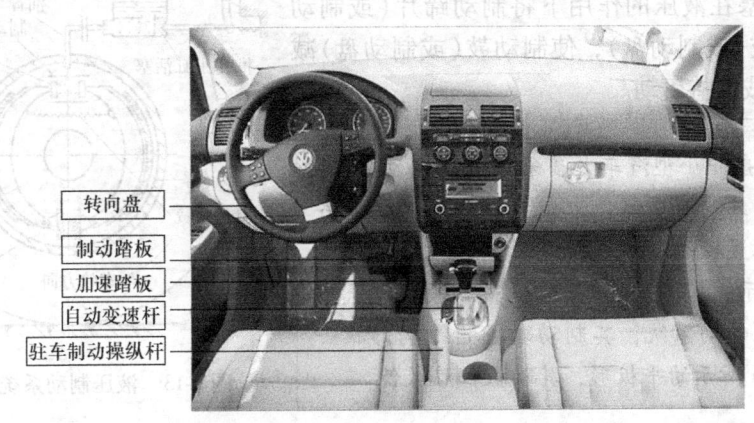

图 1-10　自动变速器桑塔纳 2000GLi 轿车各操纵部件的名称及安装位置

1.3.2　汽车各操纵部件的作用与结构组成

不同结构类型汽车的同名操纵部件的作用基本相同，但其结构组成及类型有所不同。详见汽车构造部分。

1. 转向盘

转向盘的作用是通过驾驶人转动转向盘，带动转向器的转向传动装置，然后再通过转向传动机构带动前轮偏转，从而控制汽车的行驶方向。

如图 1-11 所示，转向盘主要由轮圈（缘）、轮辐、轮毂等组成。吸能式转向盘在汽车发生碰撞时，转向盘骨架可发生变形，以吸收碰撞的能量（图 1-12）。

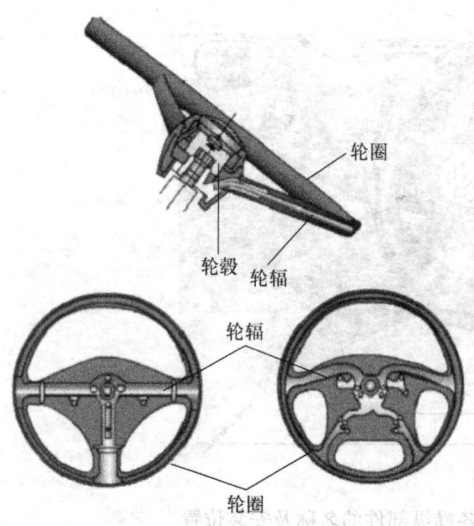
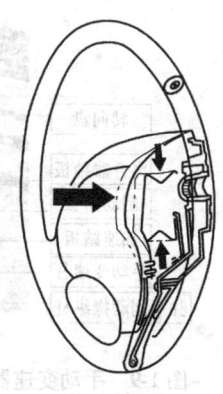

图1-11 转向盘的一般构造　　　　图1-12 吸能式转向盘骨架变形示意图

2. 制动踏板

制动踏板的作用以液压行车制动为例，如图1-13所示，当驾驶人踏下制动踏板，使主缸活塞压缩制动液时，轮缸活塞在液压的作用下将制动蹄片（或制动钳）压向制动鼓（或制动盘），使制动鼓（或制动盘）减小转动速度，或保持不动。

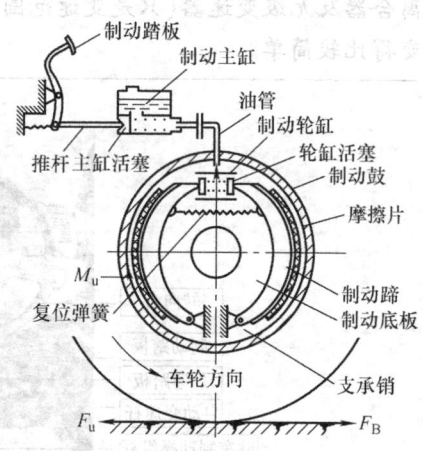

> ⚠️ 提示：一般中小型汽车大多采用液压制动系统，其制动踏板的结构形状部分为如图1-13所示的弯弓形，其踏板位置较高，大部分为如图1-14所示的悬吊形（箭头所示），其踏板位置较低；一般大型汽车大多采用气压制动系统，其制动踏板的结构形状一般为如图1-15所示的平板形，其踏板位置较低。

图1-13 液压制动系统工作原理

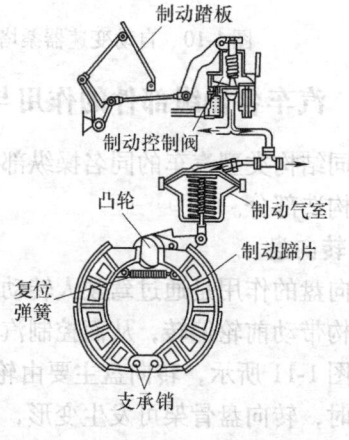

图1-14 液压悬吊式制动踏板　　　　图1-15 气压平板式制动踏板

3. 加速踏板

加速踏板的作用是驾驶人通过轻踩慢抬加速踏板，改变节气门开度的大小，以调节进气量的多少（对柴油机而言为燃油量的多少），从而控制发动机的运转速度和输出转矩，以适应汽车在不同工况下行驶的需要。

加速踏板通常安装在如图1-16箭头所示的驾驶人右脚容易踩踏的地方，其结构类型主要为斜置平板式。随着电子控制技术的不断完善和运用，现代轿车已逐步开始安装采用电子节气门，即电子油门，它实质上起到一个传感器的作用，如图1-17所示。

图1-16 加速踏板位置

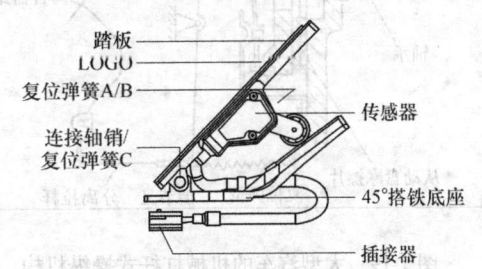
图1-17 电子式加速踏板

4. 离合器踏板

手动变速器汽车为了起动、起步、换档和滑行必须安装离合器。顾名思义，离合器为分离切断动力传递和接合传递动力的装置。如图1-18所示，其动力的切断和传递，是分别依靠踩踏和放松离合器踏板来完成的。

⚠ 提示：操作时要求对离合器踏板进行"快踩慢抬"，使离合器迅速彻底分离以适应换档需要，并使之柔和接合以满足汽车平稳起步的需要。

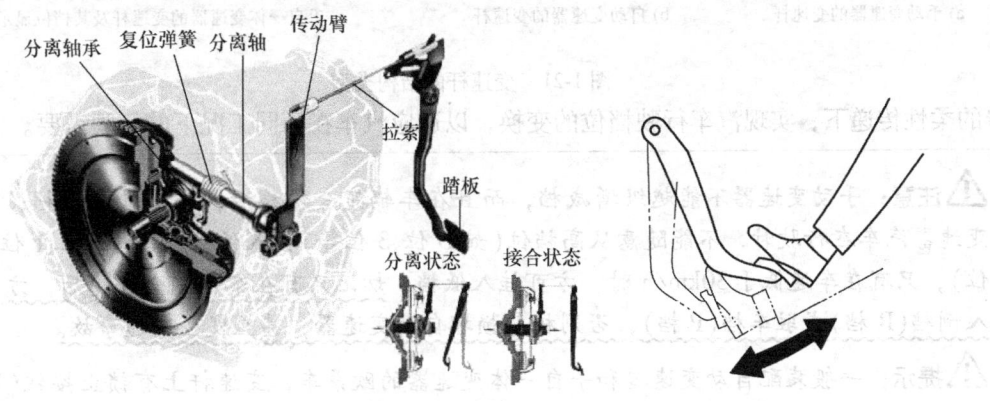
图1-18 桑塔纳轿车机械绳索式操纵机构

离合器踏板属于离合器的操纵机构，一般根据工作原理不同，可分为机械绳索式（图1-18）、机械杠杆式（图1-19）和液压式（图1-20）操纵机构等。

5. 变速杆

变速杆根据汽车所装配的变速器不同，可分为手动变速杆、自动变速杆和手自一体变速杆（图1-21、图1-22）。变速杆的作用是在离合器踏板（对手动变速器而言）的配合或液力变矩

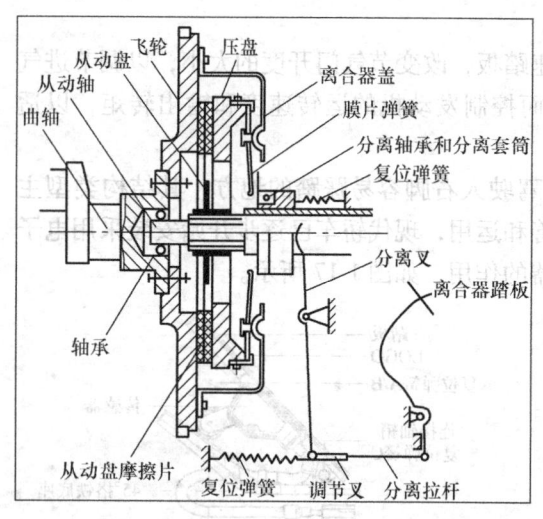

图1-19 大型汽车的机械杠杆式操纵机构

图1-20 大部分小型汽车和部分大中型汽车的液压式操纵机构

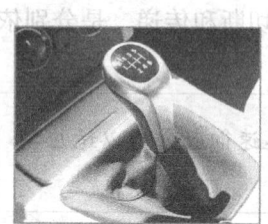
a) 手动变速器的变速杆

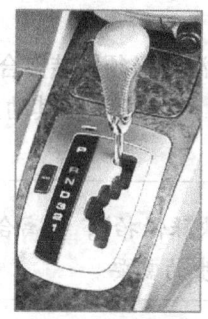
b) 自动变速器的变速杆

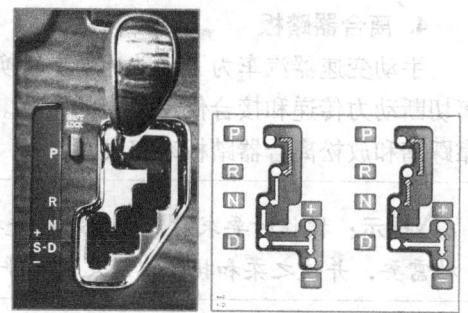
c) 手自一体变速器的变速杆及其档位显示

图1-21 变速杆的结构类型

器的柔性传递下，实现汽车行驶档位的变换，以适应汽车在不同工况下的行驶需要。

⚠**注意**：手动变速器不能越级增减档，而且在车辆完全停稳后，方可挂入倒档；自动变速器汽车在行驶时，不能随意从高档位（如D位、3位等）挂入低档位（如2位、1位或L位），只有在车速低于30km/h时，方可挂入低档；切记只有在车辆完全停稳后，方可挂入倒档（R档）或驻车档（P档），否则极易损坏自动变速器，甚至发生交通事故。

⚠**提示**：一般装配自动变速器和手自一体变速器的欧系车，变速杆上有锁止按钮（图1-22箭头所示）；而同类型日系车无锁止按钮（图1-23圈中部分）。

6. 驻车制动操纵杆

驻车制动操纵杆的作用是通过驾驶人拉紧和松放驻车制动操纵杆来控制驻车制动器的制动与释放，从而保证车辆停稳后不溜动、坡道起步时不后溜（图1-24d），并在紧急情况下协助行车制动进行紧急制动。其结构类型根据驻车制动器的结构不同而有所不同，主要有蹄盘式、蹄鼓式和带鼓式三种，如图1-24所示。

项目1 汽车技术信息解读、仪表板图标识别及操纵部件认识 ·17·

图1-22 有锁止按钮的变速杆

图1-23 无锁止按钮的变速杆

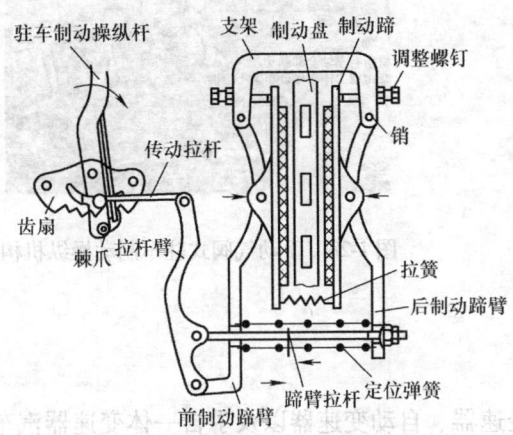

a) 蹄盘式驻车制动器及其操纵杆

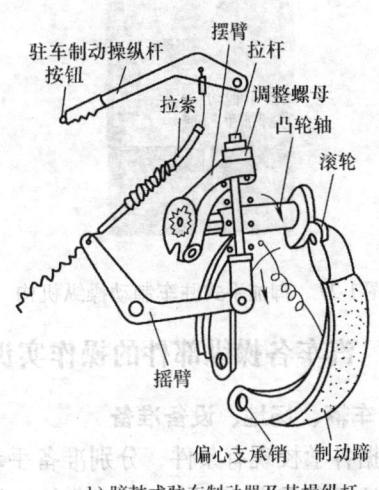

b) 蹄鼓式驻车制动器及其操纵杆

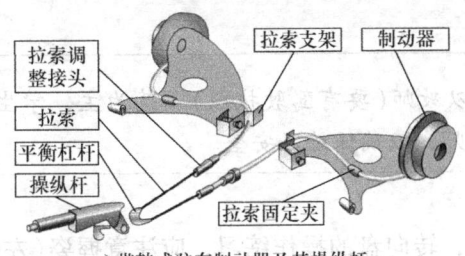

c) 带鼓式驻车制动器及其操纵杆

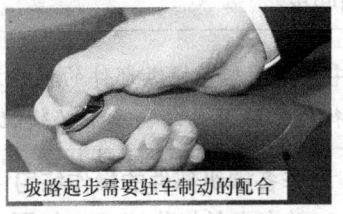

d) 轿车常用的机械式驻车制动操纵杆

图1-24 驻车制动操纵杆的结构类型

> ⚠注意：在非紧急情况下，只有在车辆完全停稳后，方可拉紧驻车制动操纵杆，否则极易损坏传力元件。另外部分高级轿车，开始装用电子驻车制动装置（图1-25）；有些车型用脚踏板代替驻车制动操纵杆（图1-26），有些车型用脚加手控制驻车制动（图1-27）；大型汽车尤其是半拖挂汽车，大多采用手动气阀开关（图1-28）控制驻车制动，应注意区别使用。

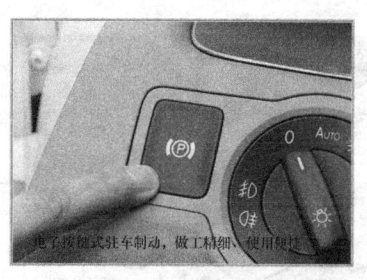
图1-25 电子按键式驻车制动操纵机构

图1-26 脚踏板式驻车制动操纵机构

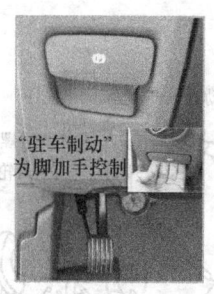
图1-27 脚加手式驻车制动操纵机构

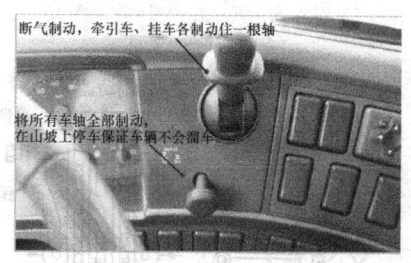
图1-28 手动气阀式驻车制动操纵机构

1.3.3 汽车各操纵部件的操作实训

1. 车辆、场地、设备准备

根据各学校现有条件，分别准备手动变速器、自动变速器以及手自一体变速器汽车各一辆。场地面积至少100m²，同时准备一些固定车轮用的三角垫木，以防车辆起动后，学员自行挂档起步。

⚠️**注意**：汽车各操纵部件的操作练习，应以教师（要有驾驶执照）示范为主，学生再分组进行模拟练习。每辆车都必须配备一名教师，以确保练习安全。

2. 汽车各操纵部件的操作练习

（1）转向盘的操作练习　如图1-29所示，转向盘的操作练习，应注意握姿（左手握住九十点、右手放置三四点，左手为主、右手辅助，打×部分为错误握姿，应避免），讲究打法（轻打慢回，避免猛打转向），否则易出现转向不足或转向过度等问题。

图1-29 转向盘的操作练习

(2) 制动踏板的操作练习　如图1-30所示,制动踏板(圈中部分)都紧挨着加速踏板(箭头所示),而且制动踏板的操作动作始终与加速踏板的操作动作相反。即踩踏制动踏板时,必须放松加速踏板,而踩踏加速踏板时,必须放松制动踏板。也就是说,不允许右脚同时踩踏制动和加速两个踏板,同时应避免猛踩制动踏板(紧急制动除外),以防止出现制动失控以及损坏轮胎、悬架系统和制动系统等不良现象。

  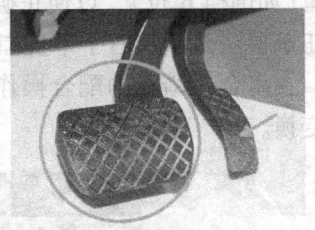

图1-30　制动踏板布置及操作练习

(3) 加速踏板的操作练习　如图1-31所示,加速踏板(箭头所示)都紧挨着制动踏板(圈中部分),而且加速踏板的操作动作始终与制动踏板的操作动作相反。即踩踏加速踏板时,必须放松制动踏板,而踩踏制动踏板时,必须放松加速踏板;也就是说,不允许右脚同时踩踏加速和制动两个踏板。加速踏板的操作以右脚跟为支点,用前脚掌对正加速踏板(图1-31),并遵循"轻踩慢抬"的规律(图1-32),禁止"猛轰油门",以免损坏发动机的曲柄连杆机构、配气机构以及润滑系统油路等。

 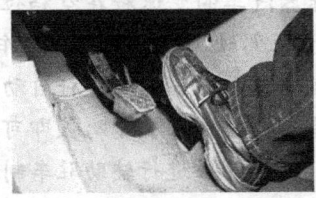 

图1-31　加速踏板的踏法练习　　　　　　图1-32　加速踏板的抬法练习

(4) 离合器踏板的操作练习　手动变速器所特有的离合器的分离和接合过程,必须依靠驾驶人踩踏和放松离合器踏板来完成,以实现汽车发动机的起动、换档所需的暂时切断动力和车辆的平稳起步所需的逐渐传递动力的功能。离合器踏板的操作动作与加速踏板的操作动作始终相反,而且离合器踏板的操作应遵循"快踩慢抬"的规律(图1-33)。在车辆减速时,加速踏板一边回抬,一边踩踏离合器踏板(图1-34);在车辆加速时,可一直踩踏着加速踏板进行加速(此时,离合器踏板处于全抬位置,图1-35a),但在增档时,踩踏离合器踏板

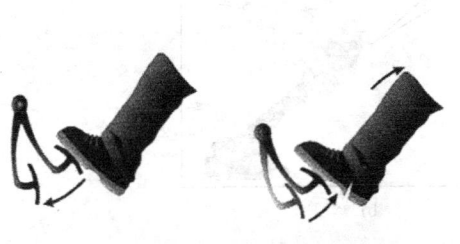 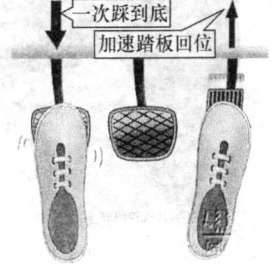

图1-33　离合器踏板的踩踏和放松练习　　图1-34　减速时离合器踏板与加速踏板的配合练习

(一下踩到底)的同时,必须抬起加速踏板(图1-35b);

(5) 变速杆的操作练习 变速杆的操作练习以手动变速器为例进行介绍。如图1-36所示,一般变速杆的球头上均标有档位数字或字母(如倒档R位),以便正确换档。变速杆的正确握法是,用右手掌虎口握住变速杆球头,在离合器踏板的配合操作下,完成档位的变换。

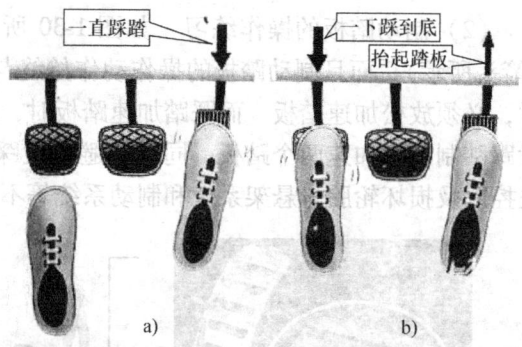

图1-35 加速时离合器踏板与加速踏板的配合练习

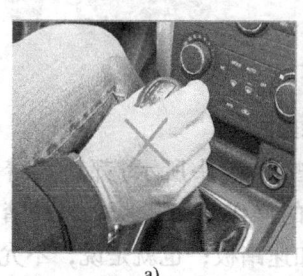  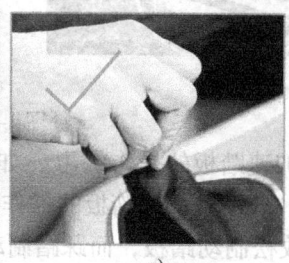

图1-36 变速操纵杆的操作练习

⚠ 提示:如图1-37所示,手动变速器汽车的变速杆在空档位置时,在内部塔簧的作用下自动处于N位(空档位)。因此,要求驾驶人在进行换档操作时,在踩踏离合器踏板的同时,手掌心在握住(但不用力)变速杆的同时,随变速杆自动移至N位,再按档位标识轻轻推入相应档位,然后慢抬离合器踏板、缓踩加速踏板即可。此外,为了确保车辆在坡道上熄火停车后不溜坡,往往用1位或R位进行辅助驻车制动。

(6) 驻车制动操纵杆的操作练习 驻车制动操纵杆的操作练习以最常见的传统拉索式驻车制动操纵杆为例进行介绍。进行驻车制动时可用右手直接拉紧(图1-38a,但须注意先用行车制动将车辆停稳后方可拉紧),但释放驻车制动时一般需用拇指按下锁止按钮,再向下推压(图1-38b)。

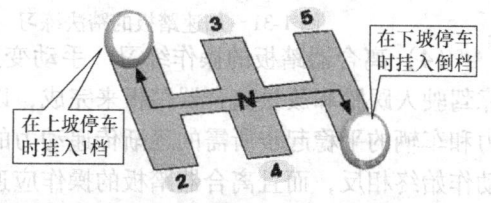

图1-37 手动变速器的辅助驻车制动

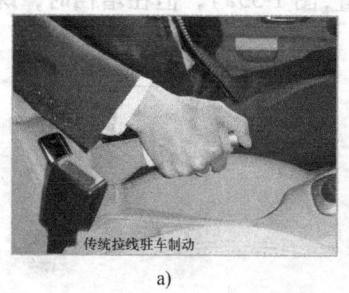 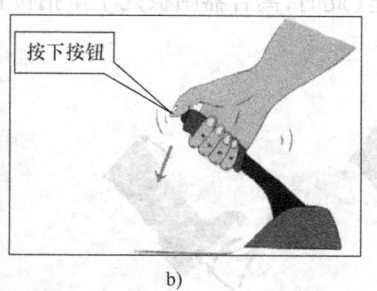

图1-38 驻车制动操纵杆的操作练习

项目小结

1. 车辆识别代码（VIN，Vehicle Identification Number），俗称17位编码。这些代码经过排列组合，可以使车辆的生产在30年之内不会发生重号现象，这类似于我们的身份证不会产生重号一样，它具有对车辆的唯一识别性，我们可将其称为"汽车身份证"。

2. 不同车型的灯泡规格均列于车辆随车用户手册中，更换时，应查看手册，不能随意更换。若灯泡功率数选择过大，则灯光暗淡，照度不够；若灯泡功率数选择过小，则易烧坏灯泡，均会影响行车安全。

3. 车辆技术参数对车辆的使用维修具有重要的指导作用，它是车辆正确选择使用燃油和润滑材料、冷却液以及轮胎等运行补给材料的重要依据，也是对车辆进行检测调整的技术标准。

4. 一般轿车的技术参数主要包括：整车主要尺寸参数、整车质量参数、主要液体参数、发动机主要参数和性能指标、前后轮定位参数、轮胎规格和充气压力等。

5. 汽车仪表的作用是在汽车运行过程中，能够随时向驾驶维修人员提供车辆各总成、各系统的动态指标，以便驾驶维修人员随时了解各系统的工作性能、技术状况和运行参数，保证汽车安全可靠的行驶。

6. 现代汽车的仪表总成大体上由指针式仪表和指示灯、信号灯、警告灯式仪表组成。具体由发动机转速表、车速里程表、燃油量表、冷却液温度表、机油压力表、充电指示灯、驻车制动灯以及档位指示灯等组成。

7. 汽车组合仪表板上有许多仪表指示灯，用相应的图标/符号来表示，每个图标/符号均代表不同的含义，作为汽车驾驶维修人员应必须十分熟悉其中的含义，以确保车辆的安全行驶和正确维修。

8. 手动变速器汽车一般有转向盘、离合器踏板、制动踏板、加速踏板、手动变速杆和驻车制动操纵杆等六大操纵部件；自动变速器汽车一般有转向盘、制动踏板、加速踏板、自动变速杆和驻车制动操纵杆等五大操纵部件。

9. 应加强对汽车各大操纵部件的使用练习，以熟练掌握各大操纵部件的正确使用，确保行车安全。

思考与实训

一、选择题

1. 关于车辆识别代码VIN的设置位置，乙说车辆识别代码VIN只设置于仪表板与前风窗玻璃左下角的交界处或驾驶人左腿前方，甲说车辆识别代码VIN只设置于发动机前横梁上。你认为以上观点（　　）。

　　A. 甲正确　　　　B. 乙正确　　　　C. 甲乙都正确　　　　D. 甲乙都不正确

2. 关于燃油表指示，甲说如燃油表指示"F"，表明油箱内的燃油为满箱；乙说如燃油表指针位于红色区域，表明油箱内的燃油为空箱。你认为以上观点（　　）。

　　A. 甲正确　　　　B. 乙正确　　　　C. 甲乙都正确　　　　D. 甲乙都不正确

3. 甲说，驻车制动操纵杆的主要任务是保证车辆停稳后不溜动，从而确保车辆的使用安全；乙说，驻车制动操纵杆的任务不仅是保证车辆停稳后不溜动，而且还可辅助驾驶人进行上坡起步和紧急制动。他们说法应该是(　　)。

　　A. 甲正确　　　　B. 乙正确　　　　C. 甲乙都正确　　　　D. 甲乙都不正确

4. 甲说，离合器踏板的操作动作与加速踏板的操作动作始终相反，而且离合器踏板的操作应遵循"快踩慢抬"的规律，而加速踏板的操作应遵循"轻踩慢抬"的规律；乙说，制动踏板的操作动作始终与加速踏板的操作动作相反，即踩踏制动踏板时，必须放松加速踏板，而踩踏加速踏板时，必须放松制动踏板。他们说法应该(　　)。

　　A. 甲正确　　　　B. 乙正确　　　　C. 甲乙都正确　　　　D. 甲乙都不正确

二、问答题

1. 车辆识别码由哪些内容构成？其含义是什么？
2. 一般轿车的技术参数主要包括哪些内容？
3. 汽车仪表有何作用？现代汽车仪表有何特点？由哪些部分组成？
4. 手动变速器汽车上有哪些操纵部件？各起什么作用？

三、实操题

1. 车辆识别码查找练习。
2. 汽车仪表板图标识别练习。
3. 手动变速器汽车各操纵部件识别练习。
4. 自动变速器汽车各操纵部件操作练习。

项目 2

汽车发动机的使用与维护

📖 教学目标与要求

- 掌握汽车发动机燃料供给系统、润滑系统和冷却系统的合理使用与正确维护。
- 学会针对性地安排和熟悉汽车发动机燃料供给系统、润滑系统和冷却系统的维护项目、作业内容、操作要领、技术要求以及注意事项等。
- 学会正确选择和使用发动机进行润滑、冷却补给作业所需润滑材料、燃油和冷却液等运行材料的品牌规格等。
- 学会发动机各系统主要操纵部件的操作方法和使用注意事项。
- 会做发动机各系统典型故障案例分析。

📖 教学重点

- 汽车发动机进行润滑、冷却补给作业所需润滑材料、燃油和冷却液等运行材料的正确选用。
- 发动机各系统主要操纵部件的使用操作。
- 发动机各系统典型故障案例分析。
- 发动机燃料供给系统、润滑系统以及冷却系统等各系统的维护。

📖 教学难点

- 发动机各系统的维护项目、作业内容及作业深度的确定。

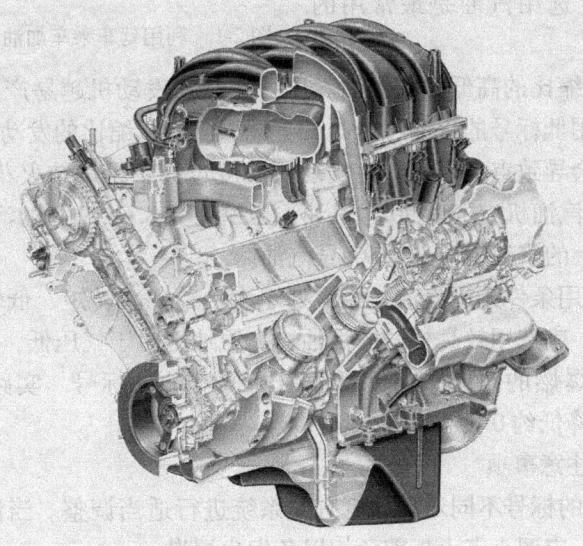

发动机总成及其燃料系统、润滑系统、冷却系统的布置

任务2.1 发动机燃料供给系统的使用与维护

> ● 桑塔纳2000Gsi轿车选用93号汽油,发动机起动比较容易,但发现急加速时,车速提高较慢,且发动机发出"突突"声,而且响声随着发动机转速的提高而提高,目视检查发动机尾气排放,发现冒黑烟比较严重。

2.1.1 燃油牌号的认识及其选用

1. 汽油

(1) 汽油的标号 我国常用的车用汽油分为90、93、97等标号,它们是按研究法的辛烷值大小来划分的。辛烷值是汽油的重要组分,汽油的标号越高其辛烷值就越高,汽油的抗爆性就越强。图2-1所示为利用驾车乘车加油机会认知燃油品牌。

(2) 汽油的选用 选用汽油标号的总的原则是不使发动机产生爆燃。为此,应依据以下几点要求选用汽油。

① 依据汽车生产厂家之规定选用汽油。在汽车加油口盖上和随车提供的汽车使用说明书中,一般都有明确的规定和说明,所以依据使用说明书规定选用汽油是最常用的方法。

图2-1 利用驾车乘车加油的机会认知燃油品牌

② 依据发动机压缩比的高低选用汽油。压缩比越高发动机越易产生爆燃,因此,高压缩比的发动机不能选用低标号的汽油,否则产生爆燃。低压缩比的发动机可选用高标号的汽油,但不经济,而且会导致点火迟滞,使发动机温度过高,易烧结火花塞等。一般情况下,压缩比为7.0~8.0的汽油机应选用90号汽油;压缩比为8.0~9.0的汽油机应选用93号汽油;压缩比在9.0以上的汽油机应选用97号汽油。

③ 依据汽车的使用条件选用汽油。经常处于大负荷、大转矩、低转速状况下使用的汽油机,容易产生爆燃,应选用较高标号的汽油;高原地区由于气压低,空气稀薄,气缸充气性差,汽油机工作时爆燃的倾向减小,可适当降低汽油的标号。实践表明,海拔每上升100m,汽油辛烷值可降低约0.1个单位。

(3) 汽油的使用注意事项

① 根据使用汽油的标号不同对发动机有关系统进行适当调整。当汽油机使用辛烷值低于规定标号的汽油时,应调小点火提前角,以免发生爆燃。

② 根据海拔高度调整有关参数。根据汽车行驶地区的海拔高度,及时调整点火提前角大小。汽车从平原(或高原)行驶到高原(或平原)后,应及时将点火角适当提前(或推迟)一些。

③ 预防供油系统产生"气阻"。汽车在炎热夏季或高原、高海拔地区行驶时,应选用

隔热物将汽油泵和输油管隔开，尽量减少输油管道的弯角，并加强发动机舱内的通风，以防产生气阻。如已产生气阻，则选择通风处停车，并在汽油泵、输油管和进气管等处敷湿毛巾等使其自然降温。

④ 应及时清除积炭、漆膜等物。在维修发动机时，维修人员要彻底清除进气管、进排气门、燃烧室等处的积炭和漆膜等，以防这些物质的隔热作用而导致发动机产生"早燃"或"爆燃"现象。

⑤ 防止油箱、输油管路等处胶质的产生。油箱内要经常装满汽油，尽量减少油箱中的空气量，保持蒸气空气阀的开闭自如，以免产生胶质而堵塞油路、量孔和喷油器等。

⑥ 在维修车辆时，严禁使用汽油清洗汽车零部件，以免发生火灾。

⑦ 汽油是易燃易爆物品，其蒸气与空气混合达到一定的比例后，一遇火星就会着火，甚至爆炸。运输、维修企业内，暂时储存装卸汽油时，应严格防火、防爆。

2. 柴油

（1）柴油的标号　柴油标号是根据柴油的凝固点来划分的。目前国内汽车用轻柴油按凝固点分为6个标号：10号柴油、0号柴油、-10号柴油、-20号柴油、-35号柴油和-50号柴油。

（2）柴油的选用　选用柴油标号的总的原则是在任何气温下，都要保证柴油的流动供给。根据车辆使用地区和季节的不同，选用适应季节气温的柴油，是选用柴油的基本依据。一般选用柴油的凝点应比最低气温低5℃左右，以保证柴油在最低气温时不致凝固而影响使用。各种柴油的适用范围如下：

10号轻柴油适合于有供油系统加热设备的高速柴油机及热带地区盛夏季节使用。

0号轻柴油适合于最低气温在4℃以上的地区使用，供全国夏季及华南地区全年使用。

-10号轻柴油适合于最低气温在-5℃以上的较冷地区使用，如我国华中、华东地区冬季使用。

-20号轻柴油适合于最低气温在-5~-14℃的寒冷地区使用，如我国华北部分地区冬季使用。

-35号柴油适合于最低气温在-29℃以上的严寒地区使用，如我国东北、西北地区冬季使用。

-50号柴油适合于最低气温在-44℃以上的高寒地区使用，如内蒙古、黑龙江北部边疆地区。

（3）柴油的使用注意事项

① 保持柴油的清洁，以免损伤喷油泵、喷油器中的精密偶件。柴油在使用之前，要经过长时间(72h)的沉淀和过滤，以防水分和机械杂质的混入。在加注时，应保持储油容器和加油工具的清洁。

② 可以混用不同标号的柴油。根据不同季节气温适当调配不同标号的柴油掺兑使用，可降低柴油的凝固点，从而提高流动性。但要注意掺兑后的凝点不是两种标号柴油的平均值，要比两者平均值稍高一些。例如-10号和-20号各一半对掺，掺兑后所得柴油凝点不是-15℃，而是低于-15℃，为-15~-14℃。掺兑时要搅拌均匀。

③ 柴油和汽油不能掺兑使用。因为，汽油的燃点较高，柴油中若掺入汽油，燃烧性能将显著变差，导致起动困难，甚至不能起动。汽油进入气缸会冲刷气缸壁润滑油膜，加速气

缸的磨损。

④ 尽量选用品质好的柴油。选用柴油时,应尽量选用硫含量较小(不大于0.2%或0.5%)的优质或一级柴油,以减少柴油机各精密偶件的腐蚀磨损。

2.1.2 加速踏板的使用操作

加速踏板俗称油门,驾驶人通过操纵加速踏板来改变节气门开度大小(对汽油机而言)或油门高低(对柴油机而言),以控制发动机的输出转矩,以适应汽车行驶牵引力的大小和行驶速度的高低。

加速踏板是驾驶人平时接触使用最多的操纵部件之一,其使用正确与否直接关系到汽车行驶安全、油耗高低、排放大小以及发动机和传力元件的使用寿命。加速踏板的操作要领在项目一中已述及,这里补充介绍加速踏板的一些使用注意事项。

1. 加速踏板与其他操纵部件的配合使用

(1) 加速踏板与离合器踏板的配合使用 离合器踏板和加速踏板在汽车起步时配合不当,就容易导致发动机熄火或汽车起步时颤抖。发动机动力经离合器传到车轮,反应到离合器踏板上的距离只有1cm左右,所以在踏下离合器踏板、挂入档位后,抬起离合器踏板至离合器摩擦片开始相互接触时,在这个位置(半联动位置)脚要停顿一下,同时踩加速踏板("加油"),待离合器片完全接触后再完全抬起离合器踏板。这就是所谓的"两快一慢",即抬起离合器踏板的速度两头稍快、中间慢。其操作注意事项,如图2-2、图2-3所示。

 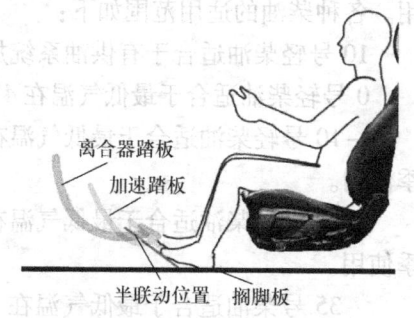

图2-2 离合器"两快一慢"时"加油"的操作方法　　图2-3 离合器踏板操作示意

(2) 加速踏板与制动踏板的配合使用 加速踏板与制动踏板在汽车起步和停车时配合不当,就容易导致汽车起步或停车困难,易使发动机熄火(不松制动不"加油")或白白浪费

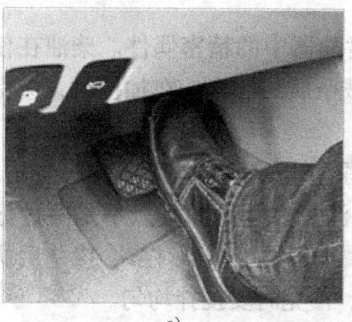 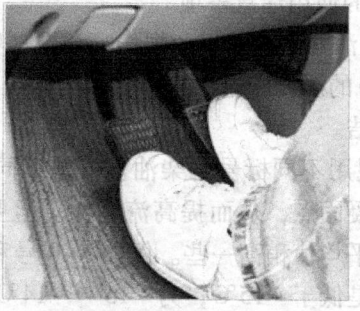

a)　　　　　　　　　　　　　b)

图2-4 加速踏板与制动踏板的错误配合

燃油(既踩制动又"加油",图2-4)。加速踏板与制动踏板的正确配合使用如图2-5所示,踩加速踏板时放松制动踏板(图2-5a),踩制动踏板时放松加速踏板(图2-5b),应避免"脚踩两只船"右脚同时踩踏制动和加速两个踏板(图2-4a),也不能"左右脚同时开弓"踩踏制动和加速两个踏板(图2-4b)。

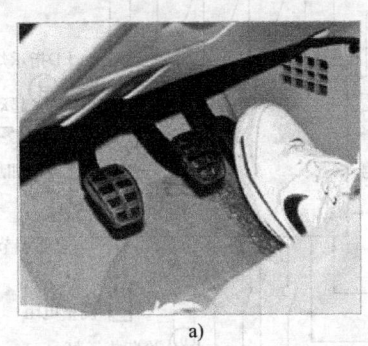 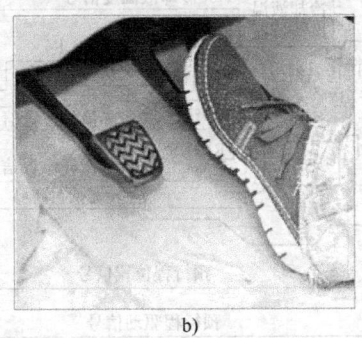

图 2-5 加速踏板与制动踏板的正确配合

⚠注意:
绝不能"猛轰油门",即一下子把加速踏板踩到底,然后又突然放到头。否则容易导致:
① 发动机曲柄连杆机构和配气机构的零部件易损坏,如连杆断裂、气门弹簧折断等。
② 润滑系统机油压力突然升高,尤其是冬季寒冷季节机油压力急剧升高,使机油滤清器与主油路接合处失去密封而漏油,甚至使润滑系统主油路或分油路发生破裂。
③ 发动机驱动辅助设备所用的各个传动带易断裂,如水泵、风扇、发电机、空调压缩机以及转向助力泵传动带断裂,甚至会发生配气机构正时传动带折断(或正时链条变松)等严重机械事故。

2. 电控发动机加速踏板的使用及相关要求

电控发动机加速踏板的使用及相关要求,以保有量较大、使用要求较为苛刻的国Ⅲ柴油机为例加以说明。

⚠提示:目前,国内生产的国Ⅲ柴油机,绝大部分是在国Ⅱ柴油机的基础上,对柴油机做了适当的改进并加装了电子控制系统。如配装了RED系列电子调速器和预行程执行机构的TICS直列泵系统,通过计算机控制直喷式柴油机的喷油量、喷油定时和喷油率,如图2-6所示。
另外,国Ⅲ柴油机几乎全部加装了废气涡轮增压器(带中冷器,通常采用空冷),因此使用时应多加注意。

(1) 车辆起动时加速踏板的使用及相关要求
① 常规起动:将车辆的电源总开关闭合(若车辆无此开关,则省略此步骤),再按常规起动方式与注意事项起动发动机。

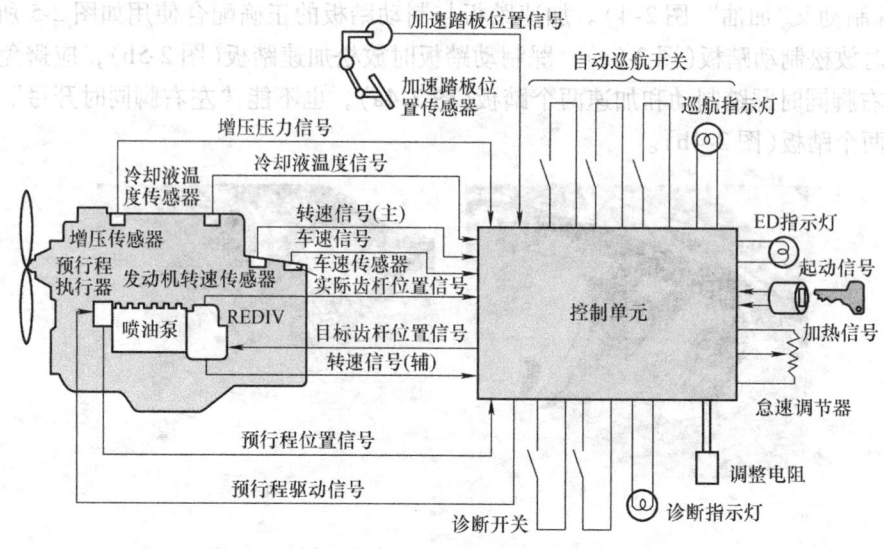

图 2-6　RED-Ⅳ型电子调速器配预行程直列泵

> ⚠**注意**：起动时不要踩加速踏板，因为电控柴油机起动瞬间的起动油量是由 ECU 控制的，与加速踏板位置传感器信号无关，所以踩踏加速踏板不会加快起动速度，只会造成起动后因油门过大而使发动机转速立刻上升到较高转速，造成燃油浪费、发动机运动件磨损加快的后果。

② 冷起动：在较冷的环境下，起动操作与常规起动基本一样。环境温度低于起动预热设定的温度时，有电预热装置（图 2-7 中圈中部分）的车辆在钥匙开关置于"ON"档位后预热指示灯（图 2-6 中的 ED 指示灯）会自动亮起，当预热完成后预热指示灯会自动熄灭，此时可进行起动。若起动不成功，将钥匙开关置于"OFF"档位进行复位，然后再按上述操作进行第二次预热和起动。

a) 客车用

b) 货车用

图 2-7　国Ⅲ用进气电预热装置

> ⚠**提示**：电控柴油机的控制器会根据环境温度以及车辆上的附件发出一些控制指令，以便顺利起动。不同配置的发动机在起动过程中的动作会有所不同。比如控制器可以自动控制喷油提前角、喷油量等，可以自动控制进气预热器进行预热和后热，可以自动控

制排气制动阀来帮助起动,这些控制动作将有利于发动机的顺利起动,使电控柴油机的起动性能大大提高。当然,由于不同的车辆提供给控制器控制的附件不同,因此控制器采用的起动控制方法也不尽相同。

(2) 车辆行驶时加速踏板的使用及相关要求

① 车辆起步:按常规操作,要求尽量使用1档起步,避免高档起步。

② 加速踏板的操作:按常规操作。

⚠ **注意**:在一些条件下,控制器为了保护发动机免受过热、过载的伤害,或为避免发动机冒黑烟,猛踩加速踏板并不能得到想象中的急加速效果。

③ 换档点的推荐:为了使发动机获得更好的动力性和经济性,建议发动机的换档转速应在发动机最大转矩点偏上一点附近,以换档后的发动机转速在1100r/min以上为参考标准。

④ 涉水行驶注意事项:当车辆驶过积水路面时,应避免电控系统因进水而受到损害和失效。原则上控制器离水的高度应超过200mm,并且在水面接近此高度时车辆应以小于10km/h的时速通过,在积水较浅时车辆也应该慢速通过。

⑤ 跛脚回家功能:在某些不正常的情况下,比如加速踏板位置传感器(图2-6)失效,或曲轴位置传感器失效,或蓄电池电压过高时,发动机故障指示灯将点亮提醒,控制器让发动机以较低的转速和较小的负荷运行,车辆可以慢速地开到附近的维修站,即所谓的跛脚回家功能。

(3) 发动机停机时加速踏板的使用及相关要求　此时,应将加速踏板彻底抬起,然后先关闭钥匙开关一段时间后才能关闭车辆的电源总开关(若车辆无电源总开关则无此要求,其中德尔福(Delphi)系统8~10s,博世系统18~20s)。此段时间用于发动机ECU保存数据。

2.1.3　发动机燃料供给系统常见故障

发动机燃料供给系统常见故障的诊断与排除以汽油和柴油等常规能源为动力的发动机为例进行介绍。

1. 电控汽油发动机燃料供给系统常见故障

电控汽油发动机燃料系统在使用过程中出现的故障主要包括:发动机不能起动;发动机怠速不稳、易熄火;发动机动力不足,加速不良;混合气过稀;混合气过浓等。这里重点介绍发动机不能起动;发动机怠速不稳、易熄火;发动机动力不足,加速不良等对车辆使用性能影响较大的几种故障。

(1) 发动机不能起动

1) 发动机不能起动故障现象:起动发动机时,发动机不转,或能转动但不着火。

2) 故障原因分析

① 传感器部分:空气流量传感器、节气门位置传感器、冷却液温度传感器、转速或曲轴位置传感器等有故障。

② 执行器部分:点火控制器、电动汽油泵或冷起动喷油器不工作,喷油器有严重漏油。

③ 其他部分:油箱中无油、油路压力过低、电源或点火系统有故障、空气滤清器堵塞

或进气管漏气严重、发动机气缸压力过低或防盗系统锁死、空档起动开关输出信号不良、ECU损坏。

(2) 发动机怠速不稳、易熄火

1) 发动机怠速不稳、易熄火故障现象：怠速转速过低，且不稳定、经常熄火。

2) 怠速不稳、易熄火故障原因分析

① 进气系统或真空系统漏气。
② 空气滤清器堵塞。
③ 怠速控制阀或附加空气阀工作不良。
④ 空气流量计有故障。
⑤ EGR阀卡住常开，不能关闭。
⑥ 怠速调整不当。
⑦ 油路压力太低。
⑧ 喷油器雾化不良、漏油或堵塞。
⑨ 火花塞不良。
⑩ 高压线漏电或断路。
⑪ 点火正时失准。
⑫ 气缸压缩压力过低。

(3) 发动机动力不足，加速不良

1) 发动机动力不足、加速不良故障现象：踩下加速踏板后，发动机转速不能立即升高，有迟滞现象，加速反应迟缓，或在加速过程中发动机转速有轻微的波动，车身有明显抖动，或出现"回火"、"放炮"、"冒黑烟"等现象。

2) 发动机动力不足，加速不良的故障原因分析

① 混合气过稀，燃油泵油压低，喷油器、燃油滤清器、进气歧管真空泄漏等。
② 节气门位置传感器、空气流量计或进气歧管绝对压力传感器故障。
③ 点火提前角不正确。
④ 火花塞或高压线不良、高压火花弱。
⑤ 排气再循环系统工作不良；排气管有堵塞现象。

2. 电控柴油发动机燃料供给系统常见故障

随着国内节能减排力度的进一步加大，车用电控柴油机品种及数量越来越多，且技术含量越来越高。在国内常见的柴油机如下：

1) 电控分配泵柴油机。电控分配泵（DIP，Distributor Injection Pump），博世分配泵最新的第4代产品中的VP30轴向分配泵和VP44径向分配泵的最大喷射压力分别可达155MPa和200MPa，高喷射压力提升了喷油雾化效果，进而降低了油耗及排放，如图2-8a所示。

2) 泵喷嘴系统柴油机。泵喷嘴系统（UIS，Unit Injector System），喷油泵和喷嘴组成一个单元，每个发动机气缸都在其缸盖上装有这样一个单元，或者直接通过摇臂或者间接的由发动机凸轮轴通过推杆来驱动，如图2-8b所示。

3) 单体泵系统柴油机。单体泵系统（UPS，Unit Pump System），一种模块式结构的高压喷射系统，其喷油嘴和油泵用一根较短的喷射油管连接，单体泵系统中每个气缸都设置一个单柱塞喷油泵，由凸轮轴驱动，如图2-8c所示。

4)共轨喷射系统柴油机。共轨喷射系统(CRS,Common Rail System),也称蓄压器喷射系统。ECU 通过接收各传感器的信号,控制喷油器电磁阀,让柴油以正确的喷油压力在正确的喷油时间喷射出正确的喷油量,如图 2-8d 所示。

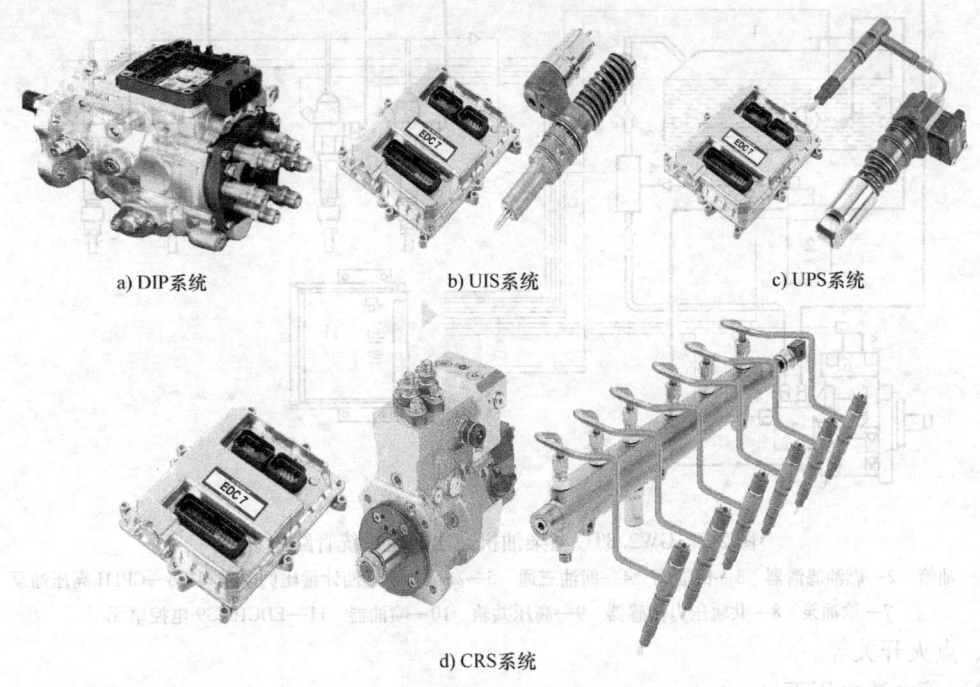

a) DIP系统　　　b) UIS系统　　　c) UPS系统

d) CRS系统

图 2-8　国内常见的博世系列柴油电控系统

电子控制共轨喷射系统柴油机以其控制精度高、雾化质量好,技术成熟度高,使用可靠性强而使用最为广泛。

电控高压共轨柴油机燃料系统在使用过程中出现的故障主要包括:发动机不能起动;发动机熄火但可再次起动;起动困难;发动机工作在高怠速;暖机及加速过程敲缸;怠速抖动;发动机在所有范围动力不足;发动机冒白烟或蓝烟;发动机冒黑烟;发动机过热等。这里重点介绍发动机不能起动、起动困难、发动机在所有范围内动力不足、怠速抖动等对车辆使用性能影响较大的几种故障。

⚠提示:在长城哈弗 GW2.8TC 型电控柴油机故障现象和可能的故障原因中,与柴油机机械部分有关的故障,可按"GW2.8TC 型柴油机维修手册"中的说明进行处理,其高压共轨系统管路布置如图 2-9 所示,有关电控供油系统部分故障要按以下流程进行处理。

(1) 博世共轨柴油机不能起动的故障　在起动系统正常的前提下,博世共轨柴油机不能起动的故障,可按下列步骤逐步进行排除。

1) ECU 系统没有通电。

① 故障现象:点火开关置于 ON 位时,故障灯不亮(应通电后自检,灯亮 2s 后熄灭);诊断仪无法通信;加速踏板位置传感器无 5V 参考电压(或检查冷却液温度、进气温度等传感器是否有 5V 电源)。

② 诊断与排除:参照电路图,用万用表检查电控系统线束、熔断器、继电器、电源总

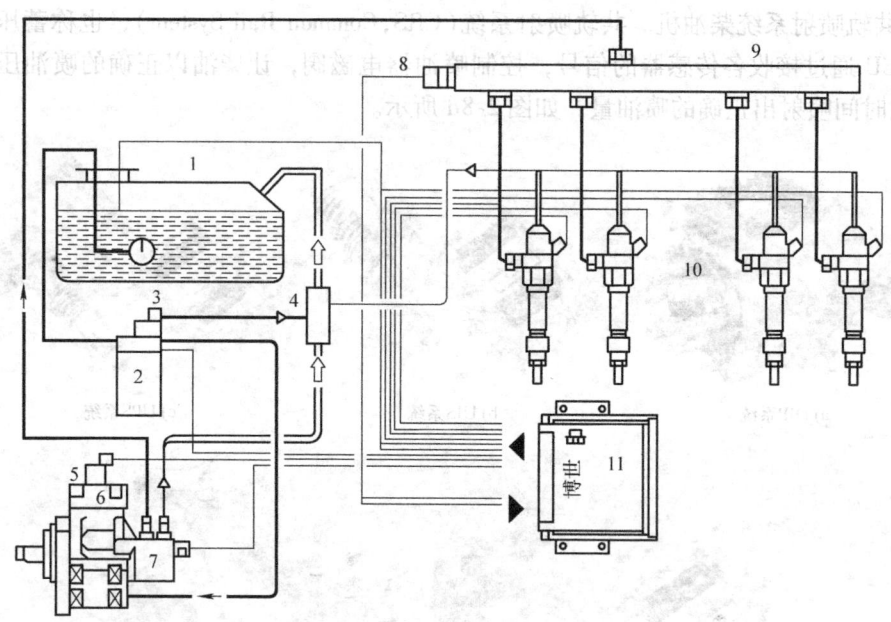

图 2-9 GW2.8TC 型柴油机高压共轨系统管路布置

1—油箱 2—燃油滤清器 3—回油阀 4—回油三通 5—高压油泵进油计量比例电磁阀 6—CP1H 高压油泵 7—输油泵 8—共轨压力传感器 9—高压共轨 10—喷油器 11—EDC16C39 电控单元

开关、点火开关等。

2）蓄电池电压不足

① 故障现象：诊断仪或万用表显示电源电压偏低。

② 诊断与排除：对蓄电池进行充电或更换蓄电池。

特别说明：博世共轨柴油机电控系统对蓄电池电压有很高的要求，当蓄电池电压低于规定值而起动时，起动机虽然能运转，但 ECU 会关闭喷油器的控制电路，使发动机不能着火运转。

3）无法建立工作时序

① 故障现象：诊断仪显示不同步故障（P0016 故障码）；示波器显示曲轴与凸轮轴位置传感器波形相对关系错误。

② 诊断与排除：检查曲轴与凸轮轴位置传感器的插头、线路（短路与断路）、阻值、电源、信号是否正常（用万用表）；检查曲轴与凸轮轴位置传感器的信号盘是否损坏及脏污；检查传感器与信号盘的间隙是否符合规定。

4）预热不足

① 故障现象：高寒工况下，没有等到冷起动指示灯熄灭就起动；万用表或诊断仪显示预热过程中，蓄电池电压波动不正常。

② 诊断与排除：检查预热线路是否正常；检查预热塞或预热栅格阻值是否正常；检查蓄电池容量是否正常。

5）ECU 软、硬件或高压系统故障

① 故障现象：监视定时器（又称看门狗）故障；A/D 模数转换错误；多缸停喷；ECU 计时处理单元错误；点火开关信号丢失；轨压超高卸压阀不能开启；EEPROM 错误；油轨压

力持续超高(轨压持续 2s 超过 160MPa)。

② 诊断与排除：故障确认后，更换 ECU 或通知电控专业人员。

6) 喷油器不喷油

① 故障现象：怠速抖动较大；高压油管无脉动；诊断仪显示怠速油量增高；诊断仪显示喷油器驱动线路故障。

② 诊断与排除：检查喷油驱动线路(含接插件)是否损坏、开路或短路；检查高压油管是否泄漏；检查喷油器是否损坏或积炭。

7) 高压油泵供油压力不足

① 故障现象：诊断仪显示共轨压力值过低。

② 诊断与排除：检查高压油泵是否能够提供足够的油轨压力；检查燃油计量阀是否损坏。

8) 共轨压力难以建立

① 故障现象：共轨压力过低，发动机打不着火。

② 诊断与排除：检查油箱油位是否过低；检查手压泵是否工作正常；检查低压油路是否有空气，若有应排除空气(主要排除粗滤器里面的空气,松开粗滤器上的放气螺塞，用手压动粗滤器上的手压泵，直至放气螺塞处持续出油为止)；低压油路空气排净后仍不能起动的，则判断为高压油路有空气，也需要排出高压油路的空气(松开任一缸高压油管，用起动机带动柴油机运转直至高压油管持续出油为止)；检查高压油路有无泄漏；检查油路是否通畅；检查柴油滤清器是否堵塞(松开细滤器出口螺栓，用起动机带动柴油机运转，看是否有柴油喷出或流出，若只有少量柴油流出，则可以判定滤芯堵塞)；检查轨压传感器初始电压值是否在 500mV 左右，或设定轨压是否为 30~50MPa(用 KTS 故障诊断仪，若无检查设备，可以拔掉轨压传感器插接器尝试再起动)，若不正常首先检查插接器是否牢靠；检查流量计量单元是否完好，拔掉插接器尝试再起动；检查进油管及回油管是否有弯曲、折弯处。

⚠提示：共轨系统对燃油油路要求较高，低压油路(油箱、燃油粗滤器、燃油细滤器、输油泵、进油管及回油管)、高压油路(高压油泵、共轨、高压油管、喷油器)都要保证密闭。任何一个环节出了问题，轨压都不能正常建立。

9) 共轨压力持续超高

① 故障现象：诊断仪显示轨压持续 2s 高于 160MPa。

② 诊断与排除：检查燃油计量阀是否损坏；燃油压力卸压阀是否卡滞。

10) 机械组件故障

① 故障现象：参照机械维修经验，如油路不畅、泄漏或油路有空气、输油泵进口压力不足、起动机损坏；阻力过大，缺机油或者未置于空档；进排气门调整错误等。

② 诊断与排除：检查燃油或机油路；检查进气或排气路；检查滤清器是否阻塞等。

⚠提示：同为博世共轨系统，但机型不同，其诊断与排除方法有所不同，应注意对比机型。

(2) 电控柴油机功率不足故障　电控柴油机功率不足的故障比较常见，但是故障原因复杂，机型不同、电控系统不同，故障原因有所差异，应结合具体机型，参考相关技术资料进行诊断和排除。

特别注意：不同机型的传感器及执行器的失效保护模式是不同的，应加以区别。

下面以大多数国Ⅲ柴油机所采用的博世第二代 CRS2.0 共轨系统为例，来介绍电控柴油机功率不足故障的诊断与排除方法。

1) 热保护引起功率不足

① 故障现象：冷却液温度过高；进气温度过高；燃油温度过高；冷却液温度传感器线路故障(如断路)；进气温度传感器线路故障(如断路)；燃油温度传感器线路故障(如断路)。

② 诊断与排除：检查发动机冷却系统；检查发动机气路；检查燃油系统；检查进气温度传感器本身或信号线路是否损坏；检查冷却液温度传感器本身或信号线路是否损坏；检查燃油温度传感器本身或信号线路是否损坏。

⚠ 提示：上述温度值可用诊断仪读取数据流获得；断路故障可用万用表测量。

说明：目前，电控柴油机普遍采用热保护系统，当温度值超过设定的阈值，ECU 则会控制喷油器减少喷油量，使发动机输出转矩减少，功率下降。

2) 电控柴油机进入失效保护模式(Limp-Home)

① 故障现象：共轨压力传感器(图 2-10)损坏或线路故障；燃油计量阀(图 2-10)驱动故障，阀损坏或线路故障；诊断仪显示油门无法达到全开等；高原修正导致油轨压力传感器信号漂移；高压油泵闭环控制类故障；增压压力传感器(图 2-10)损坏或线路故障；诊断仪显示凸轮信号丢失(仅靠曲轴信号运行，对起动时间的影响不明显)；诊断仪显示曲轴信号丢失

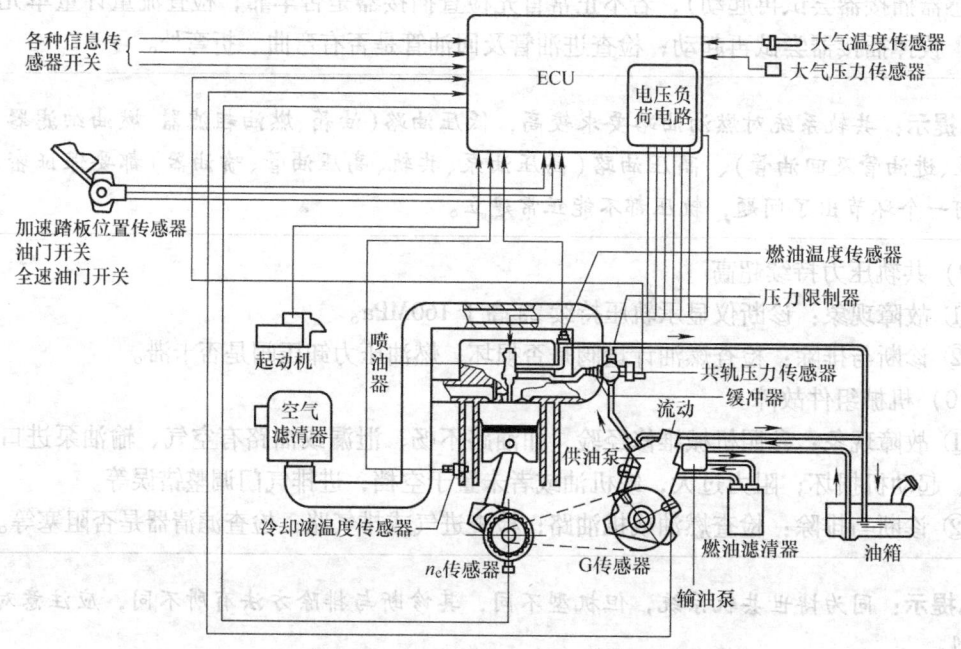

图 2-10　CRS 6HK1-TC 型柴油机电控共轨燃油系统示意图

（仅靠凸轮信号运行，起动时间较长）。

② 诊断与排除：诊断仪显示轨压位于 70~76MPa，随转速升高而升高，则可能燃油计量阀或驱动线路损坏；诊断仪显示轨压固定于 72MPa，则可能为轨压传感器或线路损坏；发动机最高转速被限制在 1700~1800r/min（机型不同，有所差异）；回油管温度明显升高；油轨压力信号漂移（检查物理特性，更换共轨管）；高压油泵闭环控制类故障（检查高压油路是否异常，否则更换高压油泵）；检查凸轮传感器信号线路及凸轮传感器是否损坏，检查凸轮信号盘是否损坏或附着脏污；检查曲轴位置传感器信号线路及曲轴位置传感器是否损坏，检查曲轴信号盘是否损坏或附着脏污。

3) 机械系统原因

① 故障现象：进、排气管路阻塞，冒烟限制起作用；增压后管路泄漏，冒烟限制起作用；油路阻塞或泄漏；增压器损坏（例如旁通阀常开）；低压油路有空气或压力不足；进、排气门调整错误；喷油器雾化不良，卡滞等；机械阻力过大；其他机械原因。

② 诊断与排除：检查高压或低压燃油管路；检查进、排气系统；检查喷油器；参照机械维修经验进行。

⚠ 提示：同为博世共轨系统，但机型不同，其诊断与排除方法有所不同，应注意对比机型。

(3) 电控柴油机怠速不稳故障　电控柴油机怠速不稳故障较为常见，但是故障原因相对复杂，机型不同、电控系统不同，故障原因有所差异，其故障诊断与排除应结合具体机型，参考相关技术资料进行。下面以玉柴所采用的博世共轨系统为例，来介绍电控柴油机怠速不稳故障的诊断与排除方法。

1) 同步信号间歇错误引起怠速不稳

① 故障现象：故障灯闪烁；诊断仪出现 P0016 等相关的故障码。

② 诊断与排除：检查曲轴与凸轮轴位置传感器及其线路；检查曲轴与凸轮轴位置传感器的间隙；检查曲轴与凸轮轴位置传感器的信号盘。

2) 喷油器驱动故障引起怠速不稳

① 故障现象：故障灯闪烁；诊断仪显示喷油器驱动线路出现偶发故障（短路或断路）。

② 诊断与排除：检查喷油器的电磁阀及其线路。

3) 油门信号波动引起怠速不稳

① 故障现象：故障灯有时亮；诊断仪显示松开电子油门后仍有开度信号；诊断仪显示固定油门位置后油门信号波动。

② 诊断与排除：检查加速踏板位置传感器及其插头连接是否可靠；检查油门信号线路是否进水或磨损导致油门开度信号漂移；必要时，更换电子油门。

4) 机械方面故障引起怠速不稳。故障原因及诊断与排除方法如下：

① 进气管路或进、排气门泄漏，视情修理。

② 低压油路堵塞或漏气，视情修理。

③ 因机油不足等原因造成发动机阻力过大，视情修理。

④ 某缸缸压不足，视情修理。

⑤ 某缸喷油器积炭或过度磨损，视情修理或更换。

5）其他方面的原因引起怠速不稳
① 燃油质量差，含水或蜡质。
② 具有车速传感器的整车，车速信号输入错误。

知识链接

1. 电控柴油机故障码的自诊断操作

目前，国Ⅲ电控柴油机普遍利用故障自诊断灯来读取故障闪码（即，不需要诊断仪），从而对柴油机电控系统进行初步诊断。

故障自诊断灯：当电控柴油机出现故障时，可以通过整车仪表板上的闪码灯读出闪码，参照闪码表初步判断故障原因。故障自诊断开关及闪码灯如图2-11所示。

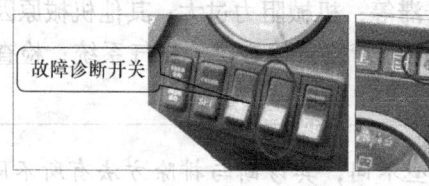

图2-11　故障自诊断开关及闪码灯

故障码读取操作：
① 将点火开关置于"ON"位置。
② 先按下再松开故障诊断请求开关。
③ 闪码灯将报出闪码。
④ 每一次操作只闪烁一个闪码（图2-12），直至循环至第一个为止。
⑤ 闪码由三位数组成。闪码324的读取，如图2-12所示。

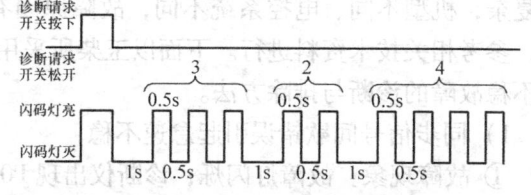

图2-12　闪码324读取示意图

注意：闪码闪烁时间和间隔时间可以由柴油发动机厂自行定义。随着柴油机电控技术的不断发展和完善，建议用专用故障诊断仪进行进一步的判断为更好。

2. 电控柴油机故障码的仪器诊断操作

以康明斯ISBe高压共轨电控柴油机为例，介绍电控柴油机故障码的仪器诊断操作技术。

（1）故障指示灯自检　当点火开关置于"ON"位置，同时诊断开关在"OFF"位置时，四种指示灯（报警、停机、维护和等待起动指示灯）将依次点亮约2s，然后熄灭，以进行自检。如果指示灯按上述条件点亮，说明指示灯工作正常，接线正确，如图2-13所示。

（2）检查故障码操作　柴油机电控系统若没有记录下故障码，故障指示灯将保持熄灭

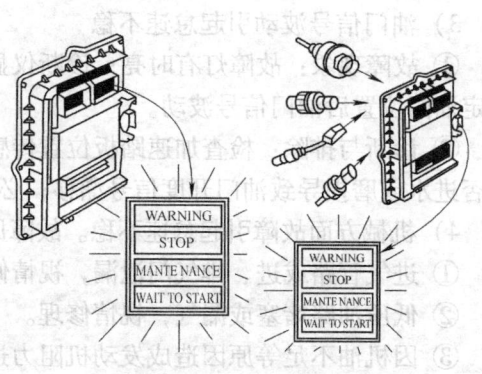

图2-13　故障指示灯自检

状态。如果存在一个现行故障码,指示灯将保持亮着。若报警指示灯"WARNING"亮着表明有故障存在,但车辆能行驶并且需要尽快修理。若停机指示灯"STOP"点亮,则说明应尽快、安全地使车辆停驶,并且进行检修,以保护发动机。

⚠提示:有些故障状况与发动机保护相关联。如果选用发动机保护性停机功能,ECM可能由于故障码而使发动机停机。有些原始设备制造商(OEM)在发动机出现保护性故障时,通过蜂鸣器发出声音,使驾驶人知道有严重故障,并应立即停机。

(3) 数据存储与读取故障码 使用INSITE^{TM}可以得到附加的故障码信息,这些存储数据记录着故障发生时控制系统传感器和开关的数值或状态。该数据储存着自储存器清零后从第一次存储直到最近一次存储的故障,如图2-14所示。

使用INSITE^{TM}读取故障码时,应将INSITE^{TM}工具与J1708数据通信接口相连,并连接好所有部件,将点火开关置于"ON"位置,开始读取故障码。

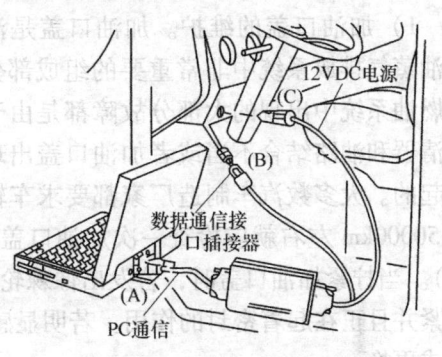

图2-14 读取故障码信息

⚠提醒:故障码诊断完毕,应关闭诊断开关或取下短接线。

(4) 故障码的清除 用原始设备制造商(OEM)提供的INSITE^{TM}工具能够显示现行和非现行故障码。只有经过维修后,排除了故障,用INSITE^{TM}确认现行故障码不再起作用,并且已转变成非现行故障码时,才能用INSITE^{TM}清除掉非现行故障和相关故障信息。也就是经过维修后,发动机运转1min,用INSITE^{TM}工具确认现行故障码不再起作用,再用INSITE^{TM}清除非现行故障码。

2.1.4 发动机燃料供给系统维护实训

1. 汽车发动机燃料供给系统维护仪器设备

汽车发动机燃料供给系统维护作业的仪器设备主要有解码器(图2-15a)、电控柴油机高压共轨系统检测维修设备EPS815(图2-15b)、喷油器检测仪(图2-15c)、万用表、跨接线、接油盘、油压表、专用工具等。

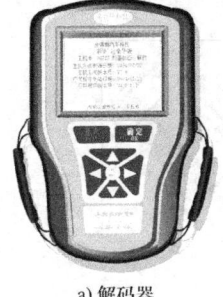

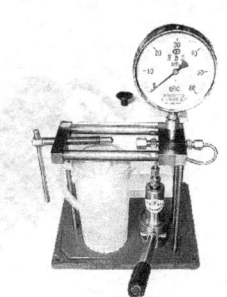

a) 解码器　　　　　　b) EPS815　　　　　　c) 喷油器检测仪

图2-15 汽车燃料系统维护常用仪器设备

2. 汽车发动机燃料供给系统的维护项目、作业内容、操作要领及技术要求

(1) 电控汽油喷射系统的维护 如图2-16所示，电控汽油喷射系统的结构主要由汽油箱、电动汽油泵、汽油滤清器、油压调节器、燃油分配管及喷油器等组成。其相应维护项目、作业内容、操作要领、技术要求以及注意事项如下。

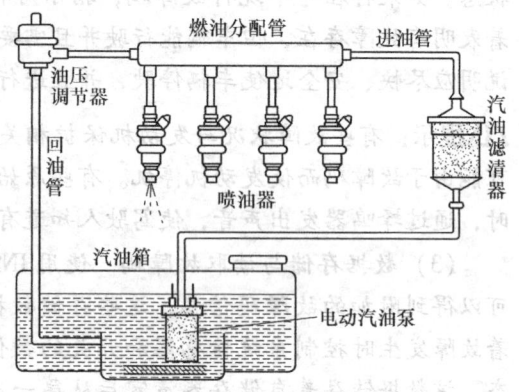

图2-16 桑塔纳、捷达轿车燃料供给系统的结构原理

1) 加油口盖的维护。加油口盖是汽车上燃油蒸气排放系统中非常重要的组成部分。汽车燃油系统中出现的大部分故障都是由于燃油滤清器和油路结合不当或者加油口盖出现缺陷引起的。大多数汽车制造厂家都要求车辆每行驶50000km左右就应检查一次加油口盖（图2-17）。当拧紧加油口盖时，若发出像棘轮一样的"咔嗒、咔嗒"声，则说明加油口盖安装的很紧并且正在起着密封的作用。若明显感到费力，则可能是由于螺纹错扣引起的，应进行检查或更换。

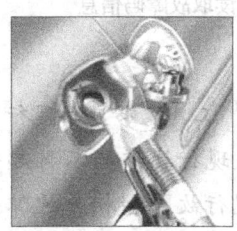 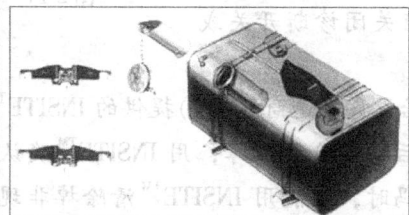 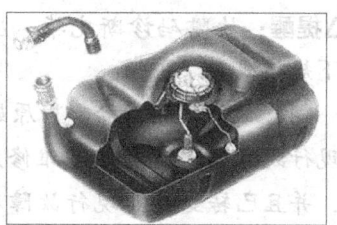

图2-17 汽车加油口盖的检查与更换

2) 燃油滤清器的更换。一般电控汽油机的燃油滤清器在车辆每行驶到48000~96000km时就应进行更换。其方法是：放松油路和燃油滤清器接合处的夹紧装置（图2-18圈中部分），然后将燃油滤清器从油路中拆下来，紧接着用塞子塞住油路，以防止燃油溢出。

⚠️提示：大部分安装在油路中的燃油滤清器都标有两个箭头，一个是燃油流入箭头，另一个是燃油流出箭头，用箭头来表明燃油经过燃油滤清器时的流向（图2-18）。

图2-18 燃油滤清器的更换

⚠ 注意:

① 在油路中所使用的夹紧装置,是专门设计的,在橡胶软管和燃油滤清器接合处把这两个部件紧紧地夹住,以达到密封的效果。与普通的夹紧装置相比,这种夹紧装置不会切入橡胶软管,因此也不会对橡胶软管造成伤害,同时这种夹紧装置还能承受很高的油压。

② 更换燃油滤清器时,须在发动机冷机的状态下进行,以免排气管排出的高温废气点燃燃油。同时按照汽车制造商指定的操作规程释放燃油系统中的压力。通常采用的办法是:拆下燃油泵熔断丝或者燃油泵继电器,并转动发动机,从而释放大部分燃油压力,以免燃油喷出而发生火灾。

3) 燃油泵的更换

① 当发现燃油泵供油不足、运转发热或发出噪声等现象时,应检修或更换燃油泵。其方法是,先清除油箱顶部所有积聚的道路灰尘和污垢(特别要注意清除掉油箱加油口盖顶部区域的尘土),拆下连接燃油泵总成与油箱的燃油软管之后,用盖盖住进油管以避免将灰尘吹入油箱;拆下燃油泵之后,检查燃油过滤网是否被锈污、灰尘堵塞(图2-19)。

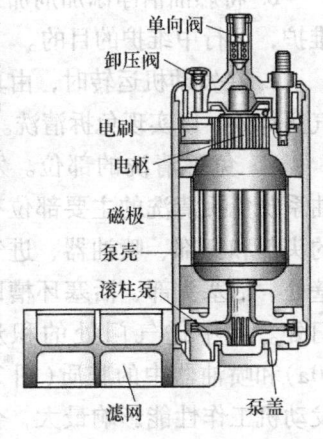

图2-19 燃油泵的更换

⚠ 提示:有些燃油的酒精含量高达10%以上,而这些酒精会吸附积聚在油箱中的水。仔细检查油箱内部,如果发现上述任何污染物,则在安装新燃油泵之前必须将其从油箱中清理干净,然后再冲洗并干燥油箱。如果油箱的内部生了锈,则必须把锈清理掉,并密封好油箱的内表面。

② 拆下燃油泵锁环后,必须更换油箱密封垫。将新燃油泵安装在汽车上时,要防止油箱的加油管口、进油口和出油口接触污物。在重新连接燃油管路之前,要用毛巾塞住任何暴露于空气中的油箱开口,用胶布将各个接头缠住,以免从车上掉落的灰尘和碎屑污染新更换的燃油泵。

⚠ 注意:在安装新燃油泵时,若需要更换燃油软管,则一定要使用标有 SAE R-7 或更高级别的燃油软管,以免爆管。如果燃油泵电路设置了油压安全开关,则还应检查该开关是否正常,如果开关有问题,则应更换。交车之前,应再次检查燃油系统是否存在泄漏的现象。

4) 电控汽油机燃料供给系统的免拆清洗

① 免拆清洗的背景。汽车免拆维护是指汽车"不拆卸维护,运行中维护,全寿命使用"的现代汽车维护新模式和新技术,是有别于传统汽车维护的全新概念和最新发展动向。

燃油油路的免拆清洗属于维护范畴,随着我国汽车维修市场逐步与国际接轨,"以养代修,免拆维护"的理念深入人心。目前,从国外引进或自行开发的免拆清洗设备和技术已大批进入汽车维修市场,使得广大汽车维修企业对车辆各运行系统进行免拆清洗有了市场需求和技术保障。

② 免拆清洗的意义。发动机燃油系统免拆清洗的意义在于：利用发动机燃油系统免拆清洗机，在不拆卸喷油器、燃油分配管、滤清器、各油管接头、进气歧管、进气门等供油系统和进气系统各部件的前提下，可以迅速、可靠、无损地清除其中的胶质、漆膜和积炭等积垢，从而恢复系统功能，避免因人为拆卸而损坏喷油器及各接头密封圈，防止因燃油泄漏而引发火灾。

③ 免拆清洗的方式。目前市场上提供的免拆清洗设备及清洗液种类繁多，但质量都比较可靠，清洗效果也较好，而且对氧传感器等元件没有什么损害。其清洗方式，一般有以下几种：

a. 用免拆清洗设备代替燃油泵和燃油箱，并将具有燃烧功能的清洗液供给发动机，使发动机正常运转，从而在运行中清洁燃油喷射装置和进气系统部件。

b. 将燃油清净添加剂加入燃油箱中，作为有清洁功能的燃料进行燃烧，以达到使用中维护，运行中维护的目的。

c. 在发动机运转时，由真空软管将燃油清洗剂吸入进气总管、节气门、进气歧管和进气门等处，以实现免拆清洗。

④ 免拆清洗的部位。发动机燃油系统免拆清洗的主要部位有进气门的头部和杆部、喷油器、进气歧管管壁处、活塞头部、活塞环槽以及排气门处。其中进气门处的积炭(图2-20a)和喷油器中的胶质(图2-20b)对发动机工作性能影响最大，会使发动机冷车起动困难、加速不良、怠速不稳。

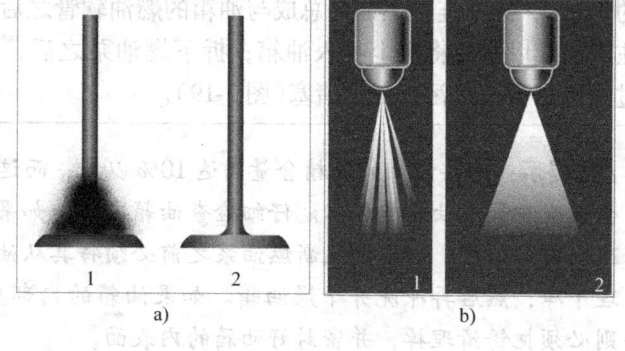

图 2-20 积炭和胶质的形成

知识链接

喷油器正对着进气门头颈部进行喷射(对于缸外喷射而言)，使汽油中的胶质和其他不挥发物易在此沉积，而进气门头颈部300℃左右的高温环境又促使沉积物和积炭的多孔化；而多孔状的积炭又容易吸附汽油而形成更多的积炭。其危害如下：

a. 积炭减小了进气通道，降低了发动机充气系数，从而导致高速和加速时气缸进气量减少，造成发动机功率下降、加速不良。

b. 积炭降低了发动机工况转换的灵敏度。例如冷机起动困难，往往是由于喷油器所喷出的燃油被进气门上多孔积炭吸收，造成实际进入气缸的混合气过稀，从而使发动机难于起动。

c. 当进气门头颈部上的积炭落入进气门座的接触通道上时，会造成气缸压力不足而难于起动。

d. 当进气门杆上也附着积炭时，易使气门杆与气门导管之间卡滞，造成气门不能及时关闭，使活塞撞击进气门，从而导致发动机异响，甚至导致进气门和活塞的损坏。

⑤ 免拆清洗的时机。确定发动机燃料系统进行免拆清洗的主要时机如下：

a. 冷车起动困难、加速不良，从其他转速回到怠速时出现短时怠速不稳现象。

b. 氧传感器电压在 0.10~0.95V，且变化较慢（好的发动机常在 0.3~0.7V 变化）。

c. 常用中、低负荷（市区行驶）行驶的车辆，行驶 20000~40000km（若用了劣质汽油，行程更短）就应清洗发动机燃料系统。

d. 突然因气缸压力过低而导致发动机不能起动或起动困难，且怀疑是由于积炭落在进气门与气门座圈之间的，则应清洗发动机燃料系统。

⚠️提示：以上各项中，"b"中的指标最重要，也最直观，用故障诊断仪可以从测量数据块（保持帧）中迅速读出而进行判断。

⑥ 燃油系统免拆清洗的要领。燃油系统清洗如图 2-21 所示。

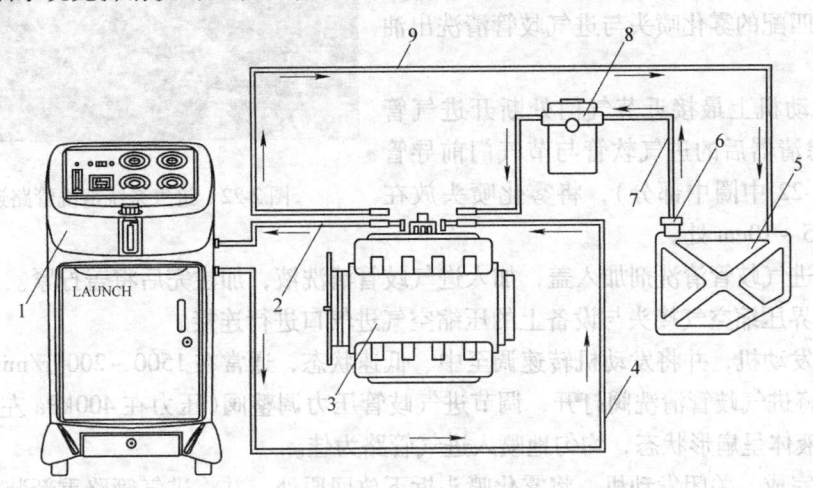

图 2-21 燃油系统清洗管路连接

1—CFC-202 清洗机 2—清洗回油管 3—发动机 4—清洗出油管 5—油箱 6—燃油泵
7—发动机出油管 8—滤清器 9—发动机回油管

a. 拧下汽车加油口盖，释放油箱内的压力。

b. 起动发动机，拔掉燃油泵继电器、熔断丝或者插头，让车辆慢慢熄火，释放燃油管路中的压力。然后关闭点火开关。

c. 将燃油清洗设备上的出油管用相匹配的管路接头，连接到发动机的燃油系统进油管上，用相匹配的工具将发动机的回油管连接。

⚠️注意：如发动机只有进油管，而没有回油管的，就不必连接回油管。

d. 拧开燃油清洗剂加入口盖，加入燃油清洗剂，加注完成后将加入口盖拧紧。

e. 将外界压缩空气接头与设备上的压缩空气口处连接。

f. 将燃油清洗阀箭头指向"开"，将燃油压力调节阀打开，慢慢调整至 200~400kPa 压力。

g. 起动发动机，使其处于怠速状态清洗。

⚠ **注意**：在起动发动机前应仔细检查各个连接部分有无渗漏现象。在清洗过程中将发动机转速升至2000r/min，持续清洗3~5min，直到清洗液用完，发动机熄火为止。

h. 清洗完毕，将发动机关闭。慢慢将燃油压力调节阀调至最小，将燃油清洗阀箭头调至"关"。

i. 将连接到发动机上所有的接头拆下，重新连接好车辆油管，盖上加油口盖，连接好油泵继电器、熔断丝或者油泵插头。

j. 起动发动机，观察是否有漏油现象，检查发动机工作是否正常。

⑦ 进气歧管免拆清洗的要领。进气歧管清洗如图2-22所示。

a. 用相匹配的雾化喷头与进气歧管清洗出油管相连接。

b. 从发动机上最接近节气门处断开进气管路（即空气滤清器后的进气软管与节气门前导管接合处，图2-22中圈中部分），将雾化喷头放在节气门进口5~10cm处。

图2-22 进气系统清洗管路连接

c. 拧开进气歧管清洗剂加入盖，加入进气歧管清洗液，加注完后将盖拧紧。

d. 将外界压缩空气接头与设备上的压缩空气进气口进行连接。

e. 起动发动机，并将发动机转速调至中、低速状态，通常在1500~2000r/min。

f. 慢慢将进气歧管清洗阀打开，调节进气歧管压力调整阀（压力在400kPa左右），看到雾化喷头有液体呈扇形状态，均匀地喷入进气管路为佳。

g. 清洗完成，关闭发动机，将雾化喷头拆下放回原处，并将进气管路重新装回。

h. 重新起动发动机，检查是否有异常状态，如有则进行调整（包括进行电脑匹配、怠速重新学习等）。

(2) 机械柴油喷射系统的维护 如图2-23所示，机械柴油喷射系统的结构主要由柴油箱、柴油滤清器、喷油泵、喷油器、喷油提前角调节器、高压油管等组成。其主要维护项目及操作要领如下：

1) 一般检查与调整

① 加速操纵钢索的检查与调整。

第1步：起动发动机暖机至最低稳定怠速状态。

第2步：确认最低怠速转速是否符合规定值。

第3步：关闭发动机。

第4步：检查加速操纵钢索有

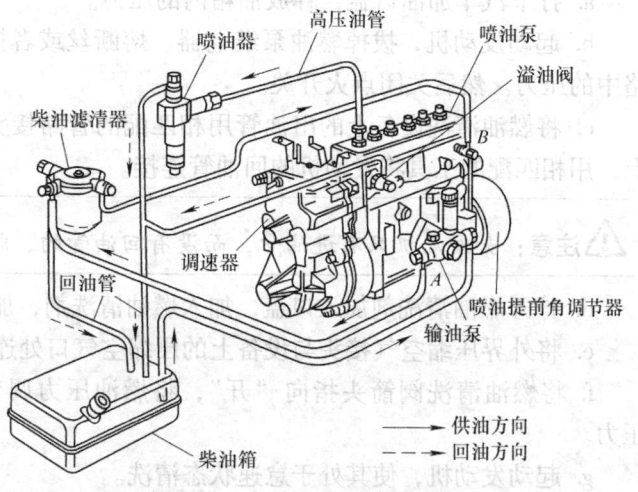

图2-23 机械柴油喷射系统组成

无折弯现象。

第 5 步：检查内侧钢索活动间隙。

第 6 步：如发现钢索过松或过紧时，应按如下要领调整。

a. 拧松调整螺母，将节气门操纵臂转到最小转速位置（图 2-24）。

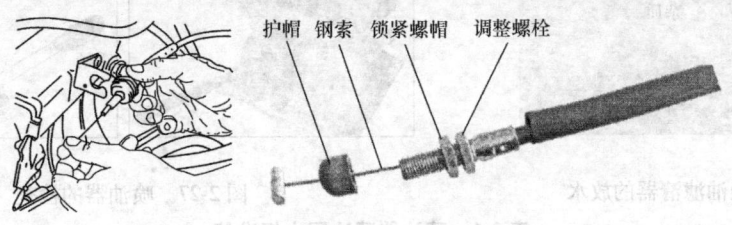

图 2-24 加速操纵钢索的检查

b. 拧紧调整螺母至节气门操纵臂即将移动为止，然后使调整螺母反转一圈，再用锁紧螺母加以固定，此时加速操纵钢索的松紧度应达到标准值：1~2mm。

c. 调整加速踏板的挡块，使其在节气门操纵臂处于全关位置时，刚好碰到踏板臂上。

d. 调整后检查确认在操作加速踏板时，节气门操纵臂是否从全开位置顺利地转到全关位置。

② 柴油滤清器的检查时机和检查方法。检查时机：在车辆进行维护，放出燃料箱内的燃油之后补加燃料或更换柴油滤清器时进行检查。其检查步骤如下：

a. 脱去供油主软管，松开柴油滤清器上的放气螺钉（图 2-25 中的圈中部分）。

b. 用干净抹布盖住放气塞四周，在反复放气之后，拧紧螺钉。

c. 反复按压手动泵直到手感觉到沉重为止。

③ 柴油滤清器的放水。为了分离出混合在燃料中的水分和杂质，选择在流速较小的滤清器入口处油路上设置了油水分离装置，利用沉淀分离原理，分离出柴油中的水分和杂质。

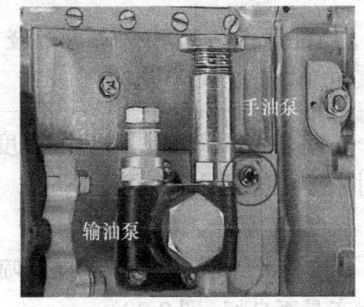

图 2-25 柴油滤清器的检查

柴油滤清器用来滤除柴油中的灰尘等异物，其过滤细度可达 5μm 以下；根据发动机的使用要求，应定期进行清洗或更换。

当柴油滤清器警告灯亮时（若装配时），说明滤清器内有水，应按如下要领放水。

a. 松开放水螺塞（图 2-26 下部圈中部分）。

b. 操作手动泵（图 2-26 上部圈中部分），放净内部积水之后，用手拧紧放水螺塞。

2）喷油器的检查与调整

① 喷射开始压力的检查与调整

a. 将喷油器壳体安装在试验器上（图 2-27）。

b. 以每秒 1 次的速度摇动试验器的手柄。

c. 随着手柄的摇动，压力计指针缓慢上升，当喷油器开始喷射时指针抖动。在试验中注意确认压力计指针开始抖动时的压力是否符合标准值，见表 2-1。

图 2-26 柴油滤清器的放水

 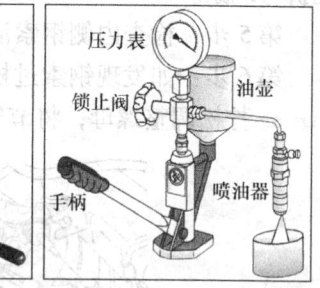

图 2-27 喷油器的检查

表 2-1 喷油器喷油压力标准值

标准压力	开启压力：11.76MPa
	调节压力：12.25 以上
	最低压力：10.98MPa 以上

d. 如果喷射压力不符合规定值，应分解喷油器（图 2-28），以更换调整垫片厚度的办法调整喷射压力，使之符合规定值。调整垫的厚度每变化 0.1mm，喷射压力将改变 0.98MPa。

⚠ 注意：在分解喷油器时谨防灰尘等杂物进入喷器内，以免损坏精密偶件。

e. 如果以改变调整垫片厚度的办法无法调整喷射压力时，应更换喷油器整件。

② 喷雾状态的检查

a. 以每秒 2 次的速度摇动喷油器试验手柄，检查喷雾状态是否良好（图 2-29）。

图 2-28 喷油器的分解

⚠ 提示：在喷射状态为油柱形时，喷射颗粒大，喷射后可能残留油液于喷油口处，这在检查中属常遇现象，说明喷油器的功能属于正常。

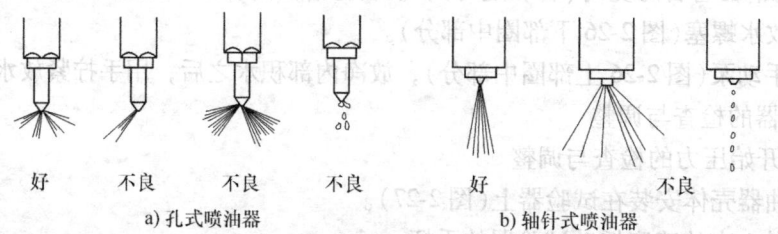

图 2-29 喷雾状态的检查

b. 以每秒 4~6 次的速度摇动试验器的手柄。

c. 查看此时的喷雾锥角是否很小（接近零度），且检查喷雾状态是否良好。

d. 如果喷雾状态属于不良状态,则应分解喷油器,更换喷油管或喷油器组件。

e. 检查喷油器停止喷射燃油之后是否有柴油从喷口滴出(图 2-30)。

③ 针阀振动状况的检查

a. 在摇动试验器的过程中,如振动伴随异常声音传递到试验器手柄上,说明其工作正常。如针阀振动状况不良,应分解后更换喷油管或喷油器组件。

b. 用喷油器试验器往喷油器内腔加压至 9.8~10.78MPa。在维持此状态下,检查喷油管四周有无渗漏情况(图 2-31)。

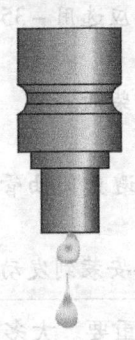

图 2-30 喷雾停止后的检查　　　　　　　图 2-31 喷油管渗漏情况的检查

(3) 电控柴油喷射系统的维护　图 2-32 所示为目前电控柴油喷射系统的主流结构电子控制柴油共轨喷射系统。其结构组成主要由柴油箱、柴油滤清器、供油泵、喷油阀、供油量控制阀、燃油压力传感器、电子驱动单元 EDU、高压油管及回油管等组成。

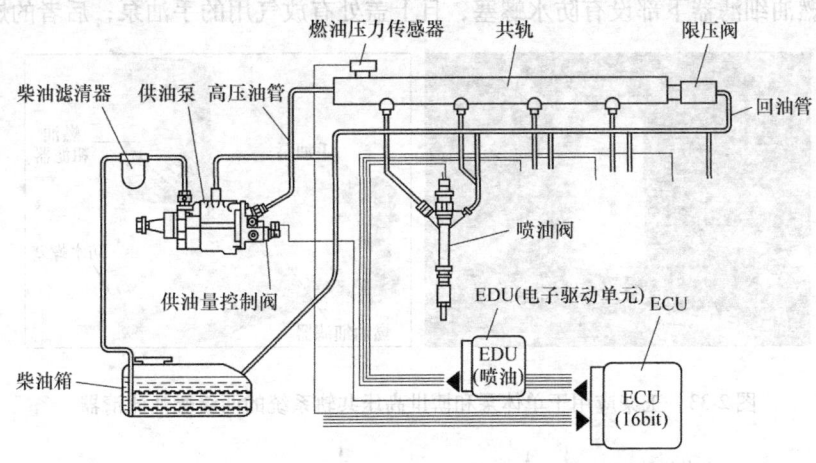

图 2-32 电控柴油共轨喷射系统的组成

目前,国内生产的国Ⅲ柴油机,绝大部分是在国Ⅱ柴油机的基础上,对柴油机做了适当的改进并加装了电子控制系统,另外,国Ⅲ柴油机几乎全部加装了废气涡轮增压器(带中冷器,通常采用空冷),使用与维护中应对此特别注意。

这里主要以国Ⅲ柴油机和国内常见的进口电控柴油机为例加以介绍。其主要维护项目及操作要领如下:

1) 油路部分的维护

① 应满足对柴油清洁度的特别要求。相对于传统机械式柴油喷射系统而言,电控系统

对柴油的清洁度要求更为苛刻。因为电控系统要产生更高压力的燃油以及实现更高精度的控制。所以其喷射系统内部量孔更加精细，运动元件的配合也更加精密。不清洁的柴油会使单体泵、共轨高压泵及电喷器堵塞而失效，也会使运动元件受到磨损而缩短使用寿命。

> ⚠ **特别提醒**：因电控系统对柴油品质的要求相当严格，柴油应选用相当于欧洲 EN590 标准的柴油，国内要求选用符合北京地区国Ⅲ柴油标准 DD11/239 规定的轻柴油，并随着地区环境气温的不同而选用不同牌号的柴油。一般夏季选用 0 号，冬季选用 -10 号，当环境温度为 -20℃ 时，应选用 -20 号，当环境温度为 -30℃ 时，应选用 -35 号。不按要求选用柴油将造成电控系统的损坏。同时还应注意：
> a. 不要加注不符合国家标准的柴油，应该在正规的加油站加注柴油。
> b. 不要让加注后的柴油受到污染。
> c. 在需要拆装柴油管路时，必须保持手及所用工具的清洁，避免柴油管路受到污染，必须按照各电控柴油机维修手册要求的拆装方法进行操作。
> d. 在更换柴油滤清器时，不允许向新柴油滤清器注满柴油后再安装到发动机上。

② 柴油滤清器的更换。柴油的清洁度对电控柴油喷射系统非常重要。大多数电控柴油喷射系统都采用两级专用高效的燃油滤清器，即安装在车辆上的燃油预滤器（粗滤器）和安装在发动机上的燃油精滤器（细滤器）。

图 2-33 所示为玉柴指定应用于单体泵和博世高压共轨系统中的 Racor 型燃油滤清器及其安装位置，图 2-34 所示为应用于德尔福高压共轨系统中的燃油滤清器。两者的不同之处在于：前者的燃油细滤器下部设有防水螺塞，且上盖处有放气用的手油泵；后者的燃油粗滤器

 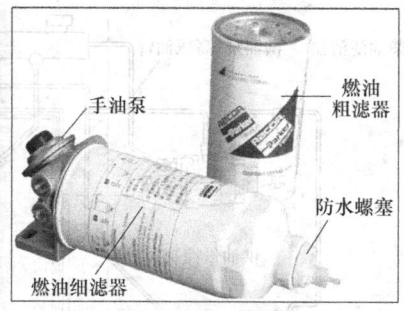

图 2-33　玉柴应用于单体泵和博世高压共轨系统的两级燃油滤清器

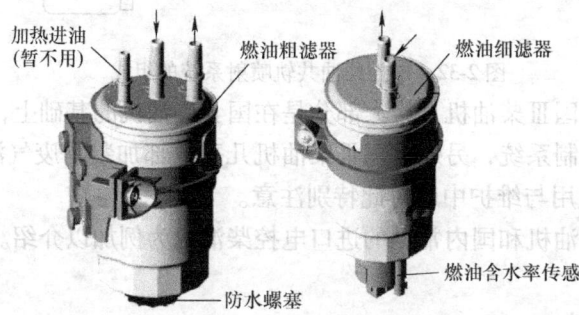

图 2-34　德尔福高压共轨系统的两级燃油滤清器

下部才设有防水螺塞(但上盖处没有放气用的手油泵),而燃油细滤器下部无防水螺塞,但设有燃油含水率传感器(用于检测燃油中水分的含量,当沉淀的水容量超过一定的范围,会接通报警灯,提醒驾驶人放水)。

柴油滤清器的更换周期为:车辆每运行10000~12000km或累计运行200~250h(先到为准),更换一次柴油滤清器。

> ⚠ 注意:
> 　　更换柴油滤清器时,一定要使用指定的配件,应认准附表中各电控柴油机零部件的商标,如图2-33中细滤器上的"Racor"标记。
> 　　若用户使用劣质燃油滤清器与油水分离器,易引发发动机无法起动、起动困难、功率不足等故障。
> 　　绝不允许使用传统(欧Ⅱ或欧Ⅱ以前)的柴油滤清器或不经厂家认可的其他产品,否则容易造成电控系统的过早磨损。
>
> ⚠ 特别提醒:电控柴油机运行一段时间后,务必注意对油水分离器适时放水,放水周期视所选用柴油的含水情况而灵活调整。

③ 燃油系统的排水。当油水分离器内的水位达到设定水位时,油水分离器水位警告灯点亮(在仪表板上)。在柴油机运转过程中,油水分离器水位警告灯常亮,表示需及时排水。油水分离器的排水方法如下:

a. 将车辆停放在安全、平坦的地方。

b. 打开发动机盖,将容器放在油水分离器排水塞下面的排水管底部。

c. 顺时针方向旋松排水塞,上下操纵油水分离器手动输油泵(图2-35)。

d. 排水后,逆时针方向将排水塞拧紧,然后,上下按动手动输油泵几次。

e. 起动发动机,确认排水塞不漏油,同时检查油水分离器指示灯是否熄灭。

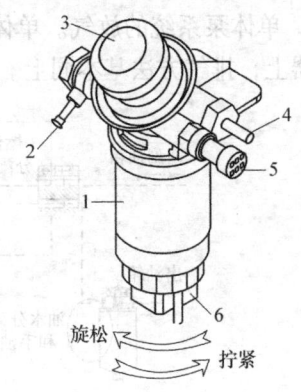

图 2-35　含油水分离器的燃油滤清器
1—滤芯总成　2—进油管接头　3—手油泵
4—出油管接头　5—电插头　6—排水塞

④ 供油系统放气。当供油系统因故拆解后,必须进行放气。

a. 共轨系统的放气。首先,应注意手油泵的安装位置。如图2-36所示,博世(Bosch)共轨系统的按压式手油泵安装在燃油滤清器上(箭头所示),电装(Denso)共轨系统的活塞式手油泵安装在高压油泵上,德尔福(Delphi)共轨系统的挤压式手油泵则单独安装在低压管路上。

然后,将放气螺钉拧松(不要拧掉),操作手油泵,至放气螺钉处不再有气泡冒出为止,最后将其拧紧即可。

> ⚠ 注意:关掉发动机电源后再排空,不允许拧松高压油管螺母进行排空,高压部分的排空由高压油泵运行时自动将空气排回油箱内。并及时清理排空时流到发动机和车架上的柴油。

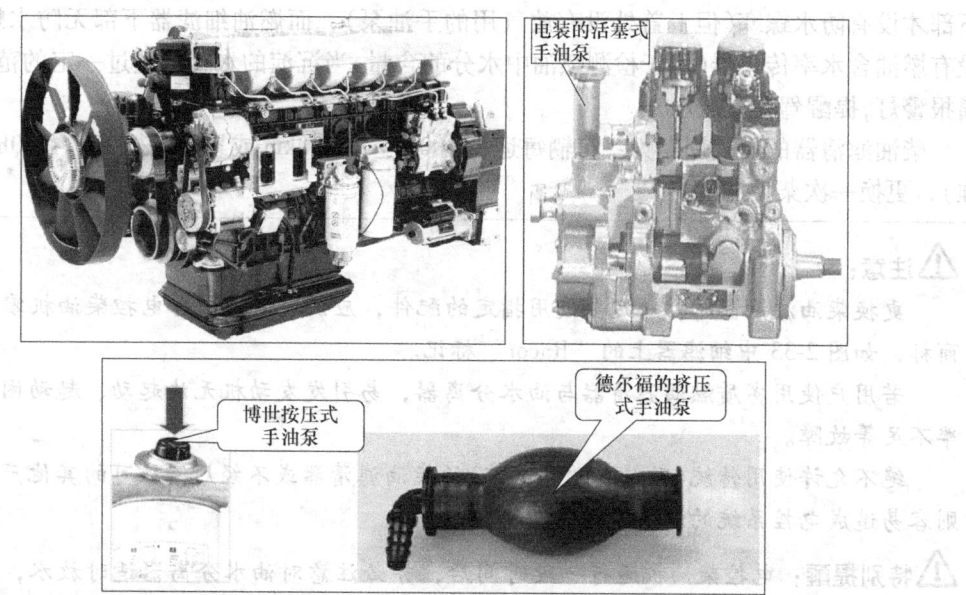

图 2-36　博世、电装、德尔福共轨系统手油泵的安装位置及其形状

b. 单体泵系统的放气。单体泵系统的燃油管路布置如图 2-37 所示。手油泵安装在燃油粗滤器上，排气方法基本同上。这里不再赘述。

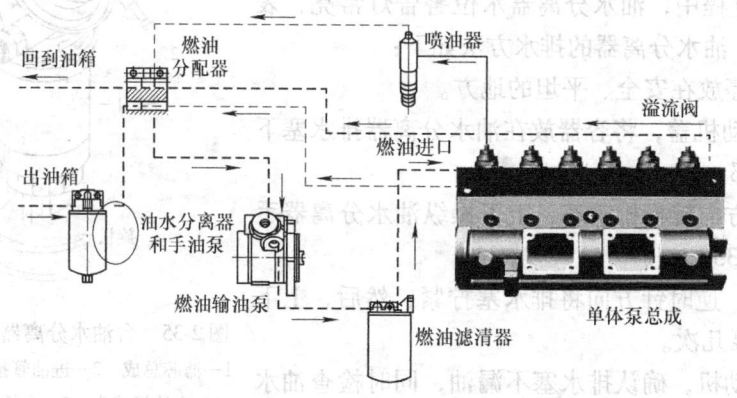

图 2-37　单体泵系统燃油管路布置示意图

2）电气部分的维护。电控柴油机的电气元器件主要有控制器、传感器、执行器和线束等。其电控元器件一定要保持干燥、无水、无油、无尘。

① 电控单元（ECU）的维护。ECU 是整个电控系统的"大脑"，由硬件和软件组成。安装时应远离发动机和车辆的高温区，在使用和维修过程中严禁碰撞、摔落和淋湿。图 2-38 所示为常见的几种 ECU。

> ⚠ **特别提醒：**
> ECU 必须安装在防水、防油、防振的地方。德尔福共轨系统的 ECU 壳体与车身必须绝缘良好，博世单体泵和共轨系统的 ECU 壳体与车身必须搭铁良好。

电控系统各个元器件虽然采取了一些防护措施，如传感器或执行器与线束插接器之间的连接采用了隔水橡胶套圈，电控单元(ECU)与线束之间的连接有盖板覆盖，但仍然不能用水直接冲洗发动机电控部分的零部件和插接器。

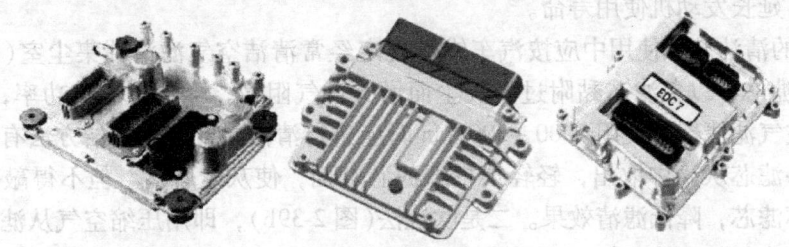

a) 德尔福单体泵ECU　　b) 德尔福高压共轨ECU　　c) 博世单体泵ECU

图 2-38　常见的 ECU

② 线束及相关元器件的维护

a. 拔插任何线束的连接部分之前，切记首先关掉点火开关与蓄电池总开关，然后才可进行电气部分的日常维护。

⚠警告：由于很多插接器都是塑料件，故拔插时禁止野蛮操作，一定要确保锁紧装置拉到位，插口中无异物进入。

b. 定期用洁净的软布擦拭柴油机线束上积累的油污与灰尘，保持线束与传感器和执行器的连接部分清洁干燥。

c. 当更换柴油机零部件后，如更换高压油管后，应立即用洁净软布或卫生纸将集结在电控系统接线柱周围的柴油吸干。

d. 当电气部分意外进水后，如电控单元(ECU)或线束被水淋湿或浸泡，切记首先切断蓄电池总开关，并立即通知维修人员处理，切不要自行运转发动机。

⚠警告：在维护整车线路时，若发现线束有老化、接触不良或外层剥落现象时应及时维修或更换。但对于传感器本身出现损坏时，一定要由专业的维修人员进行整体更换，不允许自行在车上简单对接或维修。另外，进行电焊作业时，一定要把总电源关掉并拔掉 ECU 上的所有插件。

③ 共轨喷油器的维护。共轨喷射系统的每个喷油器均设有 16 位修正码，一旦将喷油器修正码输入 ECU，则 ECU 和发动机必须配对，各缸喷油器之间不能互换。

④ 发动机故障指示灯的使用与维护。故障指示灯位于仪表板上，指示状态的颜色为红色。当电喷系统出现一般故障后故障指示灯点亮，如出现严重故障则闪烁。当打开点火开关后，系统对故障灯的线路进行自检，点亮故障灯，如系统无故障，则故障灯在 2s 后自动熄灭。

⚠提示：当电喷系统故障排除或消失后，故障指示灯应熄灭。当发生故障时，应及时通知相关的维修人员进行维修。

(4) 进气系统的维护 进排气系统的作用是保证进气清洁、充足,排气通畅。如果进排气系统出现问题,会引发零件过早磨损,油耗提高、功率不足等。

1) 汽油机空气滤清器的维护。现代汽油发动机大多采用纸质空气滤清器(图 2-39a)。纸质滤芯滤清效率高,灰尘的透过率仅有 0.1% ~ 0.4%。使用纸质空气滤清器能减轻气缸和活塞的磨损,延长发动机使用寿命。

① 滤芯的清洁。在使用中应按汽车维护规定经常清洁空气滤清器集尘室(即壳和盖合围的空间)和滤芯,以免滤芯黏附过多灰尘而增大进气阻力,降低发动机功率,增加油耗。通常情况下空气滤清器每使用 4000 ~ 8000km 时应进行清洁。常用的清洁方法有两种:一是轻拍法,即将滤芯从壳中取出,轻轻拍打纸滤芯端面,使灰尘脱落。但不得敲打滤芯外表面,防止损坏滤芯,降低滤清效果。二是吹洗法(图 2-39b),即用压缩空气从滤芯内部向外吹,将灰尘吹净。但压缩空气压力不得超过 294 ~ 588kPa,以防止损坏滤芯。

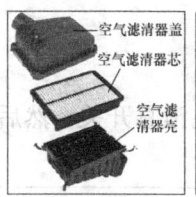 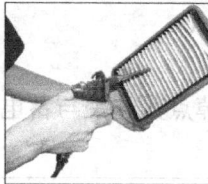  

a) 空气滤清器组成　　b) 空气滤清器的吹洗　　c) 滤芯的选择　　d) 空气滤清器的正确安装

图 2-39 汽油机空气滤清器的维护

⚠提示:纸质滤芯大多采用微孔滤纸,表面经过树脂处理,在发动机工作时,滤芯周围会粘附着一层灰尘,清洁时不能用水或油,以防止油水浸染滤芯。

② 滤芯的更换。应按汽车生产厂家使用手册规定的更换周期更换滤芯,如发现滤芯破损则不受此项限制,应及时更换。通常情况下空气滤清器每使用 20000 ~ 25000km 时应更换滤芯和密封垫圈。

③ 滤芯的选择。一般可从外包装和外观上识别滤芯的优劣(图 2-39c),也可在安装后检验。如装上新滤芯后,汽车排放的一氧化碳超标,不装滤芯时排放的一氧化碳达标,则表示该滤芯透气性差,为不合格滤芯。

④ 滤芯的安装。维护时滤芯上的密封垫圈必须正确安装到位(图 2-39d),以防止空气不经滤清器进入气缸。

⚠提示:空气滤清器的橡胶密封垫圈易脱落、老化变形,空气易从密封垫圈缝隙流过,把大量灰尘带进气缸。如密封垫圈老化变形、断裂,应更换新品。纸滤芯抗压能力低,不能装得过紧,否则易把纸滤芯压坏,影响滤清效果。

2) 柴油机空气滤清器的维护
① 拆下空气滤清器盖,晃动滤芯,检查是否已经松动。
② 拆下外滤芯(主滤芯)和内滤芯(安全滤芯),擦净内、外滤芯的密封胶圈,并检查密封胶圈是否损坏。
③ 检查内、外滤芯,如破损、严重变形、到报废期限,则应更换新的空气滤清器;如

未破损,外滤芯可用 0.15~0.4MPa 的压缩空气由里往外将其吹干净;内滤芯不能用压缩空气吹。

> ⚠警告:一旦出现空气滤清器堵塞,应立即停机清理或更换空气滤清器滤芯。绝对禁止发动机在不装空气滤清器或空气滤清器失效的情况下工作。
>
> ⚠提示:平时可以通过观察装在空气滤清后进气管上的空气阻力指示器来判断空气滤清器的堵塞情况,当空气阻力指示器的指示窗口由正常情况下的绿色变成红色,则表明滤清器进气阻力超过限定值,需要对其进行清理或更换。
> 如果空气滤清器上没有空气阻力指示器,则视环境空气中含尘量的高低来定期检查并清理或更换。一般,车辆每运行 50~200h,应对滤芯进行清洁,并检查密封性;每运行 2 个月(或 5000~8000km)应对空气滤清器的整体滤芯进行更换。

(5)排气系统的维护

1)曲轴箱通风装置的维护。曲轴箱通风装置一般分为汽油机的强制式曲轴箱通风装置和柴油机的自然式曲轴箱通风装置两种。在车辆的使用过程中,应定期检查曲轴箱通风装置的连接软管是否老化或产生裂纹。柴油机的自然式曲轴箱通风装置维护比较简单,这里不再赘述。下面着重介绍汽油机的强制式曲轴箱通风装置的维护。

> ⚠提示:如图 2-40 所示,一般汽油机在曲轴箱通风的管路上装有单向阀(即 PCV 阀)。该阀在更新曲轴箱内的气体和降低机油消耗量方面有重要的作用。因此,应结合汽车二级维护,使用煤油彻底清洗 PCV 阀及油气分离器或更换滤芯,确保发动机通风顺畅,工作正常。

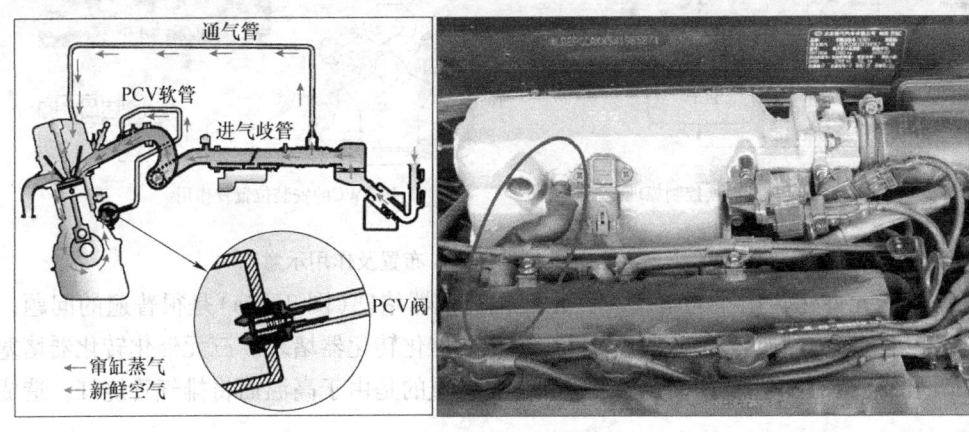

图 2-40 汽油机强制式曲轴箱通风装置的工作原理及 PCV 阀的安装位置

① 从强制式曲轴箱通风阀(PCV 阀)上拆下通气软管(图 2-40)。

② 从摇臂盖或进气总管(图 2-40 中的圈中部分)上拆下 PCV 阀。

③ 将手指压在 PCV 阀开口(图 2-41a),感觉进气歧管的真空度(手指是否被吸)。如果未感觉到真空时,则清洁或更换 PCV 阀。

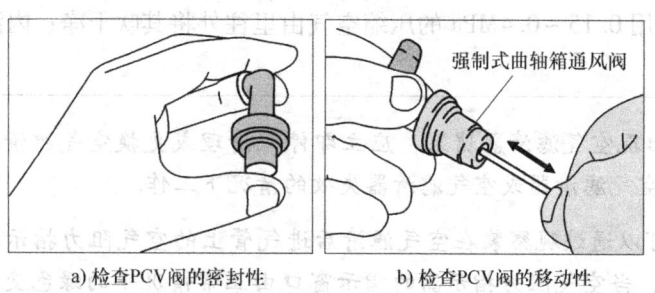

a) 检查PCV阀的密封性　　b) 检查PCV阀的移动性

图 2-41　PCV 阀的检查

> ⚠ **提示**：正常情况下，PCV 阀的柱塞应前后移动。若不移动可按如图 2-41b 所示的方法进行进一步检查。即将细棒插入到 PCV 阀，前后移动细棒以检查柱塞的移动状况。如果柱塞未移动，则表示 PCV 阀有阻塞，须清洁或更换 PCV 阀。

④ 重新将 PCV 阀与拆下的通气软管连接。

⑤ 起动发动机，怠速运转。

2）三元催化转化器的维护。三元催化转化器（图 2-42 中的 TWC）是利用铂、钯、铑等催化剂将排气中对大气有害的 CO、HC、NO_x 化合物等废气转化为对大气无害的 CO_2、H_2O、N_2 等物质，从而达到排放法规要求的重要部件。

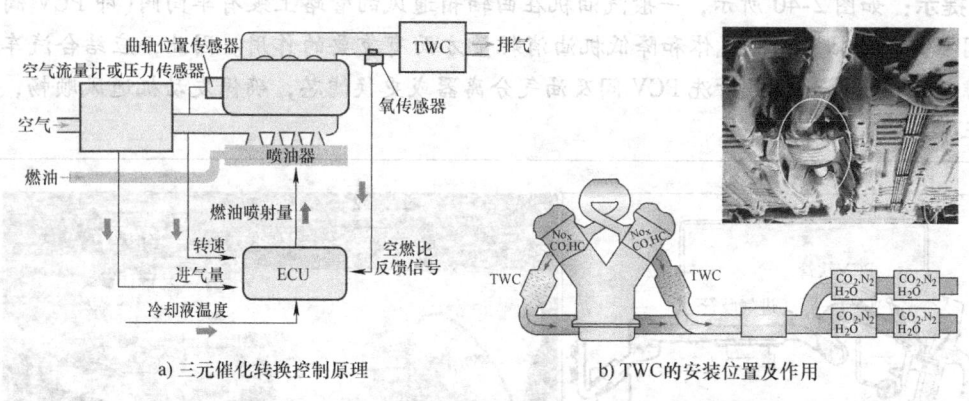

a) 三元催化转换控制原理　　b) TWC的安装位置及作用

图 2-42　三元催化转化器的原理、布置及作用示意图

① 防止三元催化转化器的堵塞。三元催化转化器堵塞（图 2-43a）是很普遍的问题，特别是道路拥堵、燃油品质较差的地区均易导致三元催化转化器堵塞。三元催化转化器堵塞不仅造成车辆油耗增加、动力下降、尾气超标，更严重的是由于高温而将排气管烧红，造成车辆自燃。

② 清理三元催化转化器的堵塞。三元催化转化器堵塞是逐步形成的，堵塞过程是可逆的。堵塞可通过化学过程如氧化和气化而减少，也可以通过物理过程如解吸、挥发组分和气相组分蒸发而进行清理（图 2-43b）。

（6）进、排气管路的维护　应定期检查进排气管路和增压器。要求各管路接合可靠，无破损、无弯折、无真空节流；增压器叶轮转动灵活，轴向间隙适当，无窜油窜气现象；排气背压应正常，排气制动阀和消声器无堵塞。

项目2 汽车发动机的使用与维护

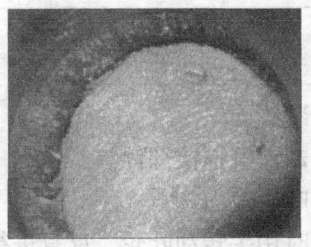
a) 三元催化转化器的堵塞后的状态

b) 三元催化转化器清洗后的状态

图 2-43 三元催化转化器的维护

(7) 涡轮增压器的维护　现代电控柴油车和越来越多的电控汽油车,开始广泛采用废气涡轮增压器来大幅提高气缸充气量,从而大大减少排气黑烟,并大力提高燃油经济性。图 2-44 所示为涡轮增压器的工作原理示意图,其日常检查主要包括以下内容:

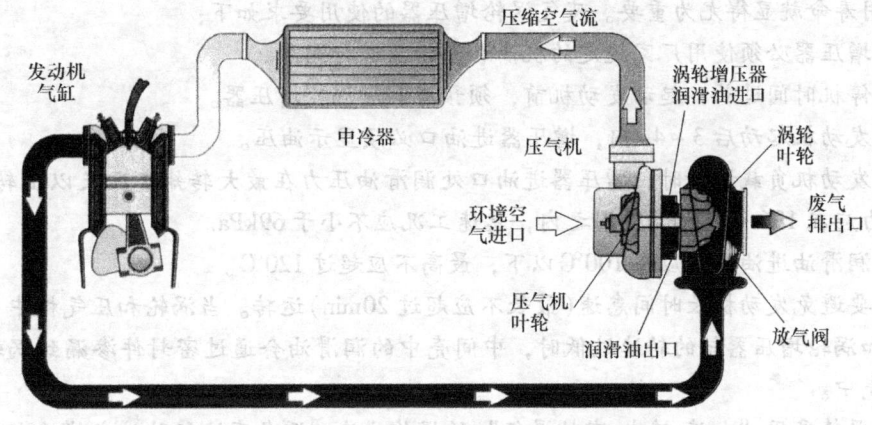

图 2-44　涡轮增压器的工作原理示意图

1) 涡轮增压器的日常检查

① 检查空气滤清器与中冷器、中冷器与增压器、增压器与发动机进排气管之间的连接管路的密封性和紧固情况。

② 检查涡轮增压器进回油管有无损坏或节流现象,接头处连接螺栓有无松动。

③ 检查机油品质、清洗或更换机油滤芯。

④ 检查空气滤清器并定期清洁或更换滤芯。

⑤ 检查发动机曲轴箱通风装置是否通畅,保证曲轴箱压力正常。

⚠警告:必须在发动机冷却下来后才能进行检查,检查中不能起动发动机,以免造成人员伤害。

2) 涡轮增压器的清洁。涡轮增压器属精密高速旋转机械,其最高转速为 180000r/min,正常转速也在每分钟几万到十多万转。因此,一般情况下,不允许对增压器总成进行解体与维修。当增压器因粘污或积炭过多造成转子转动不灵活或柴油机性能变差时,可在不全部解体增压器的情况下进行简单的清理与清洗,具体方法如下:

① 清除增压器表面的灰尘及油污。

② 把增压器从柴油机上拆下来。

⚠ **警告**：不得以联动推杆为把手拎起增压器。

③ 应先拆下引气管，然后拆下放气阀调节装置。
④ 拆下压气机壳、涡轮壳及进回油管和冷却液管连接部件。
⑤ 清理和清洗压气机壳、涡轮壳以及两个叶轮表面。
⑥ 从进油口处注入适量的干净清洗剂，同时用手转动叶轮，反复进行直到转动灵活。

知识链接

废气涡轮增压器的工作温度很高，转速极高，且受废气腐蚀严重，润滑条件较差，总之工作条件极为恶劣。因此，能否正确使用废气涡轮增压器，对提高其工作性能，延长其使用寿命就显得尤为重要。废气涡轮增压器的使用要求如下：

① 增压器必须使用厂家规定的机油和滤清器进行润滑。
② 停机时间过长，起动发动机前，须预先润滑涡轮增压器。
③ 发动机起动后3~4s内，增压器进油口必须显示油压。
④ 发动机负载运行时，增压器进油口处润滑油压力在最大转矩工况及以上转速时，机油压力应在196~392kPa范围之内，急速工况应不小于69kPa。
⑤ 润滑油进油温度应在100℃以下，最高不应超过120℃。
⑥ 要避免发动机长时间急速（最长不应超过20min）运转。当涡轮和压气机中气体压力过低和涡轮增压器轴的转速过低时，中间壳中的润滑油会通过密封件渗漏到涡轮壳和压气机壳中。
⑦ 严禁采用"加速-熄火-空档滑行"的操作方法，避免高速行驶时突然熄火使机油压力消失，增压器由于高速旋转失去润滑而损坏。
⑧ 在发动机润滑油压建立以前，必须使发动机保持在急速运转状态(3~5min)。若发动机在起动之后立即加速，会使涡轮增压器在其轴承还来不及得到充分润滑的情况下就以最大转速工作，涡轮增压器在润滑不充分的情况下工作，会造成其轴承损坏。
⑨ 发动机停机之前，应使其温度和转速逐步从最大值降下来。为此，需要发动机以中低速或在轻负荷工况下工作一段时间(3~5min)。因为当发动机在最大输出功率或最大转矩状态下工作时，涡轮增压器的转速和温度也达到最大值。这时突然停机，会使涡轮增压器在缺油的情况下运转，并导致轴承或中间壳里的残留润滑油碳化而形成积炭。

任务2.2 发动机润滑系统的使用与维护

● 一辆桑塔纳2000GLi轿车在行驶中逐渐感到发动机转速下降，运转无力，最后干脆停转。驾驶人赶忙打开危险信号灯，紧急靠道路右边停车，打开发动机舱盖检查发动机温度，发现非常烫手，并试图再次起动，结果发动机纹丝不动。

发动机号称汽车的"心脏",而发动机润滑油即机油号称发动机的"血液"。因此,发动机润滑系统工作性能的好坏,直接关系到发动机工作性能的好坏和使用寿命的长短。发动机润滑系统不仅具有润滑功能,除此以外,还具有冷却、清洁、密封和防腐等功能。润滑系统的结构组成,以桑塔纳2000GLi轿车为例,如图2-45所示。

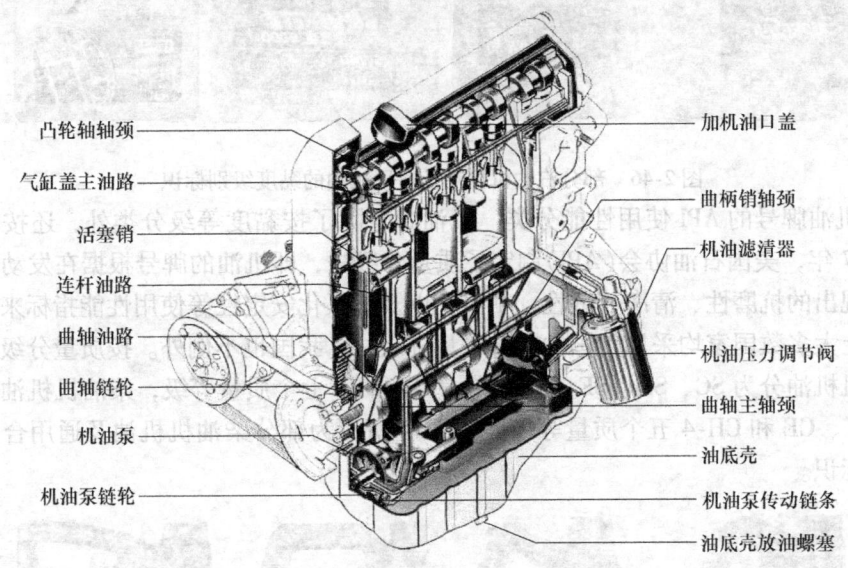

图 2-45 发动机润滑系统的结构组成及工作原理示意图

2.2.1 机油牌号的认识及其选用

发动机润滑油又称机油,目前市场上供应的机油品牌既有国产的、又有进口的,品牌众多。如国产长城、南海、飞天、海牌和七星等,进口壳牌、美孚、嘉实多、雪铁戈、埃索、埃尔夫、艾德隆及BP等。一般情况下,汽油机和柴油机采用不同的机油,汽油机使用汽油机机油,柴油机采用柴油机机油。但现在市场上供应的通用机油,既可以用于汽油机,也可以用于柴油机。

1. 机油的分类

我国机油的牌号是按着机油的黏度等级和使用性能两种分类方法来划分的,分别参照了美国石油协会(API)和美国汽车工程师协会(SAE)相应的分类标准。

(1) 机油牌号的SAE黏度等级分类　1991年,美国汽车工程师协会(SAE)制定了黏度分类法,即机油的牌号根据某一特定温度下的黏度来编制。目前我国润滑油的黏度等级已采用这一在国际上广泛使用的SAE黏度分类法。按此法,我国汽、柴油机机油的黏度等级,分为0W、5W、10W、15W、20W、25W和10、20、30、40、50、60等级别。图2-46所示为部分汽油机机油及通用机油的黏度级别标识。

⚠️ 提示:带有"W"字样的机油是指冬季用机油,无"W"字样的机油是指夏季用机油,标有15W/40等字样的机油是冬、夏通用机油。机油的标号越大,黏度指标就越高。

图 2-46　部分汽油机机油及通用机油的黏度级别标识

（2）机油牌号的 API 使用性能分类　机油牌号除了按黏度等级分类外，还按质量等级分类。1947 年，美国石油协会（API）制定了质量分级法，即机油的牌号根据在发动机试验评定中所表现出的抗磨性、清净分散性、粘温性以及抗氧化安定性等使用性能指标来编制。目前，国际上大多数国家均采用美国的 API 质量分级法，我国也不例外。按质量分级法，目前我国汽油机机油分为 SC、SD、SE、SF、SG、SH 和 SL 七个质量等级，柴油机机油分为 CC、CD、CD-Ⅱ、CE 和 CH-4 五个质量等级。图 2-47 所示为部分柴油机机油及通用合成机油的使用级别标识。

图 2-47　部分柴油机机油及通用合成机油的使用级别标识

⚠提示：机油的等级越高，其品质就越好。汽油机机油中 SD 级以上的机油是国产高级车用机油。汽油机机油和柴油机机油原则上不能相互代用，特别是汽油机机油不能用于柴油机。但是，标有 SE/CC 字样的机油，则为汽油机、柴油机通用机油，其标号的含义是指该机油用于汽油机时符合 SE 质量等级，用于柴油机时符合 CC 质量等级。而且合成和半合成型通用机油的品牌越来越多。

2. 机油的选用

发动机种类不同、新旧程度不同、使用条件不同，所选用的机油牌号也不同。机油牌号选用的正确与否也决定了汽车润滑和补给作业的成败。因此，作为汽车专业维护人员，必须要综合考虑机油的黏度级和质量级这两大选用依据，掌握好换油时机和换油品牌。详见表 2-2～表 2-4。

表2-2　国内不同黏度牌号机油及其适用温度范围

原黏度牌号	新黏度牌号	使用温度范围
严寒区合成8号稠化汽油机机油	5W/20	气温在-45~30℃的地区使用(严寒冬季)
严寒区合成14号稠化汽油机机油	5W/20	
6D汽油机机油	10W	气温在-35~10℃的地区使用(寒区冬季)
严寒区8号稠化机油	10W/40	
11号稠化柴油机机油	10W/30	气温在-35℃以上的地区可全年使用
14号稠化柴油机机油	10W/40	
14号稠化汽油机机油	10W/40	
6号汽油机机油	20	气温在-15~5℃的地区使用
8号柴油机机油	20	
10号汽油机机油	30	气温在-10℃以上的地区使用
11汽油机机油	30	
14号柴油机机油	40	夏季磨损较大的发动机使用
15号汽油机机油	40	
18号、20号柴油机机油	50	供要求高黏度机油的柴油机(钻井机)使用

表2-3　汽油机机油质量等级选用参考表

汽油机机油质量等级	性能	应用车型
SC	可控制高低温沉积物及磨损、锈蚀和腐蚀	用于国产货车、客车,如以492QG为动力的各类汽车
SD	控制高低温沉积物、磨损、锈蚀和腐蚀的性能优于SC	用于货车、客车和某些轿车,如解放CA1091、东风EQ1091等车型
SE	具有抗氧化性能及可控制高温沉积物、锈蚀和腐蚀的性能	用于轿车和某些货车,如天津夏利、大发、昌河、拉达等车型
SF	抗氧化和抗磨损性能优于SE,还具有控制沉积物、锈蚀和腐蚀的性能	用于轿车和某些货车,如一汽奥迪、捷达、红旗、CA6440轻客、桑塔纳、切诺基、标致、富康等车型
SG、SH、SL及以上	具有可控制沉积物、磨损和油的氧化性能,并具有抗锈蚀和腐蚀的性能	用于高档轿车,新型电喷车,例如红旗CA7220AE等车型

表2-4　柴油机机油质量等级选用参考表

柴油机机油质量等级	发动机平均有效压力/kPa	发动机的强化系数	燃油含硫量/%	应用机型
CC	784~980	35~50	<0.4	玉柴,扬柴,朝柴4102、4105、6102,锡柴、大柴6110、日野ZM400,五十铃4BD1、4BG1等
CD	980~1470	50~80		康明斯、斯太尔、依维柯、索菲姆等增压柴油机
CE	1470以上	80以上		用于在低速高负荷和高速高负荷条件下运行的低增压和增压式重负荷柴油机
CF-4	—	—		用于高速四冲程柴油机,特别适用于高速公路行驶的重负荷货车

3. 机油的使用注意事项

1）应尽量使用稀机油。在保证发动机润滑可靠的前提下，机油黏度尽可能小些，使其快速循环，及时供应，以充分发挥机油的润滑、清洁和冷却等作用。

⚠ 提示：黏度太大的机油，使发动机运转阻力增大，油耗增加。但选用黏度太低的机油，会使机油压力过低，润滑油膜变薄，造成密封效果变差。所以应根据车况、季节来正确选用机油。

2）应尽量使用多级机油。多级机油的粘温性好，使用时间长，可四季通用，便于管理。

⚠ 提示：使用多级机油时，油色容易变黑，机油压力也比普通机油小些，这属正常现象，不影响使用。

3）应优先选用国产品牌机油。国产长城、南海、飞天等品牌机油质优价廉（仅为进口机油价格的50%~60%），而且符合国际高级润滑油的各项指标，因此可优先选用。

4）应坚持经济适用的原则。在选择机油的使用级别时，高级机油可以用在要求较低的发动机上，但过多降级使用不经济。

⚠ 注意：切勿将使用级别较低的机油加在要求较高的发动机上使用，否则会加速发动机的磨损而造成过早损坏。

5）注意机油的混用及代用问题。汽油机机油和柴油机机油原则上应区别使用，只有在汽车制造厂有代用说明或标明是汽油机和柴油机的通用机油时，才可代用或在标明的黏度和使用级别范围里通用。

⚠ 注意：单级机油和多级机油不要混用；不同牌号机油必要时可临时混用，但不要长期混用。

6）注意保持合适的油面高度。加注机油时，应注意油量，油量过少，油面就会过低，会引起供油不足并加速机油变质；油量过多，油面就会过高，使机油从活塞和气缸壁的间隙中窜入燃烧室燃烧，使积炭增多。

7）换油时机应正确得当，确保机油的使用经济有效。在具备油品检测、鉴定等技术条件的情况下，应尽量实行按质换油，以降低用油成本；没有条件时，可按车辆使用说明书规定的换油里程换油。如捷达轿车用 SF 级机油，在一般地区换油里程为 12000 ~ 15000km（或一年）。

⚠ 提示：越是高级别的机油，更换的间隔就越长。

8）注意换油的操作步骤和要领。为延长机油的使用期限，在换油时要放净旧机油，并清洗润滑系统；应保持曲轴箱通风装置（PCV）工作良好；添加新油时，应注意不要让杂质和水分混入；换油同时还应更换滤芯。

> ⚠ 提示：每更换2~3次机油和滤清器后，最好安排一次发动机润滑系统的免拆清洗，以确保换油质量。

2.2.2 发动机润滑系统常见故障

发动机润滑系统常见的故障主要有机油压力过低和机油压力过高两种。发动机润滑系统的正常压力一般应为：汽油机200~400kPa，柴油机300~600kPa。若油压过低，则会导致供油不及时，出现润滑不可靠，机油的清洁、冷却等作用下降等问题，从而会加速发动机各运转零件的磨损；若油压过高，则易导致油管破裂，出现烧机油，气缸、活塞、排气门等处积炭等问题。

1. 机油压力过低

1) 故障现象：发动机在正常温度和转速下，机油压力表读数低于规定值。

2) 主要原因

① 机油压力表失准。

② 机油压力传感器效能不佳。

③ 机油黏度降低。

④ 柴油机或缸内直喷汽油机喷油器滴漏或喷雾不良，使未燃燃油流入油底壳，将机油稀释。

⑤ 机油油底壳油面太低。

⑥ 机油泵齿轮磨损、泵盖磨损或泵盖衬垫太厚造成供油压力太低。

⑦ 机油集滤器滤网堵塞。

⑧ 机油限压阀调整不当、关闭不严或其弹簧折断。

⑨ 内、外机油管路有泄漏之处。

⑩ 曲轴主轴承、连杆轴承或凸轮轴轴承磨损松旷、轴承盖松动、减摩合金脱落或烧损。

2. 机油压力过高

1) 故障现象：发动机在正常温度和转速下，机油压力表读数高于规定值。

2) 主要原因

① 机油压力表或机油压力传感器失准。

② 机油限压阀卡滞或调整不当。

③ 机油油底壳油面太高。

④ 机油变稠或新换机油黏度太大。

⑤ 通往各摩擦表面的分油路内积垢阻塞或主轴承、连杆轴承、凸轮轴轴承等间隙太小。

2.2.3 发动机润滑系统维护实训

1. 汽车发动机润滑系统维护仪器设备

汽车发动机润滑系统维护作业的仪器设备主要有举升机、发动机润滑油免拆清洗换油机、机油滤清器拆装器及拆装衬垫（图2-48a）、接油盘（图2-48b）、机油压力表（图2-48c）、抹布、专用工具等。

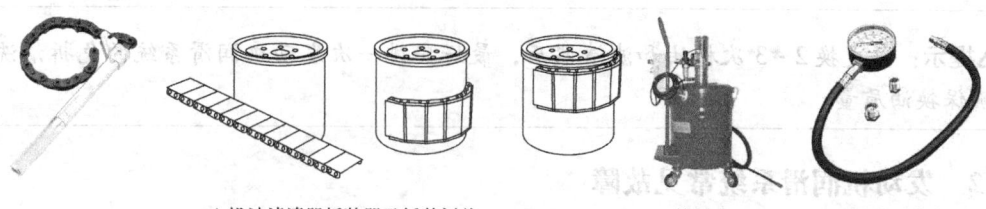

a) 机油滤清器拆装器及拆装衬垫　　　　b) 接油盘　　　c) 机油压力表

图 2-48　汽车润滑系统维护常用仪器设备

2. 汽车发动机润滑系统的维护项目、作业内容、操作要领及技术要求

发动机润滑系统主要由油底壳、机油泵、机油集滤器、机油滤清器、安全阀、油管、气缸体上润滑油路以及机油压力表和机油压力传感器等组成。其功能是将机油不断地送往各运动零件的摩擦表面，从而起到润滑、冷却、清洁、密封和防腐等作用。因此，发动机润滑系统对发动机工作性能有着重要的影响，所以应加强维护。

（1）汽油发动机润滑系统的维护

1）机油油量的检查与补充

① 机油油面高度的检查

⚠️**提醒**：机油对发动机性能有重要的影响，所以每天都应查看机油量。

a. 检查前，应把车辆停放在水平地面上，起动发动机空转 5min（针对长时间停机未起动的发动机而言，若为刚停车熄火的发动机，则应等待 30min 时间，再进行检查）。

b. 停止运转发动机，等待 3min 后，拔出机油尺擦干净（图 2-49a），重新插入机油尺并再次取出，记录机油尺上的油面。

c. 正确油面应在上位ⓐ和下位ⓒ之间的位置（图 2-49b）。

⚠️**注意**：油面不应超过ⓐ刻线，也不应低于ⓒ刻线，应位于ⓐ与ⓑ刻线之间为宜。另外，不同车型的机油上下刻线的标注方法也有所不同。

d. 用手捻搓机油尺上的机油，检查其黏度，查看有无汽油味和水泡等（图 2-49c）。

e. 若油面过高，应及时查明原因予以排除，其原因可能是冷却液或汽油进入曲轴箱内所致。

② 机油的补充。如图 2-49b 所示，如果机油油面低于ⓒ位置，则将油面过低原因排除后可适当补充添加同一型号规格（最好是同一品牌）的机油至正常油面高度。其补充方法如下：

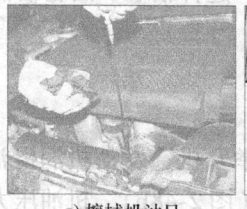 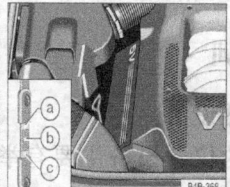 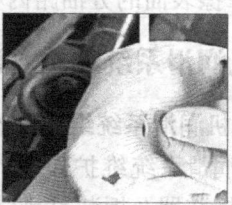

a) 擦拭机油尺　　　b) 检查机油油面高度　　　c) 检查机油质量

图 2-49　发动机润滑系统油面高度及质量检查

a. 将汽车停放在平地上,关闭发动机。如果汽车长时间闲置,可先让其运转5min,再停机。

b. 按逆时针方向打开加油口盖(图2-50a)。

c. 添加优质机油(图2-50b)。

⚠提醒:应及时查看机油的加注量,注意不要过量。

d. 按顺时针方向旋转并拧紧加油口盖。

a) 打开机油加油口盖　　　　　　b) 添加机油

图2-50　机油的添加

2) 发动机润滑系统的排放与清洗

① 机油的排放

a. 把车辆停放在平整的地面上,起动发动机,对发动机进行暖机。

b. 关闭发动机,拉紧驻车制动器操纵杆,打开发动机舱盖及机油加油口口盖(图2-50a)。

c. 举升车辆后,在放油螺塞下部放置接油盘(图2-51a,或废机油回收桶),按逆时针方向旋转磁性放油螺塞,打开放油口,放出机油。

⚠提示:尽量在发动机热态下放掉旧机油,这样放出的比较彻底。但注意身体任何部位都不要对着油流,以免被烫伤,或弄伤眼睛。

d. 放完机油后,更换放油螺塞密封垫,以规定力矩(15~20N·m)按顺时针方向拧紧放油螺塞(图2-51b)。

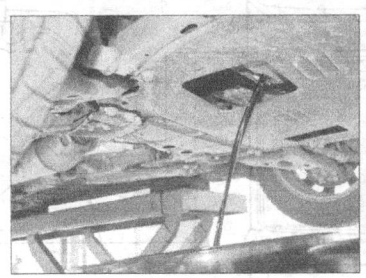 

a) 放掉旧机油　　　　　　b) 拧紧放油螺塞

图2-51　发动机机油的排放

② 发动机润滑油路的简易清洗。向排净机油后的发动机油底壳中注入标准油量的60%

~70%的稀机油或经过滤清的优质柴油，然后怠速运转2~3min，再将洗涤油放尽。

③ 发动机润滑油路的免拆清洗。在发动机的清洁护理时，用发动机润滑系统免拆清洗机（图2-52）可将发动机润滑系统内的油泥、胶质、积炭、漆膜溶解并清理干净，以改善机油的品质、恢复发动机的性能，提高效率，减少有害气体排放，延长发动机的使用寿命。

⚠ 提示：一般发动机内机油滤芯只能过滤大于25μm的粒子，而发动机内的焦油、油漆、金属屑等小于25μm的微粒子则继续积滞在发动机各油路、机油泵和油底壳中。简易更换机油时不能清除掉这些微粒，从而造成了发动机的污染及较高的运转温度，严重影响机油的润滑性、冷却性和清洁性。

发动机润滑油路的清洗机免拆清洗，以CLC-201发动机润滑系统免拆清洗机配合汽车的定期维护作业为例，其清洗方法与过程如下：

设备准备如下：

a. 打开清洗机前门，将整桶清洗液放入清洗机内，把清洗机内的两根软管油管插入桶内。

b. 接上压缩空气（0.6~0.8MPa，即80~125psi）。

c. 将白色滤芯放入透明滤壳，并将透明滤壳旋紧。

⚠ 注意：不要忘记装上O形密封圈。

d. 将蓝色油管接到本机的回油管接头（RETURN）上，将红色油管接到本机的出油管接头（PRESSURE）上。

清洗操作如下：

a. 确认待清洗的车辆处于驻车制动状态。

b. 拆下发动机油底壳放油螺塞，将内部旧机油放掉。

c. 从工具盒中找出合适接头代替油底壳放油螺塞，拧进油底壳，将蓝色回油管与油底壳接头连接（图2-52）。

d. 拆下发动机的机油滤清器，选择合适的接头和O形密封圈，代替发动机机油滤清器，拧至机油滤芯固定座上，将红色出油管与其连接（图2-52）。

e. 检查红色油管及蓝色油管连接是否正确，确认接好后方可进行清洗。

f. 加注清洗液：将转换阀A（VALVE A）旋至出油（PRESSURE）位置，将转换阀B（VALVE B）旋至加注（FILLING）位置，将定时器（TIMER）设置2min，将气压调节阀（AIR PRESSURE）顺时针调节至压力表指针指到70psi位置；开始加注清洗剂，直到蜂鸣器发出嘀的叫声，结束加注清洗剂，

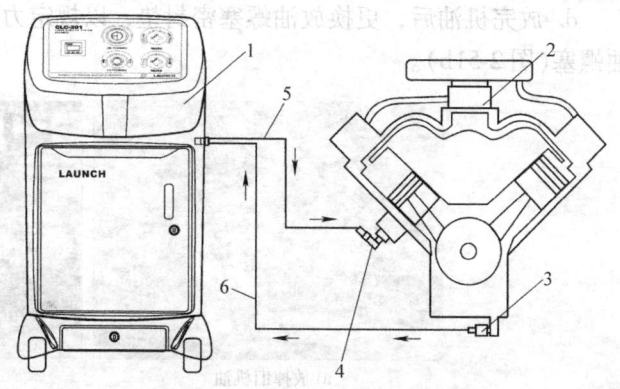

图2-52 管路连接及清洗原理示意图
1—CLC-201润滑系清洗机 2—发动机 3—油底壳孔 4—机油滤芯座 5—清洗出油管（红色） 6—清洗回油管（蓝色）

此时可进入循环清洗。

⚠️**注意**：顺便检查各接头是否漏气漏液，若有泄漏则将气阀（AIR PRESSURE）旋至"MIN"位置，机器停止一切动作，待泄漏排除后，再重新工作。

3）汽油发动机机油滤清器的更换与机油的加注。机油滤清器在过滤机油中的杂质、胶质、金属屑等颗粒物起到清洁作用的同时，也不可避免地被这些颗粒物慢慢堵塞，从而逐渐出现供油受阻、滤清效果变差等问题。因此，现代汽车尤其是大部分轿车，一般车辆每行驶5000km或3个月后，就要进行一次更换机油滤清器和机油的维护作业，从而成为汽车维护中的最经常性作业之一。

① 机油滤清器的更换

a. 取下放油螺塞，排放机油（图2-53a）。

⚠️**注意**：在排放机油之前，应检查发动机是否有机油泄漏。如果发现有泄漏，则应先更换好损坏件。

b. 排放完毕后，擦净放油螺塞。再装上放油螺塞，按30N·m拧紧力矩进行拧紧。

c. 用机油滤清器专用扳手拧松机油滤清器（图2-53b中方框所示）。

d. 为防止拧紧新机油滤清器时损坏O形密封圈，应将机油涂抹在新机油滤清器的O形密封圈上（图2-53c）。

e. 用手把新的机油滤清器拧在机油滤清器支座上，直到滤油器O形密封圈与安装表面接触，再用专用工具将其拧紧。

⚠️**提醒**：为恰当拧紧机油滤清器，应注意识别滤清器O形密封圈与安装表面初始接触的精确位置。

f. 与安装表面接触后，用机油滤清器专用扳手再把滤清器拧紧3/4圈。

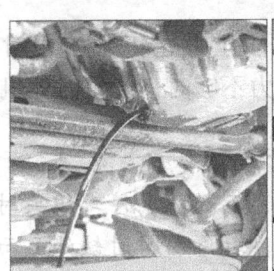  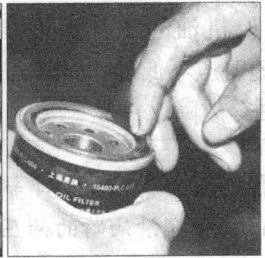

a) 放掉旧机油　　　　　b) 拧松机油滤清器　　　　c) O形密封圈涂新机油

图2-53 机油滤清器的更换

② 机油的加注

a. 从机油加油口（图2-54a）注入车辆制造商规定黏度级和使用级的高品质汽油发动机通用、专用机油，直至油位达到机油尺上的满油位标记（图2-54b中ⓐ位）即可停止加注。

b. 盖上发动机加油口盖，使发动机怠速空转5min后停止运转。间隔30min后拔出机油尺检查机油油位是否处在正常油位位置（即上下刻线之间，图2-54c所示）。

⚠ **注意**：不足时再注油，油位超过最高油位标记时需抽出过量机油。

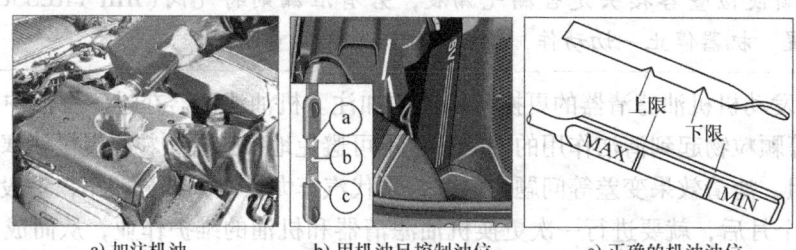

a) 加注机油　　　b) 用机油尺控制油位　　　c) 正确的机油油位

图 2-54　机油的加注

c. 最后还需检查发动机油底壳放油螺塞、机油滤清器密封接口处是否有泄漏现象，如有可适当拧紧再运转发动机检查。拧紧后还存在泄漏，则查明原因更换新件重新装配。

⚠ **提示**：机油的更换必须根据更换周期来进行，更换时建议使用 SE、SF、SG、SH、SJ 级或更高级机油。

（2）柴油发动机润滑系统的维护　柴油发动机润滑系统的维护以目前国产主流机型欧Ⅲ柴油机为例进行介绍，其维护方法与汽油机相类似。但欧Ⅲ柴油发动机零部件的精度很高，对于机油品质的要求较高，必须使用 CF 级以上级别的柴油机机油，见表 2-5。

表 2-5　欧Ⅲ柴油发动机机油黏度级别的选用依据

使用条件	夏季	≥0℃	≥-15℃	≥-30℃
油品牌号	15W/40 CF-4	15W/30 CF-4	10W/30 CF-4	5W/30 CF-4

柴油发动机润滑系统的维护注意事项如下：

1）柴油机机油的品质会直接影响到机油压力和使用寿命，因此必须在服务站指导下，使用指定的柴油机机油。

2）柴油机机油的工作温度要求在 90~116℃，机油压力在正常使用时应为 0.2~0.6MPa，怠速时应不低于 0.1MPa。当发现柴油机机油压力不够时，要及时停机检查，以免发生烧瓦抱轴等故障。

⚠ **特别提醒**：日常驾驶柴油车辆时应避免急速停车，开车起步和停车熄火时，应怠速运转 3~5min，使润滑油路的油压处于建立或保持状态，避免因瞬时缺油，而损坏增压器及其他部件。

3）用户要定期检查油底壳内的油面高度和油品质量。油面高度要保持在机油尺的上下刻度之间，机油变质后要及时更换。

4）汽车每行驶里程 10000km（或每累计工作 250h）应更换滤清器，以免造成零部件的磨损和烧蚀。

⚠ **提示**：起动频繁或经常在高速大负荷下运行时，应缩短换油周期。

5) 机油滤清器为主旋装式滤芯结构，两只并联，在维护更换时，只需拧下旧滤芯，在新滤芯密封面上涂抹适量润滑油并装复即可。

任务 2.3 发动机冷却系统的使用与维护

> • 一辆桑塔纳 2000GLi 轿车在行驶中发现仪表板上的冷却液温度指针迅速升高，不久就发现冷却液温度警告灯亮起，同时出现了发动机噪声加大、动力下降、加速变差等一系列问题。

发动机冷却系统的主要功用是把受热零件吸收的部分热量及时散发出去，保证发动机在最适宜的温度范围内工作。

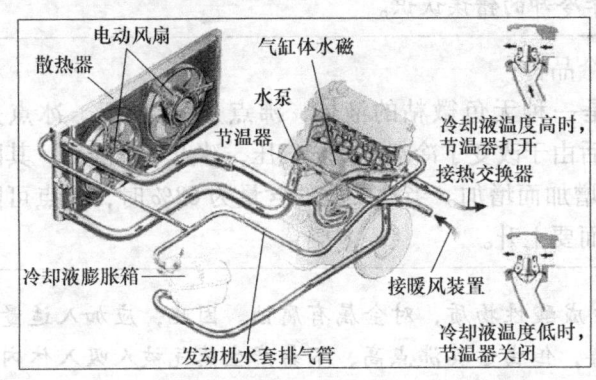 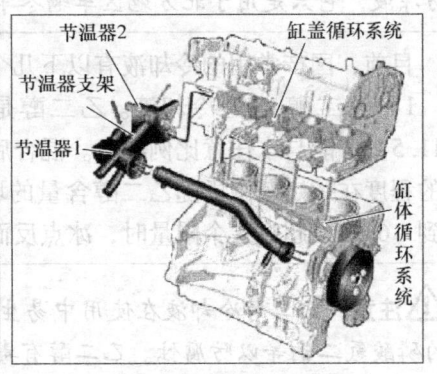

图 2-55 发动机冷却系统的结构组成及工作原理示意图

冷却系统按照冷却介质不同分为风冷和水冷。把发动机中高温零件的热量直接散入大气而进行冷却的装置称为风冷系统，而把这些热量先传给冷却液，然后再散入大气而进行冷却的装置称为水冷系统。由于水冷系统冷却均匀，效果好，且发动机运转噪声小，目前被绝大多数汽车发动机所采用。图 2-55 所示为电控风扇控制的轿车水冷却系统的结构组成及工作原理。

> ⚠️ 提示：内燃发动机燃料燃烧时所产生的热量，只有三分之一左右的热量才能转变成机械能，其中三分之一左右的热量随废气排到大气中，而剩下的三分之一左右的热量必须由冷却系统进行强制冷却散发掉。否则，会导致发动机温度过高，使发动机出现"粘缸抱瓦"等故障。

2.3.1 冷却液的品牌认识及其选用

1. 冷却液的分类及选用

（1）汽车常用冷却液的种类 现代汽车所用冷却液是指在原来防冻液的基础上再加防沸剂、防锈剂和防垢剂等添加剂，从而具有防结冰、防沸腾、防锈蚀和防水垢等综合作用的冷却媒介（图 2-56），适用于全国全年各种车辆使用。因过去主要用于防结冰，故许多地方仍称其为防冻液（图2-56）。

图2-56 部分习惯上称呼的防冻液和现代汽车常用发动机冷却液的标识

> ⚠ **注意**：现代冷却液和过去单纯的防冻液之间有着本质的区别，不要存在冷却液就是防冻液，它只是用于北方地区车辆冬季冷却的错误认识。

目前，国产常用的冷却液有以下几个品种：

1）乙二醇-水型冷却液。乙二醇是一种无色微粘的液体，沸点是197.4℃，冰点是-11.5℃，能与水任意比例混合。混合后由于改变了冷却液的蒸气压，冰点显著降低。其降低的程度在一定范围内随乙二醇含量的增加而增加。当乙二醇的含量为68%时，冰点可降低到-68℃，超过这个限量时，冰点反而要上升。

> ⚠ **注意**：乙二醇冷却液在使用中易生成酸性物质，对金属有腐蚀。因此，应加入适量的磷酸氢二钠等以防腐蚀。乙二醇有毒，但由于其沸点高，不易产生蒸气而使人吸入体内而引起中毒。乙二醇的吸水性强，储存的容器应密封，以防吸水后溢出。由于水的沸点比乙二醇低，使用中蒸发的是水，故缺冷却液时，只要加入纯净软水就行了。这种冷却液用后，经过沉淀、过滤、加水调整浓度，补加防腐剂后，还可继续使用，一般可用3~5年。

2）酒精-水型冷却液。酒精的沸点是78.3℃，冰点是-11.4℃。酒精与水可任意比例混合，组成不同冰点的冷却液。酒精的含量越多，冰点越低。

> ⚠ **注意**：酒精是易燃品，当冷却液中的酒精含量达到40%以上时，就容易产生酒精蒸气而着火。因此，冷却液中的酒精含量不宜超过40%，冰点限制在-30℃左右。酒精-水型冷却液具有流动性好、散热快、取材方便、配制简单等优点。它的缺点是沸点低、蒸发损失大、容易着火。酒精蒸发后，冷却液成分改变，冰点升高，所以在高原地区行驶的汽车不宜使用酒精-水型冷却液。

3）甘油-水型冷却液。该冷却液不易挥发和着火，对金属腐蚀性也小，但甘油降低冰点的效率低，配制同一冰点的冷却液时，比乙二醇、酒精的用量大。因此，这种冷却液用得较少。

（2）冷却液的选用

1）根据环境温度选择冷却液的冰点。冷却液的冰点是冷却液最重要的指标之一，是冷却液能不能防冻的重要前提。一般情况下冷却液的冰点应选择在当地冬季最低气温-10～-15℃，如当地最低气温为-30℃，则冷却液的冰点应选择在-45℃以下。

> ⚠注意：如果选择乙二醇母液，则还可配制成浓度为59%，冰点为-50℃，密度为1.0786mg/cm³的乙二醇冷却液。

2）根据车型不同选择冷却液。一般情况下进口车辆，国内引进生产车辆及高中档车辆全年应选用长效性冷却液(2～3年)，普通车辆冬季可直接使用防冻液，夏季换用软水即可。

3）按照车辆多少和集中程度选择冷却液。车辆较多又相对集中的单位和部门，可以选用小包装的冷却液母液，这种冷却液母液性能稳定，由于采用小包装，便于运输和储存。车辆少或分散的情况下，冬季可直接使用实用型的防冻液(图2-56)。

4）应兼顾防锈、防腐及除垢能力来选择冷却液。冷却液除了具有防结冰的重要作用外，防锈蚀也很关键。所以宜选用加有防腐剂、缓蚀剂、防垢剂和清洗剂等添加剂的产品。

5）选用与橡胶密封件和橡胶水管相匹配的冷却液。冷却液对橡胶密封件及橡胶水管应无溶胀和侵蚀等副作用。

2. 冷却液的使用注意事项

1）冷却液及其添加剂均为有毒物质，切勿直接接触皮肤，要放置于安全场所。

2）冷却液的使用浓度(体积分数)一般不要超出40%～60%。

3）除乙二醇-水型冷却液外，其他品种放出的冷却液不宜再使用，应严格按有关法规处理废弃的冷却液。

4）凡更换缸盖、缸垫、散热器时，必须更换冷却液。

5）发动机"开锅"时，冷却系统仍处于高温、高压状态，因此，"开锅"时切勿打开散热器盖，以防烫伤。

6）必须在发动机处于冷态时添加冷却液，以免高温机体水套遇冷炸裂，而损坏发动机。

7）在冬季紧急情况下，若全部加入了纯净的软水，则必须尽快按规定添加冷却液添加剂(尤其是防冻剂)，使冷却液浓度恢复到正常状态，以防水套结冰。

8）冬季来临前应检查冷却液浓度，并按规定调配浓度，保证冷却液具有足够的防冻能力。

2.3.2 发动机冷却系统常见故障

发动机冷却系统的任务就是使发动机得到适度的冷却，从而保持在最适宜的温度范围内工作。适宜的发动机工作温度不仅对发动机的动力输出、燃油经济性影响较大，同时也利于降低有害物质的排放量。若发动机冷却不足，则会造成发动机温度过高，使发动机润滑性能下降，气缸充气量减少，从而导致发动机磨损加剧，功率下降；若发动机冷却过度，则会造成发动机温度过低，使发动机热效率下降，机油黏度增高、流动性变差，从而导致发动机磨损加剧，功率下降。下面着重介绍发动机过热和过冷两种常见故障的现象与原因。

1. 发动机过热

1）故障现象：运行中的汽车，冷却液温度表指针经常指在100℃上，而且散热器拌有"开锅"现象。

2) 主要原因

① 冷却系统中冷却液量不足；风扇传动带打滑或断裂。

② 点火时间或供油时间太晚；混合气过稀或过浓。

③ 发动机产生爆燃或早燃（对柴油机而言为工作粗暴或早燃）；燃烧室积炭过多。

④ 气缸衬垫太薄或缸体、缸盖接合面磨削过多，造成燃烧室体积变小，压力过高。

⑤ 电控风扇接通时间太晚或运转速度太低，硅油风扇离合器接合时机太晚；散热器下部出水管冻结或堵塞。

⑥ 散热器上部回水管凹瘪或堵塞。

⑦ 水泵泵水效能欠佳或水泵轴与叶轮脱开。

⑧ 节温器主阀门打不开或打开太迟。

⑨ 散热器和水套内沉积的水垢、锈污太厚；分水管锈烂，分水能力丧失。

⑩ 油底壳机油油面太低、机油黏度太大、机油老化变质，使机油的润滑性能、散热性能降低。

⑪ 汽车长时间用低档或超载行驶、爬越长坡、天气炎热或在高原地区行驶。

2. 发动机过冷

1) 故障现象：冬季运行的汽车，在百叶窗完全关闭（若有）、冷却液温度表和冷却液温度传感器技术状况完好的情况下，发动机达不到正常工作温度；发动机动力不足，油耗增加。

2) 主要原因

① 冬季寒冷地区，汽车头部未套保温被或保温被覆盖不严。

② 发动机两侧挡板失落或严重变形不起挡风作用。

③ 未装节温器或节温器损坏。

④ 电控风扇接通时间太早或运转速度太高，硅油风扇离合器接合太早。

2.3.3 发动机冷却系统维护实训

1. 汽车发动机冷却系统维护的仪器设备

汽车发动机冷却系统维护作业的仪器设备主要有举升机、发动机冷却系统免拆清洗机、冷却液冰点测试仪（图2-57a）、散热器测漏检测仪（图2-57b）、接水桶、冷却液压力表（图2-57c）、抹布、专用工具等。

a) 冷却液冰点测试仪

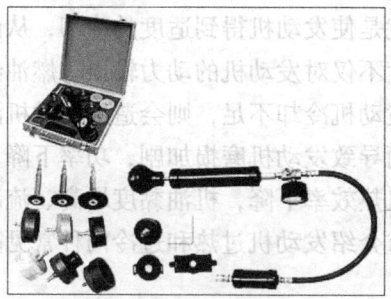
b) 散热器测漏检测仪

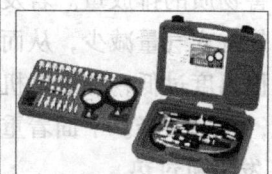
c) 冷却液压力表

图2-57　汽车冷却系统维护常用仪器设备

2. 汽车发动机冷却系统的维护项目、作业内容、操作要领及技术要求

如图 2-58 所示,发动机冷却系统以汽油机为例,主要由散热器、冷却风扇、冷却液温度传感器、节温器、冷却液膨胀水箱等组成。其功能是通过冷却液将发动机多余的热量强制散发到大气中,以保证发动机始终在最适宜的温度范围内(80~90℃)工作。若发动机温度过高或过低都将严重影响发动机的工作性能,所以对发动机冷却系统的维护显得尤为重要。

图 2-58 汽油机冷却系统的结构组成

(1) 汽油发动机冷却系统的维护

1) 发动机冷却液液面高度的检查与补充。应坚持每天检查冷却液液面高度。在发动机处于冷态时检查冷却液膨胀水箱(补偿罐)中的冷却液液位,其液面高度应在"min"和"max"之间(图 2-59)。

当冷却液液面高度过低时,应根据混合比补足缺少的冷却液。其推荐混合比(质量比)见表 2-6。

表 2-6 冷却液推荐混合比

防冻温度至	冷却液添加剂 G 12 Pius/TL VW 774F	水
-25℃	约 40%	约 60%
-35℃	约 50%	约 50%
-40℃	约 60%	约 40%

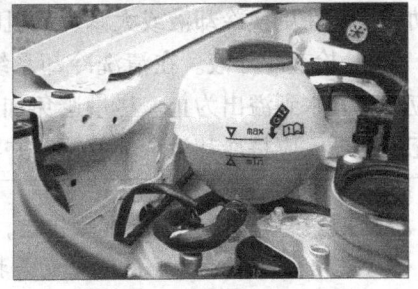

图 2-59 冷却液液面高度检查

⚠ 提示:当发动机很热时,冷却液的液面会大大提高。故检查冷却液的液面高度,应在发动机冷却的情况下进行。必要时应补充冷却液。补充冷却液时,应将冷却液通过冷却液膨胀水箱慢慢地注入散热器。

2) 发动机冷却液的排放与加注。其操作方法如下:

① 将车辆停放在平坦位置,将冷却液盛放在容器内。

② 拧下散热器盖,检查冷却液质量。

⚠ **注意**：如发动机温度过高，则不要急于将散热器盖打开，以防被热水烫伤。

③ 将散热器放水开关拧松（图2-60中圆圈所示），放掉原来的冷却液。

④ 将放水开关关好，向冷却系统内注满四季通用的冷却液，并按标准加至膨胀水箱的"FULL"（图2-61，即MAX位）标记处。约占膨胀水箱容积的2/3。

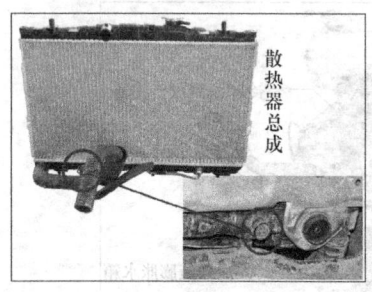

图2-60　散热器开关位置

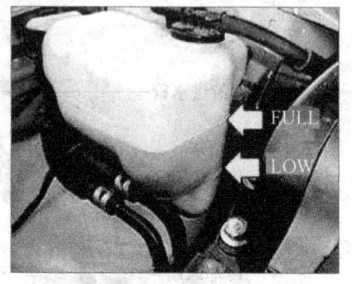

图2-61　冷却液加注上限

⚠ **注意**：不可加满冷却液，必须留有蒸气的膨胀余地。

⑤ 在冷却液快要加满的时候，可将发动机起动2~3min，使冷却液循环，冷却液循环时会把冷却系统内的空气排出，并使加水口冷却液面降低，然后再按标准补足即可。

3）冷却系统的清洗。加用普通水或质量不高的冷却液的冷却系统经过长时间的使用，会在冷却系统的散热器、缸体的水套中产生大量的水垢、铁锈和泥砂，使冷却效率降低。因此，使用普通水或质量不高冷却液的冷却系统，每6个月应清洗一次；使用长效冷却液的发动机，应在更换冷却液或大修发动机时，需彻底清洗一次冷却系统。

① 检查冷却液。在清洗冷却系统时，首先应检查冷却液液面高度。如果冷却液不足，应补充开水到溢出为止。尽量避免加生水（添加生水会产生水垢）。如果冷却液变得污浊或充满水垢，应将冷却液全部放掉，并清洗冷却系统。

⚠ **注意**：如果发动机是热的状态，则不要直接打开散热器盖，以防热水喷出烫伤。须等待发动机冷却后，再用抹布裹着打开散热器盖，如果散热器内还有残余压力，打开时会听到排气的声音，此时应注意防护。

② 冷却系统的简易清洗。简易清洗冷却系统时，先放净旧冷却液，将发动机冷却系统加满清洁水（自来水），起动发动机运转5min后放出即可。

③ 冷却系统的免拆清洗。当发动机散热性能不好、发动机冷却系统水垢过多时，可使用专用的散热器清洗剂（图2-62）或设备进行免拆清洗。其操作步骤如下：

a. 起动发动机，使其温度达到正常的工作温度后，停止发动机转动并放净冷却液，将混有清洗剂的清洗液加入到冷却系统中。

b. 起动发动机，使发动机温度达到正常工作温度并急速运转20~30min，然后使发动机停止转动，放出清洗液。

c. 用清洁的水冲洗冷却系统5min后，在发动机内注满清洁的水，再起动发动机使其运转 10min 后放出即可。如果排出的液体较浑浊，应继续用清水反复清洗直到放出清水为止。

⚠ 提示：清洗冷却系统时，如果发动机温度低于正常温度（85℃），则节温器主阀不能打开，清洗液只在缸体和缸盖水套中做小循环（图 2-63），而不在散热器中进行大循环。所以，免拆清洗冷却系统时必须保持在正常温度。

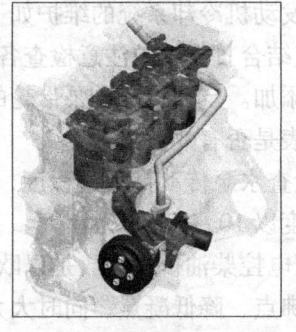

图 2-62　散热器清洗剂　　　　　　　图 2-63　发动机冷却水套

在免拆清洗完冷却系统后，应再次检查散热器冷却液情况。如果发现散热器口有气泡出现，说明冷却系统内混有空气。常见的原因是气缸内的气体进入冷却系统，应到维修厂排除故障。

4）冷却系统的泄漏检测。当冷却液数量不足时，发动机会异常升温。所以在发动机冷却液数量减少时，应按如下方法检查漏水情况及漏水部位。

① 起动发动机暖机至冷却液温度达到正常温度为止。

② 打开膨胀水箱盖，加注冷却液至溢出加水口为止（图 2-64）。

③ 安装散热器测漏检测仪（即压力计，图 2-65）。

图 2-64　加注冷却液　　　　　　　图 2-65　冷却系统泄漏测试

④ 用手动泵加压至 147kPa 左右，此时如果冷却系统无泄漏，压力计指针将无变化；如果系统存在泄漏，则压力计的压力指示将下降，则说明各冷却装置的导管、散热器、水泵、气缸垫等处可能存在泄漏，应及时修理或必要时更换新件。

（2）柴油发动机冷却系统的维护　冷却系统的运行正常与否直接关系到柴油发动机的工作性能和可靠性。当冷却系统出现"开锅"、"返水"等冷却液温度过高问题时，会引发柴油机油温高、排温高、油耗高、功率小，甚至出现零部件烧损等问题。

⚠ **注意**：对电控柴油发动机而言，当冷却液温度过高时发动机会进入热保护状态，从而降低发动机输出功率，甚至会自动停机，此时用户应该仔细查明原因予以排除。

⚠ **提示**：当冷却液温度过高时，应把车辆开到阴凉的地方停下降温。为避免对发动机造成损伤，停车后不要立即熄火，应让发动机先怠速运转一段时间。

柴油发动机冷却系统的维护如下：

① 应结合日常维护注意检查各接合面是否存在泄漏，冷却液的容量是否足够，如果不足要及时添加。定期检查水泵带轮的松紧度和磨损程度，水泵的流量是否正常，节温器和冷却液温度表是否有效。

② 检查水泵传动带张紧程度，必要时予以调整。在两带轮之间垂直加 30~40N 的力，传动带弯度以 10~15mm 为宜。

③ 因电控柴油机的排放是以欧Ⅲ为起点的，所以一定要使用长效冷却液。长效冷却液具有提高沸点、降低凝点、同时大大减小水垢的作用。但使用较长时间后，要注意对发动机水路进行清理，以免影响散热效果。

④ 使用软水的普通柴油机，在寒冷冬季室外停机较长时间时应放尽软水，以免冻裂缸体。

⚠ **提醒**：放水时应注意打开散热器压力盖，避免无法排净冷却液。若添加冷却液，则应注意冷却液不能加得过满，应留有 1/10 的膨胀空间。

项目小结

1. 我国常用的车用汽油分为 90、93、97 等标号，它们是按研究法的辛烷值大小来划分的。辛烷值是汽油的重要组分，汽油的标号越高其辛烷值越高，汽油的抗暴性越强。选用汽油标号的总的原则是不使发动机产生爆燃。

2. 柴油标号是根据柴油的凝固点来划分的。目前国内汽车用轻柴油按凝固点分为 6 个标号：10 号柴油、0 号柴油、-10 号柴油、-20 号柴油、-35 号柴油和 -50 号柴油。选用柴油标号的总的原则是在任何气温下，都要保证柴油的流动供给。根据车辆使用地区和季节的不同，选用适应季节气温的柴油，是选用柴油的基本依据。

3. 加速踏板俗称油门，驾驶人通过操纵加速踏板来改变节气门开度大小（对汽油机而言）或油门高低（对柴油机而言），以控制发动机的输出转矩，以适应汽车行驶牵引力的大小和行驶速度的高低。

加速踏板是驾驶人平时接触使用最多的操纵部件之一，其使用正确与否直接关系到汽车行驶安全、油耗高低、排放大小以及发动机和传力元件的使用寿命。

4. 电控汽油发动机燃料系统在使用过程中出现的故障主要包括：发动机不能起动；发动机怠速不稳、易熄火；发动机动力不足，加速不良；混合气过稀；混合气过浓等。

5. 电子控制共轨喷射系统柴油机以其控制精度高、雾化质量好、技术成熟度高、使用可靠性强而使用最为广泛。其使用过程中出现的故障主要包括：发动机不能起动；发动机熄火但可再次起动；起动困难；发动机工作在高怠速；暖机及加速过程敲缸；怠速抖动；发动机在所有范围动力不足；发动机冒白烟或蓝烟；发动机冒黑烟；发动机过热等。

6. 汽车发动机燃料供给系统维护作业的仪器设备主要有解码器、电控柴油机高压共轨系统检测维修设备 EPS815、喷油器检测仪、万用表、跨接线、接油盘、油压表、专用工具等。

7. 电控汽油喷射系统的结构主要由汽油箱、电动汽油泵、汽油滤清器、油压调节器、燃油分配管及喷油器等组成。其主要维护项目包括：加油口盖的维护、燃油滤清器的更换、燃油泵的更换、电控汽油机燃料供给系统的免拆清洗等。

8. 机械柴油喷射系统的结构主要由柴油箱、柴油滤清器、喷油泵、喷油器、喷油提前角调节器、高压油管等组成。其主要维护项目包括：一般检查与调整、喷油器的检查与调整。

9. 电控柴油喷射系统的结构主要由柴油箱、柴油滤清器、供油泵、喷油阀、供油量控制阀、燃油压力传感器、电子驱动单元 EDU、高压油管及回油管等组成。其主要维护项目包括油路部分的维护和电气部分的维护。

10. 进排气系统的作用是保证进气清洁、充足，排气通畅。如果进排气系统出现问题，会引发零件早磨损，油耗提高、功率不足等。曲轴箱通风装置一般分为汽油机的强制式曲轴箱通风装置和柴油机的自然式曲轴箱通风装置两种。三元催化转化器（TWC）是利用铂、钯、铑等催化剂将排气中对大气有害的 CO、HC、NO_x 化合物等废气转化为对大气无害的 CO_2、H_2O、N_2 等物质，从而达到排放法规要求的重要部件。

11. 现代电控柴油车和越来越多的电控汽油车，开始广泛采用废气涡轮增压器来大幅提高气缸充气量，从而大大减少排气黑烟，并大力提高燃油经济性。

12. 发动机润滑油即机油号称为发动机的"血液"。因此，发动机润滑系统工作性能的好坏，直接关系到发动机工作性能的好坏和使用寿命的长短。发动机润滑系统不仅具有润滑功能，除此以外，还具有冷却、清洁、密封和防腐等功能。发动机润滑系统常见的故障主要有机油压力过低和机油压力过高两种。

13. 汽车发动机润滑系统维护作业的仪器设备主要有举升机、发动机润滑油免拆清洗换油机、机油滤清器拆装器及拆装衬垫、接油盘、机油压力表、抹布、专用工具等。

14. 发动机润滑系统主要由油底壳、机油泵、机油集滤器、机油滤清器、安全阀、油管、气缸体上润滑油路以及机油压力表和机油压力传感器等组成。其主要维护项目包括：发动机机油油量的检查与补充、发动机润滑系统的排放与清洗、发动机机油滤清器的更换与机油的加注。

15. 发动机冷却系统的主要功用是把受热零件吸收的部分热量及时散发出去，保证发动机在最适宜的温度状态下工作。冷却系统按照冷却介质不同可分为风冷和水冷。由于水冷系统冷却均匀，效果好，而且发动机运转噪声小，目前被绝大多数汽车发动机所采用。

16. 现代汽车所用冷却液是指在原来防冻液的基础上再加防沸剂、防锈剂和防垢剂等添加剂，从而具有防结冰、防沸腾、防锈蚀和防水垢等综合作用的冷却媒介，适用于全国全年各种车辆使用。

17. 适宜的发动机工作温度不仅对发动机的动力输出、燃油经济性影响较大，同时也利于降低有害物质的排放量。若发动机冷却不足，则会造成发动机温度过高，使发动机润滑性能下降,气缸充气量减少,从而导致发动机磨损加剧,功率下降;若发动机冷却过度,则会造成发动机温度过低,使发动机热效率下降,机油黏度增高、流动性变差,从而导致发动机磨损加剧,功率下降。

18. 汽车发动机冷却系统维护作业的仪器设备主要有举升机、发动机冷却系统免拆清洗机、散热器测漏检测仪、冷却液品质检验仪、接水桶、冷却液压力表、抹布、专用工具等。

19. 发动机冷却系统以水冷为例,主要由散热器、冷却风扇、冷却液温度传感器、节温器、冷却液膨胀水箱等组成。其主要维护项目包括:发动机冷却液液面高度的检查与补充、发动机冷却液的排放与加注、冷却系统的清洗、冷却系统的泄漏检测等。

思考与实训

一、选择题

1. 关于爆燃的原因,甲说:燃油辛烷值过低;乙说:发动机温度过高。对于以上说法(   )。
   A. 甲正确   B. 乙正确   C. 甲乙都正确   D. 甲乙都不正确

2. 关于发动机功率不足的原因,甲说:燃油管路有阻塞或燃油有水分;乙说:汽油泵有故障。对于以上说法(   )。
   A. 甲正确   B. 乙正确   C. 甲乙都正确   D. 甲乙都不正确

3. 关于发动机温度过高的主要原因,说法不正确的是(   )。甲认为:就是点火提前角过大或过小造成的。乙认为:可能是风扇V带松紧度过松造成的。丙认为:可能是节温器损坏造成的。正确的是(   )。
   A. 甲和丙   B. 乙和丙   C. 甲和乙   D. 均是

4. 关于连杆轴承异响,甲认为:发出较大清脆的"嗒嗒"金属敲击声;乙认为:也随发动机转速增加,声音加大;丙认为:发动机温度升高,声音减弱或消失。看法正确的是(   )。
   A. 甲和乙   B. 乙和丙   C. 丙和甲   D. 均正确

5. 关于硅油风扇离合器检测,甲说:起动发动机,使其在冷状态下以中速运转1~2min,以便使工作腔内硅油返回储油室;乙说:在发动机停转之后,用手应能较轻松地拨动风扇叶片。对于以上说法(   )。
   A. 甲正确   B. 乙正确   C. 甲乙都正确   D. 甲乙都不正确

二、问答题

1. 汽、柴油的使用注意事项各有哪些?
2. 电控汽油喷射系统的主要维护项目、作业内容、操作要领及技术要求有哪些?
3. 电控柴油喷射系统的主要维护项目、作业内容、操作要领及技术要求有哪些?
4. 机油的使用注意事项有哪些?
5. 发动机润滑系统的主要维护项目、作业内容、操作要领及技术要求有哪些?
6. 冷却液的使用注意事项有哪些?
7. 发动机冷却系统的主要维护项目、作业内容、操作要领及技术要求有哪些?

三、实操题
1. 汽车加速踏板的操作练习。
2. 车用汽油、柴油标号的识别练习。
3. 汽车燃料系统的维护练习。
4. 汽车机油品牌、规格的识别练习。
5. 汽车润滑系统的维护练习。
6. 汽车冷却液品牌、规格的识别练习。
7. 汽车冷却系统的维护练习。

项目 3 汽车底盘的使用与维护

📖 教学目标与要求

- 掌握汽车底盘各系统的合理使用与正确维护。
- 学会针对性地安排和熟悉汽车底盘各系统维的维护项目、作业内容、操作要领、技术要求以及注意事项等。
- 学会正确选择和使用汽车底盘各系统相关润滑补给作业所需运行材料的品牌规格等。
- 学会底盘各系统主要操纵部件的操作方法和使用注意事项。
- 会做底盘各系统典型故障案例分析。

📖 教学重点

- 底盘各系统运行材料的正确选用。
- 底盘主要操纵部件的使用操作。
- 底盘各系统的典型故障案例分析。
- 底盘传动系统、行驶系统、转向系统以及制动系统等各系统的维护。
- 轮胎的正确使用与维护。

📖 教学难点

- 底盘各系统的维护项目、作业内容及作业深度的确定。

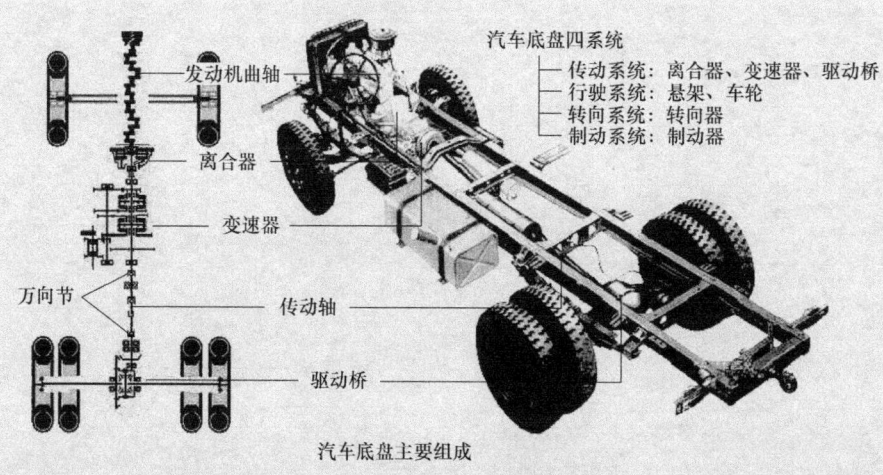

汽车底盘主要组成

任务 3.1　汽车传动系统的使用与维护

● 一辆 2012 款手动变速器桑塔纳 3000 轿车，车辆在坡道起步、爬陡坡或急加速时，发动机转速陡然上升，且发出很大的轰鸣声，但车辆却不能正常起步或车速迅速下降甚至有后溜趋势，着实将缺乏经验的驾驶人吓了一跳，如图 3-1 所示。

手动变速器汽车的传动系统主要由飞轮（发动机的末端件也是传动系统的首端件）、离合器、变速器、万向传动装置、主减速器、差速器、半轴和驱动轮（传动系统的末端件也是行驶系统的首端件）等组成。其特点是传动效率高、经济性好、结构简单、维护简便，但操纵难度大。广泛用于各种类型的汽车上，尤其是其优越的经济性被大部分商用车认可并大量装用。图 3-2 所示为典型越野四驱手动变速器汽车的传动系统的组成。

图 3-1　手动变速器掉档情境

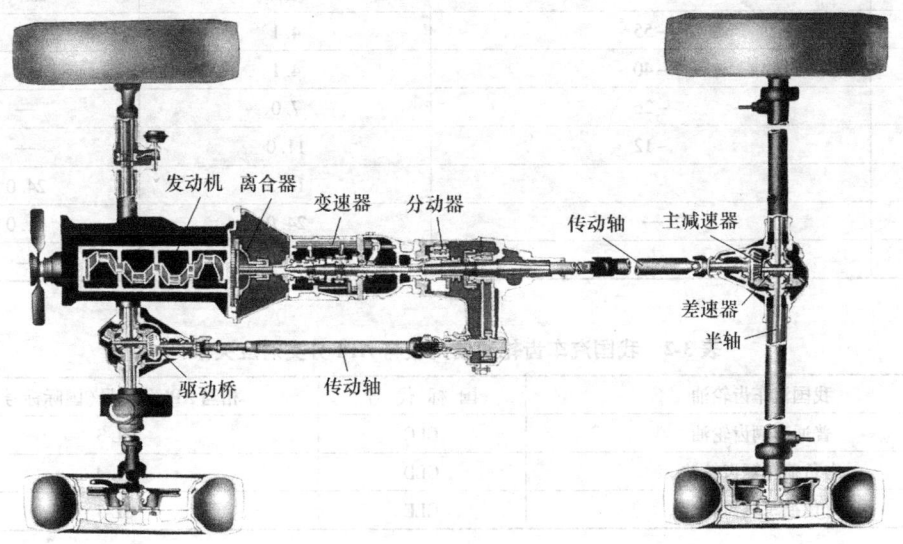

图 3-2　汽车传动系统的组成

3.1.1　手动变速器齿轮油的牌号认识及其选用

齿轮油是手动变速器、主减速器以及转向器的重要工作液，其选用的正确与否，维护的好坏，将直接影响到手动变速器、主减速器以及转向器的工作性能和使用寿命。

1. 齿轮油的分类

（1）国外汽车齿轮油的分类　一类是按 SAE 分类法划分为 70W、75W、80W、85W、

90、140、250 等 7 个黏度级。带"W"字样的为冬季用齿轮油，它是根据齿轮油黏度达到 150Pa·s 的最高温度和 100℃时的最小运动黏度两项指标划分的。不带"W"字样的为夏季用齿轮油，它是根据 100℃时的运动黏度范围划分的。另外，还有多级齿轮油，如 80W/90、85W/90 等。

另一类是按 API 分类法及工作条件的苛刻程度划分为 GL-1、GL-2、GL-3、GL-4、GL-5 和 GL-6 等六个使用级。

> ⚠️ 提示：近年来，随着汽车技术的不断发展，许多汽车制造商对汽车齿轮油的要求已超过这些技术规范。因此，SAE 和 ASTM（美国材料试验协会）建议用新的等级表示，即 MT-1 和 PG-2。其中 MT-1 是机械变速器用油，它的品质高于 GL-4，改善了热氧化安定性、清净性、抗磨性、与密封材料的配伍性；PG-2 品质要求比 GL-5 高，用于驱动桥润滑。

（2）国内汽车齿轮油的分类 目前国内汽车齿轮油的分类方法也有两种，一种是按黏度分类，其分类标准参照 SAE 黏度分类（SAE J306）执行，具体见表 3-1。另一种是按使用性能分类，执行标准为 GB/T 28767—2012，见表 3-2。

表 3-1 我国汽车齿轮油的黏度分类

黏度牌号	达到 150Pa·s 的最高温度/℃	100℃时运动黏度/mm²·s⁻¹	
		最低	最高
70W	-55	4.1	—
75W	-40	4.1	—
80W	-26	7.0	—
85W	-12	11.0	—
90	—	13.5	24.0
140	—	24.0	41.0
250	—	41.0	—

表 3-2 我国汽车齿轮油使用级与 API 分类对应关系

我国汽车齿轮油	国标代号	相当 API 分类号（国际标号）
普通车辆齿轮油	CLC	GL-3
中负荷车辆齿轮油	CLD	GL-4
重负荷车辆齿轮油	CLE	GL-5

目前国内车辆齿轮油 3 类产品标准（GL-4 为企业标准）已有 17 种（带"●"部分）标号的系列产品，见表 3-3，其部分齿轮油标识如图 3-3 所示。

表 3-3 车辆齿轮油质量级别和黏度级别对应组合 17 个标号

质量级别	75W/90	80W/90	85W/90	85W/140	90	140
普通车辆齿轮油（GL-3）		●	●	●	●	●
中负荷车辆齿轮油（GL-4）	●	●	●	●	●	●
重负荷车辆齿轮油（GL-5）	●	●	●	●	●	●

 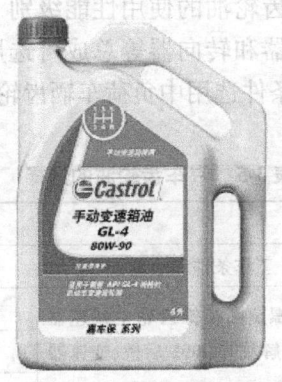 

图 3-3 部分齿轮油标识

2. 齿轮油的选用

通常按照汽车使用说明书的规定选择与该车型相适应的齿轮油的黏度级及使用级标号，还可参照下列原则选用齿轮油。

（1）根据当地季节气温选择齿轮油的黏度级别　齿轮油的黏度级别有 75W、80W、85W、90、140 和 250 号等标号，分别适用于最低气温为 -40℃、-20℃、-12℃、-10℃、10℃、20℃的地区，应对照当地季节最低气温适当选用齿轮油的黏度级别。

> ⚠提示：近年来，由于进口品牌的齿轮油在国内大量生产并销售，国内市场上出售的齿轮油基本上都使用国际标准的标号，即 SAE 黏度分级标号和 API 质量分级标号。按照国际标准为汽车选用齿轮油完全可以满足汽车使用齿轮油的各项技术要求。

旧牌号国产齿轮油与 SAE 规格、API 规格所对应的关系及使用范围，详见表 3-4。

表 3-4　国产齿轮油与进口齿轮油的对应关系

国产齿轮油	使用范围	相对应的 SAE 规格（按黏度分类）	相对应的 API 规格（按质量分级）
20 号普通齿轮油	冬季使用于一般汽车的齿轮传动装置上	SAE90	GL-2
30 号普通齿轮油	长江以南地区全年，长江以北地区，夏季使用于一般汽车的齿轮传动装置	SAE140	GL-2
22 号渣油型双曲面齿轮油	冬季使用于具有准双曲面齿轮传动装置的汽车上	SAE90	GL-3
28 号渣油型双曲面齿轮油	夏季使用于具有准双曲面齿轮传动装置的汽车上	SAE140	GL-3
18 号馏分型双曲面齿轮油	用于气温在 -10~30℃ 地区，具有准双曲面齿轮传动装置的汽车上	SAE90	GL-3
26 号馏分型双曲面齿轮油	用于气温在 32℃ 以上地区，具有准双曲面齿轮传动装置的汽车上	SAE140	GL-4
13 号馏分型双曲面齿轮油	用于气温在 -35~10℃ 严寒地区，具有准双曲面齿轮传动装置的汽车上	SAE85W	GL-5

（2）根据齿轮类型和工况选择齿轮油的使用性能级别　对于一般工作条件下的螺旋圆弧锥齿轮主减速器（驱动桥）、变速器和转向器等总成可选用普通车辆齿轮油；对准双曲面圆弧齿轮主减速器，必须根据工作条件选用中负荷车辆齿轮油或重负荷车辆齿轮油。具体选择方法，见表3-5。

表3-5　汽车齿轮油的选择

使用性能级别选择		对应黏度级别（或牌号）的选择	
性能级别	齿轮类型、工作条件和示例	黏度级别	使用气温范围/℃
普通车用齿轮油（GL-3）	工作条件缓和的螺旋圆弧锥齿轮主减速器和变速器、转向器（解放 CA1091 后桥、变速器等）	90	-10℃以上地区全年通用
		80W/90	-30℃以上地区全年通用
		85W/90	-20℃以上地区全年通用
中负荷车用齿轮油（GL-4）	工作条件一般（齿间压力在 3000MPa 以下，齿间滑移速度在 8mm/s 以下）的准双曲面齿轮主减速器（东风 EQ1090）或要求使用 GL-4 齿轮油的进口汽车	90（旧18号）	-10℃以上地区全年通用
		旧7号严寒区双曲面齿轮油	-43℃以上严寒区冬季
		85W/90	-20℃以上地区全年通用
重负荷车用齿轮油（GL-5）	工作条件苛刻的准双曲面齿轮主减速器（丰田皇冠等进口轿车）或要求使用 GL-5 齿轮油的进口汽车	90	10℃以上地区全年通用
		140（旧26号）	重负荷、炎热夏季
		85W/90	-20℃以上地区全年通用

3. 齿轮油选用注意事项

1）分清齿轮油和发动机润滑油的 SAE 黏度级别。在润滑油黏度级别分类标准中为避免相互混淆，把高的分级标号用在齿轮油上，而把低的分级标号用在发动机润滑油上。

⚠警告：切不可将齿轮油当成机油使用，否则会造成发动机粘缸、抱瓦。

2）分清齿轮油的种类和使用级别。准双曲面齿轮啮合挤压力非常大，普通齿轮油无法保持足够的润滑油膜，如果使用了普通齿轮油，齿轮将很快损坏。也不可随意用准双曲面齿轮油替代普通齿轮油，否则，会造成各啮合齿轮的腐蚀性磨损和不必要的经济损失。应根据齿轮传动的特点及齿轮工作的苛刻条件，选用使用性能级别合适的齿轮油。

3）不能错误地认为齿轮油的黏度级别越高其润滑性能就越好。若使用黏度标号太高的齿轮油，则会出现供油不及时，润滑不可靠，运动阻力加大，油耗激增，特别是对高速轿车影响更大，所以，应尽可能选用合适的多黏度级齿轮油。

4）油量要适当，油面高度应合适。用油量应适当，不要过多也不要过少。过多不仅增加搅油阻力和燃料消耗，而且齿轮油容易经后桥壳窜入制动鼓（如果密封不良）造成制动失灵；过少会使润滑不良，温度过高，加速齿轮磨损。齿轮油油面高度一般与变速器、驱动桥壳上的观察螺塞孔下缘平齐即可。

5）按时换油，合理用油。应按规定换油指标换用新油，无油质分析手段时，可按规定期限换油。汽车制造厂推荐的换油期一般为 30000～48000km（新型免维护传动系统除外）。换油时，应趁热放出旧油，并将齿轮和齿轮箱清洗干净后加入新油。加新油时，应防止水分和杂质混入。

6）齿轮油使用禁忌。在使用中，严禁向齿轮油中加入柴油等进行稀释，也不要因影响冬季起步而烘烤驱动桥、变速器等总成，以免齿轮油严重氧化变质。

3.1.2 离合器踏板的使用操作

1. 正确使用离合器的意义

离合器作为手动变速器特有的组成部分，布置于发动机和变速器总成之间（图3-4），担负着切断（起动、挂档起步、临时切断动力时的踩下离合器踏板）和接通（除了暂短分离以外的绝大部分时间传力时的抬起离合器踏板）动力的重要使命。其使用操作的正确与否，直接关系到发动机、变速器以及其他传动装置的使用寿命，并直接决定了车辆行驶的平顺性和舒适性。

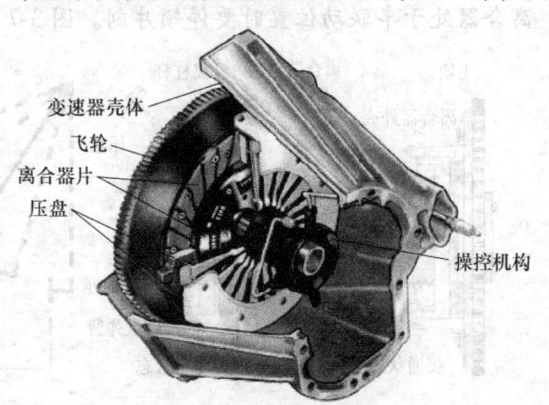

图3-4 离合器的布置位置

2. 离合器踏板的操作要领

图3-5 所示为桑塔纳轿车离合器踏板的布置位置及其操纵原理。其操作要领如图3-6 所示。

值得注意的是，离合器踏板的使用操作必须与变速杆、加速踏板、制动踏板和驻车制动器的使用操作要相互协调、相互配合（项目一中已述及，注意参考，这里不再赘述）。

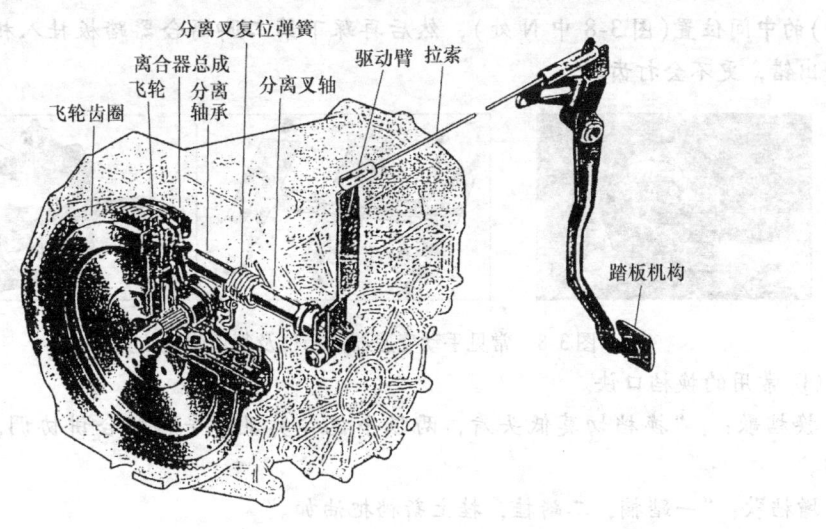

图3-5 桑塔纳轿车离合器的操纵示意图

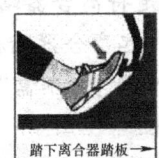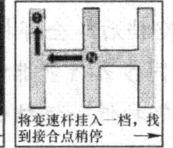

图3-6 离合器踏板的操作要领

⚠ 提示：

① 对于一般初学驾驶者，离合器踏板的操作要领一般要遵循"两快两慢一停顿"的口令。两快：从离合器踩到底时的位置到离合器初联动时的位置要快；从离合器全联动时的位置到离合器全抬起时的位置要快。两慢：从离合器初联动时的位置到离合器半联动时的位置要慢；从离合器半联动时的位置到离合器全联动时的位置要慢。一停顿：离合器处于半联动位置时要停顿片刻。图 3-7 所示为离合器使用方法点位示意图。

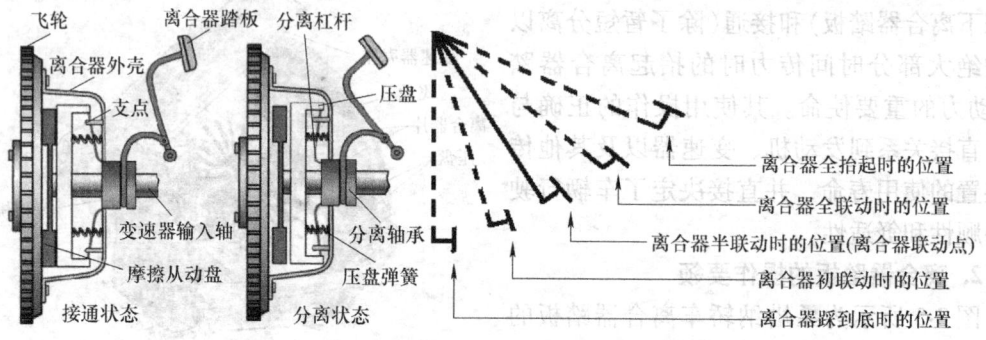

图 3-7　离合器的使用状态及其使用方法点位示意图

② 对于有驾驶基础或经验丰富的驾驶人来说，也建议采用"两脚离合"。"两脚离合"的好处是，踩下第一脚离合器踏板后将变速杆从档位上摘下来后自然松手，可使变速杆在复位弹簧（图 3-8 中箭头所示）的作用下自动回到变速器空档区域（图 3-8 中圈中部分）的中间位置（图 3-8 中 N 处），然后再踩下第二脚离合器踏板挂入相应的档位时，不会出错，更不会打齿。

 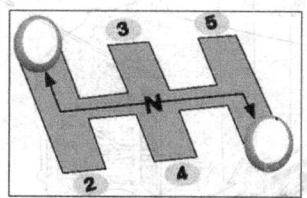 

图 3-8　常见手动变速器的档位及复位弹簧位置

③ 常用的换档口诀。

换档歌："换档切莫低头看，两眼平视心莫乱。手脚配合讲协调，适时加油或减档。"

增档歌："一踏摘，二踏挂，挂上新档把油加。"

减档歌："一踏摘，二抬轰，三踏进档要适中。"

注意：减档歌中的一、二、三，是脚的三个连贯动作。第一个动作是将离合器踏板踩下去，将变速杆置于空档；第二个动作是将变速杆置于空档后，全部抬起离合器踏板，给一脚"空油"（针对一些大型车辆而言，一般小型车辆的同步性能非常优良，不需"轰空油"）；第三个动作是再一次踩下离合器踏板，然后再轻轻挂低一级档位。

坡道起步歌："慢抬离合听声音，音变车抖稍一停。右脚平稳来加油，抬离松制动前进。"

3.1.3 手动变速器常见故障

手动变速器常见的故障包括：变速器各轴头和接合垫部位漏油；变速器运转时发出异响，车辆行进时遇到坡道起步、爬陡坡或急加速时掉档（也称跳档），或乱档而不能挂入相应的档位等。

1. 漏油

（1）现象 变速器盖周边、壳体侧盖周边、加油口螺塞、放油口螺塞、第一轴回油螺纹、第二轴油封（或回油螺纹）或各轴承盖等处有明显漏油痕迹。

（2）主要原因

1）接合平面变形或加工粗糙；密封垫片太薄、硬化或损坏。
2）变速器盖、壳体侧盖和轴承盖等处固定螺钉松动或拧紧顺序不符合要求。
3）油封与轴颈安装不同轴、油封装反、油封本身磨损、硬化或轴颈与轴不同轴。
4）回油螺纹与轴颈安装不同轴、回油螺纹沟槽污物沉积严重或有加工毛刺阻碍回油。
5）油封轴颈磨损成沟槽。
6）加油口盖、放油口螺塞松动或螺纹损坏。
7）壳体有铸造缺陷或裂纹。

2. 异响

（1）现象 变速器齿轮的啮合、轴承的运转都发出很大噪声，而且变速器发出干磨、撞击等不正常响声。

（2）主要原因

1）滚动轴承缺油（如第1轴前导轴承），滚珠磨损失圆，滚道有麻点、脱层、伤痕，内外滚道在轴上或壳体内转动，或轴承间隙太大。
2）齿轮加工精度差或热处理工艺不当等造成齿轮偏摇或齿形发生变化；齿隙过大或花键配合间隙太大。
3）修复过的齿面没有对毛刺、凸起等进行修整。
4）齿面剥落、脱层、缺损、磨损过甚或换件修复中齿轮未成对更换。
5）第1轴、第2轴或中间轴弯曲变形。
6）壳体轴承孔镗孔、镶套修复后，使两孔中心距发生变动或使两轴线不平行。
7）经修复后的变速叉弯度不对或变速叉磨损后单边堆焊太厚，致使相关齿轮位置不准。
8）第2轴紧固螺母松动或其他各轴轴向定位失准。
9）自锁装置凹槽、钢球磨损过甚或自锁弹簧疲劳、折断，造成挂档时越位。

3. 掉档

（1）现象 汽车重载加速或爬越坡道时，变速杆有时从某档自动跳回到空档位置。

（2）主要原因

1）相啮合的一对离合器式齿轮在啮合部位磨损成锥形。
2）由于离合器壳后孔中心位置变动、离合器壳与变速器壳接合平面相对曲轴轴线的垂直度变动或第1轴、第2轴轴承过于松旷等原因，造成第1轴、第2轴、曲轴三者不在同一轴线上。

3）挂入档位后齿轮啮合未达轮齿全长或自锁钢球未进入凹槽内。
4）各轴轴向间隙或径向间隙太大。
5）有多道常啮齿轮的变速器，装在第2轴上的常啮齿轮轴向间隙或径向间隙太大。
6）自锁装置凹槽、钢球磨损严重或自锁弹簧疲劳、折断。

4. 乱档

（1）现象 在离合器分离彻底的情况下，要挂档挂不上或要摘档摘不下；有时要挂某档，结果挂在其他档位上。

（2）主要原因

1）互锁装置损坏。
2）变速杆下端长度不足、下端工作面磨损过大或变速叉轴上导块的导槽磨损过大。
3）变速杆球头定位销松旷、折断或球头、球孔磨损过大。

3.1.4 自动变速器液力传动油的牌号及选用

● 一辆2012款自动变速器桑塔纳3000轿车，车辆无论是在前进档起步还是在倒车档起步都很困难，而且加速时发出"嗡嗡嗡"的响声，车速却迟迟不能提高。

随着中国全面进入汽车社会，自动变速器越来越多地被装用在乘用车上，以便于越来越多的非职业驾驶人员进行驾驶。

自动变速器汽车的传动系统主要由液力变矩器（与发动机的末端件飞轮用螺栓连接在一起，图3-9）、自动变速器、万向传动装置、主减速器、差速器、半轴和驱动轮（传动系统的末端件也是行驶系统的首端件）等组成。其特点是，依靠液力传动油（ATF）柔性传递动力（即液力变矩器中的主动轮泵轮和从动轮涡轮相互分开不接触，图3-9），故不需要离合器及其操纵机构。所以操纵简单，不易损害发动机及传动系统各部件。但传动效率不全是100%，且结构复杂，维护成本高。

图3-9 自动变速器上的液力变矩器

液力传动油也称自动变速器油简称ATF（Automatic Transmission Fluid），是指专门用于自动变速器（AT）和无级变速器（CVT）等的特殊油液。该油液除了具备润滑、冷却、清洁、密封和防腐作用外，还具有传递动力、液压换档控制等功能。大量实践表明：自动变速器工作性能的好坏和使用寿命的长短主要取决于ATF的质量。

1. 液力传动油的分类

1）国外液力传动油的分类多采用美国ASTM和API共同提出的PTF（Power Transmission Fluid）使用分类法，将PTF分为PTF-1、PTF-2和PTF-3等3类。其规格及适用范围见表3-6。

项目3 汽车底盘的使用与维护

表3-6 液力传动油使用分类

分 类	符合的规格	适用范围
PTF-1	通用汽车公司 GM DEXRON Ⅱ、福特汽车公司 FORD M2C33-F、克莱斯勒 CHRYSLER MS-4228	轿车、轻型货车液力传动油
PTF-2	通用汽车公司 GM Track、Coach 阿里林 AllisonC-2、C-3	重型货车和越野汽车液力传动油
PTF-3	约汉狄尔 John Deere J-20A、福特 FORD M2CΦ1A、玛赛-费格森 Mqssey-FergusonM-1135	农业和建筑机械液力传动油

2）国产液力传动油按100℃运动黏度将其分为6号和8号两种。其与国外液力传动油的基本对应关系见表3-7。常见标识如图3-10所示。

表3-7 液力传动油的分类标准

国外分类	国内分类	应用范围
PTF-1	8	轿车、轻型货车液力传动油
PTF-2	6	越野汽车、载货汽车、工程机械
PTF-3		农业和建筑野外机械

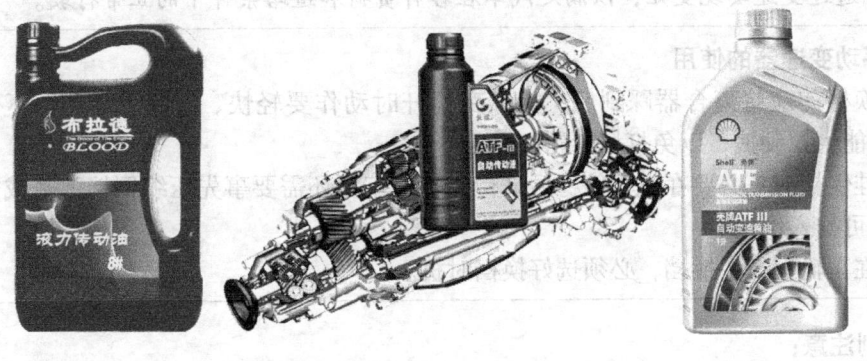

图3-10 常见液力传动油的部分品牌标识

2. 液力传动油的选择与使用

（1）液力传动油的选择 按车辆使用说明书的规定，选用适当品种的液力传动油。轿车和轻型货车应选用8号油，进口轿车要求用GMA型、A-A型或Dexron型液力传动油的均可用8号油代替。重型货车、工程机械的液力传动系统则应选用6号油。

（2）液力传动油的使用注意事项

1）注意保持ATF的正常工作温度。油温过高，易变稀、变质，油压降低，使AT打滑；油温过低，油压变高，时滞时间过长，使AT换档不及时。

2）应经常检查ATF的液面高度。ATF的液面高度检查，分为冷态检查（不行车、不走档）和热态检查（行车后或停车走档）两种。检查时要求车辆停在平地上，发动机达到正常工作温度。此时油平面应分别在AT油标尺的冷态上、下两刻线或热态上、下两刻线之间，不足时及时添加。若油面过低，则油压不足而打滑；若油面过高，产生气泡，则同样打滑。

3）按车辆使用说明书的规定更换ATF。通常每行驶10000km应检查油面一次，每行驶

40000km 应更换油液(免维护除外)。应尽量避免人工换油，多采用机器换油。

4) 注意观察 ATF 的品质情况。在检查油面和换油时，在手指上蘸少许油液，检查油质、颜色、气味和杂质等情况，确认 ATF 是否因打滑或过热等原因变质。

> ⚠ 提示：现在常用的 GM 系列 Dexron Ⅱ ATF 一般染成红色，油质清澈纯净，如颜色变黑、有烧焦味且含有杂质等时，予以更换。

3.1.5 变速器的使用操作

变速器是汽车传动系统中的重要总成，它通过变速、变矩、变向实现了对发动机这一号称"汽车动力源泉"的最重要总成功能的补充、扩展和完善。所以，变速器的使用操作直接关系车辆行驶的通过性、平顺性、舒适性、安全性和经济性。

> ⚠ 提示：
> ① 发动机虽不能反转，但通过变速器的变向实现汽车的倒驶。
> ② 通过变速器输入轴和中间轴的第 1 级降速实现发动机转矩的增大，再通过驱动桥中主减速器的降速增矩，实现汽车的平稳起步和正常行驶。
> ③ 通过变速实现变矩，以满足汽车在各种负荷和道路条件下的正常行驶。

1. 手动变速器的使用

1) 换档前应将离合器踩到底，操纵变速杆时动作要轻快、准确、柔和，不可用力过猛，更不能生拉硬拽，以免打坏齿轮。

2) 挂倒档时务必要在汽车停稳后进行，有些车型还需要事先压缩倒档弹簧或提起倒档提钮后方可挂入倒档。

3) 在车辆运行中换档，必须选好换档时机。

> ⚠ 特别注意：
> 严禁在空档熄火状态下强行挂档起动发动机，或在车速太低时挂入高速档以及车速过高时换到低速档，以免损坏变速器内运动组件和发动机总成。

2. 自动变速器的使用

(1) 自动变速器变速杆的使用

1) 停车档(P 位)：当变速杆置于该位置时，自动变速器中的停车锁止机构将变速器输出轴锁止，驱动轮不能转动，以防止汽车移动，同时换档执行机构使自动变速器处于空档状态。当变速杆离开该位置时，停车锁止机构即被释放。通常该档位在车辆起动或停放熄火后才可使用。

2) 倒档(R 位)：当变速杆置于该位置时，可实现汽车倒驶。

3) 空档(N 位)：当变速杆置于该位置时，换档执行机构使自动变速器处于空档状态。此时，发动机的动力虽经输入轴传入自动变速器，但只能使齿轮空转，输出轴无动力输出。通常该档位在车辆起动或短暂临时停车时才可使用。

4) 前进档(D 位)：目前，自动变速器的 D 位一般设置 4 个前进档，其中 4 档为超速档,3档为直接档,2档和1档为减速档。通常除了上下陡坡及冰雪泥泞路况外的绝大多数前进情况均使用该档位。

5) 前进低档(S位或2位,L位或1位):均为强制前进低档。当变速杆置于S档位时,只能在1~2档之间自动变速;当变速杆置于L档位时,自动变速器固定在1档行驶。通常该档位在上下陡坡及冰雪泥泞路况下使用,以实现发动机制动。

> ⚠️ 提示:
> ① 自动变速器的P、R、N、D四个档位的布置位置和顺序基本上都相同,但D位后的档位布置一般因产地和车型不同而不同。如"P、R、N、D","P、R、N、D、S","P、R、N、D、S、L","P、R、N、D、2、L","P、R、N、D、3、2、1"等。以"P、R、N、D、3、2、1"为例,D位设有减1、减2、直3、超4四个档位,3位设有减1、减2、直3三个档位,2位设有减1、减2两个档位,1位设有减1一个档位。由此可知,D位涵盖3位,3位涵盖2位,2位涵盖1位,而且一般情况下,只有S位(或2位)、L位(或1位)才有发动机制动功能。同时也表明,绝大多数自动变速器不是绝对的自动,只是在某些档位上是自动换档的,而R位、1位只能算是手动换档。
> ② D位、3位、S位和L位中1档的固定方式不同。D位和3位中的1档行星架的固定是靠单向离合器单向锁止的,故驱动轮通过传动系统部件反过来带动发动机曲轴时,行星架会失去约束而空转起来,使得D位和3位丧失发动机制动功能;而S位或L位中的1档行星架的固定是靠制动器双向锁止的,所以无论发动机带动驱动轮还是驱动轮带动发动机都可以同步联动,从而实现发动机制动。
> ③ 欧系车的自动变速器变速杆一般设有按钮(在变换变速杆位置时,必须先按下变速杆上的锁止按钮,否则无法移动变速杆),而日系车的自动变速器变速杆一般无按钮。如图3-11所示。

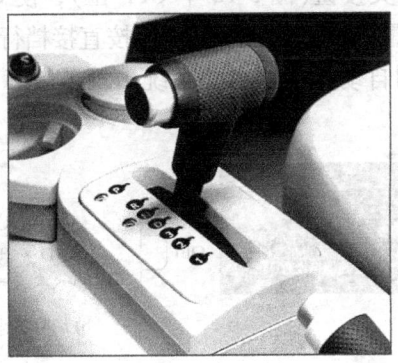 

a) 欧系车变速杆　　b) 日系车变速杆

图3-11 常见自动变速器变速杆及其档位

(2) 自动变速器控制开关的使用

1) 模式开关。大部分电子控制自动变速器都设有一个模式开关,用来选择自动变速器的控制模式(即自动变速器的换档规律),以满足不同路况下的使用要求。常见的自动变速器的控制模式有标准、动力和经济三种模式,有些车辆还设有雪地模式(简称W模式)。图

3-12 所示为常见的模式开关及其布置位置。

① 经济模式(ECONOMY)：这种控制模式简称 E 模式，它是以汽车获得最佳的燃油经济性为目标来设计换档规律的。当自动变速器在 E 模式下工作时，其换档规律能使发动机在汽车行驶过程中经常处于经济转速范围内运转，且增档提前、减档推迟，从而提高了燃油经济性。该模式主要用于高速公路和良好路况下的行驶。

② 动力模式(POWER)：这种控制模式简称 P 模式(有些车辆也称 S 模式)，它是以汽车获得最大的动力性为目标来设计换档规律的。当自动变速器在 P 模式下工作时，其换档规律能使发动机

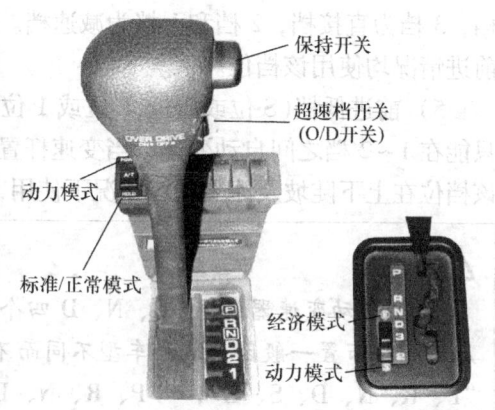

图 3-12　自动变速器的各种模式控制开关

在汽车行驶过程中经常处于大功率范围内运转，且减档提前、增档推迟，从而提高了汽车的动力性能及爬坡能力。该模式主要用于山区公路和不良路况下的行驶。

③ 标准模式(NORMAL)：这种控制模式简称 N 模式，其换档规律介于经济模式和动力模式之间。它兼顾了动力性和经济性，使汽车既保证一定的动力性，又有较佳的燃油经济性，是自动变速器最常用的控制模式。

④ 保持开关：日本 JATCO 公司生产的 R4A-EL 等部分电子控制自动变速器设有保持开关。该开关一般位于变速杆上(图 3-12)。若按下该开关，则自动变速器不能自动换档，档位完全取决于变速杆的位置，当变速杆位于 D 位、S 位、L 位时，自动变速器分别保持在 3 档、2 档、1 档。在冰雪泥泞路况下，可使用该控制模式配合发动机进行辅助制动。

2) 超速档开关(O/D 开关)。O/D 开关如图 3-13 所示，用来控制自动变速器的超速档。当按下 O/D 开关按钮(图 3-12 中 ON 位)，使 O/D OFF 灯熄灭时，表明已开启超速档，此时车辆可按最高档行驶；当再次按下 O/D 开关按钮(图 3-12 中 OFF 位)，使 O/D OFF 灯点亮时，表明已关闭超速档，此时车辆不能按最高档行驶，最高只能按直接档行驶；在解除超速档的模式下，若 O/D OFF 灯闪烁，则表明自动变速器电控系统出现了故障，应查明原因排除故障。

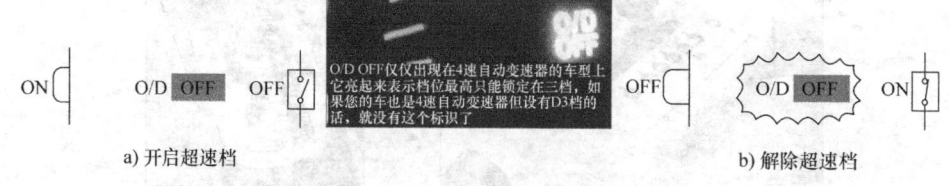

a) 开启超速档　　　　　　　　　　b) 解除超速档

图 3-13　超速档开关及指示灯

(3) 不同工况下自动变速器的使用

1) 起步及正常行驶

① 绝大部分情况下，均可选择 D 位起步；若陡坡或重载起步，最好选择 S 位或 L 位起步。

② 在良好路面，为节省燃油，可将模式开关设置于经济模式或标准模式位置；在不良

路面，为提高汽车的动力性，可将模式开关设置于动力模式位置。

2）倒车

① 在汽车完全停稳后，将变速杆移至 R 位进行倒车。

② 在平路上倒车时，可完全放松加速踏板，用怠速缓慢倒车。

③ 若倒车中要越过台阶或凸起物时，应缓慢加速，越过之后要及时制动。

3）临时停车。若停车时间较短，可使变速杆保持在 D 位，若时间稍长，最好同时使用行车制动和驻车制动；若停车时间较长，最好把变速杆换到 N 位。

4）坡道行驶

① 若坡道不陡且短，可将变速杆置于 D 位，用加速踏板或制动踏板来控制上下坡车速。

② 若坡道不陡但长，可将变速杆置于 D 位，但应将超速档开关（O/D 开关）关闭，使车辆在 1—3 档之间换档，稳速上下坡，避免在 3—4 档之间频繁换档。

③ 若坡道较陡，则在上下坡之前，事先将变速杆置于 S 位或 L 位，避免中途换档，以实现发动机制动，从而使车辆安全稳定行驶。

5）雪地或泥泞路面行驶。此时应将变速杆置于 W 位（雪地模式，若装配），也可将变速杆置于 S 位或 L 位，以限制自动变速器的最高档位，从而利用节气门开度来控制车轮的转速，防止驱动轮打滑。

6）停放。踩住制动踏板使车辆停稳后，将变速杆移至停车档位置，并拉紧驻车制动变速杆，然后熄火。

3. 自动变速器的使用注意事项

① 注意前进档的选择及其使用方法。在车辆行进过程中，可将变速杆从 S 位或 L 位换至 D 位，但决不可在车速较高时（时速超过 30km/h）将变速杆从 D 位拨至 S 位或 L 位，否则会使自动变速器中的摩擦片因急剧摩擦而损坏，甚至因档位制动（即发动机制动）而导致交通事故。

② 注意前进档与倒档之间的互换。无论从前进档换至倒档，还是从倒档换至前进档，都必须待车辆停稳，先置于 N 位后（图 3-14）方可进行互换，否则会极易损坏自动变速器，并容易导致交通事故。

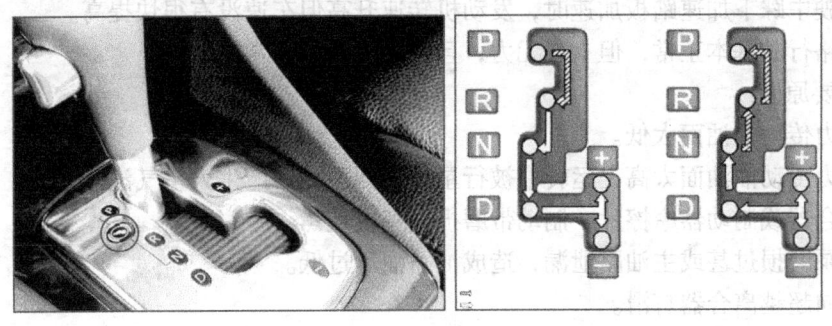

图 3-14　前进档与倒档之间的互换（以手自一体为例）

③ 注意停车档位的使用。在车辆行驶过程中，决不允许使用 P 位，否则会立刻损坏自动变速器，并会引起车毁人亡。故一般手自一体自动变速器均设有防直推装置（即迁回入

档,图 3-14)。

④ 注意锁止按钮的使用。在车辆行驶过程中,决不允许使用该按钮(图 3-14 中圈中部分),否则会立刻损坏自动变速器,并容易导致车毁人亡。

⑤ 注意 S 或 L 位的发动机制动。在上下陡坡利用 S 或 L 位进行发动机制动时,必须事先选好档位,不允许中途使用 S 位或 L 位,并合理配合加速踏板以及行车制动器和驻车制动器等控制车速。

⑥ 注意"怠速爬行"时间。所谓的"怠速爬行"是指利用液力变矩器的增矩作用及其固有的蠕动能力,使车辆在一般平坦道路上不给油就能行驶的一种现象。若时间过长,会因变速器油泵速度过慢而导致油压过低,使执行器打滑,自动变速器过早损坏。

3.1.6 自动变速器常见故障

自动变速器常见的故障主要有:汽车不能行驶、自动变速器打滑、换档冲击大、不能升档、升档过迟、无前进档、无超速档、无倒档、频繁跳档、挂档后发动机怠速易熄火、无发动机制动、不能强制降档、无锁止、液力传动油易变质等。

1. 汽车不能行驶

1) 故障现象

① 无论变速杆位于倒档、前进档或前进低档,汽车都不能行驶。

② 冷车起动后汽车能行驶一小段路程,但稍一热车就不能行驶。

2) 主要原因

① 自动变速器油底壳被撞坏,液力传动油全部漏光。

② 变速杆和手动阀摇臂之间的连杆或拉索松脱,手动阀保持在空档或停车档位置。

③ 油泵进油滤网堵塞。

④ 主油路严重泄漏。

⑤ 油泵损坏。

2. 自动变速器打滑

1) 故障现象

① 起步时踩下加速踏板,发动机转速很快升高但车速升高缓慢。

② 行驶中踩下加速踏板加速时,发动机转速升高但车速没有很快提高。

③ 平路行驶基本正常,但上坡无力,且发动机转速异常高。

2) 主要原因

① 液力传动油油面太低。

② 液力传动油油面太高,运转中被行星排剧烈搅动后产生大量气泡。

③ 离合器或制动器摩擦片、制动带磨损过甚或烧焦。

④ 油泵磨损过甚或主油路泄漏,造成油路油压过低。

⑤ 单向超越离合器打滑。

⑥ 离合器或制动器活塞密封圈损坏,导致漏油。

⑦ 减振器活塞密封圈损坏,导致漏油。

3. 换档冲击大

1) 故障现象

① 在起步时,由停车档或空档挂入倒档或前进档时,车辆振动比较严重。
② 行驶中,在自动变速器升档的瞬间车辆有较明显的闯动。

2) 主要原因

① 发动机怠速过高。
② 节气门拉索或节气门位置传感器调整不当,使主油路油压过高。
③ 升档过迟。
④ 真空式节气门阀的真空软管破裂或松脱(目前已基本取消)。
⑤ 主油路调压阀有故障,使主油路油压过高。
⑥ 减振器活塞卡住,不能起减振作用。
⑦ 单向阀钢球漏装,换档执行元件(离合器或制动器)接合过快。
⑧ 换档执行元件打滑。
⑨ 油压电磁阀不工作。
⑩ 电控单元有故障。

4. 不能升档

1) 故障现象

① 汽车行驶中自动变速器始终保持在1档,不能升入2档及更高档。
② 行驶中自动变速器可以升入2档,但不能升入3档和超速档。

2) 主要原因

① 节气门拉索或节气门位置传感器调整不当。
② 车速传感器有故障。
③ 2档制动器或高档离合器有故障。
④ 换档阀卡滞。
⑤ 档位开关有故障。

5. 升档过迟

1) 故障现象

① 在汽车行驶中,升档车速明显高于标准值,升档前发动机转速偏高。
② 必须采用松加速踏板提前升档的操作方法才能使自动变速器升入高档或超速档。

2) 主要原因

① 节气门拉索或节气门位置传感器调整不当。
② 节气门位置传感器损坏。
③ 主油路油压或节气门油压太高。
④ 强制降档开关短路。
⑤ 电控单元或传感器有故障。

6. 无前进档

1) 故障现象

① 汽车倒档行驶正常,在前进档时不能行驶。
② 操纵杆在D位时不能起步,在S位、L位(或2位、1位)时可以起步。

2) 主要原因

① 前进离合器严重打滑。

② 前进单向超越离合器打滑或装反。
③ 前进离合器油路严重泄漏。
④ 变速杆调整不当。

7. 无超速档

1) 故障现象

① 在汽车行驶中，车速已升高至超速档工作范围，但自动变速器仍不能从3档换入超速档。

② 在车速已达到超速档工作范围后，采用提前升档（即松开加速踏板几秒后再踩下）的方法也不能使自动变速器升入超速档。

2) 主要原因

① 超速档开关有故障。
② 超速电磁阀有故障。
③ 超速制动器打滑。
④ 超速行星排上的直接离合器或直接单向超越离合器卡死。
⑤ 档位开关有故障。
⑥ 液压油温度传感器有故障。
⑦ 节气门位置传感器有故障。
⑧ 3-4 换档阀卡滞。

⚠提示：对于电子控制自动变速器，应先进行故障自诊断，在进行故障的诊断和排除前先检查有无故障码。

8. 无倒档

1) 故障现象：汽车在前进档能正常行驶，但在倒档时不能行驶。

2) 主要原因

① 变速杆调整不当。
② 倒档油路泄漏。
③ 倒档及高档离合器或低档及倒档制动器打滑。

9. 频繁跳档

1) 故障现象：汽车以前进档行驶时，即使加速踏板保持不动，自动变速器仍会经常出现突然降档现象；降档后发动机转速异常升高，并产生换档冲击。

2) 主要原因

① 节气门位置传感器有故障。
② 车速传感器有故障。
③ 控制系统电路搭铁不良。
④ 换档电磁阀接触不良。
⑤ 电控单元有故障。

10. 挂档后发动机怠速易熄火

1) 故障现象

① 发动机怠速运转时将变速杆由 P 位或 N 位换入 R 位、D 位、S 位、L 位（或 2 位、1

位)时发动机熄火。

② 在前进档或倒档行驶中，踩下制动踏板停车时发动机熄火。

2) 主要原因

① 发动机怠速过低。

② 阀板中的锁止控制阀卡滞。

③ 档位开关有故障。

④ 输入轴转速传感器有故障。

11. 无发动机制动

1) 故障现象

① 在行驶中，当变速杆位于前进低档(S、L 或 2、1)位时，松开加速踏板，发动机转速降至怠速，但汽车没有明显减速。

② 下陡坡时，变速杆位于前进低档，但不能产生发动机制动作用。

2) 主要原因

① 档位开关调整不当。

② 变速杆调整不当。

③ 2 档强制制动器打滑或低档及倒档制动器打滑。

④ 控制发动机制动的电磁阀有故障。

⑤ 阀板有故障。

⑥ 自动变速器打滑。

⑦ 电控单元有故障。

12. 不能强制降档

1) 故障现象：当汽车以 3 档或超速档行驶时，突然将加速踏板踩到底，自动变速器不能立即降低一个档位，致使汽车加速无力。

2) 主要原因

① 节气门拉索或节气门位置传感器调整不当。

② 强制降档开关损坏或安装不当。

③ 强制降档电磁阀损坏或线路短路、断路。

④ 阀板中的强制降档控制阀卡滞。

13. 无锁止

1) 故障现象

① 汽车行驶中车速、档位已满足锁止离合器起作用的条件，但锁止离合器仍没有产生锁止作用，使液力变矩器温度过高。

② 汽车油耗较大。

2) 主要原因

① 液力传动油温度传感器有故障。

② 气门位置传感器有故障。

③ 锁止电磁阀有故障或线路短路、断路。

④ 锁止控制阀有故障。

⑤ 液力变矩器中的锁止离合器损坏。

14. 液力传动油易变质

1) 故障现象

① 更换后的新液力传动油使用不久即变质。

② 自动变速器温度太高，从加油口处向外冒烟。

2) 主要原因

① 汽车使用不当，经常超负荷行驶，如经常用于拖车，或经常急加速、超速行驶等。

② 液力传动油散热器管路堵塞。

③ 通往液力传动油散热器的限压阀卡滞。

④ 离合器或制动器自由间隙太小。

⑤ 主油路油压太低，离合器或制动器在工作中打滑。

3.1.7 汽车传动系统维护实训

1. 汽车传动系统维护仪器设备

汽车传动系统维护作业的仪器设备主要有解码器（图3-15a）、举升机（图3-15b）、钢直尺、万用表、跨接线、接油盘（图3-15c）、ATF压力表（图3-15d）、专用工具等。

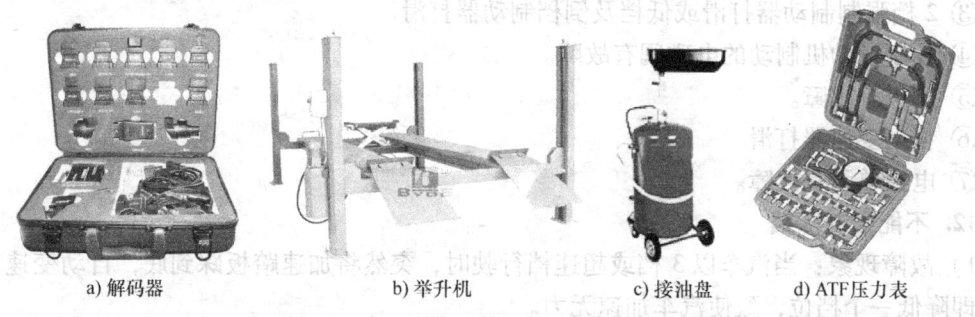

a) 解码器　　　b) 举升机　　　c) 接油盘　　　d) ATF压力表

图3-15　汽车传动系统维护常用仪器设备

2. 汽车传动系统的维护项目、作业内容、操作要领及技术要求

传动系统是汽车底盘四大系统中组成最多、传递路线最长、结构最复杂的组成部分。其基本功用是将发动机发出的动力传给驱动车轮，并具有减速、增矩、倒车、中断动力、轮间差速和轴间差速等功能；同时与发动机配合工作，以保证汽车在各种工况下的正常行驶，使汽车具有良好的动力性和经济性。因此，汽车传动系统的维护显得尤为重要。

（1）手动变速器的维护　手动变速器是指通过拨动变速杆来改变变速器内的齿轮啮合状态，从而改变传动比，最终达到变速、变矩、变向目的的一种变速器。其换档原理如图3-16所示，通过拨动变速杆来拨动换档拨叉，再通过换档拨叉来改变带有同步器齿轮接合套的接合或分离位置，从而实现换档。

车辆的驱动方式不同，变速器的外部形状差异较大，但其基本结构组成是相同的，一般由动力传动机构、变速执行机构和减速输出机构等组成。

1) 变速器齿轮油的检查

① 检查变速器是否有漏油（图3-17中圈中部分），如有应维修漏油处。

② 拆下变速器油位塞。通过注油孔或油位塞孔检查油位。如果拆下油位塞时，齿轮油从油位孔流出或油位已达油位孔，说明油已加注到位；如果发现油量不足应按相关规定或车

项目3 汽车底盘的使用与维护 ·95·

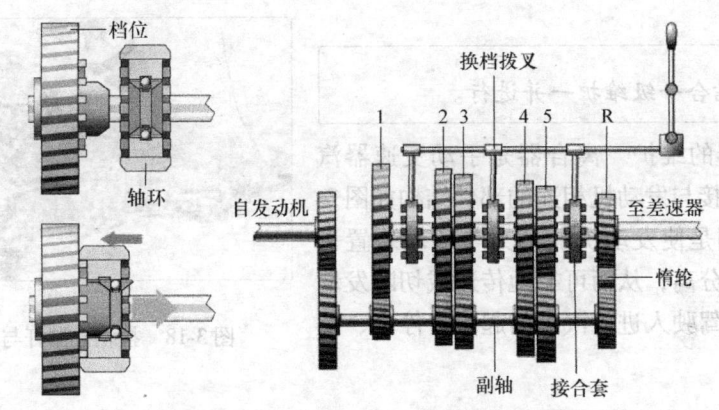

图 3-16 手动变速器的换档原理

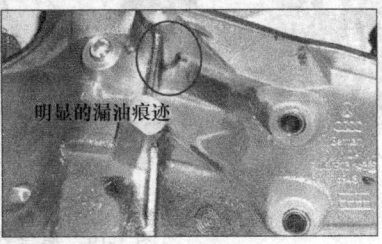

图 3-17 变速器齿轮油的检查

辆使用说明要求加注齿轮油，让油位升至油位孔。

③ 按规定力矩拧紧油位塞。

⚠ 提示：
① 应结合一级维护一并进行。
② 进行变速器齿轮油的漏油检查、补给作业时，大多用举升机将车辆顶起，并确保汽车处于放平、固定状态。

2）变速器齿轮油的更换

① 先用举升机将车辆顶起，并确保汽车处于放平、固定状态，放好接油盘，卸下放油螺塞，放掉旧齿轮油。
② 按规定拧紧放油螺塞，将车辆降下。
③ 按技术要求加注新齿轮油，让油位升至油位孔。
④ 按规定力矩拧紧注油螺塞。

⚠ 提示：应结合二级维护一并进行。

3）换档控制杆与轴的检查

① 先用举升机将车辆顶起，并确保汽车处于放平、固定状态。
② 检查换档控制杆（图3-18中手指所指）是否灵活，有无不正常的噪声。如操作不灵，用底盘防水润滑脂（即钙基润滑脂，也可用通用锂基润滑脂）润滑控制杆支座和轴衬套等

部位。

> ⚠ 提示：应结合一级维护一并进行。

（2）离合器的维护 离合器是手动变速器汽车传动系统中直接与发动机相连的部件结构如图3-19所示，其作用是使发动机的动力与传动装置平稳地接合或暂时分离，从而可靠地传递或切断发动机转矩，以便于驾驶人进行汽车的起步、停车、换档等操作。

图3-18 换档控制杆与轴的检查

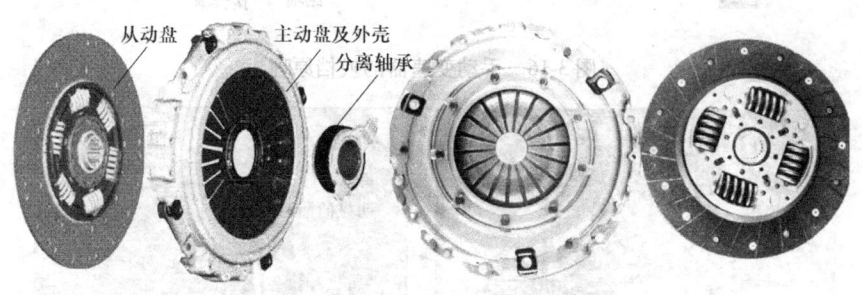

图3-19 离合器的主要结构及实物

1）离合器踏板高度的测量和调整。离合器踏板高度的测量和调整方法以桑塔纳2000轿车为例。如图3-20所示，用钢直尺所测量到的由地板到踏板垫面的距离称为踏板高度（即 A 值），其标准值为180.5mm，如不相符，应调整踏板止动螺栓，调整到标准值后拧紧锁紧螺母。

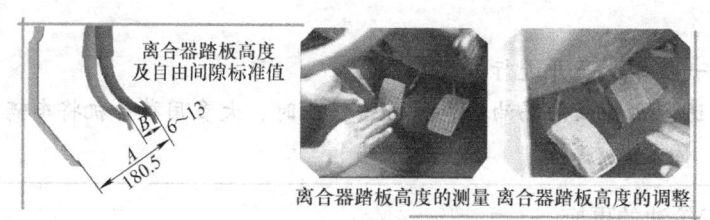

图3-20 离合器踏板高度的测量和调整

2）离合器踏板自由间隙的测量与调整。离合器踏板如果没有自由行程，会造成离合器打滑，汽车行驶无力；如查离合器踏板自由行程过大，不能使离合器彻底分离，造成换档困难。

如图3-20所示，检查时踩下离合器踏板，直到感受到有阻力为止。这一行程即为离合器踏板的自由行程（即 B 值）。自由行程必须在6~13mm规定的极限值范围内（以桑塔纳2000轿车为例）。如不相符，应调整离合器主缸顶杆长度，调节到标准值后拧紧顶杆锁紧螺母。

3）液压式离合器操纵机构的排空。每次拆卸离合器油管、离合器软管、离合器主缸、或者踩下离合器踏板感觉软绵无力时应对离合器液压系统进行排空。

⚠ **注意**：
① 因其与液压制动系统共用一个储液罐，故其排空方法与液压制动系统相同。
② 须加注离合器油 SAE J1703（一般离合器和制动器共用制动液 DOT3 或 DOT4），切勿使用品质差的离合器油。

① 使用一根塑料软管套在放气螺塞上，将排出的离合器油导入一个容器内，打开离合器工作缸放气螺塞。
② 慢慢往复踩下离合器踏板。

⚠ **注意**：如果往复踩下离合器踏板的速度过快，气缸里的空气将不能放尽，且每次放松离合器踏板时都要求抬到最高位置。

③ 踩住离合器踏板，拧紧放气螺塞。
④ 从储油罐加注口加注离合器油到规定位置。

(3) 自动变速器的维护 自动变速器是指根据发动机转速、动力传动载荷、车速和其他操作因素自动改变变速器内齿轮的啮合状态，从而改变传动比，达到自动变速目的的变速器。

如图 3-21 所示，自动变速器由液力变矩器、机械式变速器（一般多采用行星齿轮）和电子液压控制系统三部分组成。

1）自动变速器液力传动油的检查

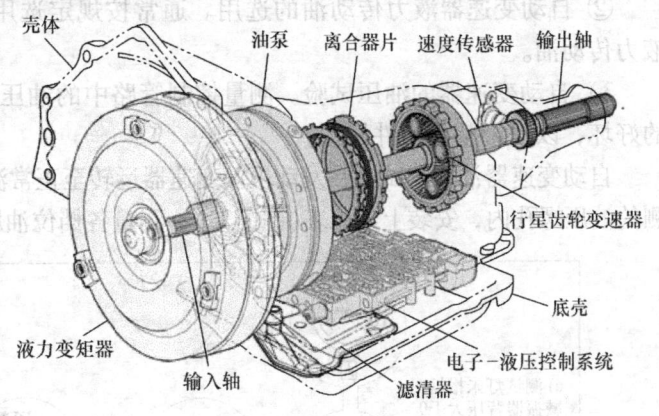

图 3-21 自动变速器的主要组成

① 将车辆停在平坦路面上，拉紧驻车制动器操纵杆。
② 起动发动机，液力传动油温度达到正常温度后，踩住制动踏板，将变速杆从 P 位换到 L 位以 2~3s 为时间间隔在各档位之间来回移动 2~3 回，最后挂入 N 位或 P 位。
③ 打开发动机舱盖，拔出变速器油标尺。要避免衣服或手碰到旋转部件及过热的散热器。
④ 擦干自动变速器液力传动油标尺后，再次将其插入变速器，然后拔出，确认液力传动油是否在 HOT 范围之内，如图 3-22 所示。
⑤ 自动变速器液力传动油不足时，利用漏斗加入 ATF 至 HOT 范围。

⚠ **警告**：测量自动变速器液力传动油油量时，应在发动机温度达到正常温度后测量，注意不要被散热器和排气装置烫伤。

2）自动变速器液力传动油的更换
① 自动变速器液力传动油的更换周期。车辆每行驶约 100000km 时，需更换一次自动

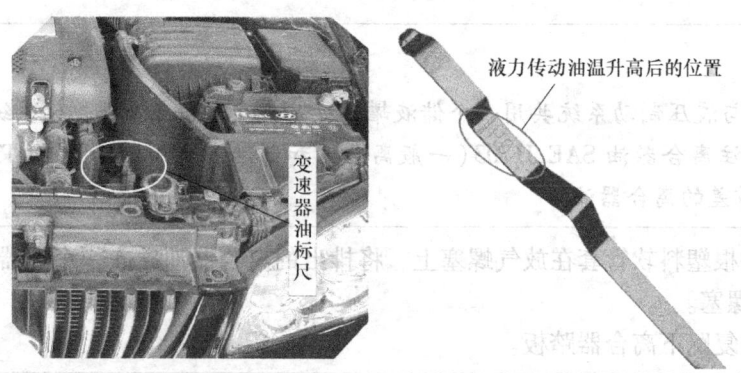

图3-22 自动变速器液力传动油的检查

变速器液力传动油(免维护自动变速器除外)。

⚠ 提示：恶劣条件下，车辆每行驶40000km便更换一次液力传动油。

② 自动变速器液力传动油的选用。通常按规定选用 DIAMOND ATF 或 SP-Ⅲ/ SK ATF 液力传动油。

3) 自动变速器的油压试验。测量控制管路中的油压，用来判断各种泵、阀的工作性能的好坏，以便调整或换件修理。

自动变速器油压测试是在发动机及变速器运转至正常温度后，将汽车驱动轮支起来；在检测的油压螺孔内，安装上油压表(图3-23)，测量各档位油压值，其值应分别符合以下标准值：

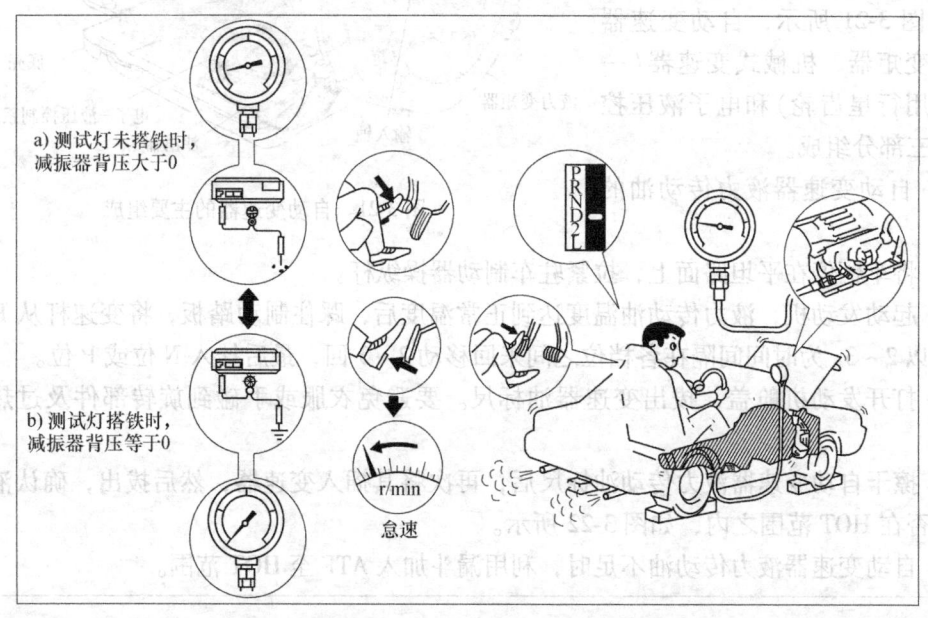

图3-23 自动变速器的油压测试

① 检测减速油压值。将变速杆分别置于空档，发动机怠速运转；4档发动机转速约2500r/min；3档发动机转速约2500r/min；2档发动机转速约1000r/min；1档发动机转速约2500r/min；倒档发动机转速1000r/min，其压力值均应为360~490kPa。

② 检测强制降档制动油压。将变速杆置于 2 档，发动机怠速运转，其油压值应为 100~200kPa；将 O/D 开关接通，变速杆挂入 4 档，发动机转速约 2500r/min；将 O/D 开关关闭，变速杆挂入 3 档，发动机转速约 2500r/min；将变速杆挂入 2 档；发动机转速约 1000r/min，其值均应为 830~900kPa。

③ 检测前段离合器油压。将 O/D 开关关闭，变速杆挂入 3 档，发动机转速约 2500r/min，其油压值应为 830~900kPa；将变速杆置入倒档，发动机转速约 2500r/min，其压力值应力 1640~2240kPa，发动机转速约 1000r/min 时，其值应为 1500kPa。

④ 检测终段离合器油压。将变速器 O/D 开关接通，变速杆置于 4 档，发动机转速在 2500r/min 以下，其油压值应为 830~900kPa；将 O/D 关闭，变速杆置于 3 档，发动机转速约 2500r/min 时其油压值应为 830~900kPa。

⑤ 检测倒档制动油压。将变速杆置于倒档，发动机转速在 2500r/min 以下，其油压值应为 1640~2240kPa；将变速杆置于倒档，发动机转速在 1000r/min 以下，其油压值应为 1500kPa。

任务 3.2　汽车行驶系统的使用与维护

> ● 桑塔纳 2000Gsi 汽车采用回力子午线轮胎，车辆行驶 10000km 左右，发现轮胎整个圆周中间部位磨损严重，用目视检查可见胎面花纹明显变浅，用轮胎深度规测量磨损确实严重。

如图 3-24 所示，汽车行驶系统由车架、车桥、悬架（弹性元件、减振器）和车轮等四大部分组成。其装配关系是车轮安装在车桥上，而车桥又通过悬架安装在车架（或车身）上，从而形成汽车的主要支撑部分。

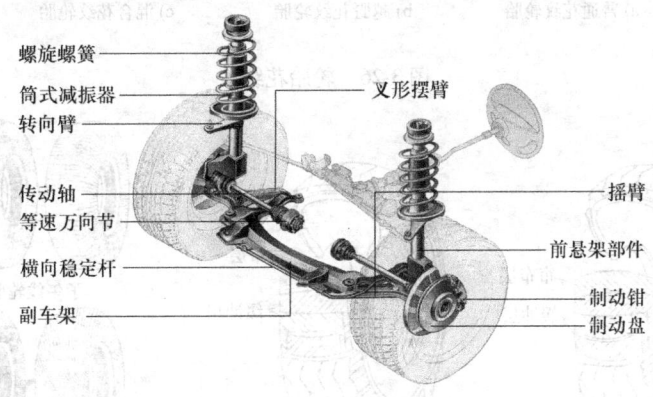

图 3-24　汽车行驶系统的组成

3.2.1　轮胎的类型、规格、品牌认识及其选用

1. 汽车轮胎的分类及规格

轮胎是汽车行驶系统的主要安全部件，轮胎是否合理使用关系到汽车的行驶安全和运输

成本的高低。轮胎的使用费用约占汽车使用成本的10%以上，轮胎使用与维护的好坏，可使汽车油耗的变化幅度达到10%~15%。早在1990年，交通部就发布了《汽车运输业车辆技术管理规定》第13号令，明确要求加强汽车轮胎的管理，提高轮胎使用维护技术水平。

(1) 轮胎的类型　汽车轮胎按胎体结构不同，可分为充气轮胎和实心轮胎。现代汽车绝大多数都采用充气轮胎。充气轮胎按其结构组成可分为有内胎和无内胎两种（图3-25）；按其胎面花纹的不同，可分为普通花纹轮胎、越野花纹轮胎和混合花纹轮胎（图3-26）；按其胎体内帘线排列方向的不同，又可分为普通斜交轮胎和子午线轮胎（图3-27）；按其胎内工作气压分为高压胎、低压胎和超低压胎。

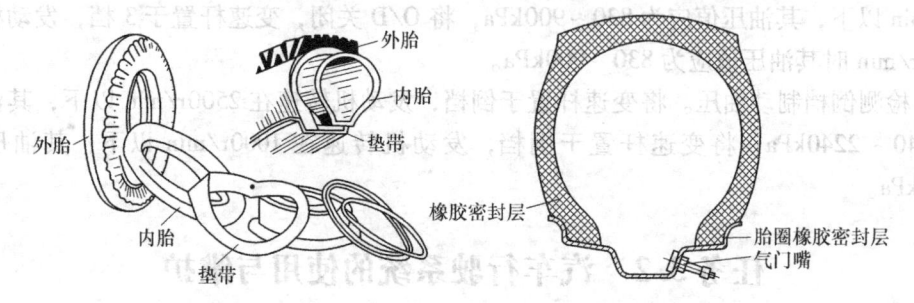

a) 有内胎的充气轮胎　　　　　　　　　　b) 无内胎的充气轮胎

图3-25　充气轮胎

a) 普通花纹轮胎　　　b) 越野花纹轮胎　　　c) 混合花纹轮胎

图3-26　轮胎花纹

 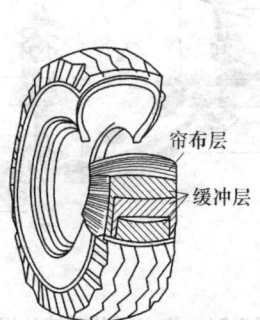 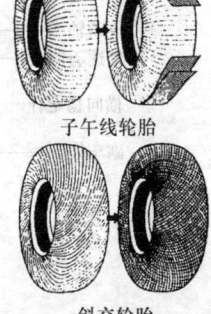

a) 帘线排列示意图　　　　　　　　　　b) 子午线轮胎与普通斜交轮胎

图3-27　轮胎帘布层和缓冲层帘线的排列

⚠提示：过去，一般气压在 0.49～0.69MPa 的称为高压胎，0.15～0.44MPa 的称为低压胎，0.15MPa 以下的称为超低压胎。但由于制造轮胎所用原材料的不断发展，轮胎负荷能力大幅度提高，相应的气压也提高了，而轮胎的缓冲性能仍在某种程度保持了原来同规格"低压胎"的性能，因此，按过去标准来讲，已属于高压胎气压范围的，现在国内外还是将其归于"低压胎"这一类。

由于低压胎弹性好，断面宽，与道路接触面积大，壁薄而散热好，使汽车行驶平顺性及转向操纵的稳定性较好，而且也使轮胎使用寿命延长。所以，目前大部分轿车及越来越多的货车与客车上采用低压轮胎。

(2) 轮胎上的记号及其含义以及规格表示方法　如图 3-28 所示，轮胎上面的记号很多，记录了轮胎的生产日期、生产厂家规格、轮胎的结构、轮胎的某些测试标准等信息。轮胎上面还记录了轮胎的负载和使用的极限速度。下面以马牌轮胎为例，简单介绍轮胎上面的记号及其含义。

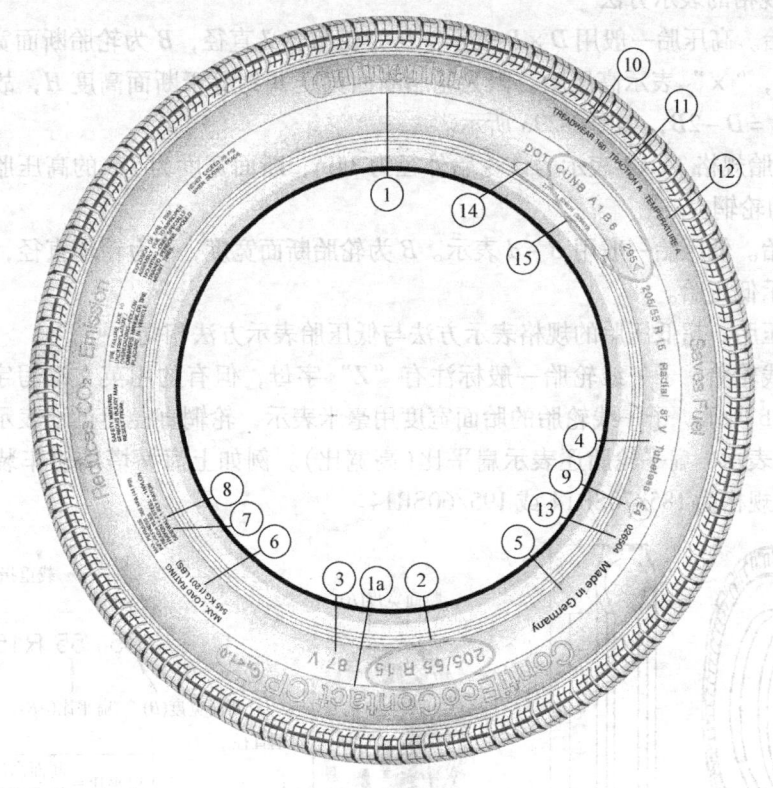

图 3-28　轮胎规格表示方法

1) 轮胎上的记号及其含义
① 生产厂家及牌号(1a 为厂家名称)。
② 尺寸标记。
③ 负载指数及极速标记。
④ 无内胎。

⑤ 生产厂家的国别。
⑥ 美制负载标记。
⑦ 花纹及轮胎内部结构标记。
⑧ 美制轮胎胎压。
⑨ E 表明该轮胎遵从 ECE R30 的制造标准；4 表示测试的国家(此处为荷兰)。
⑩ 轮胎的磨损极限。
⑪ 遵从某些质量的要求。
⑫ 按照法律规定的关于轮胎的性能要求。
⑬ 每一项都遵从 ECE R30 的制造标准。
⑭ 美国运输部。
⑮ 生产厂家的标记(哪一个分厂生产,轮胎的尺寸,类型,生产日期)。

尺寸标记：205 表示轮胎的宽度,55 表示轮胎的高宽比,R 表示轮胎为子午线轮胎,15 表示与轮胎配合的轮辋的直径(英制单位,1in = 25.4mm)。

2) 轮胎规格的表示方法

① 高压胎。高压胎一般用 $D \times B$ 表示。D 为轮胎名义直径,B 为轮胎断面宽度,其单位均为英寸(in),"×"表示高压胎。因为轮胎断面宽度 B 约等于断面高度 H,故安装外胎轮辋应选直径 $d = D - 2B$,如图 3-29a 所示。

例如：轮胎规格 34×7 表示为该轮胎外径为 34in,断面宽度为 7in 的高压胎,可选用直径 d 为 20in 的轮辋。

② 低压胎。低压胎一般用 $B - d$ 表示。B 为轮胎断面宽度,d 为轮辋直径,单位均为英寸,"-"表示低压胎。

③ 超低压胎。超低压胎的规格表示方法与低压胎表示方法相同。

④ 子午线轮胎。子午线轮胎一般标注有"Z"字母,但有的用英文缩写字母"R"表示,如图 3-29b 所示。子午线轮胎的胎面宽度用毫米表示,轮辋直径用英寸表示,轮胎强度用字母或数字表示,扁平轮胎还表示扁平比(高宽比)。例如上海桑塔纳轿车装用的子午线无内胎轮胎,规格为 185/70SR14 或 195/60SR14。

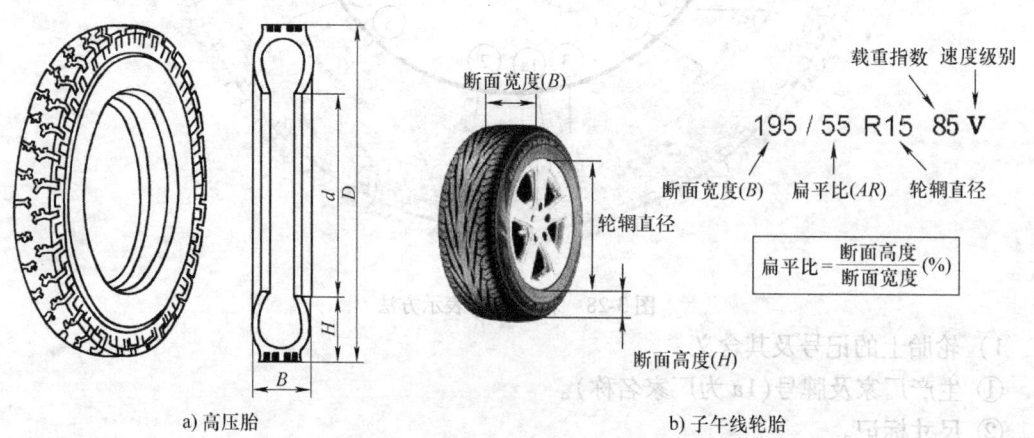

a) 高压胎　　　b) 子午线轮胎

图 3-29　轮胎规格表示方法

D—轮胎外径　d—胎圈内径或轮辋直径　B—轮胎断面宽度　H—轮胎断面高度

有些子午线无内胎轮胎，在规格中加注"TL"标志，例如轻型货车子午线轮胎 7.00R16.5TL、乘用车子午线轮胎 205/70SR15TL，其中"TL"表示无内胎轮胎。

> ⚠️**注意：** 国产子午线轮胎规格用 BRd 表示，其中 R 代表子午线轮胎（即"Radial"的第一个字母）。国产轿车子午线轮胎断面宽度 B 已全部改用米制单位（mm）；载货汽车轮胎断面宽度 B 有英制单位（in）和米制单位两种。而轮辋直径 d 的单位仍为英寸（in）。随着轮胎的扁平化，仅用断面宽度 B 和轮辋直径 d 已不能完全表示轮胎的规格。即在断面宽度 B 相同的情况下，断面高度 H 随不同扁平率而变化。轮胎按其扁平率——高宽比划分系列，目前国产轿车子午线轮胎有五个系列：80、75、70、65 和 60，数字分别表示断面高度 H 是断面宽度 B 的 80%、75%、70%、65% 和 60%。显然，数字越小，轮胎越矮，即轮胎越扁平。有些载货汽车子午线轮胎有 80 系列。

(3) 轮胎的品牌认识　目前，汽车上所用的轮胎品牌各异，质量性能各有千秋，可谓千差万别。作为汽车使用维护者，应了解一些主流轮胎品牌知识，以便更好地选用轮胎。

1) 品牌介绍

① 米其林。法国米其林轮胎自 1898 年诞生起，由可拆换轮胎发展至最新的"胎唇垂直锚泊"轮胎，其产品已遍布世界各地。全球每一个国度的汽车，无论是古董车、轻型客车、豪华轿车、四轮驱动越野车、还是各种级别的货车都装备有米其林全天候轮胎或雪地轮胎。

② 固特异。始建于 1898 年的美国固特异轮胎橡胶公司是世界上规模最大的轮胎制造商。该公司在 30 多个国家 90 多个工厂中生产轮胎，目前在全世界的员工达到 80000 多人。自 1994 年来华投资建厂以来，制造符合固特异全球统一标准的子午线轿车、轻型货车轮胎，并不断引进创新的轮胎服务理念，迄今在全国已设立了近 100 家经销商、1600 多个固特异签约零售店，自 2005 年开始固特异在全国推广新形象的授权服务中心网络，为顾客提供更完善的一站式汽车养护服务。

③ 马牌。1871 年创建于德国汉诺威的马牌轮胎公司，于 1892 年生产了德国第一条充气自行车轮胎。1955 年开始生产无内胎轮胎，1960 年开始大规模生产子午线轮胎，1987 年并购美国将军（general）轮胎及优利来（uniroyal）轮胎（后与米其林共有），1991 年开始制造节油、高里程、环保轮胎，供应几乎所有欧洲车。目前，马牌在全世界拥有 8 万 1 千多名雇员分布在 100 多个制造、研发和试验中心。

④ 倍耐力。1872 年意大利人佐瓦尼·倍耐力在米兰创立了倍耐力公司。在 1948 年发明了"cinturato"子午线轮胎。20 世纪 70 年代初，倍耐力率先为高性能轿车专门设计生产出了"低扁平"轿车轮胎。20 世纪 80 年代初，倍耐力又推出节能减排的低滚动阻力轮胎。1995 年，倍耐力研制成功"主动安全应变系统"轮胎。目前，倍耐力公司在意大利、法国、德国、英国、美国和巴西设有 6 个先进的研发中心，拥有 1000 多名专业研究人员和工程师。

⑤ 邓禄普。1888 年英国人 j.b.邓禄普建立了邓禄普品牌充气轮胎。后来邓禄普品牌归入日本住友橡胶工业集团旗下。20 世纪 90 年代初期，住友将邓禄普轮胎推向中国市场，并采用其独有的"数码配方"技术制造中高档轮胎，被称之为"数码轮胎"。"数码配方"技术是利用超级计算机将轮胎转动中发生的各种现象的模拟试验变为可能的数字旋转技术。

⑥ 优科豪马（原称横滨）。成立于 1917 年的日本横滨橡胶公司，目前在全球轮胎行业排名第七。该公司于 2002 年 1 月在杭州与中方合资成立"杭州横滨轮胎有限公司"。2006

年初在上海成立横滨轮胎销售(上海)有限公司。计划在中国树横滨(优科豪马 yokohama)品牌形象,并将中国的销售业务发展为最大的全球业务。

⑦ 普利司通。诞生于1931年日本福冈的普利斯通(bridgestone 为创始人石桥正二郎之姓石桥二字的英文反写)公司为日本最大的轮胎制造商。自2000开始向海外扩张,2000年1月,普利斯通收购韩国锦湖集团天津锦湖轮胎有限公司韩方投资的全部股份。2000年9月,天津锦湖轮胎有限公司正式更名为"普利斯通(天津)轮胎有限公司"。目前,在中国生产的普利斯通轮胎已经成功地为多种品牌和型号的汽车进行配套。

⑧ 韩泰。成立于1941年的韩国韩泰轮胎公司,于1996年开始进入中国,并在江苏淮安、浙江嘉兴建起两大生产基地。韩泰轮胎非常重视产品研发和本地化产品开发,目前每年将销售额的约5%投入研发。1998年,中国研究中心正式建立,并通过中国研究中心,开发符合中国当地市场的最佳产品,对进入中国市场的世界汽车公司提供原配胎。

⑨ 锦湖。成立于1960年9月韩国首尔的锦湖轮胎株式会社,在1997年与南京轮胎厂合资兴建的大型专业轮胎厂竣工投产,经过十余年的发展,锦湖轮胎已经成长为中国最大的轮胎制造企业之一。目前,锦湖轮胎已建成多工厂体系,已具备年生产6000万条轮胎的能力。

⑩ 飞德勒。成立于1954年的中国台湾泰丰轮胎股份有限公司是一家生产辐射层轿车胎的制造商。旗下的飞德勒轮胎专门为现今主流轿车及轿跑车而设计。可提供低噪声、舒适性及绝佳操控性,现为日本市场最受欢迎的进口品牌之一。目前,泰丰已建立了坚固的海外销售网,行销全球70多个国家,高达100多个区域代理。

2)商标认识。图3-30所示为国内外常见的汽车轮胎商标,需注意多了解掌握,以便合理选用。

(4) 轮胎的使用注意事项

1)合理选用、搭配轮胎。选用、搭配轮胎要因车而异,同车、同轴不要混装不同规格、不同品牌的轮胎。如果将两种不同规格的轮胎装在同一轴上,就会造成转向过度或不

图3-30 轮胎商标认识

图3-30 轮胎商标认识(续)

足,容易导致侧滑;轻者影响汽车的操纵灵活性,重者会造成车祸;此外,应尽量避免同车混装不同品牌的轮胎,因为不同品牌轮胎即使是许多参数相同,但其轮胎花纹、轮胎质量等也有很大区别,从而不能保证行车安全。轮胎规格必须与轮辋规格相配;同一车轴应搭配规格、花纹及层级相同的轮胎;轮胎花纹应根据道路条件选择,搭配有方向花纹的轮胎时,花纹"人"字尖端的指向应与车轮前进旋转方向一致(图3-31)。在优先考虑选用原厂轮胎的同时,车主也可以根据自身需求,换装汽车制造厂商所认定的配套轮胎。

2) 正确检查胎压,合理充气,保持正常气压,避免爆胎。有些车主和维修工利用经验

图 3-31　人字花纹轮胎"人"字尖端与车轮的旋转方向示意图

按照轮胎的下沉量、触地面积等来判断轮胎气压是否充足，是很不科学的。现在轮胎种类繁多，有些轮胎胎压很足时依然与地面保持很大的接触面积，因此气压量表（图 3-32a）所检测出的气压才是充气时的真实气压。充气不足会加大轮胎变形，而充气过量时，轮胎帘线会过分伸张，会降低其使用寿命，甚至直接导致爆胎。充气前要检查轮胎气门嘴（图 3-32b），看它与气门芯的配合是否平整，若有凹凸不平等缺陷则需要更正，否则不宜充气及检测气压。充气前擦净气门嘴上的灰尘，充入气体不要含有水分或油液，若混入水分或油液等杂质则会加速轮胎的老化。另外，轮胎充气一定要等到胎热散去以后进行，否则高温下会影响轮胎气压，使充气不准。轮胎气压是决定轮胎使用寿命和工作好坏的主要因素。气压过低时，胎体变形增大，造成内应力增加，使轮胎过度升热升温；胎面接触面积增大，磨损加剧，尤其是胎肩部分；滚动阻力增大，燃料消耗增加；双胎中一胎气压过低会使另一胎超载损坏。气压过高时，使胎冠部分磨损加剧，动载荷增大，胎冠易爆裂。

⚠️**注意**：气压过高时，千万不能靠人工直接放气，否则极易导致轮胎被瞬间压扁而导致车辆受损，甚至导致人员伤亡。要用专用仪器调整气压，如图 3-32c 所示。

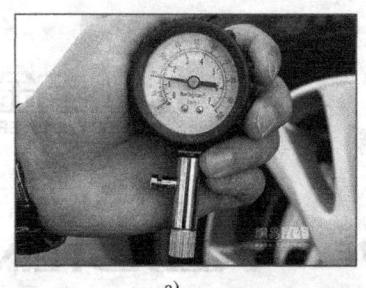
a)

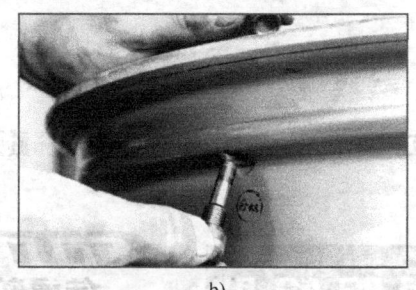
b)

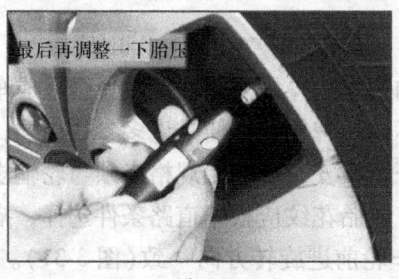
c)

图 3-32　轮胎气压的检查与调整

3) 前后轮胎要正确及时换位，防止产生不均匀磨损。车辆行驶到一定里程后(一般为 10000km)就应进行轮胎换位。因发动机一般都置于汽车前面，故前、后桥所承担的负荷不同，而且汽车在制动过程中由于惯性作用，前轮的负荷通常占汽车全部负荷的 70%~80%，这势必造成前轮胎磨损较快，为减轻这一现象所带来的不均匀磨损，应及时将前后轮胎换位使用。轮胎换位的基本方法有交叉换位法和循环换位法两种(图 3-33)，具体选用何种方法应根据轮胎的规格、品种不同而定。

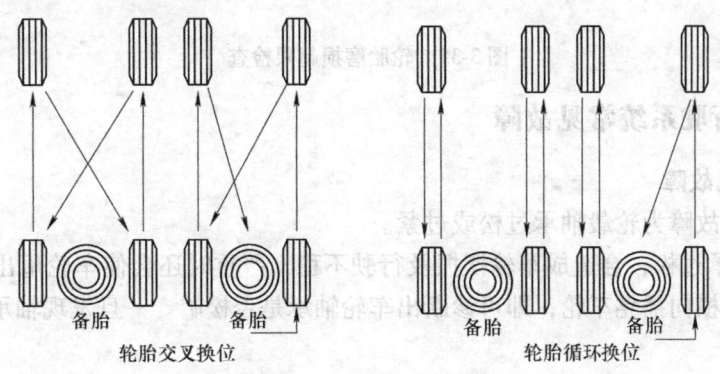

图 3-33 轮胎的换位使用

4) 对在用轮胎应定期进行平衡检查。轮胎平衡分为动态平衡(图 3-34a)与静态平衡两种。动态不平衡会使车轮摇摆，难以操纵，并产生波浪形磨损；静态不平衡会使车辆在行驶时，产生颠簸和跳动现象，使轮胎表面产生平斑形磨损(图 3-34b)。所以定期做动、静平衡检查并调整不平衡量可延长轮胎寿命，提高汽车行驶的稳定性，避免在高速行驶时因轮胎摇摆、跳动失去控制而造成交通事故。

a)

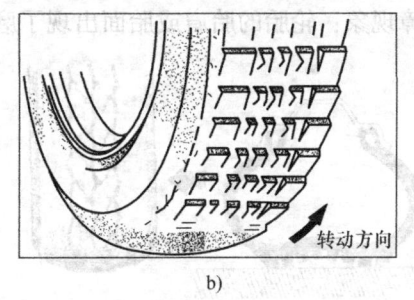
b)

图 3-34 轮胎的动平衡检测及磨损情况

5) 精心驾驶，掌握车速，控制胎温。驾驶中，要注意起步平稳、加速均匀、选好路面、减少转向、少用制动。坚持经济车速(中速)行驶，避免胎温超过 100℃。过热时，严禁用放气、泼水等方法降压。

6) 适时淘汰磨损超限的轮胎。欲淘汰轮胎，首先要视其磨损程度，当磨损标志(图 3-35)显露时就要淘汰了。一般情况下，轮胎使用至 40000~50000km 时，就应淘汰。如果行驶里程较少，但使用时间已超过两年以上的同样应淘汰掉。因为轮胎是用橡胶材料制成的，受环境影响，使用时间一长，就会发生变质老化现象，存在龟裂、爆胎等隐患，从而影响行车安全。

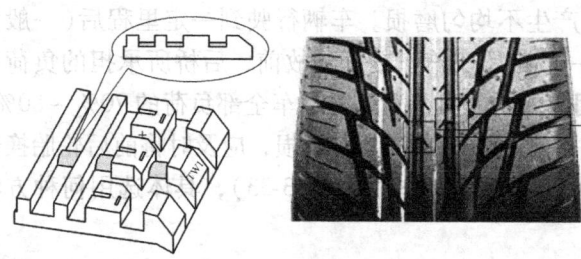

> 依据产品规格的不同，
> 共有6~8个磨损指示标记均匀分布在
> 轮胎全圆周花纹的沟槽底部，
> 每个标记的隆起高度为1.6mm。

图3-35 轮胎磨损超限检查

3.2.2 汽车行驶系统常见故障

1. 车轮常见故障

车轮常见的故障为轮毂轴承过松或过紧。

1）轮毂轴承过松，会造成车轮摆振及行驶不稳，严重时还会使车轮甩出。此时，可将车轮支起，用手横向摇晃车轮，即可诊断出车轮轴承是否松旷。一旦发现轴承松旷，必须立即修理。

2）轮毂轴承过紧，会造成汽车行驶跑偏。全部轮毂轴承过紧时，会使汽车滑行距离明显下降。轮毂轴承过紧会使汽车经过一段行驶后，轮毂处温度明显上升，有时甚至使润滑脂溶化而容易甩入制动器内。将车轮支起后，转动车轮明显感到费力沉重。一旦发现轴承过紧，必须立即进行调整、修理。

2. 轮胎异常磨损故障

轮胎的主要故障是发生异常磨损。

（1）轮胎胎肩或胎面中间磨损

1）故障现象：轮胎的胎肩或胎面出现了磨损（图3-36）。

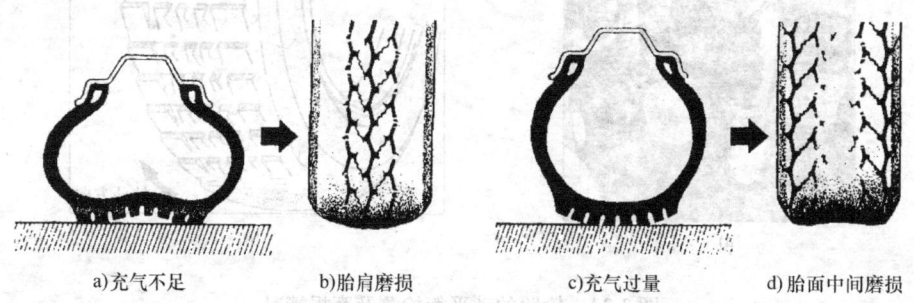

a) 充气不足　　b) 胎肩磨损　　c) 充气过量　　d) 胎面中间磨损

图3-36 胎肩或胎面的磨损

2）故障原因

① 集中在胎肩上或胎面中间的磨损，主要是由于未能正确保持充气压力所致。如果轮胎充气压力过低，轮胎的中间便会凹入，将载荷转移到胎肩上，使胎肩磨损快于胎面中间。

② 另一方面，如果充气压力过高，轮胎中间便会凸出，承受了较大的载荷，使轮胎中间磨损快于胎肩。

（2）轮胎内侧磨损或外侧磨损

1）故障现象：轮胎的内侧或外侧磨损（图3-37）。

2) 故障原因

① 在过高的车速下转弯会造成转弯磨损。转弯时轮胎滑动，便产生了斜形磨损。这是较常见的轮胎磨损原因之一。驾驶人所能采取的唯一补救措施，就是在转弯时减低车速。

② 悬架部件变形或间隙过大，会影响前轮定位，造成不正常的轮胎磨损。

③ 如果轮胎面某一侧的磨损，快于另一侧的磨损，其主要原因可能是外倾角不正确。由于

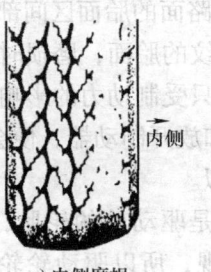

a) 内侧磨损　　　　b) 外侧磨损

图 3-37　单侧磨损

轮胎与路面接触面积大小因载荷而异，对具有正外倾角的轮胎而言，其外侧直径要小于其内侧直径。因此胎面必须在路面上滑动，以便其转动距离与胎面的内侧相等。这种滑动便造成了外侧胎面的过量磨损。反之，具有负外倾角的轮胎，其内侧胎面磨损较快。

(3) 前束磨损和后束磨损（羽状磨损）

1) 故障现象：车轮出现了前束磨损和后束磨损（图 3-38）。

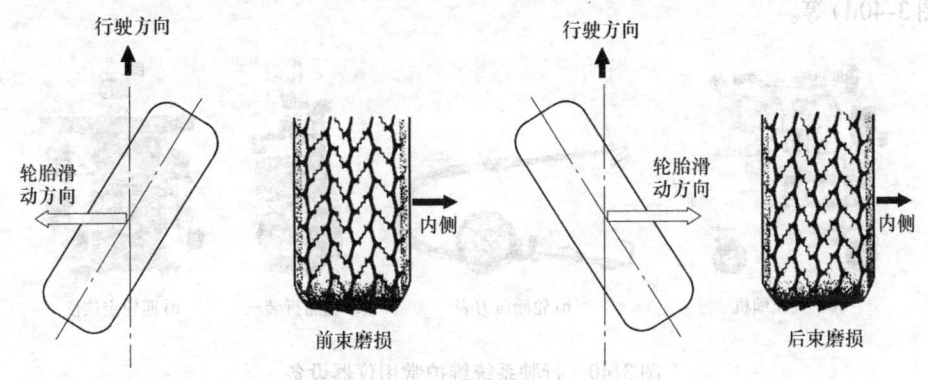

图 3-38　前束磨损和后束磨损

2) 故障原因

① 胎面的羽状磨损，主要是由于前束调节不当所致。过量的前束，会迫使轮胎向外滑动，使胎面的接触面在路面上朝内拖动，造成前束磨损。胎面呈明显的羽毛形。用手指从轮胎的内侧至外侧划过胎面，便可加以辨别。

② 另一方面，过量的后束，会将轮胎向内拉动，并使胎面的接触面在路面上朝外拖动，造成后束磨损。

(4) 轮胎前端和后端磨损

1) 故障现象：前端和后端磨损（图 3-39）。

2) 故障原因

① 前端和后端磨损是一种局部磨损，常常出现在具有横向花纹和区间花纹的轮胎上，胎面上的区间发生斜向磨损（与鞋跟的磨损方式相同），最终变成锯齿状。

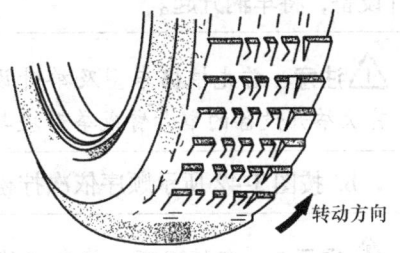

图 3-39　前端和后端磨损

车辆经常在铺路道路上行驶，轮胎便会磨损较快。这是由于轮胎向上转动并离开铺面路时，胎面区间在刹那间打滑所致（由于铺面路很坚硬，当胎面区间试图掘入地面时，道路铺面

不凹陷)。因此最后离开路面的胎面区间部分受到较大的磨损。

② 具有纵向折线花纹的胎面,磨损时会产生波状花纹。

③ 非驱动轮的轮胎只受制动力的影响,而不受驱动力的影响,因此往往会有前后端形式的磨损,如反复使用和放开制动器,便会使轮胎每次发生短距离滑动而磨损,前后端磨损的形式便与这种磨损相似。

④ 另一方面,如果是驱动轮的轮胎,则驱动力所造成的磨损,会在制动力所造成的磨损的相反的方向上出现,所以驱动轮轮胎极少出现前后端磨损。客车和重型货车由于制动时产生了大得多的摩擦力,故具有横向花纹的轮胎,便会出现与非驱动轮相似的前后端磨损。

3.2.3 汽车行驶系统维护实训

1. 汽车行驶系统维护仪器设备

汽车行驶系统维护作业的仪器设备主要有空气压缩机(图3-40a)、举升机、千斤顶、轮胎压力表(图3-40b)、轮胎扳手、前束尺、轮胎拆装机(图3-40c)、轮胎动平衡机、四轮定位仪(图3-40d)等。

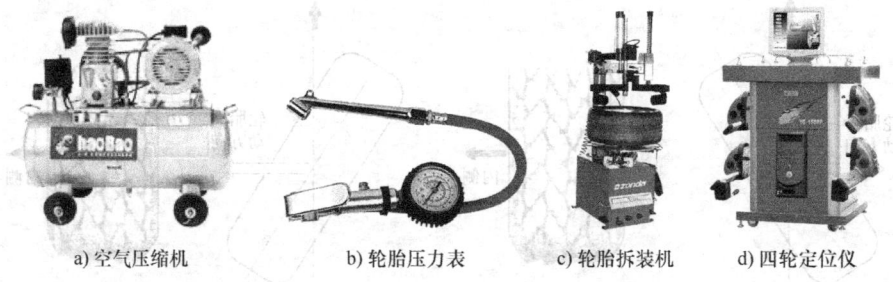

a) 空气压缩机　　b) 轮胎压力表　　c) 轮胎拆装机　　d) 四轮定位仪

图3-40　行驶系统维护常用仪器设备

2. 汽车行驶系统的维护项目、作业内容、操作要领及技术要求

(1) 汽车车轮与轮胎的拆装与维护

1) 车轮与轮胎的拆卸规程与技术要求

① 无内胎轮胎的拆卸(以轿车为例)

a. 用随车举升工具或其他千斤顶(单一车轮作业时,使用此方法,图3-41)、举升机等举升设备,将车辆升起。

> ⚠ **注意**:首先根据车型及举升设备的不同,选择好指定的举升点,并将车辆固定好。其次举升设备的举升臂或举升块与被举升点平行、均匀、充分接触后,方可举升。

b. 按图3-42所示顺序依次拧松各轮胎螺栓,并取下车轮。

> ⚠ **提示**:一般情况下,将车辆稍稍升起一点,车轮与接触面还有一定压力时,先拧松轮胎螺栓,然后完全顶起,再依次拧下螺栓,拆下车轮。

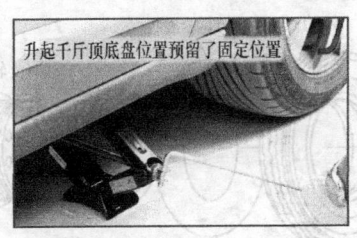
图3-41 车辆举升作业图

图3-42 车轮拆卸作业

c. 如图3-43a所示,用轮边撑开器撑开轮胎卷边,如图3-43b所示,最好用轮胎拆装机的胎圈夹松器,夹松轮胎卷边。切记:无论用哪种方法,均先给轮胎放气。

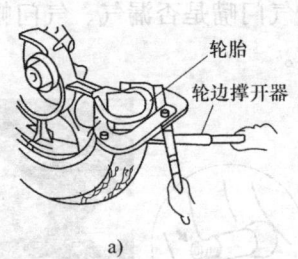
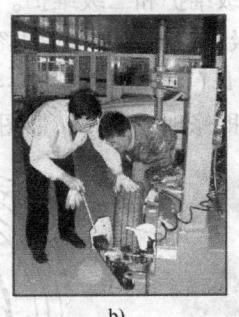

图3-43 无内胎轮胎拆卸作业

d. 如图3-44a所示,用轮辋保护器保护轮辋,用撬棒撬下轮胎,如图3-44b所示,最好用轮胎拆装机拆卸轮胎,以免损坏胎圈和轮辋。

⚠ 注意:应由气阀对面逐点撬开,并用肥皂水润滑轮胎,防止轮胎被损伤漏气,尤其要防止轮辋空气密封表面和轮胎内层被损伤(图3-44c)。

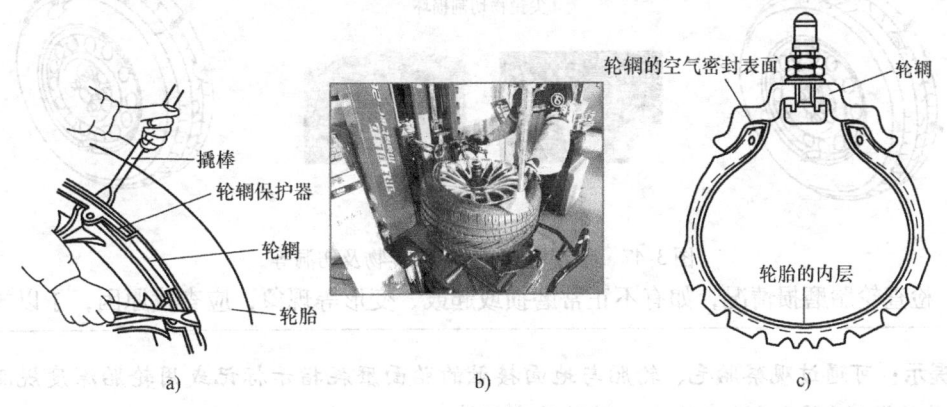

图3-44 无内胎轮胎拆卸作业

② 有内胎轮胎的拆卸(以货车为例,图3-45)

a. 使用专用工具(锤子、撬棒、拆胎机,小型客车轮胎尽量要用轮胎拆装机)进行拆卸,不得使用大锤重击或用尖锐工具撬动。

b. 拆卸前，应清洁泥垢。先用气压表测量轮胎气压是否正常，轮胎是否良好。

c. 放出胎内空气，将撬棒端插入锁圈缺口，轻轻敲击锁圈对面，撬出锁圈，推入气阀，取下挡圈与轮盘。

d. 检查轮胎各部件是否完好及是否符合规定的技术要求。

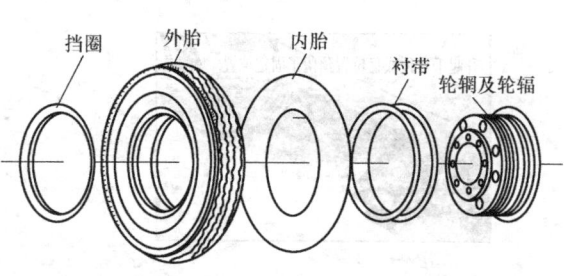

图 3-45　有内胎轮胎的拆卸

2) 车轮和轮胎的维护。车轮和轮胎的维护应结合车辆的维护强制执行。车辆的强制维护分日常维护、一级维护和二级维护。车轮与轮胎维护的分级和周期与车辆维护相同。

① 轮胎的一级维护项目及作业内容

a. 紧固轮胎螺母（紧固顺序，图 3-42），检查气门嘴是否漏气、气门帽是否齐全，如发现损坏或缺少应立即修理或补齐。如图 3-46 所示。

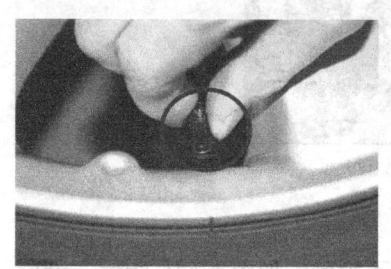 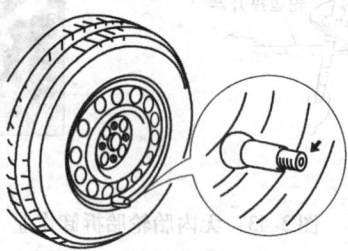 

图 3-46　检查轮胎密封性

b. 挖出夹石和花纹中的石子、杂物，如有较深伤洞应用生胶填塞。特别是子午线轮胎，刺伤后若不及时修补，水气进入胎体锈蚀钢丝帘线，造成早期损坏。如图 3-47 所示。

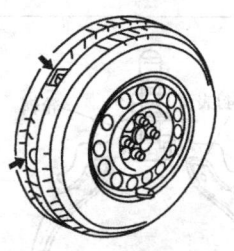  尖锐物切割损坏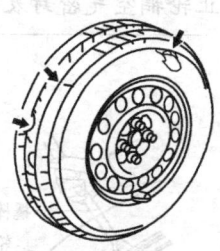

图 3-47　检查轮胎表面有无异物及伤洞等

c. 检查轮胎磨损情况，如有不正常磨损或起鼓、变形等现象，应查找原因，予以排除。

⚠提示：可通过观察胎毛、轮胎与地面接触的胎面磨耗指示标记或用轮胎深度规测量胎面花纹深度（图 3-48）来检查轮胎胎面磨损情况。

d. 如需检查外胎内部，应拆卸解体，如有损伤应及时修补。

e. 检查与轮胎搭配的轮辋、挡圈、锁圈是否完好、正常。如图 3-49 所示。

f. 检查轮胎（包括备胎，图 3-50）气压，并按标准补足。

 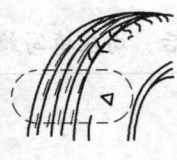 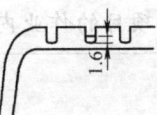 

图 3-48　检查轮胎胎面磨损等情况

图 3-49　检查轮辋　　　　　　　　　　图 3-50　检查备胎气压

g. 检查轮胎与其他零件有无刮碰现象，备胎架是否完好（图 3-50）、紧固，如不符合要求，应予排除。

> ⚠提示：应特别注意检查轮辋或轮胎是否与行车制动器及悬架等部分发生刮碰。如图 3-51 所示。

i. 必要时（如单边偏磨严重）应进行一次轮胎换位，以保持胎面花纹磨耗均匀。

② 轮胎的二级维护作业项目及内容。轮胎的二级维护作业除执行一级维护的各项作业外，还应进行以下维护：

A. 拆卸轮胎，按轮胎标准测量胎面花纹磨耗、周长及断面宽度的变化，作为换位和搭配的依据。

 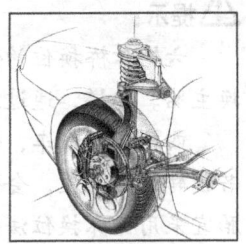

图 3-51　检查轮胎与其他零件之间是否刮碰

B. 轮胎解体检查。

a. 胎冠、胎肩、胎侧及胎内有无内伤、脱层、起鼓和变形等现象。

b. 内胎、垫带有无咬伤、折皱现象，气门嘴、气门芯是否完好。

c. 轮辋、挡圈和锁圈有无变形、锈蚀，并视情涂漆。

d. 轮辋螺栓承孔有无过度磨损或损裂现象。

C. 排除解体检查所发现的故障后，进行装合和充气。

D. 高速车应进行轮胎的动平衡。

E. 按规定进行轮胎换位。

F. 发现轮胎有不正常的磨损或损坏,应查明原因,予以排除。

⚠️提示:完成一、二级维护各项目的作业内容后,均应填写维护记录。

③ 轮胎二级维护的要点

A. 充气

a. 轮胎充气应按照汽车使用说明书上规定的标准气压执行,并在冷态时用气压表测量(图3-32a),若在热态时测量,应略高于标准气压,取适当的修正值。气压表应定期校准,以保证读数准确。

b. 轮胎装好后,先充入少量空气,待内胎充气伸展后再继续充至规定气压。

c. 充气前应检查气门芯与气门嘴是否配合平整,并擦净灰尘。充气后应检查是否漏气,并将气门帽装紧(图3-46)。

d. 充入的空气(最好充氮气)不得含有水分和油雾。

e. 充气时应注意安全防护,充气开始时用锤子轻击锁圈,使其平稳嵌入轮辋圈槽内,以防锁圈跳出。

B. 轮胎换位。按时换位可使轮胎磨损均匀,约可延长20%的使用寿命,应结合车辆二级维护定期换位。在路面拱度较大的地区或夏季,轮胎磨损差别较大,可适当增加换位次数。

a. 轮胎换位方法常用的有交叉换位法和循环换位法。装用普通斜交轮胎的六轮二桥汽车,常用图3-52所示的交叉换位法,并在换位的同时进行翻面。

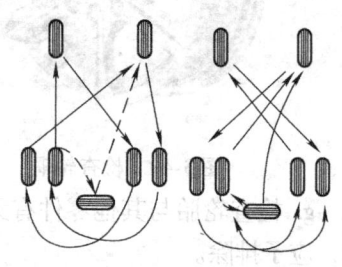

a) 循环换位　　b) 交叉换位

图3-52　六轮二桥轮胎换位法

⚠️提示:

六轮二桥换位的做法:左右两交叉,主胎(后内)换前胎,前胎换帮胎(后外)、帮胎换主胎。这样,通过三次换位每只轮胎就可轮到一次担负主胎。

四轮二桥汽车,斜交胎也可采用交叉换位法,子午线轮胎的旋转方向应始终不变。若旋转方向向反,会因钢丝帘线反向变形会产生振动,汽车平顺性变差。所以子午线轮胎宜采用循环换位法(也称单边换位法)。

b. 轮胎换位后,应按所换的胎位要求,重新调整气压。

c. 轮胎换位后须做好记录,下次换位仍要按上次选定的换位方法换位。

C. 检查胎面花纹深度。轮胎磨损过甚,花纹过浅,会成为重要的不安全因素。过度磨损的轮胎,除容易爆破外,还会使汽车操纵稳定性变坏。汽车在雨中高速行驶时,由于不能把水全部从胎下排出,轮胎将会出现水滑现象,致使汽车失控。花纹越浅,水滑的倾向越严重,所以日常维护和各级维护时,应检查花纹深度。GB 7258—2012《机动车运行安全技术条件》规定,轿车轮胎胎冠上花纹磨损至花纹深度不小于1.6mm(磨损标志),载货汽车转向轮胎胎冠上的花纹深度不小于3.2mm,其余轮胎胎冠花纹深度小于1.6mm时,应停止使用。

可用深度尺测量轮胎花纹深度(图3-48)。测量轮胎花纹深度,检查轮胎花纹的异常磨损,可以发现故障的早期征兆和原因,还可以知道轮胎成色和磨损速度是否正常,以便及时排除影响轮胎寿命的不良因素，防止轮胎早期磨损和损坏。

3）车轮平衡的检测

① 车轮的动不平衡。汽车车轮是高速旋转的元件，若质心与旋转中心不重合，则会产生静不平衡。静不平衡时，不平衡质量会在车轮旋转时产生离心力，离心力大小与不平衡质量、不平衡点与车轮旋转中心之间的距离和车轮转速有关。由于车轮具有一定的宽度，因此当车轮质量分布相对于车轮纵向中心面不对称时，会造成车轮动不平衡。车轮动不平衡时，虽然不平衡质量产生的离心力可以互相抵消，但力矩却不为零。

② 车轮动不平衡的危害及原因。车轮动不平衡时，造成车轮的跳动和偏摆，使汽车的有关零件受到损坏，缩短汽车的使用寿命，对于高速行驶的汽车来说，还容易造成行驶不安全。

车轮动不平衡的原因如下：

a. 质量分布不均匀，如轮胎产品品质欠佳、翻新胎、补胎、胎面磨损不均匀及在外胎与内胎之间有垫带等。

b. 轮辋、制动鼓变形。

c. 轮毂与轮辋加工质量不佳，如中心不准、轮胎螺栓孔分布不均、螺栓品质不佳等。

d. 安装位置不正确，如内胎充气嘴位置不符合安装要求。

③ 车轮动平衡的检验。由于车轮动不平衡对汽车危害很大，因此，必须对车轮的动不平衡进行检测，并进行调平衡工作。由于动平衡的车轮一定处于静平衡状态，因此，只要检测了动平衡，就没有必要检测静平衡。车轮的动平衡检测可分为离车式检测与就车式检测两种方法。按平衡机转轴的形式，分成软式平衡机和硬式平衡机两种；按测量装置，车轮动平衡机分成机械式和电测式两种。

机械式动平衡机是靠平衡锤的相位与倾斜角来测出不平衡器质量和相位的。电测式则把车轮不平衡产生的振动变成电信号而显示出来的。目前，电测式车轮动平衡机应用比较广泛。

a. 离车式车轮动平衡机及使用方法。利用离车式车轮动平衡机（图2-53）对车轮进行动平衡检测时，需将车轮从车上拆下。该动平衡机主要由驱动装置、转轴与支承装置、显示与控制装置、制动装置及防护罩组成。

检测时，输入轮辋直径、轮辋宽度和轮辋边缘到平衡机机箱之间的距离，显示装置即可显示出应该加于轮辋边缘的不平衡量和相位。

车轮动平衡的检查方法如下：

第1步：对被测车轮进行清洗，去掉泥土、砂石，拆掉旧平衡块。

第2步：将轮胎充气至规定气压值。

第3步：将车轮安装于平衡机上。

第4步：打开电源开关，检查指示装置是否指示正确。

第5步：输入轮辋直径、宽度，测出轮辋边缘到机箱之间的距离并输入。

第6步：放下防护罩，按下起动键，开始测量。

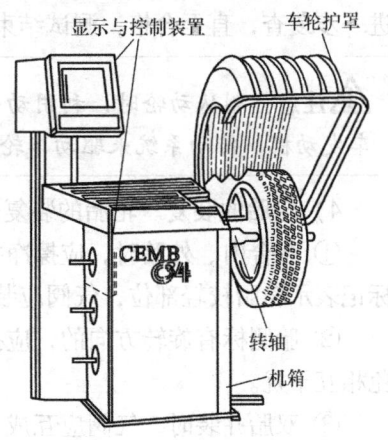

图3-53 离车式车轮动平衡机

第7步：当车轮自动停转后，从指示装置读出车轮内、外动不平衡量和位置。
第8步：用手慢慢旋转车轮，当动平衡机指示装置发出信号时，停止转动车轮。
第9步：动平衡机显示的动不平衡量按内、外位置，置于车轮十二点位置的轮辋边缘并装卡牢固。
第10步：重新起动动平衡机，进行动平衡试验，直至动不平衡量小于5g，机器显示合格时为止。
第11步：卸下车轮，关闭电源，测试结束。

b. 就车式车轮动平衡机测量方法。就车式车轮动平衡机可以在汽车不拆卸车轮前提下，对汽车进行车轮动平衡和静平衡检测，其结构主要由驱动装置、测量装置、制动装置、指示与控制装置等组成（图3-54）。对车轮进行就车动平衡检测时，方法如下：

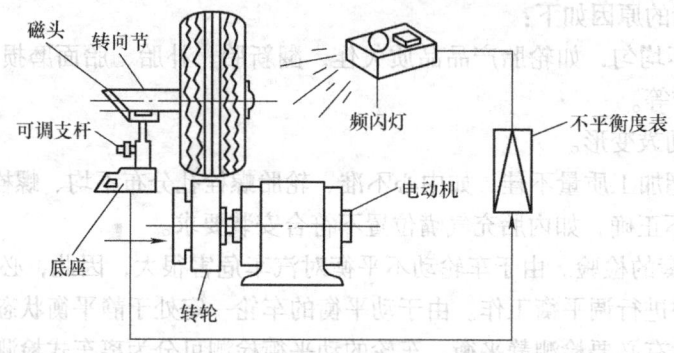

图3-54 就车式车轮动平衡检测原理

第1步：首先应对车轮进行清洁，并去掉旧平衡块，将轮胎充气到规定气压，轮毂轴承松紧度合适，支起前桥，使两侧车轮离地间隙相等，然后用粉笔在轮胎任意位置做出标记。
第2步：将传感器头吸附在制动底板边缘，并使车轮在规定转速下旋转。
第3步：观察轮胎标记位置，在指示装置上读取不平衡量，停转车轮，加装平衡块，再进一步复查，直至合格，测试结束。

> ⚠注意：测从动轮时，利用动平衡机转轮驱动车轮转动；测驱动车轮时，则直接用汽车发动机、传动系统来驱动车轮转动。

4）轮胎的装复。轮胎的装复过程如下：
① 装合内、外胎时，应擦净并涂撒滑石粉。外轮胎侧的"△""□""○""×""↑"标记表示轮胎较轻部位，气阀应装于该处。
② 胎侧标有旋转方向的，应按规定方向装用。气阀位置应与制动间隙检查孔错开，以免相互干扰。
③ 双胎并装时，气阀应互成180°，以利于平衡。内侧轮胎的气阀应与外侧轮胎轮辋孔对正，以便检查气压与充气。
④ 装配完毕，充气至规定气压后，应检查有无漏气现象。

（2）汽车行驶系统其他部件的使用与维护 汽车行驶系统由车轮、车桥、悬架和车架四大部分组成。除了重点掌握轮胎的检测、使用、维护外，还应检查悬架的高低及密封情况，查听车桥是否有异响，查看车架是否有裂纹及变形等技术状况。否则会影响汽车的正常行驶和使用安全。

1）就车检查车辆倾斜度。如图3-55所示，目视检查车辆是否倾斜。

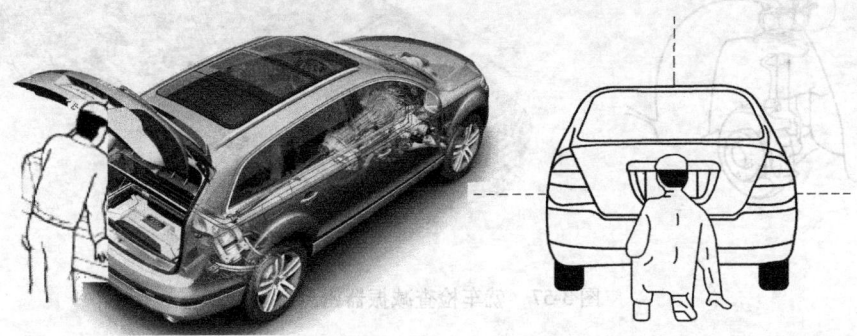

图3-55　就车检查车辆倾斜度及减振力

⚠提示：
如果车辆倾斜，则需要检查、验证以下各项：轮胎气压是否一致；左右轮胎或车轮尺寸是否有偏差；车辆载荷是否均匀；各减振器减振力是否一致，如图3-55所示，通过上下摇动车身确定减振器的缓冲力大小，并检查车身停止摇动所需时间是否一致。

2）汽车悬架维护。悬架的主要作用是将车桥和车架（或车身）弹性地连接在一起，在车辆行驶过程中，吸收振动、缓和冲击，提高乘坐的舒适性，并直接影响汽车的倾斜度（即汽车行驶的姿态）和安全性。其维护的主要项目和内容如下：

① 减振器的各项检查

a. 就车检查减振器是否损坏。检查减振器上是否有凹痕，防尘罩是否有裂纹、裂缝或其他损坏（图3-56中圈中部分和箭头所示）。

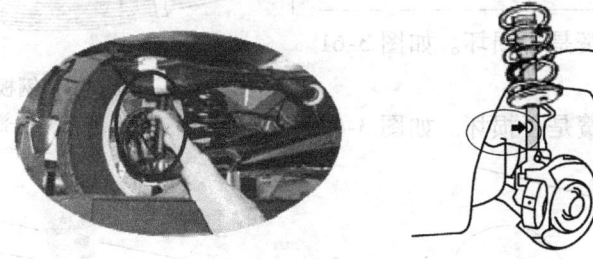

图3-56　就车检查减振器完好性

b. 就车检查减振器是否漏油。如图3-57箭头所示，检查减振器外壳有无油液泄漏。

② 钢板弹簧的各项检查

a. 就车检查钢板弹簧是否损坏。如图3-58箭头所示。

⚠提示：同时检查钢板弹簧消声垫的伸出量。

b. 检查钢板弹簧是否松动。如图3-59箭头所示，通过用手晃动钢板弹簧连接情况，检查其是否磨损和松动。同时应检查钢板弹簧片之间的间隙。

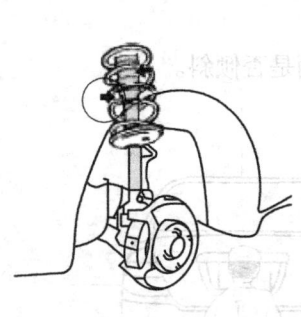

图 3-57　就车检查减振器密封性

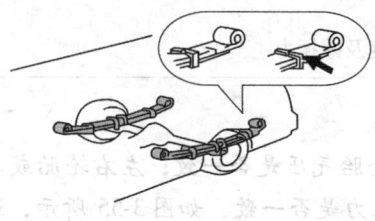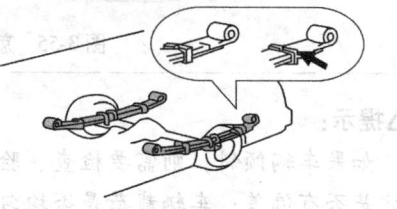

图 3-58　就车检查钢板弹簧完好性　　　图 3-59　检查钢板弹簧是否松动

c. 补充和更换钢板弹簧润滑脂。如图 3-60 所示，使用一把油脂枪，将润滑脂从油脂嘴处压入，直到新鲜的润滑脂从对面的润滑脂嘴、润滑脂出口或护套端慢慢流出为止。

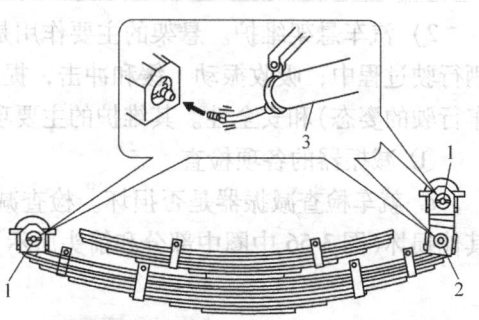

⚠ **注意**：某些润滑部位只能补充润滑脂而不能进行更换。

③ 就车检查扭杆弹簧是否损坏。如图 3-61 箭头所示。

图 3-60　补充和更换钢板弹簧润滑脂
1、2—连接销　3—润脂枪

④ 就车检查螺旋弹簧是否损坏。如图 3-62

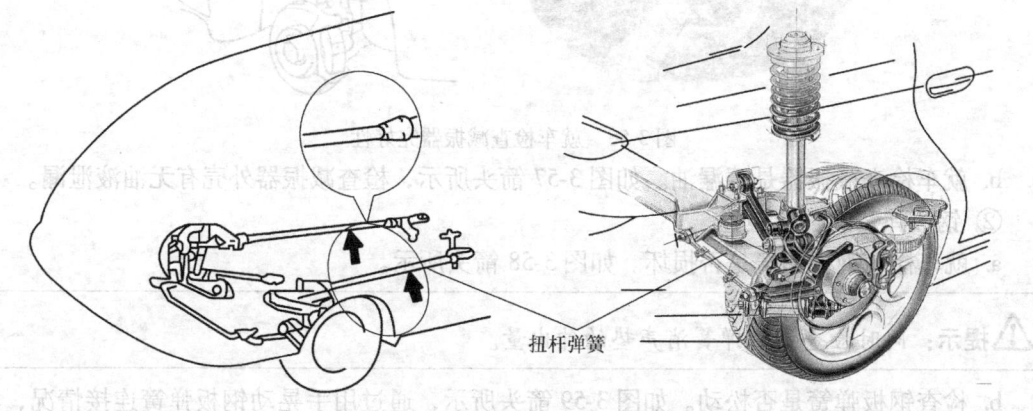

图 3-61　就车检查扭杆弹簧完好性

箭头所示。

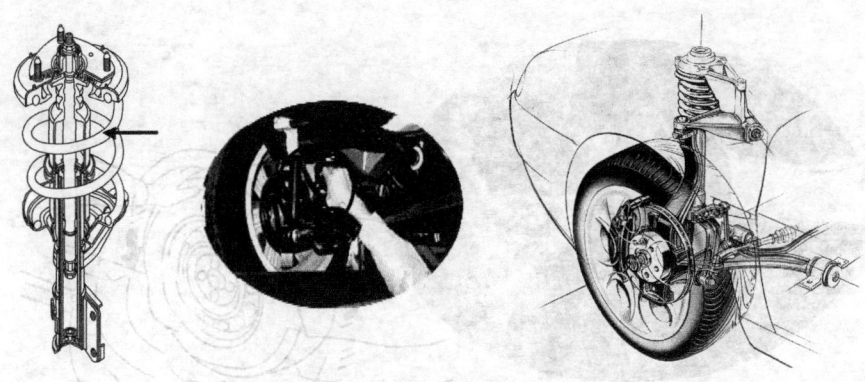

图 3-62　就车检查螺旋弹簧完好性

3) 检查各连接拉杆有无摆动和损坏。如图 3-63 箭头所示。通过用手摇晃悬架接头上的连接情况，检查衬套是否磨损、裂纹或摆动，同时检查连接销是否损坏。

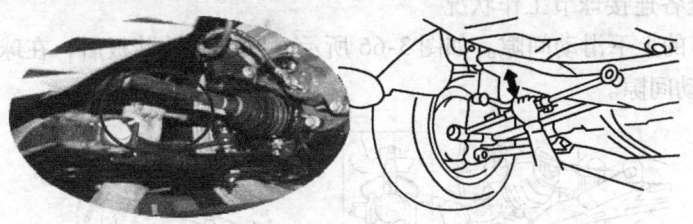

图 3-63　就车检查连接拉杆完好性

⚠ 提示：在换机油时，车主可自己查看。

4) 就车检查轮毂轴承工作状况

① 检查车轮有无摆动。如图 3-64 所示，将一只手放在轮胎上面（或右面），而另一只手放在轮胎下面（或左面），紧紧地推拉轮胎以便检查车轮是否有任何摆动。

 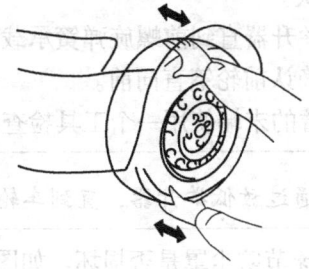

图 3-64　就车检查车轮有无摆动

⚠ 提示：
　　出现摆动时，压下制动踏板再次检查其行程。若没有更大的摆动，说明车轮摆动是由于轮毂轴承松旷或缺油而造成。若仍然摆动，则说明车轮摆动是由于球节、主销或者悬架松旷、损坏而造成。

② 检查车轮有无异响。如图3-65所示，用手转动轮胎以便检查车轮是否无任何噪声地平稳转动。

图3-65　就车检查车轮有无异响

5）就车检查各连接球节工作状况

① 检查球节的上下滑动间隙。如图3-66所示，踩下制动踏板后，在球节上施加载荷以便检查其上下滑动间隙。

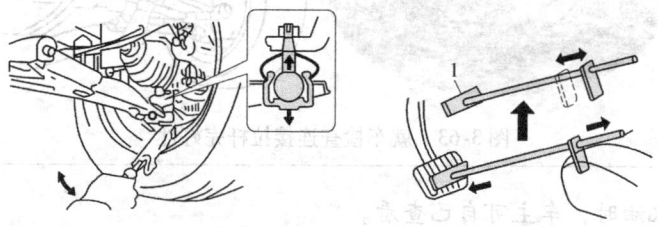

图3-66　就车检查球节上下滑动间隙

a. 使用制动踏板压力器（图3-66中1所示），使制动踏板被踩下并保持住。

b. 前轮垂直向前，举升起车辆并且在一个前轮下放一个高度为180～200cm（7.09～7.87in）的木块。

c. 放低举升器直到前螺旋弹簧承载一半的负荷。

d. 再次确认前轮笔直向前。

e. 在下臂的末端使用一个工具检查球节过余的上下滑动间隙。

⚠提示：通过放低举升器，直到车轮行程一半时达到该状态。

② 检查球节防尘罩是否损坏。如图3-67所示，检查球节防尘罩是否有裂纹、撕裂或者其他损坏。

6）就车检查前减振器的上支承是否松动。按图3-68箭头所示，用梅花扳手逐一检查箭头所指3个紧固螺栓的松紧情况。若发现松动必须拧紧，否则转向轮极易与翼子板等部件发生

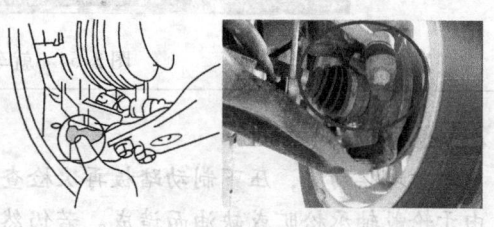

图3-67　就车检查球节防尘罩是否损坏

碰撞等事故。

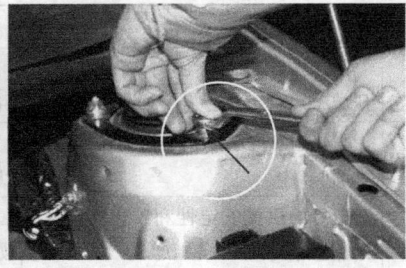

图 3-68 就车检查前减振器的上支承是否松动

 知识链接 润滑脂及减振液压油的类型、规格认识及其选用

1. 润滑脂

润滑脂，是指将稠化剂掺入液体润滑剂中制成的一种稳定的固体或半固体润滑产品。如图 3-69 所示，在汽车的轮毂轴承、各拉杆球头、传动轴万向节等不宜用液体润滑剂的部位均使用润滑脂，可起到润滑抗磨、密封防护等作用。

图 3-69 润滑脂种类及使用部位

（1）润滑脂的分类及选用 润滑脂的种类：钙基润滑脂、钠基润滑脂、钙钠基润滑脂、汽车通用锂基润滑脂、极压锂基润滑脂、石墨钙基润滑脂等。各种润滑脂的特性及适用范围详见表 3-8。

表 3-8 各种润滑脂的特性及适用范围

品　　种	特　　性	适 用 范 围
钙基润滑脂	抗水性好，耐热性差，使用寿命短	最高使用温度范围为 -10~60℃，适用于汽车轮毂轴承、底盘拉杆球节、水泵轴承

(续)

品　种	特　性	适　用　范　围
钠基润滑脂	耐热性好，抗水性差，有较好的极压减摩性能	使用温度可达120℃，只适用于低速高负荷轴承，不能用在潮湿环境或水接触部位
钙钠基润滑脂	耐热性、抗水性介于钙基和钠基脂之间	使用温度不高于100℃，不宜在低温下使用，适用于不太潮湿条件下的滚动轴承，如底盘、轮毂等处的轴承
复合钙基润滑脂	较好的机械安定性和胶体安定性，耐热性好	适用于较高温度及潮湿条件下润滑大负荷工作的部件，如汽车轮毂轴承等处的润滑，使用温度可达150℃左右
通用锂基润滑脂	具有良好的抗水性、机械安定性、防锈性和氧化安定性	适用于-20~120℃宽温度范围内各种机械设备的滚动轴承和滑动轴承及其他摩擦部位的润滑，是一种长寿命通用润滑脂
汽车通用锂基润滑脂	良好的机械安定性、胶体安定性、防锈性、氧化安定性、抗水性	适用于-30~120℃下汽车轮毂轴承、水泵、发电机等各摩擦部位润滑，国产和进口车辆普遍推荐用该润滑脂
极压锂基润滑脂	有极高极压抗磨性	适用于-20~120℃下高负荷机械设备的齿轮和轴承的润滑，部分国产和进口车型推荐使用
石墨钙基润滑脂	具有良好的抗水性和抗碾压性能	适用于重负荷、低转速和粗糙的机械润滑，可用于汽车钢板弹簧、半挂车铰接盘、起重机齿轮转盘等承压部位

(2) 润滑脂选用注意事项　选用润滑脂时，其性能指标除了应具备适当的稠度、良好的高低温性能、以及抗磨性、抗水性、防锈性、防腐性和安定性等基本条件外，还应注意以下几点：

1) 尽量使用汽车通用锂基润滑脂(图3-69)。该类润滑脂，外观发亮，呈奶油状，滴点高、使用温度范围广，并具有良好的低温性、抗剪切性、耐磨性、抗水性、抗腐蚀性和热氧化安定性等，是目前汽车最常用的一种多效能的润滑脂。

2) 清理润滑部位，保证润滑脂清洁。加注润滑脂时应特别注意，通过油嘴注入时应擦净油嘴，从油脂枪中先挤出少许润滑脂并抹掉；更换润滑脂时应在涂润滑脂前必须用有机溶剂洗净零部件表面并吹干，然后重新加注润滑脂。在更换润滑脂时，要注意不同种类的润滑脂不能混用，即使是同类的润滑脂也不可新旧混合使用。因为旧润滑脂含有大量的有机酸和机械杂质，将会加速新润滑脂的氧化，所以在更换润滑脂时，一定要把旧润滑脂清洗干净，才能加入新润滑脂。

3) 用量适当，不宜过多。轮毂轴承的润滑是汽车上最为重要的润滑作业。更换轮毂轴承润滑脂时，应只在轴承的滚珠或滚柱之间塞满润滑脂，而轮毂内腔采用"空毂润滑"，即在轮毂内腔表面仅涂上薄薄一层润滑脂起到防锈作用即可。这样利于散热，并可降低润滑脂的工作温度，防止润滑脂稀化流淌。不要采用"满毂润滑"即把润滑脂添满整个轮毂内腔，这样既不科学，又很浪费，甚至在汽车频繁制动和制动时间过长的情况下，可能会因轮毂过热而使润滑脂流淌到制动摩擦片表面而引起打滑，使制动失灵，造成车毁人亡。

2. 减振器液压油

(1) 常用品牌及规格　汽车减振器液压油一般是用深度精制的矿物油作为基础油料，

再加入油性剂等功能添加剂调制而成的。如上海产的190型汽车减振器液压油,以深度精制的不同黏度的低凝点矿物油和合成油为基础油,加入各类质量稳定的能提高油品性能的添加剂配制而成的;具有优良的抗剪切稳定性、低温性能、抗磨性和低蒸发性等性能,而且与橡胶等密封件有较好的配伍性;适用于各类中高档轿车、轻型客车、重型货车的减振器。该产品按黏度指数分为三个等级,用户可根据使用说明来选用。图3-70所示为一汽汽车专用的46号抗磨液压油。

表3-9所列为减振器液压油典型技术数据,选用时,可作为参考依据。

表3-9 减振器液压油典型数据

项　　目	典型数据	实验方法
外观	黄色透明液体	目测
运动黏度（40℃）/$mm^2 \cdot s^{-1}$	10.68	GB/T 265
黏度指数	132	GB/T 1995
闪点(开口)/℃	163	GB/T 3536
凝点/℃	-48	GB/T 510
腐蚀试验(100℃,3h,T2)级	1b	GB/T 5096

(2) 使用注意事项

1) 应保持减振器密封良好,无渗漏现象。在40000~50000km定期维护时,应目视检查减振器,必要时需更换减振器液压油,且油量要合适。

2) 应妥善保管。不要放置于严寒或温度超过60℃的地方;要防止水分、机械杂质混入;切勿与其他油品混合使用。

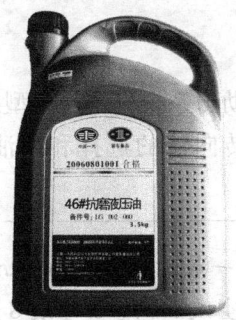 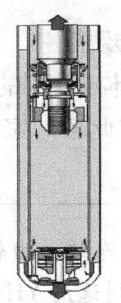 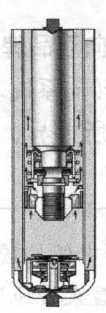

图3-70 减振器液压油种类及使用部位

任务3.3 汽车转向系统的使用与维护

● 一辆2012款桑塔纳3000轿车,车辆无论在低速行驶还是高速行驶,均感觉转向沉重。经检查,轮胎气压符合规定,悬架系统工作性能优良,转向助力系统无故障。车主经过多方咨询,初步判断为车轮定位出了问题。

用来改变或恢复汽车行驶方向的专设机构称为汽车转向系统。汽车在行驶过程中，经常需要改变行驶方向（即转向）。改变行驶方向的方法是，驾驶人通过一套专设的机构使汽车转向轮相对于汽车纵轴线偏转一定角度。有时转向轮也会受到侧向力的干扰而自动偏转，改变行驶方向。此时，驾驶人也可以利用这套机构使转向轮向相反方向偏转，使汽车恢复到原来的行驶方向。图 3-71 所示为采用麦弗逊独立悬架的小轿车常用的齿轮齿条式汽车转向系统的结构组成。

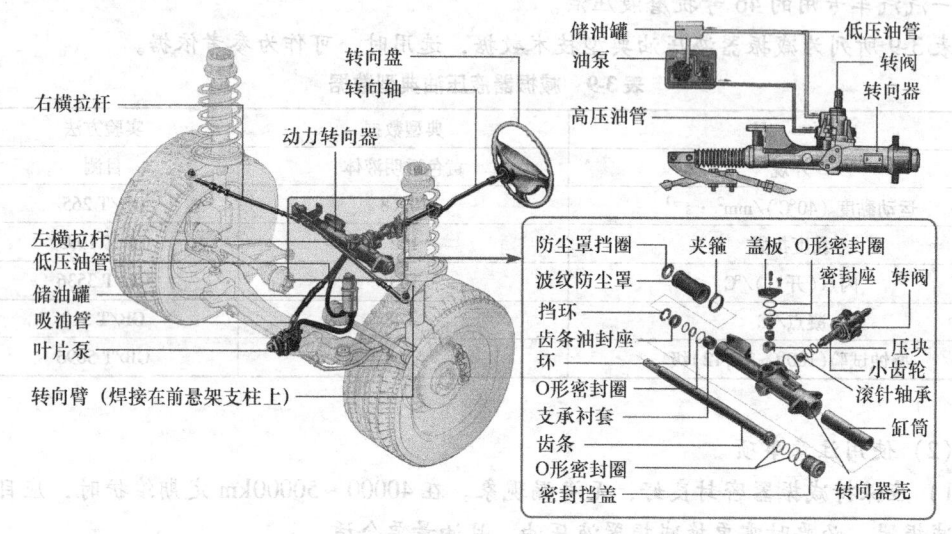

图 3-71　常用齿轮齿条式汽车转向系统的组成

3.3.1　动力转向液品牌认识及其选用

1. 常用的动力转向液品牌及规格

现代汽车的动力转向系统基本上使用的是液压助力系统，不同车型的动力转向系统的精密程度和使用要求有所差异，因此各厂家对动力转向液的选择和换油周期的规定也有所不同。

> ⚠ **注意**：过去一些中低档国产车的动力转向系统一般用 22 号汽轮机油或 L-HM 46 号液压油（图 3-72），低温寒带地区则选用 YH-10 号航空液压油、6 号或 8 号液力传动油。而目前新型或高档车型多选用 PSF-3 型专用动力转向液（图 3-72）、液力传动油或合成液力传动油，这些油品的实际使用性能和寿命都比过去的油品有了很大的提高。因此，动力转向液的选择和更换，用户一般还是应根据汽车厂商的车辆维护手册中的规定进行。

2. 动力转向液的使用注意事项

① 油液品质应符合规定。液压动力转向系统所使用的油液牌号，应符合原厂规定。油液应具备良好的黏温特性、耐磨性、抗氧化性、润滑性等性能，并无杂质和沉淀物等。无原厂规定牌号的油液时，可用 13 号机械油或 8 号液力传动油代替，但两种油液不可混用。

② 定期检查转向油罐的液面高度。结合维护周期检查转向油罐液面高度是否在规定刻线之间，不足时应添加；添加的油液要经过滤清，品种要与原油液相同。

图 3-72 部分动力转向液及保护剂标识

③ 应适时换油。因液压动力转向系统的油液是在高温高压下工作的，易变质，所以，要定期更换，一般一年更换一次，或按原厂规定进行更换。

④ 应及时排除系统内的空气。在转向系统加油时或转向系统混入空气时，需要将空气排出。

⑤ 切勿将动力转向液当成制动液来使用。

> ⚠提示：动力转向液和制动液的流动性、沸点及与橡胶等密封件的配伍性等不同，因此，在维修车辆时要特别注意切勿将动力转向液当成制动液来使用，否则会导致制动失灵。另外，转向时不可将方向"打死"，否则易烧坏转向助力泵。

3.3.2 转向盘的正确使用

转向盘是汽车转向系统的重要组成部分，也是汽车的重要操纵部件。其使用操作的正确与否关系到汽车行驶的安全。

1. 转向盘的正确握法

如图 3-73 所示，转向盘的正确握法是"左手握住九十点，右手放置三四点"，即所谓的标准握法。一般把转向盘比作一个钟表，左手应握在九点和十点之间，右手应放在三点和四点之间。

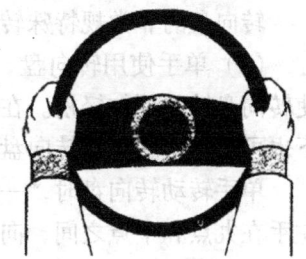

图 3-73 手握转向盘的位置

> ⚠提示：实践证明，右手放在三点和四点之间，使右手更能够轻松自如地操纵变速杆及其他附属装置，如刮水器、空调、音响等。另外，转向盘握得过高或过低都会影响转向盘的转动角度和速度。

2. 转向盘的常规正确转动方法

转向盘的常规正确转动方法一般有以下三种。

（1）纠正方向法 操作要领：打多少回多少，少打少回，慢打慢回，大打大回，快打快回。这种方法主要适用于直线行驶，如图 3-74 所示。

（2）半把转向法 操作要领：一手推一手拉，不换手，在180°范围内转动，打多少回多少。这种方法主要适用于一般转弯，如图 3-75 所示。

图 3-74 纠正方向法

图 3-75 半把转向法

（3）整把转向法　操作要领：双手先按标准握法握住转向盘，交叉转动转向盘。当向左转向时，左手转动到六点和七点之间放开手，随转向盘转动至十二点和一点之间再握住转向盘继续转动，右手转动到八点和九点之间放开手，随转向盘转动至三点和四点之间再握住转向盘。如图 3-76 所示。当向右转向时，右手在四点和五点之间放开手，在十一点和十二点之间再握住转向盘，左手转动至三点和四点之间放开手，随转向盘转动至八点和九点之间再握住转向盘继续转动，如图 3-77 所示。这种方法主要适用大角度转向，如急转弯、掉头等。

图 3-76 左转向时的转向盘握法

图 3-77 右转向时的转向盘握法

3. 转向盘的非常规特殊转动方法

转向盘的非常规特殊转动方法一般有以下两种。

（1）单手使用转向盘　由于现代汽车技术进步较快，许多车辆都加装了转向助力器，使转向盘转动更加轻松。在轿车或装有转向助力的汽车上，转弯、掉头、变速等在特殊情况下也可使用单手转动转向盘。

单手转动转向盘时，一般向左转用右手，向右转用左手。先按标准握法握住转向盘，如左手在九点和十点之间，向右转动转向盘到四点和五点之间，以手掌根部为支承点，用力往下压，连续不松地转动转向盘，可连续转动数圈，回转时相同。向左转动转向盘时，右手转至七点和八点之间，以手掌根部为支承点，用力往下压住转向盘，连续不松地转动转向盘。

（2）反手套拉使用转向盘　反手套拉就是从转向盘内沿向外反手抓住转向盘。这种方法只适用于无转向助力的重型载货汽车在低速转弯或车辆掉头时使用。

> ⚠ 注意：反手套拉转动转向盘虽然比较省力，但在崎岖不平的山路转弯时，车轮所受到的撞击力会传递到转向盘，反手使用转向盘易造成驾驶人手腕受伤。因此，小型车辆和带转向助力的大型汽车不准反手使用转向盘。

4. 转向盘的操作注意事项

1）转动转向盘时要多打多回、少打少回，回转转向盘时速度要快，要准确回到位。应避免猛打方向，否则易损坏零件，甚至会导致交通事故。

2）注意转向盘快要转动到底时不可用力过猛，否则易损坏零件。

3）在山区危险地段或不良路面行车时，应双手握紧转向盘以防发生意外。

4）尽量避免车辆在静止状态下转动转向盘，即"偷舵"，否则易损坏零件。

3.3.3 汽车转向系统常见故障

目前绝大多数汽车是靠前轮转向的，故其常见的故障是前轮轮胎磨损不正常、转向沉重、转向跑偏、前轮摆头和转向盘自由行程过大等。

1. 前轮轮胎磨损不正常

1）故障现象：前轮轮胎磨损过快，胎面形状出现异常。

2）主要原因

① 轮胎气压不符合要求。

② 轮胎长期未换位。

③ 前轮定位不正确，尤其是前束值与外倾角配合不正确。

④ 轮毂轴承松旷或转向节与主销松旷。

⑤ 纵、横拉杆或转向机松旷。

⑥ 钢板弹簧 U 形螺栓松旷；钢板弹簧衬套与其销松旷。

⑦ 前轮径向圆跳动或轴向圆跳动太大；前轮旋转质量不平衡；前轮摆头。

⑧ 前轴与车架纵向中心线不垂直或车架两边的轴距不相等；前轴或车架弯、扭变形；前轴刚度不足。

⑨ 转向横拉杆(尤其是弓形横拉杆)或横拉杆臂刚度不足。

⑩ 前轮放松制动回位慢或制动拖滞。

⑪ 轮胎螺栓松动。

⑫ 经常超载、偏载、起步过急、高速转弯或制动过猛。

⑬ 经常行驶在拱度较大的路面上。

⑭ 转向梯形机构不能保证各车轮纯滚动，出现过度转向或不足转向。

⑮ 轮胎质量不佳。

2. 转向沉重

1）故障现象：汽车行驶中驾驶人向左、右转动转向盘时，感到沉重费力，无回正感；当汽车以低速转弯行驶或掉头时，转动转向盘更加吃力，甚至打不动。

2）主要原因

① 轮胎气压不足。

② 转向节与主销配合过紧或缺油。

③ 纵、横拉杆球头连接调整过紧或缺油。

④ 转向器主动部分轴承预紧力太大或从动部分与衬套配合太紧。

⑤ 转向器主、从动部分的啮合调整得太紧。

⑥ 转向器无油或缺油。

⑦ 转向节止推轴承缺油或损坏。
⑧ 转向器转向轴弯曲或其套管凹瘪造成刮碰。
⑨ 主销后倾角、主销内倾角过大或前轮负外倾。
⑩ 前梁、车架变形，造成前轮定位失准。

3. 自动跑偏

1) 故障现象：汽车行驶中自动跑向一边，必须用力握住转向盘才能保持直线行驶。
2) 主要原因
① 两前轮轮胎气压不等、直径不一或装载不均。
② 左右两副前钢板弹簧（大中型客货车）挠度不等或弹力不一致。
③ 前梁、后桥轴管或车架在水平平面内发生弯曲。
④ 车架两边的轴距不等。
⑤ 两前轮轮毂轴承或轮毂油封的松紧度不一致。
⑥ 前、后桥两端的车轮有单边制动或单边拖滞现象。
⑦ 两前轮外倾角、主销后倾角或主销内倾角不等。
⑧ 前束太大或负前束。
⑨ 路面拱度较大或有侧向风。

4. 前轮摆头

1) 故障现象：汽车在某低速范围内或某高速范围内行驶时，有时出现两前轮各自围绕主销进行角振动的现象，通常称之为前轮摆头（也称前轮摇摆）。尤其是高速摆头时，两前轮左右摆振严重，握转向盘的手有麻木感，甚至在驾驶室内可看到整个车头晃动。
2) 主要原因
① 前轮旋转质量（包括轮胎、轮辋、制动鼓或盘、轮毂等）不平衡。
② 前轮径向圆跳动或轴向圆跳动太大。
③ 前轮使用翻新胎。
④ 前轮外倾角太小、前束太大、主销负后倾或主销后倾角太大。
⑤ 两前轮的主销后倾角或主销内倾角不一致。
⑥ 前梁或车架弯、扭变形。
⑦ 转向系统与前悬架的运动互相干涉。
⑧ 转向系统（如横拉杆、横拉杆臂、垂臂等）刚度太低。
⑨ 转向机主、从动部分啮合间隙或轴承间隙太大。
⑩ 转向机垂臂与其轴配合松旷。
⑪ 纵、横拉杆球头连接松旷。
⑫ 转向节与主销配合松旷或转向节与前梁拳形部沿主销轴线方向配合松旷。
⑬ 前轮轮毂轴承松旷。
⑭ 转向机在车架上的连接松动。
⑮ 前悬架减振器失效或左、右两边减振器效能不一致。
⑯ 左、右两副前悬架高度或刚度（钢板弹簧表现在厚度、长度、片数、弧高或新旧程度等方面）不一致。
⑰ 前钢板弹簧U形螺栓松动或钢板销与衬套配合松旷。

5. 转向盘自由行程过大

1) 故障现象：汽车保持直线行驶位置静止不动时，轻轻来回晃动转向盘，感到游动角度很大。

2) 主要原因

① 转向器内主、从动啮合部位松旷或主、从动部分的轴承松旷。
② 转向盘与转向轴的连接部位松旷。
③ 转向器垂臂轴与垂臂连接部位松旷。
④ 纵、横拉杆球头连接部位松旷。
⑤ 纵、横拉杆臂与转向节的连接部位松旷。
⑥ 转向节与主销松旷。
⑦ 轮毂轴承松旷。

3.3.4 汽车转向系统维护实训

1. 汽车转向系统维护仪器设备

汽车转向系统维护作业的仪器设备主要有机械式转角盘(3-78a)、转向系统免拆清洗换油机(3-78b)、前轮定位仪、转向盘游隙检查器(3-78c)、举升机、千斤顶、压力表、扭力扳手、弹簧秤、钢直尺、玻璃器皿等。

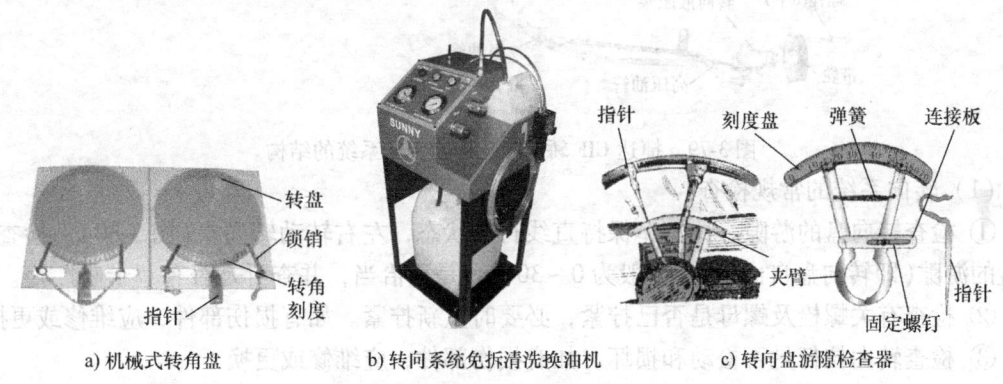

a) 机械式转角盘　　b) 转向系统免拆清洗换油机　　c) 转向盘游隙检查器

图 3-78　转向系统维护部分仪器设备

2. 汽车转向系统的维护项目、作业内容、操作要领及技术要求

汽车转向系统是汽车底盘中的重要操纵机构，且在车辆的使用过程中使用频率最高、工作负担也较大。车辆行驶路线的变更、行驶方向的变换，车辆的起步、停车及出入库等都离不开转向系统。尤其是车辆的大角度低速转弯(应避免大角度高速转弯)，颠簸不平道路上的行驶，甚至一些原地打转向(即偷舵)等不良驾驶习惯，都会加重汽车转向系统的工作负担，也容易造成转向系统中转向柱、球头销、万向节、液压泵及转向器等部件的过早损坏。因此，平时对汽车转向系统的正确使用与及时维护就显得尤为重要。

> ⚠提示：随着麦弗逊独立悬架在家庭轿车上的大量使用，与其相配套的液压助力式齿轮齿条式转向系统的数量也猛增。因此，毫无疑问齿轮齿条式转向系统的各项维护作业也将成为重点。图 3-79 所示为捷达 CIF 轿车液压助力转向系统的结构组成示意图。

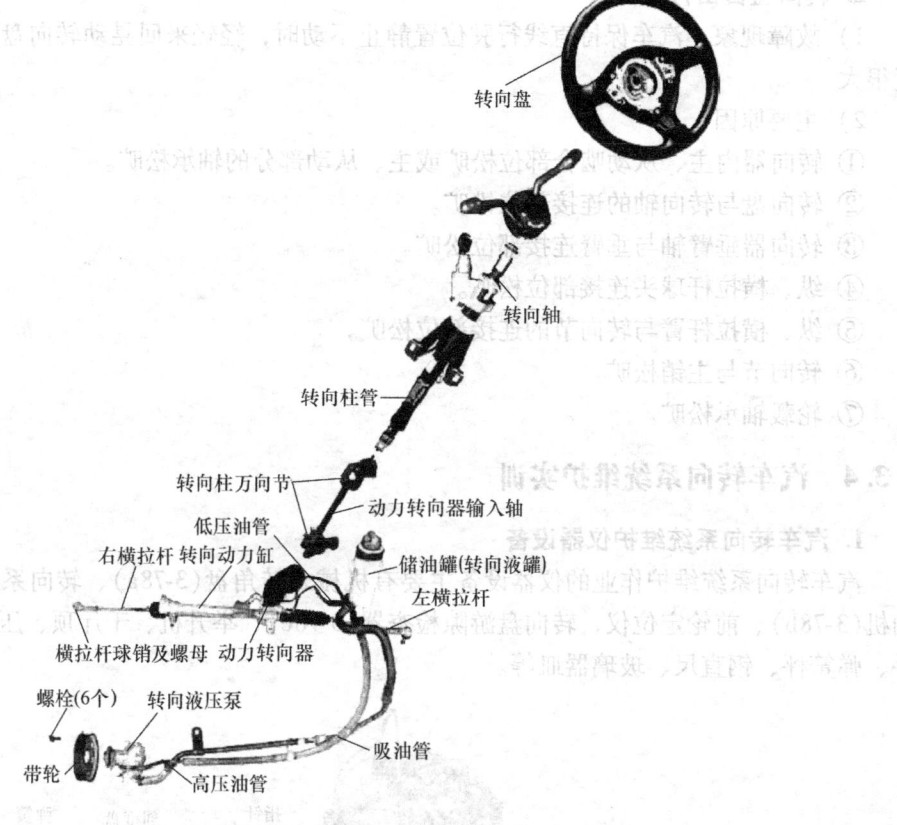

图 3-79　捷达 CIF 轿车液压助力转向系统的结构

（1）转向系统的常规检查

① 检查转向盘的游隙。让汽车保持直线行驶状态，左右转动转向盘（图 3-80），检查转向盘的游隙（即转向盘自由间隙，一般为 0～30mm）是否恰当，并查听是否有"卡嗒"声。

② 检查有关螺栓及螺母是否已拧紧，必要时重新拧紧。如有损伤部件，应维修或更换。

③ 检查转向拉杆是否松动和损坏。如有损伤部件，应维修或更换。

④ 检查转向拉杆防尘套（图 3-81 中箭头所示）和转向器总成是否有损坏（泄漏、脱开、撕裂等）如发现有损坏，应用新防尘套更换。

⑤ 检查转向轴、万向节是否有"咔嗒"声和损坏，如有"咔嗒"声和损坏，应更换新部件。

图 3-80　转向盘游隙检查

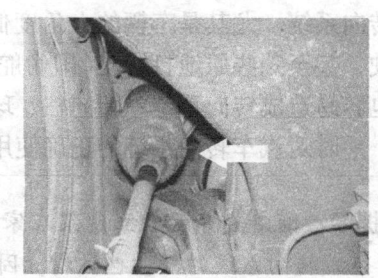

图 3-81　防尘套检查

⑥ 检查转向盘能否自如左右转向，能否自动复位。如转动不良，应维修或更换。
⑦ 检查转向盘是否校准。
⑧ 检查转向液压助力泵的工作情况。

⚠ **注意**：运输车应每天检查动力转向油管接头是否漏油、破裂、磨损、扭曲等。

（2）调整转向器的直线行驶及回正情况　转向器总成一经拆装或更换，须对其进行调整。这里以齿轮齿条式机械转向器为例进行调整。

① 使车轮处于直线行驶位置。
② 将自锁调整螺钉（图 3-82 中箭头所示）小心地拧进约 20°。
③ 进行道路试验（图 3-83）。若转向器如能自行回到直线位置，则把调整螺钉拧松一点；若转向器还有间隙，则将调整螺钉拧紧一点。

图 3-82　自锁调整螺钉位置

图 3-83　汽车转向系统道路试验

（3）检查转向盘的自由行程
① 将前轮摆正，在转向盘周边加 5N·m 的力矩。
② 如图 3-84 所示，向左右轻轻转动转向盘，测量转向盘行程，其标准值一般为 0~30mm。
③ 如果自由行程大于标准值，应检查转向轴的连接部位和横拉杆球头（图 3-85）的间隙。

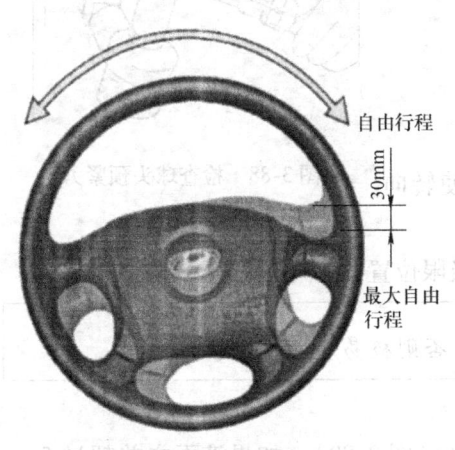

图 3-84　测量转向盘自由行程

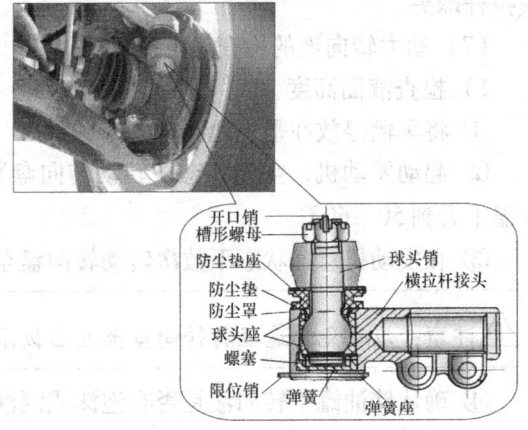

图 3-85　转向横拉杆位置及其结构

(4) 检查转向角度

① 如图 3-86 所示，将前轮置于机械式转角盘上，检查车轮转向角。最大转向时，内侧车轮转向角标准值为 40.7°±2°，外侧车轮转向角标准值为 32.4°。

② 若超出标准值，进行前速调整后再测量转向角。

(5) 检查转向盘的自动复位情况

① 检查转向盘回正力时（图 3-87），无论快慢转动转向盘，左右两侧的回正力都应相同。

② 车速在 23~30km/h 时，打转向盘 90°，保持 1~2s 后，放松转向盘应回到 70°以上位置。

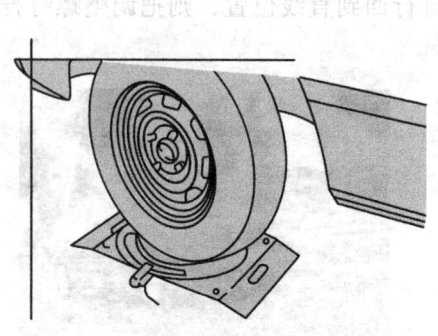

图 3-86 测量转向角

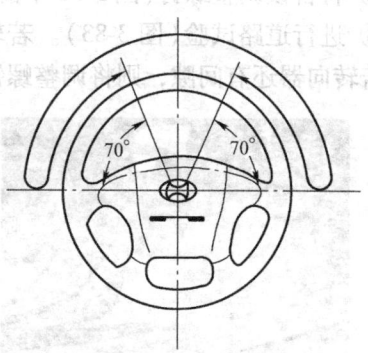

图 3-87 检查转向盘回正力

⚠提示：如果快速转动转向盘时可能在瞬间感到转向盘沉重，这不属于故障。

(6) 检查横拉杆球头销的预紧力

① 使用专用工具拆下转向横拉杆和转向节。

② 如图 3-88 所示，将球头销转动几次后带上螺母用扭力扳手检查预紧力。

③ 规定预紧力矩应为 0.5~2.5N·m，如超过应更换横拉杆球头。

(7) 动力转向液的检查与更换

1) 检查液面高度

① 将车辆停放在平坦地面。

② 起动发动机，空档状态下转动转向盘数次，使转向油温上升到 50~60℃。

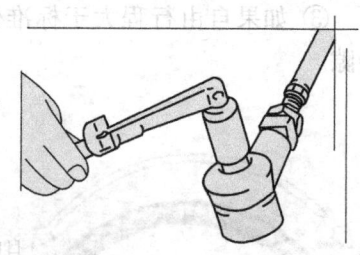

图 3-88 检查球头预紧力

③ 在发动机怠速状态下数次转动转向盘至左右极限位置。

⚠注意：应避免急速猛打转向盘至左右极限位置，否则极易烧坏液压泵。

④ 确认储油罐中转向液是否有泡沫或混浊。

⑤ 检查发动机起动后和停止后的储油罐液面之差（图 3-89），如果液面之差超过 5mm 应进行排气。

⚠ 提示：熄火后如液面迅速上升，则说明排气不彻底。如果系统内有空气，液压助力泵和控制阀会发出噪声，从而会降低液压助力泵的工作性能。

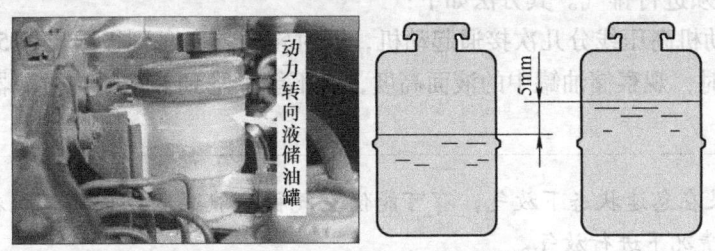

图 3-89 检查动力转向液的液面高度

2）更换动力转向液

① 用千斤顶支起前轮，车下放支承凳或用举升器将车辆举升。
② 从储油罐上拆下回油管，用塞子堵住储油罐。
③ 将回油管插到适当的容器中。

⚠ 提示：最好用图 3-90 所示的玻璃罐接旧油，同时将要更换的新油事先倒入另一个玻璃罐中，以便进行对比。

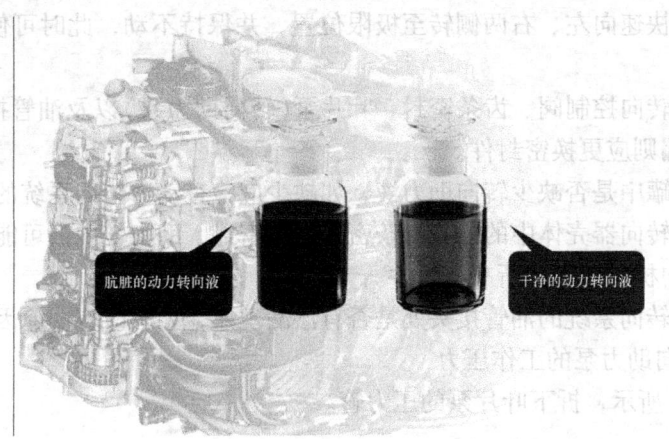

图 3-90 新旧动力转向液的对比

④ 拆开发动机高压线（转动发动机但不起动），接通起动机的同时反复转动转向盘到极限位置。

⑤ 待旧动力转向液放尽后连接回油管，并用卡子固定牢靠，储油罐内加入容量大约 1L 新的规定型号的动力转向液。

⚠ 提示：目前，大部分汽车生产厂家都选用 PSF-3 型专用动力转向液。

⑥ 进行转向系统排气。

3）排除系统中的空气。液压动力转向系统一经拆装或更换新油后，系统中会进入空气。如果系统中有空气，则发动机熄火时液面会突然上升，而且从液压助力泵和控制阀等处会发出异常噪声。如果不排出这些空气，不仅使液压助力泵以及控制阀发出异常噪声，同时转向助力下降，使车辆操纵困难，甚至由此可引发交通事故。因此，对车辆转向系统进行换油等维护后，必须进行排气。其方法如下：

① 拆开发动机高压线分几次接通起动机，同时转动转向盘到极限位置5～6次（每次停留5～10s）。此时，观察储油罐中的液面高度，若不能下降到储液罐内过滤器下端，应随时加动力转向液。

⚠️ 提示：如果在急速状态下放气，有可能使空气被油液吸收，因此只能在转动发动机但又不起动的情况下进行放气。

② 插好高压线后起动发动机。
③ 左右转动转向盘至极限位置，直到储液罐内无气泡。

⚠️ 注意：转向盘在极限位置不得超过10s，否则极易烧坏转向助力泵。

④ 确认动力转向液是否混浊，液面高度是否处于上下刻线之间。
⑤ 多次左右转动转向盘，确定液面高度有无变化，若有变化应重新放气。

（8）检查动力转向系统的密封性　动力转向系统密封性的检查应在热车时进行。目前，大多数车辆开始加注动力转向系统保护剂（图3-91），以大大提高转向系统的密封性。

① 将转向盘快速向左、右两侧转至极限位置，并保持不动，此时可使系统内压力达到最大值。
② 目测检查转向控制阀、齿条密封、叶片泵（转向助力泵）以及油管接头等处是否有漏油现象，如有渗漏则应更换密封件。
③ 检查储油罐中是否缺少转向助力液，如缺少应检查动力转向系统的密封性是否完好。
④ 如果动力转向器壳体中的齿轮齿条密封件不密封，助力转向液可能流入波纹管套里，此时，应拆开转向机构，更换所有密封件。
⑤ 检查动力转向系统的油管接头处是否有渗漏现象，如有应查明原因并重新接好。

（9）检查转向助力泵的工作压力
① 如图3-92所示，拆下叶片泵的压力管。

图3-91　常见动力转向系统保护剂标识

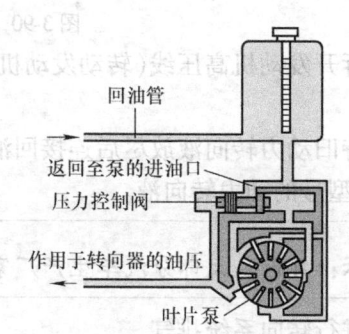

图3-92　转向助力泵的工作油路

② 将管接头 VAG1402/1A 接到叶片泵上，将检查仪器 VAG1402 和管接头 VAG1402/2 连接好。

③ 起动发动机，观察储液罐内的液位，必要时添加动力转向液。

④ 使发动机怠速运转，关闭阀门并读取压力值，该压力值应在 8.5~9.5MPa 范围内。

⑤ 如果该压力值超过了规定位，则必须更换叶片泵，否则极易爆管。

任务 3.4 汽车制动系统的使用与维护

● 一辆 2012 款桑塔纳 3000 轿车，在以 30km/h 以上车速行驶时踩下行车制动器，发现车辆始终向右侧跑偏，而且险些发生交通事故，着实将司乘人员吓了一跳。

汽车的制动系统能够确保车辆在行驶过程中，使车辆减速甚至停车，使行驶的车辆速度保持稳定，以及使停驶的车辆保持不动。汽车制动系统一般至少装用两套各自独立的系统，一套是行车制动装置，主要用于汽车行驶中的减速和停车；另一套是驻车制动装置，主要用于停车防止滑移。有的汽车还装有紧急制动装置和安全制动或辅助制动装置(图 3-93)，高档汽车还装有制动力调节装置、报警装置、压力保护装置等。汽车的制动性能是汽车安全行驶的重要保证，为此，对汽车制动系统的使用与维护提出了许多严格的要求。

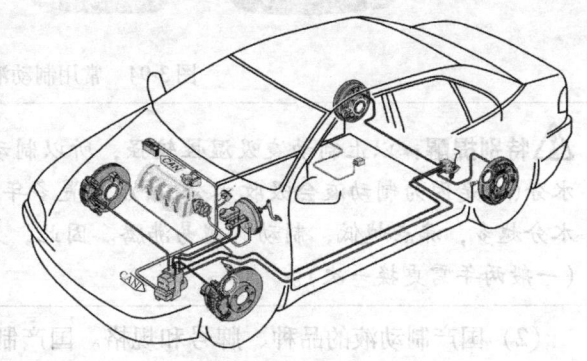

图 3-93 常见的乘用车 ABS

3.4.1 制动器/离合器油液的品牌、规格认识及其选用

1. 制动液的分类

⚠ 提示：目前，绝大部分手动变速器汽车的液压操纵式离合器和液压控制式行车制动器共用一个储液罐，且共用制动液作为传力介质。

(1) 国外制动液的规格标准。常用的进口制动液有 DOT-3、DOT-4、DOT-5 三种。DOT 是美国交通协会的英文缩写，其数字越大，级别越高。DOT-3、DOT-4 与 DOT-5 的不同之处主要在于沸点不同，DOT-5 比 DOT-4 更耐高温，DOT-4 比 DOT-3 更耐高温。其性能指标见表 3-10。

表 3-10 制动液性能指标

沸点 (平衡环流沸点)	工作情况	DOT-3	DOT-4	DOT-5
	干	205℃ 以上	230℃ 以上	260℃ 以上
	湿	140℃ 以上	155℃ 以上	180℃ 以上

⚠ 提示：DOT-3 和 DOT-4 级制动液是非矿物油系，是以聚二醇为基础和乙二醇及乙二醇衍生物为主的醇醚型合成制动液，再加润滑剂、稀释剂、防锈剂、橡胶抑制剂等调合而成，也是各国汽车使用最普遍的一种制动液。图 3-94 所示为常见的汽车制动液。

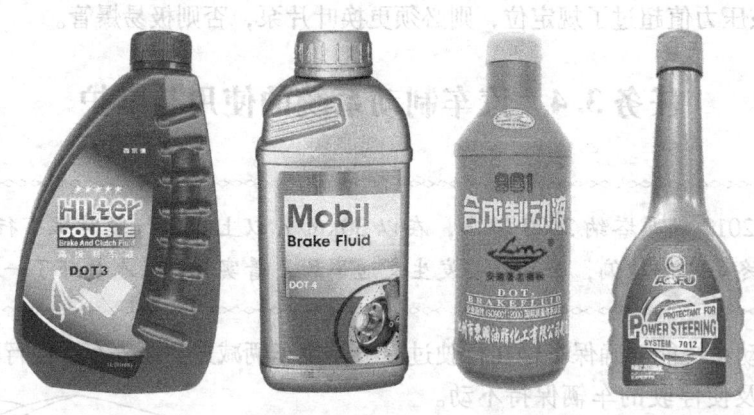

图 3-94 常用制动液的标识

⚠ 特别提醒：以上制动液吸湿性较强，所以制动液使用一段时间以后会吸收相当多的水分（正是因为制动液会吸收水分，所以放置多年已开封的制动液不能再用）。制动液中水分越多，沸点越低，制动时越易沸腾。因此，为了保证行车安全，制动液应定期更换（一般两年需更换一次）。

（2）国产制动液的品种、牌号和规格。国产制动液依据其平衡回流沸点，可分为 6 个质量等级：JG0、JG1、JG2、JG3、JG4、JG5，序号越大平衡回流沸点越高，高温抗气阻性越好，行车制动安全性越高。

⚠ 提示：目前国内使用的制动液按原料不同可分为醇型、矿油型、硅油型和合成型四种。

按原石油部标准生产的合成型制动液有 4603、4603-1 和 4604 等牌号。4603 和 4603-1 号合成制动液适用于各类载货汽车的制动系统，4604 则适合于高档轿车和各种汽车的制动系统。

醇型汽车制动液分为 1 号和 3 号两个牌号，它是以乙醇或丁醇及篦麻油为原料，其抗阻性和低温流动性达不到要求，行车安全性差，已被淘汰。

矿油型制动液有良好的润滑性，无腐蚀性，但对天然橡胶有溶胀作用。

2. 制动液的选用注意事项

1）不能混合使用制动液。各种制动液绝对不能混用，否则会因分层而失去制动作用。

2）应保持制动液的清洁。加注或更换制动液时要注意清洁，制动液须经过过滤，不允许细微杂质混入制动系统。

3）应防止制动液的吸潮。存放制动液的容器要密封好，防止水分混入和吸收水汽使沸点降低；更换下来和未密封好的制动液不能继续使用。

4）应定期更换制动液。由于醇醚类制动液有一定的吸水性，因此在一般情况下，制动液应在使用 1~2 年后进行更换，以防制动液吸潮后影响制动性能。更换制动液应在每年雨季过后进行。

5) 注意检查制动液的温度。在山区下长坡连续使用液压制动，或在高温地区长期频繁制动时，制动蹄片或制动块温度可达 350~400℃，使制动液温度随之升高达 150~170℃，此时，已超过一般合成制动液的潮湿沸点。因此，要注意检查制动液温度，以防因气阻发生交通事故。

6) 注意对液压制动系统的保护。防止矿物油混入使用醇型和合成型制动液的制动系统。使用矿物油制动液，制动系统应换用耐油橡胶件；使用醇型制动液前，应检查是否有沉淀，如有沉淀应过滤后再使用。

3.4.2 制动踏板的使用操作

1. 制动踏板的操作要领

汽车的制动通常分为主动的踏板制动和被动的发动机制动（也称预见性制动）等两种正常行驶中的制动。其中，配合路况熟练利用发动机制动技术控制车速是降低油耗、减少行车制动器部件磨损的重要措施，也是一种安全系数远远高于紧急制动的成熟有效手段。这里着重讲解制动踏板的操作要领。

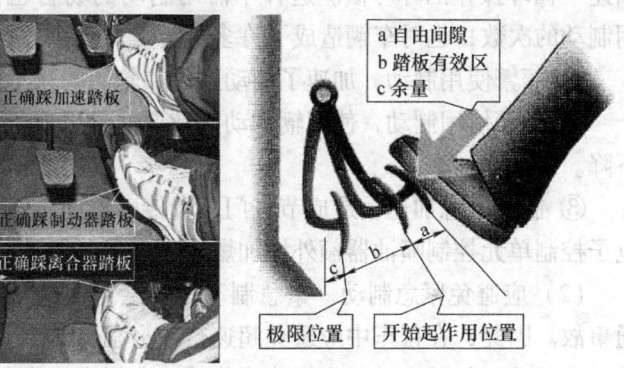

图 3-95 制动踏板的踏位及踏法

1) 踩踏制动踏板的位置要正确。如图 3-95 所示，应用右脚前掌踩踏制动踏板（图 3-95 中粗箭头部位所示），应避免用右脚脚尖或脚跟踩踏制动踏板，以防止右脚滑脱或踩空。

⚠️**注意**：禁止用左脚踩踏制动踏板，以避免同时踩下加速踏板或与右脚卡碰而影响操作。值得注意的是，开惯手动变速器汽车的驾驶人，在驾驶自动变速器汽车的时候，往往习惯性的用左脚踩踏制动踏板，从而带来了很大的安全隐患。

2) 踩踏制动踏板的步骤要正确。如图 3-95 所示，在制动踏板的自由间隙区要快踩制动踏板；在制动踏板开始起作用的位置稍作停顿；在制动踏板的有效区要轻踩制动踏板，并逐渐适当加力，且适可而止，保证车辆在前方空间能够停住即可；在制动踏板的极限位置要停止踩踏制动踏板，即不要完全踩死，要留余量。

⚠️**提示**：实践证明，待车辆基本停稳后（即尚未完全停定的情况下），立即放松制动踏板再轻轻踩下。此时，停车会更稳，不会出现闯动现象。

3) 踩踏制动踏板的时机要正确。在下坡、砂土、雨天、冰雪路面等不良条件下，一定要采取预见性制动，即不踩踏制动踏板而是放松加速踏板进行发动机制动。在变更车道时，要事先作出制动反应,即将右脚置于制动踏板的同时,利用后视镜迅速观察左右及前后方车辆的行驶动态。如无阻碍,可轻转方向变道通过,避免不必要的踩踏制动踏板动作;如有阻碍,尽可能不要采用一脚制动(紧急情况例外),应充分利用前方空间,尽量给后方车辆留有余地。通过有障碍的路段时,最好"以滑代刹",即利用汽车的惯性减少不必要的制动,以减少制动蹄鼓和轮胎等部件的磨损,同时可大幅减少油耗。

> ⚠提示:一次紧急停车和重新起步可多消耗35mL左右的汽油。同时注意:切不可利用进口汽车制动灵、加速快的特点来处理各种情况,应减少制动次数,避免出现险情。

2. 制动踏板的使用注意事项

(1) 应避免"加速—制动—加速"的循环操作 一些初学驾驶者和急躁型驾驶人员在驾车行驶中,对道路交通状况往往不能进行预先判断(即不会采取预见性的发动机制动),而是过分依赖制动,养成了一遇情况就踩制动踏板,情况一过就急加速的"加速—制动—加速"循环操作的坏习惯。这种不需用制动的场合也使用制动的错误操作,不仅增加了使用制动的次数,也对车辆造成了许多危害。

① 频繁使用制动,加速了制动系统和轮胎的过早磨损。

② 频繁使用制动,使车辆的动能和惯性难以有效发挥,使汽车的动力性和经济性大幅下降。

③ 制动后急加速,造成节气门位置传感器向电子控制单元频繁输送急加速信号,迫使电子控制单元控制喷油器额外增加燃油喷射量,导致油耗增加,积炭增多。

(2) 应避免紧急制动 紧急制动往往会造成路面连锁反应,从而易导致塞车,甚至交通事故。因此,在行车中应避免超速行驶、猛打转向和紧急制动;按规定进行装载,避免超载;选择路面行驶,避开尖锐障碍物等,以提高汽车行驶的安全性和轮胎的使用寿命。

> ⚠提示:试验表明,以中等车速在正常路面上的一次紧急制动,轮胎胎面局部磨损量可达0.91~1.20mm,相当于汽车正常行驶3000km的磨损量。

3.4.3 驻车制动操纵杆的使用操作

1. 驻车制动操纵杆的操作要领

通常情况下,待车辆停稳后,应拉起驻车制动操纵杆,并松开行车制动踏板。其具体操作要领如图3-96所示。

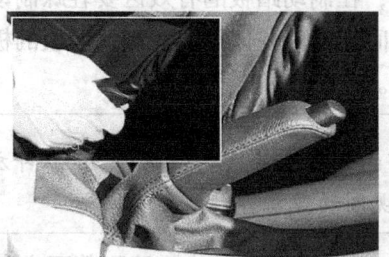
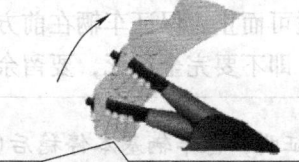

拉紧驻车制动操纵杆操作要领:①无需按下按钮直接向斜上方拉②应一步到位③不能拉过头(3/4行程内可实现驻车制动)

图3-96 驻车制动操纵杆的拉紧动作

⚠️**注意**：应避免在临时停车时，养成紧踩行车制动踏板进行驻车的坏习惯。否则，大功率的制动灯因常亮发热而容易烧毁，且红色光线特别刺眼，影响后方驾驶人的路况判断。

2. 驻车制动操纵杆的使用注意事项

1）通常情况下，必须待车辆停稳后方可拉紧驻车制动操纵杆，否则极易损坏车辆传动系统部件；在车辆起步后，必须彻底放松驻车制动操纵杆（图3-97），否则使车辆速度减慢，驻车制动装置磨损加剧。

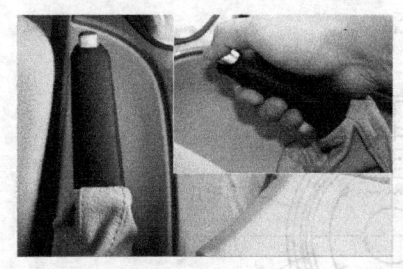
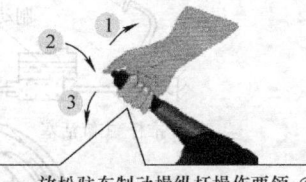

放松驻车制动操纵杆操作要领：①按下按钮稍微上提 ②按下按钮 ③按住按钮将驻车制动操纵杆推回到解除位置

图3-97　驻车制动操纵杆的放松动作

2）在有坡度的地点熄火停放车辆时，在拉紧驻车制动操纵杆的同时，最好利用相应档位进行辅助制动。对手动档汽车而言，车头朝下时应挂入倒档，车头朝上时应挂入1档。对自动档汽车而言，无论车头朝上还是朝下，都应挂入P位。

3）在冰雪泥泞的道路上下坡行驶时，可通过缓慢、小幅度拉紧和放松驻车制动操纵杆与加速踏板、行车制动协调配合来控制车速。

⚠️**特别提醒**：

① 对于利用后轮进行轮边驻车制动的车辆来说，在行车制动正常的情况下，如遇紧急情况，在紧急踩下行车制动踏板的同时，可以快速拉紧驻车制动操纵杆进行辅助制动。若在行车制动失常的情况下，快速拉紧驻车制动操纵杆，会使车辆发生漂移。

② 对于利用变速器输出轴进行中央驻车制动的车辆来说，决不允许利用驻车制动来代替行车制动。尤其是在行车制动失常的情况下，如果猛拉驻车制动操纵杆，易导致中央万向传动装置折断，会失去仅存的发动机制动，从而极易发生交通事故。

3.4.4　汽车制动系统常见故障

汽车制动系统一般分为常规液压制动系统和常规气压制动系统两种。目前，日趋激烈的产品竞争和越加严格的安全要求，使绝大多数轿车在原来常规液压制动系统的基础上加装了电子控制防抱死制动系统（ABS），而且越来越多的商用车也开始在原来常规气压制动系统的基础上加装了ABS。

1. 常规液压制动系统的故障诊断与排除

常规液压制动系统常见的故障主要有：制动不灵、制动失效、制动跑偏和制动拖滞，进行诊断和排除时，可参考桑塔纳GLi轿车前盘后鼓式液压制动系统的组成示意图（图3-98）。

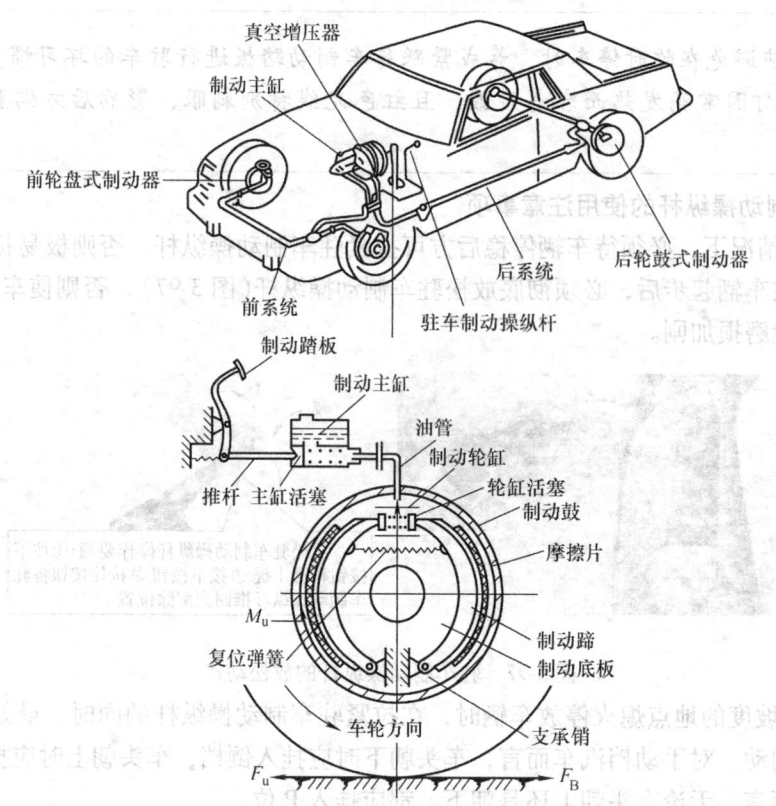

图 3-98 桑塔纳轿车行车制动系统的布置及原理示意图

(1) 制动不灵

1) 故障现象：汽车制动时，驾驶人感到减速度不足。

2) 主要原因

① 制动主缸(也称总泵)、制动轮缸(也称分泵)、管路或管路接头漏油；制动主缸储液罐存油不足或无油。

② 制动液中混有空气；制动主缸皮碗、活塞或缸筒磨损过甚。

③ 制动主缸进油孔、补偿孔或储液罐通气孔堵塞。

④ 制动主缸活塞前端贯通小孔堵塞或制动主缸皮碗发粘、发胀。

⑤ 制动轮缸皮碗发粘、发胀；真空增压器或助力器效能不佳或失效。

⑥ 油管凹瘪或软管内孔不畅通；制动踏板自由行程太大。

⑦ 制动蹄摩擦片与制动鼓(盘)靠合面不佳或制动间隙调整不当。

⑧ 制动蹄摩擦片质量欠佳或使用中表面硬化、烧焦、油污及铆钉露头。

(2) 制动失效

1) 故障现象：踩下制动踏板，车辆不减速，即使连续几次制动也无明显减速作用。

2) 主要原因

① 制动主缸内无制动液。

② 制动主缸皮碗严重破裂或制动系统有严重泄漏之处。

③ 制动软管或金属管断裂。

④ 制动踏板至制动主缸的连接脱开。

(3) 制动跑偏

1) 故障现象：汽车制动时，车辆行驶方向发生偏斜；紧急制动时，车辆出现扎头或甩尾现象。

2) 主要原因

① 左、右车轮制动蹄摩擦片材料不一或新旧程度不一致。

② 左、右车轮制动蹄摩擦片与制动鼓(或盘)的靠合面积不一致，靠合位置不一或制动间隙不一致。

③ 左、右车轮制动轮缸的技术状况不一致，造成起作用时间不一或张开力大小不一致。

④ 左、右车轮制动蹄复位弹簧拉力不一致，左、右车轮轮胎气压不一，直径不一致，花纹或花纹深度不一。

⑤ 左、右车轮制动鼓(或盘)的厚度、直径、工作中的变形程度和工作面的粗糙度不一致，单边制动管路凹瘪、阻塞或漏油。

⑥ 单边制动管路或制动轮缸内有气阻，单边制动蹄与支承销配合过紧或锈污。

⑦ 车架(或车身)、车桥在水平平面内弯曲、车架两边的轴距不等或前钢板弹簧刚度不等。

(4) 制动拖滞

1) 故障现象：抬起制动踏板后，全部或个别车轮的制动不能立即完全解除，以致影响车辆的重新起步、加速行驶或滑行。

2) 主要原因

① 制动踏板无自由行程。

② 制动踏板与其轴的配合缺油、锈污或踏板复位弹簧脱落、拉断及拉力太小。

③ 制动主缸活塞复位弹簧折断或预紧力太小，制动主缸活塞、皮碗的长度太大或皮碗发胀、发粘，制动主缸补偿孔被污物堵塞。

④ 制动轮缸皮碗发胀、发粘或活塞犯卡，制动蹄复位弹簧脱落、折断或拉力太小，制动蹄与支承销锈污。

⑤ 制动蹄与制动鼓(或盘)的间隙调整不当，制动放松后仍局部摩擦，通往制动轮缸的油管凹瘪或堵塞。

⑥ 不制动时增压器辅助缸活塞中心孔打不开，轮毂轴承松旷。

2. 常规气压制动系统的故障

常规气压制动系统常见的故障主要有制动不灵、制动失效和制动拖滞。

(1) 制动不灵

1) 故障现象：与液压制动系统"制动不灵"相同。

2) 主要原因

① 制动踏板自由行程太大，储气筒达不到规定气压。

② 制动阀最大气压调整螺钉调整不当，造成制动气压太低(低于392kPa)。

③ 制动阀平衡弹簧预紧力太小，维持制动(双阀关闭)来得过早。

④ 制动阀膜片破裂或排气阀关闭不严，制动气室膜片破裂或制动管路漏气，制动管路凹瘪或软管内孔不畅通。

⑤ 制动蹄摩擦片与制动鼓(或盘)靠合面不佳或制动间隙调整不当，制动蹄摩擦片质量

欠佳或使用中表面硬化、烧焦、油污及铆钉露头。

⑥ 制动鼓磨损过甚或制动时变形；制动凸轮轴在支承套内锈蚀或别劲；制动管路内壁积垢严重。

（2）制动失效

1）故障现象：与液压制动系统"制动失效"相同。

2）主要原因

① 制动踏板至制动阀的连接脱开。

② 储气筒无压缩空气。

③ 制动阀的进气阀打不开或排气阀严重关闭不严。

④ 制动阀膜片、制动气室膜片严重破裂或制动软管断裂。

⑤ 制动管路内结冰或油污严重而阻塞。

（3）制动拖滞

1）故障现象：与液压制动系统"制动拖滞"相同。

2）主要原因

① 制动踏板自由行程太小，造成制动阀的排气阀开启程度太小。

② 制动阀排气阀弹簧或促使排气阀打开的弹簧疲劳、折断或弹力太小。

③ 制动阀的排气阀橡胶阀面发胀、发粘或阀口上堆集油污、胶质太多。

④ 制动踏板复位弹簧疲劳、拉断、失落或拉力太小。

⑤ 制动气室膜片（活塞）复位弹簧疲劳、折断或弹力太小。

⑥ 制动蹄复位弹簧疲劳、拉断、脱落或拉力太小。

⑦ 制动凸轮轴在其套内缺油、锈蚀或卡滞，制动蹄与支承销锈蚀。

⑧ 制动间隙调整不当，制动放松后制动摩擦片与制动鼓（或盘）局部摩擦，轮毂轴承松旷。

3. 电子控制防抱死制动系统（ABS）的常见故障

对于液压制动式电子控制防抱死制动系统而言，其实质就是在常规液压制动系统的制动主缸和制动轮缸之间串入了一个由电控单元控制的液压调节器（主要由 1 个 ABS 液压泵和 8 个（进油、回油）电磁阀组成），从而使其制动由原来的被动控制转变为主动控制。其基本组成如图 3-99 所示。

1）ABS 故障诊断的方法及流程

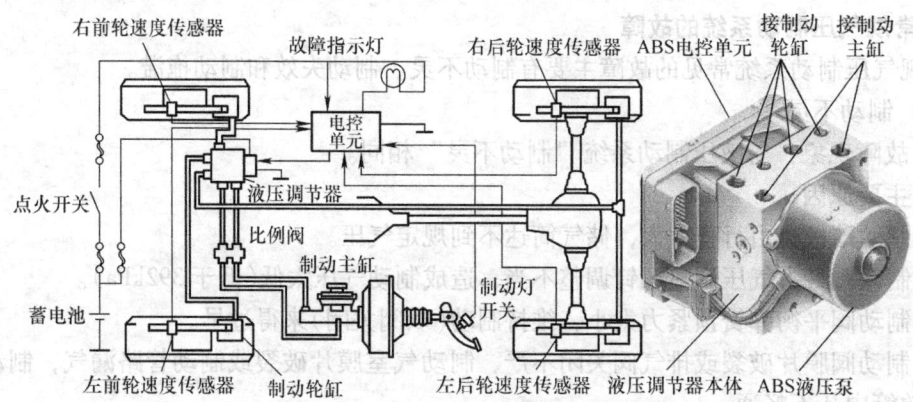

图 3-99 防抱死制动系统的基本组成

① 起动发动机时，有时听到发动机舱内发出"吭、吭"的声音，这是 ABS 控制单元自我检查系统状态的响声，属于正常现象。

② ABS 回流泵转动时发出的声音，属于正常现象。

③ 紧急制动时，由于反复进行制动及反复解除制动（即反复进行增压、保压和减压），使底盘悬架振动、轮胎与地面摩擦，从而发出的"嗒、嗒"声音，属于正常现象。

④ 装有 ABS 的车辆，在冰雪、泥泞、砂土路面制动时，其制动距离长于未装有 ABS 的车辆，其目的是避免车辆侧滑，故属于正常现象。

⚠提示：ABS 的最高境界是车辆在附着力较低的路况下制动时，能够保持车辆行驶的稳定性（即不测滑，不甩尾），并尽可能缩短制动距离。但在冰雪、泥泞、砂土路面制动时，为确保车辆不偏离原来的行驶路线，ABS 会适当延长制动距离。因此，装有 ABS 的车辆在此种路面行驶时，应适当降低车速。

⑤ 重踩制动踏板会感到踏板反弹，在冰雪及砂土路面感觉更强烈，这是 ABS 起作用的表现，属于正常现象。

⑥ ABS 故障诊断的常用流程，如图 3-100 所示。

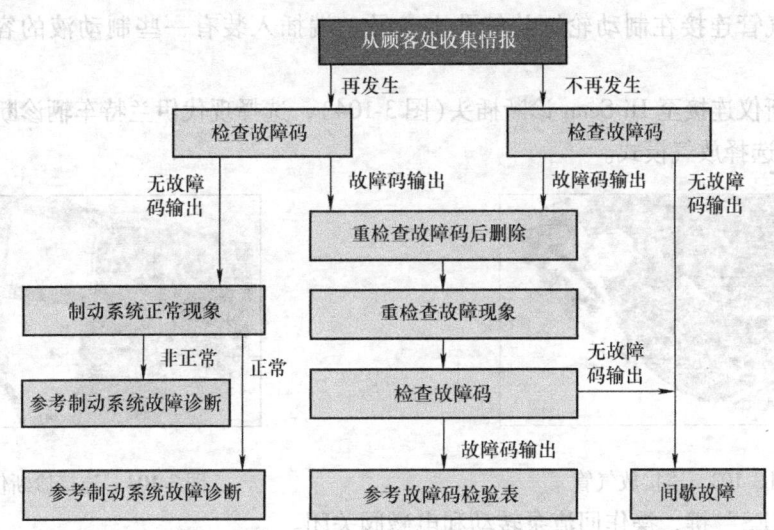

图 3-100　ABS 故障诊断流程

2）用诊断仪 Hi-Scan 或 Hi-Scan PRO 查询 ABS 故障码的步骤

① 将点火开关置于"OFF"。

② 将诊断仪插头连接到仪表板罩下部的诊断插座上。

③ 将点火开关置于"ON"。

④ 操作 Hi-Scan 查询故障码。

⑤ 排除故障后删除故障码。

⚠提示：诊断插头的 1 端子是 ABS 通信线，2 端子是故障诊断 K 通信线，13 端子是安全气囊通信线，9 端子是诊断仪正极电源，5 端子是搭铁线（图 3-101）。

3）用诊断仪排除 ABS 中空气的方法。对 ABS 进行简易排气的方法与常规液压制动系统基本相同。其目的是：保证气体从液压控制系统、制动管路、制动主缸和制动轮缸中彻底排除，使之充满制动液，从而确保安全。用诊断仪排除 ABS 中空气的方法，以现代伊兰特轿车为例，应遵循以下操作要领。

① 排气顺序为右后轮、左前轮、左后轮、右前轮（图 3-102）。

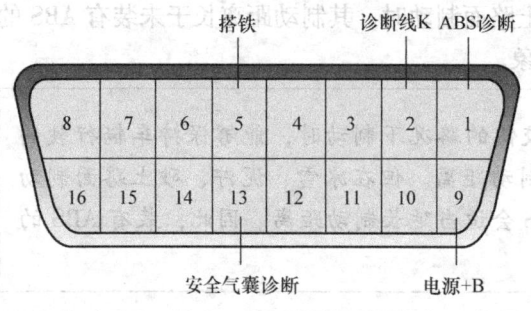

图 3-101　Hi-Scan 诊断插头

图 3-102　制动轮缸连接放气管的顺序
1—右前轮　2—左前轮　3—左后轮　4—右前轮

② 拧下储液罐盖，加满制动液，注意不要使制动液粘在油漆上，如粘上应立即清洗。

③ 把放气管连接在制动轮缸放气孔上，另一端插入装有一些制动液的容器内（图 3-103）。

④ 将诊断仪连接至 Hi-Scan 诊断插头（图 3-104），选择现代伊兰特车辆诊断，选择防抱死制动系统，选择放气模式。

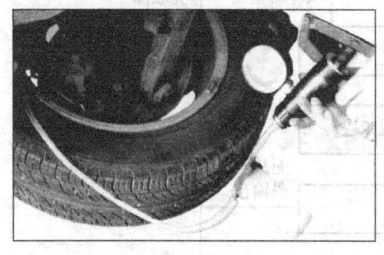

图 3-103　连接放气管　　　　　　　　　图 3-104　连接诊断仪

⑤ 按"YES"键，操作回流泵转动和电磁阀关闭。

⑥ 再按"YES"键，就可以进行排气。反复几次踩制动踏板，踩住不动时松开放气螺塞，直到制动液流出并无气泡流出时拧紧放气螺塞。

⚠ 注意：电动机转动时间不要超过 60s，以保护电动机不被损坏。

⑦ 按⑥的方法重复几次，直到放气孔中没有气泡流出，以规定力矩 7~13N·m 拧紧放气螺塞。

3.4.5　汽车制动系统维护实训

制动系统对于汽车行驶的安全性至关重要。但目前，有不少驾驶人员对制动系统的维护不够重视。往往等到发现制动系统工作不正常的时候，才对制动系统进行检修。这样很可能使制动系统突发故障而导致制动失灵,从而酿成大祸。因此,经常对制动系统进行维护是保证制动系统正常工作,确保行驶安全的重要前提。

> ⚠提示:小型客车及小型货车的制动系统主要依靠制动液传递制动力,而大型客车和重型货车则采用气动制动系统。因此,对于不同的制动系统也应采取不同的维护方法。

1. 汽车制动系统维护仪器设备

汽车制动系统维护作业的仪器设备主要有制动系统免拆清洗换油机、制动液压力充注器(图3-105a)、制动液质量检测仪(图3-105b)、ABS专用电脑或通用解码器(图3-105c)、跨接线、举升机、组合工具、透明塑料管、游标卡尺、钢直尺、玻璃器皿等。

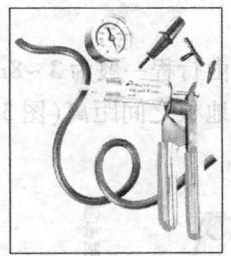
a) 制动液压力充注器

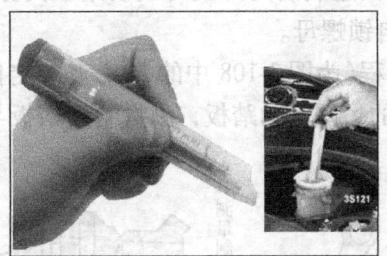
b) 制动液质量检测仪

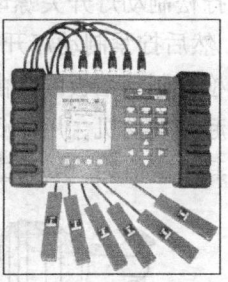
c) 通用解码器

图3-105 制动系统维护作业部分仪器设备

2. 汽车制动系统的维护项目、作业内容、操作要领及技术要求

以目前保有量占绝对优势的采用液压制动系统的轿车为例进行介绍。

(1) 制动液的检查与更换

1) 常规检查

① 定期检查制动液储液罐内的制动液数量即液面高度。液面应在制动液储液罐侧面的[MAX]与[MIN]标记之间(图3-106中双箭头所示)。若液面低于[MIN]标记,需补充相同型号和规格的制动液。

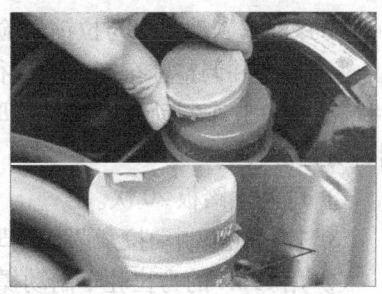

> ⚠注意:汽车在出厂前已加注好了制动液,并在储液罐盖上已注明,如再加注时,必须使用同样的制动液,否则会发生严重的损坏。同时,千万不能使用过期的、用过的、或未密封容器内的制动液。

图3-106 制动液液面检查

② 检查制动主缸与储液罐周围有无泄漏。如发生泄漏,应立即维修。

> ⚠提示:液压制动系统的常规检查一般结合一级维护一并进行。

2) 补充制动液

① 首先擦净制动储液罐周围的污物后,再打开储液罐盖,并在周围垫好干净的抹布,如图3-107所示。制动液有较强的腐蚀性,车漆或橡胶软管等部位若被溅到,很容易被腐蚀。

② 慢慢倒入相同型号和规格的制动液,切勿超过上刻线[MAX],以免腐蚀机体等

部件。

③ 拧紧制动液储液罐盖。

3) 更换制动液。将制动系统内现存的制动液完全排尽，然后进行排气操作，加注上述推荐的制动液。具体操作要领详见后续排气部分。

(2) 制动踏板自由行程的检查　关闭发动机，踩几次制动踏板，再用手下压制动踏板，感觉有阻力时制动踏板所移动的距离即为制动踏板的自由行程。以液压制动系统为例，其操作步骤如下：

图 3-107　制动液的补充添加

① 拧松制动灯开关螺母，调整制动灯开关与制动踏板间隙，其规定间隙一般为 0.5～1.0mm，然后拧紧制动灯开关自锁螺母。

② 检查制动踏板的自由行程（为图 3-108 中的 B），其规定自由行程一般为 3～8mm。

③ 起动发动机，用 500N 的力踩制动踏板，测量制动踏板与地板之间距离（图 3-108 中的 C），其规定值为 75mm 或以上。

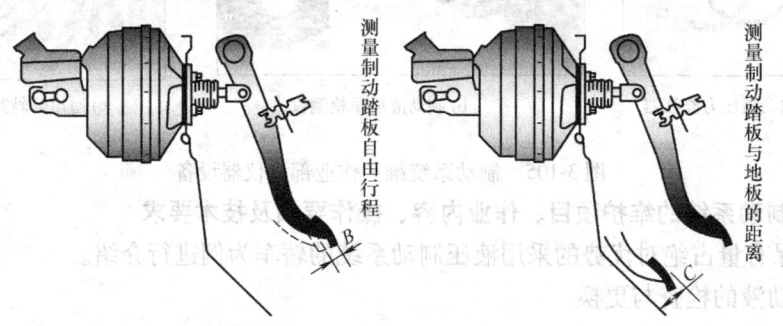

图 3-108　制动踏板自由行程的测量

(3) 驻车制动手柄与拉锁的检查

1) 检查并调整驻车制动手柄行程

① 松开驻车制动拉索调整螺母（以轿车轮边驻车制动为例，图 3-109 中箭头所示），按逆时针方向旋转。

② 踩制动踏板 20 次。

③ 拧紧驻车制动拉索调整螺母。

④ 用 196N 的力拉驻车制动操纵杆，规定行程一般为 8～9 齿。若不符合行程规定，则应调节平衡器上的调节螺母。

⑤ 完全松开驻车制动操纵杆，驻车制动指示灯应熄灭，拉动后应点亮，如指示灯不亮应检查灯泡和线路。

⑥ 将制动拉索调节后，松开驻车制动操纵杆，检查后轮制动器是否正常。

2) 检查驻车制动操纵杆及其拉索

① 检查驻车制动操纵杆齿尖是否损坏或磨损。如发现损坏现磨损，应更换驻车制动操纵杆。

② 检查驻车制动操纵杆的操作及行程是否正确。必要时，应作调节。图 3-110 中的 a 为驻车制动操纵杆行程。一般，以 196kPa 的拉力拉动手柄时，车辆应在 4～7 个齿内（或咔

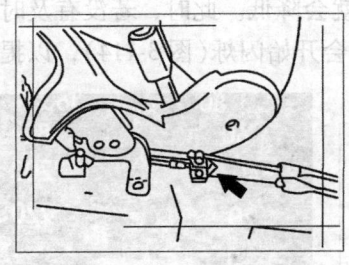 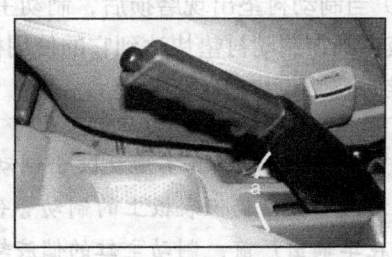

图 3-109 驻车制动拉索行程调整　　　　图 3-110 驻车制动操纵杆行程检查

哒声内)能够完成驻车制动。

③ 检查制动拉索是否损坏，移动是否顺畅。如有损伤，应更换。

(4) 制动管路的检查　液压制动系统中制动主缸的型式大多为双活塞串连式，而且与制动轮缸以×型(对角线)连接。图 3-111 和图 3-112 分别为不带 ABS 的常规制动管路和带 ABS 的电控制动管路。执行检查时，应有足够的光亮。必要时，应使用专用检查镜。具体操作如下：

① 检查制动金属管(图 3-113)是否裂开、折叠或腐蚀。

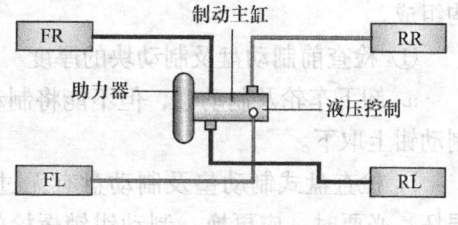

图 3-111 不带 ABS 的制动管路布置

② 检查制动软管是否裂开、损伤或漏气。

③ 检查制动软管连接螺母(图 3-113)是否损伤或漏气。

④ 检查所有管夹是否夹紧，接头有无泄漏。

⑤ 安装制动软管时，应防止扭曲。

⑥ 所有制动管不应与焊点或移动部件接触。

⑦ 按规定力矩拧紧制动管接头，喇叭口螺母拧紧力矩为 13~18N·m，制动管与前制动轮缸接头拧紧力矩为 25~30N·m。

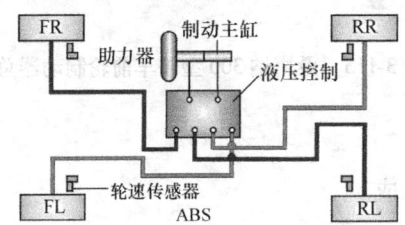 

图 3-112 带 ABS 的制动管路布置　　　　图 3-113 制动管路密封性的检查

(5) 制动器的检查　无论何种制动系统，其制动作用最终均由制动块(盘式)或制动蹄片(鼓式)与制动盘或制动鼓之间的摩擦来完成。因此，定期检查制动器的工作状况，检查制动块或制动蹄片的厚度，检查制动盘或制动鼓的磨损，对确保行车安全显得至关重要。

1) 制动器报警装置的检查

① 首先打开防护罩，查看一下制动主缸的液面高度，看看制动主缸内制动液的液面是否低于下刻线[MIN]标记。

② 当制动衬垫出现磨损后，制动主缸储液罐的液面就会降低。此时，若没有及时添加制动液，则在制动衬垫快达到它的使用极限之前，警告灯会开始闪烁（图3-114），以提醒要及时维修。

⚠ 提示：为了能够真实地反映出制动液液面的变化情况，绝大多数车辆仪表板上的制动警告灯均已准确校准过。在车辆出厂前，制动主缸的储液罐也已经加好了制动液。因此，当看到制动警告灯闪烁时，就应及时把车辆送到维修厂进行维修。

图3-114 制动器报警装置的检查

2）前轮制动器的检查。以桑塔纳3000型轿车为例。图3-115所示为其前轮制动器的结构组成。

① 检查前制动盘及制动块的厚度

a. 卸下车轮及制动钳，但不能将制动软管从制动钳上取下。

b. 检查盘式制动垫及制动盘有无过度磨损、损坏。必要时，应更换。制动钳销螺栓的拧紧力矩应满足技术要求。

c. 如图3-116所示，距制动盘端面外边缘10mm位置，沿圆周8个等分点，用百分表测量制动盘厚度之差；制动盘厚度标准值为24.5mm，极限值为22.4mm，若制动盘厚度超过极限，必须更换制动盘；8个测量值中厚度之差不能大于0.005mm，如果厚度之差超过规定值，应更换制动盘或车削制动盘。

d. 如图3-117所示，拆下车轮，取下制动块，用游标卡尺检查前制动块厚度。也可从制动轮缸泵检查孔查看摩擦片厚度，其标准值（不包括制动块钢板）为12mm，极限值为2.0mm。

② 检查前制动盘的偏摆量

a. 拆卸制动钳支承螺栓，然后向上提起制动钳总成。

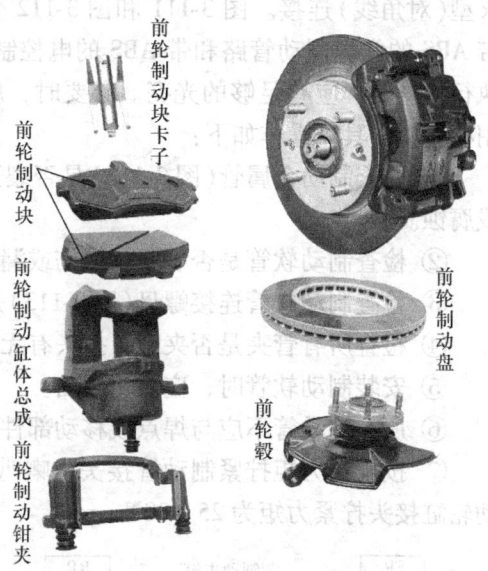

图3-115 桑塔纳300型轿车前轮制动器总成

图3-116 检查制动盘的磨损状况

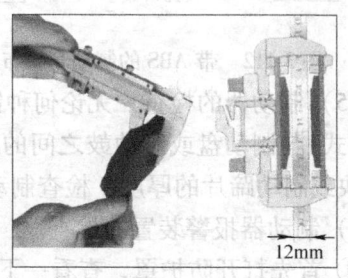

图3-117 检查制动块及制动盘厚度

b. 检查制动盘表面是否有凹槽、裂纹和生锈，清洁制动盘，去除所有灰尘。

c. 在距离制动盘端面最外大约 5mm 处，放置百分表顶尖（图 3-118）。转动制动盘，测量端面摆动量，极限值是为 0.03mm。

⚠ **注意**：测量时要拧紧制动盘与轮毂连接的螺母，以保证测量准确。

图 3-118　检查前制动盘的偏摆量

③ 校正前制动盘偏摆量

a. 如果制动盘端面摆动量超过极限值，则应进行校正。

b. 在拆卸制动盘之前，用粉笔在最大摆动处做记号（图 3-119 中圈中部分）。

c. 如图 3-120 所示，拆下制动盘后，在轮毂上放置百分表，边转动、边轴向方向移动轮毂，测量轮毂端面摆动量，极限值为 0.02mm，若超过极限值应拆下轮毂检查每个零件。

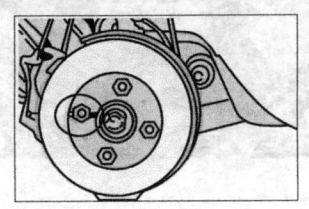

图 3-119　用粉笔在最大摆动处做记号

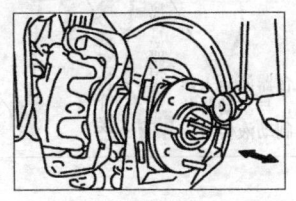

图 3-120　测量轮毂端面摆动量

d. 若轮毂摆动量在极限之内，可将制动盘的标记转过 180°进行安装，然后再测量制动盘的端面摆动量。

3）后轮制动器的检查。以桑塔纳 3000 型轿车为例。图 3-121 所示为其后轮制动器的结构组成。其后制动盘及制动块的厚度与后制动盘的偏摆量的检查以及后制动盘偏摆量的校正与前制动器相同，这里不再赘述。这里仅介绍一下蹄鼓式制动器中，后制动鼓与制动蹄片的检查情况。

① 卸下后车轮与制动鼓。

② 检查后制动鼓与制动蹄摩擦面有无过度磨损、损坏。在卸下车轮与制动鼓的同时，应检查制动轮缸有无泄漏。必要时，应更换。制动鼓内径标准值为 180mm，极限值为 181mm；制动蹄摩擦片厚度极限值为 2.5mm（图 3-122）。

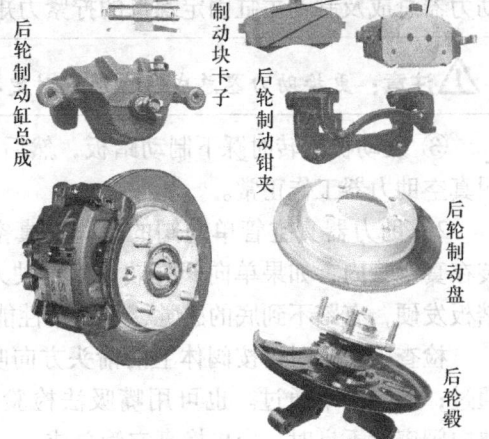

图 3-121　桑塔纳 3000 型轿车后轮制动器总成

（6）真空助力器的检查

1）助力性能的检查。如图 3-123 所示，真空助力器失效后，驾驶人会感到制动效能下降，踩踏制动踏板时，会感到发硬，阻力明显加大，此时应及时检查真空助力器，必要时更换助力器总成。其检查方法如下：

① 发动机运转 1~2min 后关闭，按正常力量踩下制动踏板若干次，使真空助力器的内部真空消耗掉。最初踩下时能完全踩下，随后制动踏板高度逐渐上升，说明真空助力器工作

图 3-122　后轮制动器的检查维护

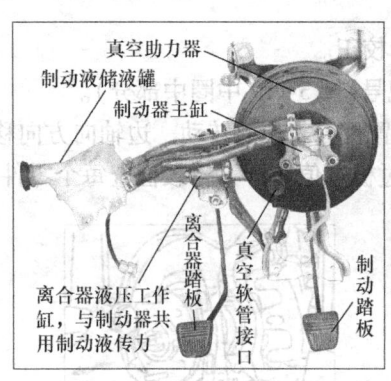

图 3-123　真空助力器总成

正常。

② 起动发动机，若感觉到制动踏板有明显的自动下沉（增力作用），则说明真空助力器功能正常；若制动踏板毫无反应，无增力作用，则说明真空助力器已经失效，应予以更换。助力器总成及制动主缸固定螺母的拧紧力矩为 20N·m。

⚠ 注意：更换助力器总成时，应同时更换密封垫。

③ 发动机运转时踩下制动踏板，然后关闭发动机，在 30s 内制动踏板高度无变化，表明真空助力器工作正常。

2）助力器真空管单向阀的检查。真空助力器单向阀装在真空管内，如果单向阀失效，则驾驶人会感觉到制动踏板发硬，有踏不到底的感觉，且制动性能会明显下降。

检查单向阀时，按阀体上的箭头方向吹压缩空气应能通过；反向则不通过。也可用嘴吸法检验其单向通过性。单向阀密封不良时，应更换真空管总成。

(7) 液压制动系统的排气

① 拧下制动液储液罐盖，加满制动液（图 3-124）。

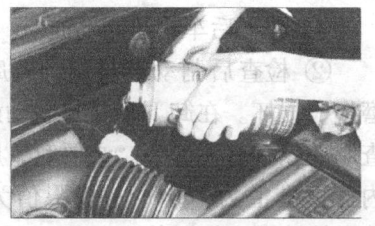

图 3-124　加注制动液

⚠ 注意：切勿将制动液滴在车身上，若车身漆面沾上制动液应立即清洗干净，以免腐蚀油漆。

② 按照如图 3-125 所示的顺序对各车轮制动轮缸进行放气。

③ 在制动轮缸放气孔上插上软管(图3-126中箭头所示),将另一端插入容器中。

④ 一名操作者在车上踩若干次制动踏板。

⑤ 在踩住制动踏板的同时,另一名操作者拧松放气螺塞,直到流出制动液时再拧紧,然后抬开制动踏板(图3-126中圈中部分)。

⑥ 按第④、⑤步骤重复进行,直到放气孔中无气泡流出,按规定力矩7~13N·m拧紧放气螺塞即可。

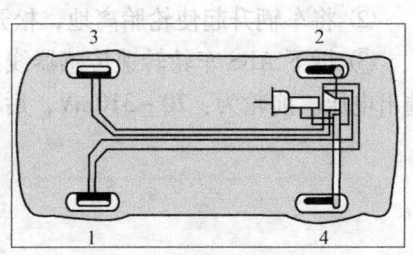

图3-125 制动轮缸放气顺序

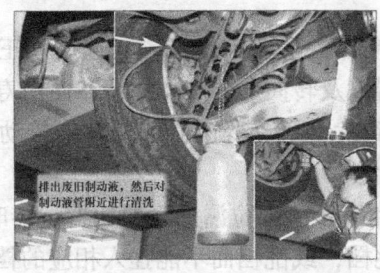 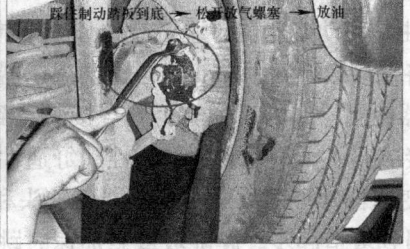

图3-126 制动管路放气

(8) ABS的检查

1) ABS前、后轮传感器齿圈检查。当前、后轮轴承损坏或轴承径向圆跳动量过大时,会影响前、后轮转速传感器的间隙,因此须定期检查。

① 如图3-127所示,将车轮举升离地,用双手转动前、后轮,检查前、后轮摆动是否正常。若前、后轮摆动过大,则要检查前、后轮轴承的径向圆跳动。标准值:前轮<0.3mm,后轮≤0.05mm。

② 若前、后轮轴承径向圆跳动量过大,则需通过调整螺母调节前、后轴承间隙,或更换损坏的前、后轮轴承。

图3-127 检查前后轮轴承

③ 若齿圈变形或有严重磨损痕迹,则应更换前、后轮齿圈(图3-128、图3-129)。

④ 若前、后轮齿圈被脏物堵塞,应消除齿圈空隙中的脏物。

图3-128 检查前轮传感器齿圈　　图3-129 检查后轮传感器齿圈

2) 车轮转速传感器输出电压的检查

① 检查车轮转速传感器(图3-128、图3-129)与齿圈之间的间隙是否符合标准值。前轮:1.10~1.97mm;后轮:0.42~0.80mm。

② 将车辆升起使轮胎离地，松开驻车制动操纵手柄。

③ 拆下 ABS 车轮转速传感器线束插头，以每秒 1/2 转的速度转动车轮，用万用表测量输出电压。前轮为：70~310mV，后轮应大于 260mV。

项 目 小 结

1. 手动变速器汽车的传动系统主要由飞轮、离合器、变速器、万向传动装置、主减速器、差速器、半轴和驱动轮等组成。其特点是传动效率高，经济性好，结构简单，维护简便，但操纵难度大。

2. 齿轮油是手动变速器、主减速器以及转向器的重要工作液，其选用的正确与否，维护的好坏，将直接影响到手动变速器、主减速器以及转向器的工作性能和使用寿命。

3. 离合器使用操作的正确与否，直接关系到发动机、变速器以及其他传动装置的使用寿命，并直接决定了车辆行驶的平顺性和舒适性。

4. 手动变速器常见的故障：变速器各轴头和接合垫部位漏油，变速器运转时发出异响，车辆行进时遇到坡道起步、爬陡坡或急加速时跳档，或乱档而不能挂入相应的档位等。

5. 自动变速器汽车的传动系统主要由液力变矩器、自动变速器、万向传动装置、主减速器、差速器、半轴和驱动轮等组成。特点：依靠液力传动油（ATF）柔性传递动力，故不需要离合器及其操纵机构。操纵简单，不易损害发动机及传动系统各部件。

6. 液力传动油也称自动变速器油（ATF, Automatic Transmission Fluid），是指专门用于自动变速器（AT）和无级变速器（CVT）等的特殊油液。该油液除了具备润滑、冷却、清洁、密封和防腐作用外，还具有传递动力、液压换档控制等功能。

7. 自动变速器常见的故障：汽车不能行驶、自动变速器打滑、换档冲击大、不能升档、升档过迟、无前进档、无超速档、无倒档、频繁跳档、挂档后发动机怠速易熄火、无发动机制动、不能强制降档、无锁止、液力传动油易变质等。

8. 汽车传动系统维护作业的仪器设备主要有解码器、举升机、钢直尺、万用表、跨接线、接油盘、油压表、专用工具等。

9. 传动系统是汽车底盘四大系统中组成最多、传递路线最长、结构最复杂的组成部分。其基本功用是将发动机发出的动力传给驱动车轮，并具有减速、增矩、倒车、中断动力、轮间差速和轴间差速等功能；同时与发动机配合工作，以保证汽车在各种工况下的正常行驶，使汽车具有良好的动力性和经济性；因此，汽车传动系统的维护显得尤为重要。

10. 轮胎是汽车行驶系统上最主要的安全部件，轮胎是否合理使用关系到汽车的行驶安全和运输成本的高低。轮胎的使用费用占汽车使用成本的 10% 以上，轮胎使用与维护的好坏，可使汽车油耗的变化幅度达到 10%~15%。

11. 是否熟练掌握汽车轮胎类型、品牌及规格，将直接影响到轮胎的使用与维护。

12. 车轮常见的故障主要有轮毂轴承过松或过紧，及异常磨损等。

13. 汽车行驶系统维护作业的仪器设备主要有空气压缩机、举升机、千斤顶、轮胎压力表、轮胎扳手、前束尺、轮胎拆装机、轮胎动平衡机、四轮定位仪等。

14. 汽车行驶系统由车轮、车桥、悬架和车架四大部分组成。除了重点掌握轮胎的检测、使用、维护外，还应检查悬架的高低及密封情况，查听车桥是否有异响，查看车架是否有裂纹及变形等技术状况。否则会影响汽车的正常行驶和使用安全。

15. 用来改变或恢复汽车行驶方向的专设机构称为汽车转向系统。汽车在行驶过程中，经常需要改变行驶方向。改变行驶方向的方法是，驾驶人通过一套专设的机构使汽车转向轮相对于汽车纵轴线偏转一定角度。

16. 现代汽车的动力转向系统基本上使用的是液压助力系统，不同车型的动力转向系统的精密程度和使用要求有所差异，因此各厂家对动力转向液的选择和换油周期的规定也有所不同。

17. 转向盘是汽车转向系统的重要组成部分，也是汽车的重要操纵部件。其使用操作的正确与否关系到汽车行驶的安全。

18. 目前绝大多数汽车是靠前轮转向的，故其常见的故障是前轮轮胎磨损不正常、转向沉重、转向跑偏、前轮摆头和转向盘自由行程过大等。

19. 汽车转向系统维护作业的仪器设备主要有转向系统免拆清洗换油机、前轮定位仪、机械式转角盘、转向盘游隙检查器、举升机、千斤顶、压力表、扭力扳手、弹簧秤、钢直尺、玻璃器皿等。

20. 汽车转向系统是汽车底盘中的重要操纵机构，且在车辆的使用过程中使用频率最高、工作负担也较大。尤其是车辆的大角度低速转弯，颠簸不平道路上的行驶，甚至一些原地打转向等不良驾驶习惯，都会加重汽车转向系统的工作负担，也容易造成转向系统中转向柱、球头销、万向节、液压泵及转向器等部件的过早损坏。因此，平时对汽车转向系统的正确使用与及时维护就显得尤为重要。

21. 汽车的制动系统能够确保车辆在行驶过程中，使车辆减速甚至停车，使行驶的车辆速度保持稳定，以及使停驶的车辆保持不动。汽车制动系统一般至少装用两套各自独立的系统，一套是行车制动装置，主要用于汽车行驶中的减速和停车；另一套是驻车制动装置，主要用于停车防止滑移。

22. 汽车的制动通常分为主动的踏板制动和被动的发动机制动（也称预见性制动）等两种正常行驶中制动。其中，配合路况熟练利用发动机制动技术控制车速是降低油耗，减少行车制动器部件磨损的重要措施，也是一种安全系数远远高于紧急制动的成熟有效手段。

23. 汽车制动系统一般分为常规液压制动系统和常规气压制动系统两种。目前，日趋激烈的产品竞争和越加严格的安全要求，使绝大多数轿车在原来常规液压制动系统的基础上加装了电子控制防抱死制动系统（ABS），而且越来越多的商用车也开始在原来常规制动系统的基础上加装了ABS。

24. 常规液压制动系统常见的故障主要有制动不灵、制动失效、制动跑偏和制动拖滞等。常规气压制动系统常见的故障主要有制动不灵、制动失效和制动拖滞等。

25. 制动系统对于汽车行驶的安全性至关重要。但目前，有不少驾驶人对制动系统的维护不够重视。往往等到发现制动系统工作不正常的时候，才对制动系统进行检修。这样很可能使制动系统突发故障而导致制动失灵，从而酿成大祸。因此，经常对制动系统进行维护是保证制动系统正常工作，确保行驶安全的重要前提。

26. 汽车制动系统维护作业的仪器设备主要有制动系统免拆清洗换油机、ABS电控单元或通用解码器、制动液质量检测仪、跨接线、举升机、组合工具、制动液压力充注器、透明塑料管、游标卡尺、钢直尺、玻璃器皿等。

27. 汽车制动系统的维护作业主要内容：制动液的检查与更换，制动踏板自由行程的检查，驻车制动操纵杆与拉锁的检查，制动管路的检查，制动器的检查，真空助力器的检查，液压制动系统的排气，以及 ABS 的检查等。

思考与实训

一、选择题

1. 采用液力变速器的汽车，甲技师说：在起步时，驱动转矩是逐渐增加的，使起步容易，且更加平稳；乙技师说：在特别困难路面行驶时，因换档时没有功率间断，不会出现汽车停车的现象。你认为(　　)。
   A. 仅甲正确　　B. 仅乙正确　　C. 甲和乙都正确　　D. 甲和乙都不正确

2. 甲技师说：汽车的最佳换档车速主要取决于汽车行驶时的节气门开度，节气门开度越小，汽车的升档车速和降档车速越低；节气门开度越大，汽车的升档车速和降档车速越高。乙技师说：节气门开度越小，汽车的升、降档车速越高；节气门开度越大，汽车的升、降档车速越低。你认为(　　)。
   A. 仅甲正确　　B. 仅乙正确　　C. 甲和乙都正确　　D. 甲和乙都不正确

3. 甲技师说：自动变速器油为红色，如果变为极深暗色或褐色，则应更换；乙技师说：一般常见的变速器油有红色和褐色，要视具体情况加以判断。你认为(　　)。
   A. 仅甲正确　　B. 仅乙正确　　C. 甲和乙都正确　　D. 甲和乙都不正确

4. 关于引起高速打摆现象的主要原因，甲认为：车架变形是打摆现象的主要原因；乙认为：前减振器失效是其中原因之一；丙认为：前束过大是其中原因之一。看法正确的是(　　)。
   A. 甲和乙　　B. 乙和丙　　C. 丙和甲　　D. 均错

5. 关于汽车行驶跑偏的原因，甲认为：车架变形只是行驶跑偏的直接原因；乙认为：前悬架移位是其原因之一；丙认为：单侧悬架弹簧弹力不足是其原因之一。看法正确的是(　　)。
   A. 甲和乙　　B. 乙和丙　　C. 丙和甲　　D. 均错

6. 关于汽车行驶中有撞击声或异响的原因，甲认为：减振器损坏是其原因之一；乙认为：弹簧折断是其原因之一；丙认为：单侧悬架弹簧弹力不足是其原因之一。看法正确的是(　　)。
   A. 甲和乙　　B. 乙和丙　　C. 丙和甲　　D. 均错

7. 关于转向沉重的原因，甲认为：转向器转向轴弯曲或管柱凹瘪相互摩擦就是转向沉重的原因；乙认为：转向器摇臂与衬套间隙过小是其中原因之一；丙认为：转向梯形横、直拉杆球头配合间隙过小是其中原因之一。看法正确的是(　　)。
   A. 甲和乙　　B. 乙和丙　　C. 丙和甲　　D. 均错

8. 关于装备动力转向系统的汽车方向发飘或跑偏的原因，甲认为：分配阀反作用弹簧过软或损坏就是方向发飘或跑偏的根本原因；乙认为：流量控制阀被卡住是其原因之一；丙认为：阀体与阀体台阶位置偏移使滑阀不在中间位置是其原因之一。看法正确的是(　　)。

A. 甲和乙　　　　B. 乙和丙　　　　C. 丙和甲　　　　D. 均错

9. 关于行车制动性能的要求，甲说：汽车行车制动、应急制动和驻车制动的各系统应以某种方式相连；乙说：各种制动系统在其中之一失效时，汽车应能正常制动。对于以上说法（　　）。

A. 甲正确　　　　B. 乙正确　　　　C. 甲乙都正确　　D. 甲乙都不正确

10. 关于制动甩尾的原因，甲认为：后桥悬架弹簧弹力不一致是引起上述故障的原因；乙认为：两后轮制动气室之一制动管路或接头漏气是其中原因之一；丙认为：两后轮制动间隙不一致是其中原因之一。看法正确的是（　　）。

A. 甲和乙　　　　B. 丙和甲　　　　C. 乙和丙　　　　D. 均错

11. 关于液压制动系统制动不良、失效的原因，甲认为：制动主缸皮碗、密封胶圈老化、发胀或翻转是引起上述故障的原因；乙认为：制动蹄片磨损过量是其中原因之一；丙认为：液压制动系统中有空气是其中原因之一。看法正确的是（　　）。

A. 甲和乙　　　　B. 乙和丙　　　　C. 丙和甲　　　　D. 均错

二、问答题

1. 汽车底盘由哪些部分组成？为什么说汽车底盘的使用与维护对行车安全至关重要？
2. 汽车传动系统的主要维护项目、作业内容、操作要领及技术要求有哪些？
3. 齿轮油和液力传动油的使用注意事项有哪些？
4. 汽车行驶系统的主要维护项目、作业内容、操作要领及技术要求有哪些？
5. 汽车转向系统的主要维护项目、作业内容、操作要领及技术要求有哪些？
6. 转向助力油的使用注意事项有哪些？
7. 汽车制动系统的主要维护项目、作业内容、操作要领及技术要求有哪些？
8. 制动液的使用注意事项有哪些？

三、实操题

1. 汽车离合器踏板与变速杆的操作练习。
2. 汽车制动踏板与驻车制动器的操作练习。
3. 汽车转向盘的操作练习。
4. 车用齿轮油、液力传动油、转向助力油、制动液的识别练习。
5. 汽车传动系统的维护练习。
6. 汽车行驶系统的维护练习。
7. 汽车转向系统的维护练习。
8. 汽车制动系统的维护练习。

项目 4

汽车电气设备的使用与维护

教学目标与要求

- 掌握汽车电源系统、起动系统、点火系统、照明系统的合理使用与正确维护。
- 学会针对性地安排和熟悉汽车电源系统、起动系统、点火系统、照明系统的维护项目、作业内容、操作要领、技术要求以及注意事项等。
- 学会正确选择和使用蓄电池、火花塞等常用零配件的品牌、型号、规格以及蓄电池维护补给作业所需电解液的品牌、规格等。
- 学会汽车电气设备各系统主要操纵部件的操作方法和使用注意事项。
- 会做汽车电气设备各系统典型故障案例分析。

教学重点

- 掌握蓄电池、火花塞等常用零配件的品牌、型号、规格的正确选用。
- 汽车电气设备各系统主要操纵部件的使用操作。
- 汽车电气设备各系统典型故障案例分析。
- 汽车电源系统、起动系统、点火系统以及照明系统等电气设备各系统的维护。

教学难点

- 汽车电气设备各系统的维护项目、作业内容及作业深度的确定。

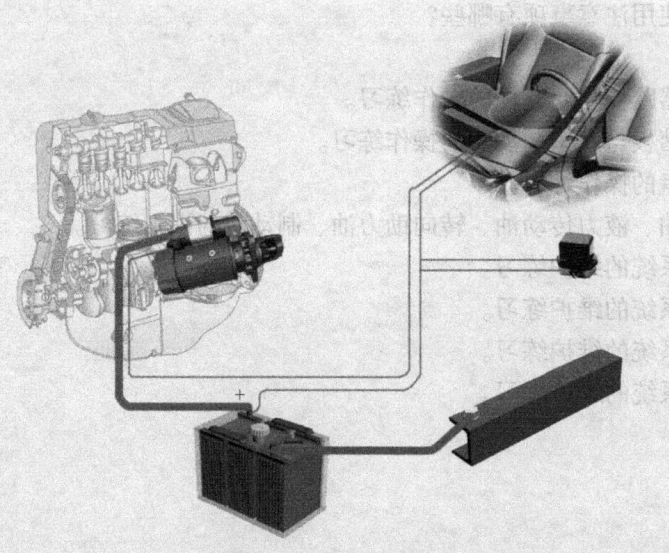

汽车起动系统的线路连接示意图

任务 4.1　汽车电源系统的使用与维护

> ● 一辆 2010 款捷达王轿车，车辆起动后充电指示灯不能熄灭（钥匙置于 ON 位，但不起动时，该灯应点亮，发动机起动后，该灯应熄灭，图 4-1b 圈中部分），下车打开发动机罩，将一字槽螺钉旋具平行置于发电机带轮前端，发现没有任何吸力（在正常发电情况下，螺钉旋具应被吸住）。

现代汽车的电源系统主要由蓄电池、发电机、电压调节器以及充电指示灯按一定的线路原理连接而成。一般情况下，电压调节器均集成在发电机内部用于协调蓄电池和发电机之间的供电顺序和工作电压，而充电指示灯则设置于汽车仪表板内用于监控发电机的发电情况（图 4-1）。

a) 发电机发电螺钉旋具被吸　　b) 用充电指示灯检查发电机是否发电　　c) 发电机不发电螺钉旋具不能被吸

图 4-1　发电机的工作情况检查

4.1.1　蓄电池的品牌、规格、型号认识及其选用

蓄电池是汽车上重要的部件，其主要功能是在起动发动机时为起动机提供强大的电流，从而使起动机产生足够的转矩而克服发动机起动时的各种阻力，并在很短的时间内（5s 内）使发动机曲轴达到足够的转速，以使发动机能够顺利起动而进入正常的运转状态。此外，蓄电池还可以在发电机不发电或发电不足时临时辅助供电，能把发电机多余的电能以化学能形式储存起来，以补充起动时电能的消耗和下次再起动，同时也正由于蓄电池能够储存发电机多余的电能，所以蓄电池也是汽车上最大的电容器，能够起到很好的稳压作用，从而能够对汽车上所有的电气设备起到保护作用。

1. 汽车蓄电池品牌认识

目前市场上常见的国内外知名汽车蓄电池品牌有 OPTIMA、VARTA、AC 德科、罗伯特博世、风帆、统一、骆驼、万里、川西、光宇、天鹅、则良等。

（1）OPTIMA 蓄电池（图 4-2）　OPTIMA 蓄电池（傲铁马蓄电池）是美国江森自控旗下的蓄电池品牌。OPTIMA 蓄电池采用螺旋式卷绕技术，增大了极板的面积，缩小了极板之间的间隙。OPTIMA 蓄电池在储电容量和使用寿命上都有很大的提高，而且电池自放电极小，可以放置两年以上。深度放电后的再充能力也明显优于一般的蓄电池，在 100% 深度放电后电池储电量仅有稍微的变化，是目前改装车的首选蓄电池。

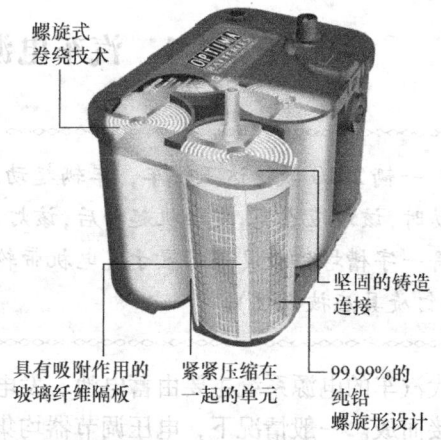

图 4-2 傲铁马蓄电池

（2）VARTA 蓄电池（图 4-3） VARTA 蓄电池（瓦尔塔蓄电池，即原德尔福蓄电池）始创于 1888 年德国汉诺威市，即现今江森自控蓄电池技术研发中心的所在地之一。长久以来，VARTA 系列品牌以其高端的质量与领先的技术提供适合各类型车辆使用的多种规格的顶级蓄电池产品而成为世界各大著名汽车制造商的首选。目前 VARTA 品牌为欧洲所有的汽车制造商提供相应的配套服务，是欧洲售后市场的领导者。

（3）AC Delco 蓄电池（图 4-4） AC Delco 蓄电池（AC 德科蓄电池）长期以来以提供"全车全系列"的汽车配件产品而著称。它不仅提供品种齐全的汽车零部件，而且为保修期过后的汽车零部件和维修市场的消费群体提供世界一流的全车系维修及客户服务。自 1999 年正式进入中国以来，其经销网络已遍布全国。

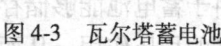   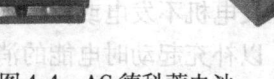

图 4-3　瓦尔塔蓄电池　　　　　　　　图 4-4　AC 德科蓄电池

（4）统一蓄电池（图 4-5） 天津统一工业有限公司成立于 1992 年，是日本电池株式会社和中国台湾统一企业集团共同出资组建的一家超大规模的铅酸蓄电池厂家。该公司秉承日本电池株式会社先进的生产技术及百余年电池制造经验，不断创新发展以满足日益发展的汽车工业对电池性能、品质等方面的要求。成为丰田、本田、日产、马自达、通用、福特、金杯、东南、夏利、嘉陵、宗申、雅马哈、光阳等诸多国内外著名企业的优秀配套商。

（5）风帆蓄电池（图 4-6） 风帆蓄电池股份有限公司隶属中国船舶重工集团公司。公司前身为始建于 1958 年的保定蓄电池厂，是"一五"期间国家 156 个重点建设项目之一，1992 年更名为风帆蓄电池厂，1996 年改制为保定风帆集团有限责任公司，2000 年 6 月由中国船舶重工集团公司作为主发起人设立股份公司，注册资本 2.18 亿元。

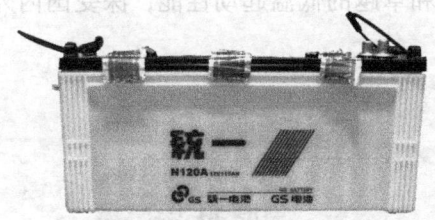

图 4-5 统一蓄电池　　　　　图 4-6 风帆蓄电池

(6) 骆驼蓄电池（图 4-7）　湖北骆驼蓄电池股份有限公司是中国电工器材行业协会蓄电池专业协会付理事长企业。公司先后从美国、德国、意大利等国家和台湾地区引进具有国际先进水平的生产设备以及先进的生产技术，生产 2V、6V、12V 系列 100 多个规格型号的汽车、摩托车、电动车、船舶及工业用阀控式密闭型"骆驼牌"铅酸蓄电池。

(7) 则良蓄电池（图 4-8）　广东则良蓄电池有限公司是一家集科研、生产、流通、服务为一体的专业蓄电池企业。近年来，该公司陆续引进世界先进的生产和检测设备，运用独特的工艺和配方生产了新大地（NEW EARTH）、大地（DAD）、奥克（AK）、山海（SHANHAI）、南韩（FORGO）等系列品牌则良蓄电池。目前，产品畅销国内外市场，特别是其低温起动性能深受我国北部地区用户青睐。

图 4-7 骆驼蓄电池

(8) 天鹅蓄电池（图 4-9）　广西天鹅蓄电池有限责任公司是国家重点生产蓄电池的专业企业，生产天鹅蓄电池已有 40 年历史，是国家机电产品自营进出口企业。该企业技术力量雄厚、工艺先进、设备优良，蓄电池专用设备和精密检测仪器从美国、日本、奥地利、德国引进，具有国际先进水平。

图 4-8 则良蓄电池　　　　　图 4-9 天鹅蓄电池

(9) 万里蓄电池（图 4-10）　重庆万里蓄电池股份公司始建于 1943 年，是中国铅酸蓄电池行业首家上市公司。该公司的主导产品是各类铅蓄电池系列产品。产品达到了国际先进水平，曾为国家南极考查提供超低温起动用蓄电池和为北京亚运会提供邮电通信用蓄电池。

(10) 川西蓄电池（图 4-11）　成都川西蓄电池公司是中国西部最大的起动型铅酸蓄电池大型生产企业。其"川西"、"巡航"两个知名品牌的五个系列产品性能均达到 GB 5008 标准，并符合 BCI（国际电池协会）、IEC（国际电工委员会）、JIS（日本）、DIN（德国）、SAE

（美国）等国际标准。其产品具有超强的干荷电特性和卓越的低温起动性能，深受国内外用户的好评。

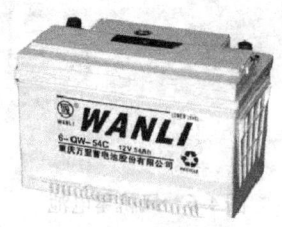
图4-10 万里蓄电池

图4-11 川西蓄电池

2. 酸性铅蓄电池的类型

由于酸性铅蓄电池结构简单、价格便宜、内阻小、可以短时间供给起动机强大的起动电流而被广泛采用。

（1）湿式荷电酸性铅蓄电池

1）湿式荷电酸性铅蓄电池的结构组成。湿式荷电酸性铅蓄电池即普通酸性铅蓄电池。其结构如图4-12所示，主要由正负极板（蓄电池的充电和放电就是由正负极板和电解液一起进行化学反应来完成的）、隔板（将相互紧靠的正负极板隔开，以提高正负极板的数量，从而增大蓄电池的容量）、联条（将单格电池串联起来，提高整个铅蓄电池的端电压）、电解液（蓄电池内部进行电化学反应的主要物质，由纯净浓硫酸和蒸馏水按一定的比例配制而成）和壳体（用来盛放电解液和极板组的容器，使酸性铅蓄电池构成一个整体）等组成。

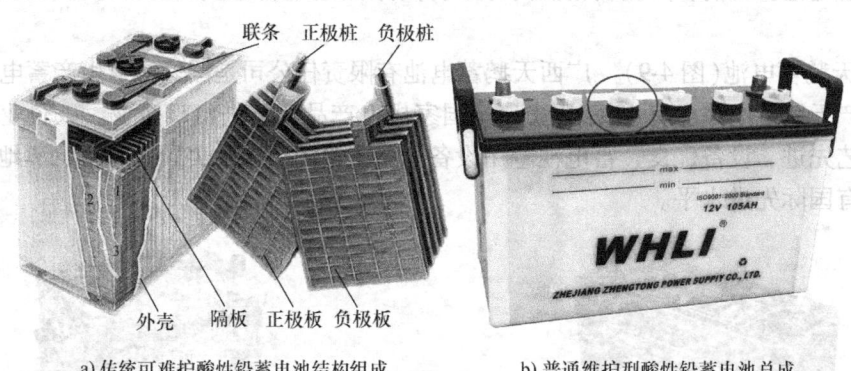

a) 传统可维护酸性铅蓄电池结构组成　　b) 普通维护型酸性铅蓄电池总成

图4-12 普通酸性铅蓄电池的构造

2）湿式荷电酸性铅蓄电池的性能特点。湿式荷电酸性铅蓄电池的结构比较简单，制造成本低，价格较低廉，对于大型车辆所用的大容量普通酸性铅蓄电池而言，为了降低使用成本，使用到一定年限后通过检测可个别或全部更换极板组而延长蓄电池的使用寿命。

该类型蓄电池的内阻很小，起动电流较大，且可反复多次起动（每次起动应间隔15s以上，且连续起动不能超过3次）。但由于该类型蓄电池没有使正负极板在与电解液进行充放电化学反应时，将产生的氧气和氢气进行化合成水的催化剂钯，所以随着蓄电池的使用使电解液的液面高度不断下降、密度不断上升，从而不断腐蚀正负极板使正负极板上的活性物质（分别为二氧化铅和纯铅）逐渐脱落而缩短寿命。另外，为了补充电解液和释放电解液所析出的氧气和氢气还必须安装加液塞（其上设置通气孔，每单格设1个，参见图4-12b中圈中部分)。因此，若加液塞没有旋紧或通气孔堵塞，会导致电解液溅出腐蚀机体或导致蓄电池壳体内的压力过高。

(2) 干式荷电酸性铅蓄电池

1) 干式荷电酸性铅蓄电池的结构特点。干式荷电酸性铅蓄电池(图4-13)与普通酸性铅蓄电池相比，其结构基本相同，不同点主要在于负极板的制造工艺比较复杂。在负极板的铅膏中加大了松香、油酸、硬脂酸等防氧化剂的比例，并在化成过程中有一次深放电循环或进行反复充放电的过程，使该类蓄电池的活性物质达到进一步深化。

图4-13 干式荷电酸性铅蓄电池

2) 干式荷电酸性铅蓄电池的性能优点

① 储存时间长。极板组在干燥状态下能够长期(一般为两年)保存制造过程中所得到的电荷，其有效储存时间比普通酸性铅蓄电池长一年左右。

② 使用方便。在规定的保存期内(两年)如需使用，只需加入规定密度的电解原液，调整液面高度至规定标准后，搁置15~30min，不需进行初充电即可使用。

⚠️ 提示：尽管干式荷电酸性铅蓄电池加注电解液后能够很快恢复基本容量，但为了彻底恢复正负极板上活性物质的活性和使蓄电池容量达到饱和，最好用晶闸管快速脉冲直流充电机的小电流档(2~3A)为新启用干式荷酸性铅蓄电池进行初充电为好。

(3) 免维护酸性铅蓄电池

1) 免维护酸性铅蓄电池的结构特点。免维护酸性铅蓄电池与普通酸性铅蓄电池相比，其结构有以下特点：

① 极板栅架采用铅钙合金或低锑合金(含锑2%~3%)，减少了析气量和耗水量。这种结构使蓄电池的自行放电大大减少，使用寿命大幅延长。

② 隔板采用袋式聚氯乙烯隔板，将正极板包住，可保护正极板活性物质不致脱落，并防止极板短路。

③ 通气塞(已逐步取消)中装有催化剂钯，促使正负极板排出的氢氧离子结合生成水再回到蓄电池电解液中，减少了水的消耗。这种新型通气装置还可使蓄电池顶部和接线柱保持清洁，减少了接头的腐蚀。

④ 单格电池间采用穿壁式连接，减小了内阻，提高了起动性能。

⑤ 外壳由聚丙烯塑料热压而成，壳底没有凸肋，极板组直接座落在蓄电池底部(图4-14)，这样可使极板上部容积增大，电解液储量增大，且壳体内壁薄，与同容量电池相比，质量轻，体积小。

2) 免维护酸性铅蓄电池的性能优点

① 免维护酸性铅蓄电池在合理使用过程中

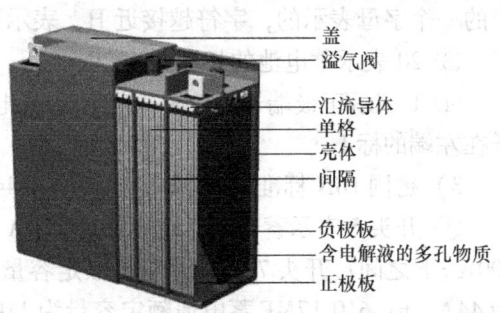

图4-14 免维护酸性铅蓄电池的构造

不需添加蒸馏水，使用非常方便。短途运输车辆可行驶 8 万 km，长途载货汽车可行驶 40 万~80 万 km 而不需维护。

② 极桩腐蚀极轻或基本没有腐蚀。

③ 使用寿命长，可达 4 年左右，几乎是普通酸性铅蓄电池的 2 倍。

④ 蓄电池自行放电少，使用或储存过程中很少或基本上不需要进行补充充电。

3. 酸性铅蓄电池的规格型号及其选用

（1）酸性铅蓄电池的规格　汽车上采用的基本上都是酸性铅蓄电池，即采用稀硫酸作为电解液，正负极板上参加电化学反应的活性物质分别为二氧化铅和纯铅。目前市场上销售的蓄电池品牌很多，且各厂家生产的蓄电池型号也不相同，致使很多维修人员甚至销售人员对各种蓄电池型号的含义也不是很清楚，这给蓄电池的维修、更换工作带来了很多不便。为此，汽车维修、使用及销售人员掌握好蓄电池的规格型号及其含义是非常必要的。

汽车用酸性铅蓄电池的型号都是按照一定标准来命名的，在国内市场上使用的蓄电池型号主要是按照国家标准以及日本、德国和美国等国家的标准来命名的。

1）中国 GB 标准蓄电池。以型号为 6-QAW-54a 的蓄电池为例，其含义如下：

① 6 表示由 6 个单格电池组成，每个单格电池电压为 2V，即额定电压为 12V。

② Q 表示蓄电池的用途，Q 为汽车起动用蓄电池、M 为摩托车用蓄电池、JC 为船舶用蓄电池、HK 为航空用蓄电池、D 表示电动车用蓄电池、F 表示阀控型蓄电池。

③ A 和 W 表示蓄电池的类型，A 表示干荷电蓄电池，W 表示免维护型蓄电池，若不标表示普通型蓄电池。

④ 54 表示蓄电池的额定容量为 54A·h（充足电的蓄电池，以 20h 放电率，在常温下以 2.7A 电流放电 20h，蓄电池对外所输出的电量）。

⑤ 角标 a 表示对原产品的第一次改进，名称后加角标 b 表示第二次改进，依次类推。

⚠提示：

① 型号后加 D 表示低温起动性能好，如 6-QA-110D。

② 型号后加 HD 表示高抗振型。

③ 型号后加 DF 表示低温反装，如 6-QA-165DF。

2）日本 JIS 标准蓄电池。以型号为 38B20L 的蓄电池为例，其含义如下：

① 38 表示蓄电池的性能参数。数字越大，表示蓄电池可以存储的电量就越多。

② B 表示蓄电池的宽度和高度代号。蓄电池的宽度和高度组合是由 A 到 H 的 8 个字母中的一个字母表示的，字符越接近 H，表示蓄电池的宽度和高度值越大。

③ 20 表示蓄电池的长度约为 20cm。

④ L 表示正极端子的位置，从远离蓄电池极桩看去，正极端子在右端的标 R，正极端子在左端的标 L。

3）德国 DIN 标准蓄电池。以型号为 544 34 的蓄电池为例，其含义如下：

① 开头 5 表示蓄电池额定容量在 100A·h 以下；开头 6 表示蓄电池容量在 100A·h 与 200A·h 之间；开头 7 表示蓄电池额定容量在 200A·h 以上。例如 544 34 蓄电池额定容量为 44A·h；610 17MF 蓄电池额定容量为 110A·h；700 27 蓄电池额定容量为 200A·h。

② 第 2、第 3 位数字表示蓄电池尺寸组号。

③ MF 表示免维护型蓄电池。

4）美国 BCI 标准蓄电池。以型号为 58 430(12V 430A 80min)的蓄电池为例，其含义如下：

① 58 表示蓄电池尺寸组号。

② 430 表示冷起动电流为 430A。

③ 80min 表示蓄电池储备容量为 80min。

（2）酸性铅蓄电池的选用　为满足车辆起动和其他用电设备的需要，更换新蓄电池时，其容量、额定电压以及尺寸大小必须与原来所使用的蓄电池相一致。

> ⚠ **特别提醒**：千万不能给汽车更换比原来容量大的蓄电池，因为汽车上的发电机发电量是固定的，若换用容量大的则会使新蓄电池充电不足，汽车不能顺利起动，蓄电池长期亏电而损坏得更快。

4.1.2 蓄电池电解液的品牌、规格认识及其选用

1. 蓄电池电解液的品牌、规格认识

蓄电池电解液由一份的化学纯硫酸与三份的蒸馏水混合而成。目前，市场上所出售的蓄电池电解液主要有蓄电池专用液即原液(图 4-15)和蓄电池补充液(图 4-16)。

（1）蓄电池专用液

① 技术要求：密度为 $(1.28 \pm 0.01)\text{g/cm}^3$，符合 ZBK 84003—1989 执行标准。

② 特点用途：适用于各种酸性铅新蓄电池的启用；能增强起动转矩和起动转速；可延长蓄电池的使用寿命。

图 4-15　蓄电池专用液　　　　图 4-16　蓄电池补充液

> ⚠ **特别提醒**：使用前应摇匀本品，因本品具有一定的腐蚀性，故使用时要防止溅洒在身上。

（2）蓄电池补充液

① 技术要求：符合 ZBK 84003—1989 执行标准。

② 特点用途：本品用纯净水精心制造，适用于各种酸性铅蓄电池的补充用液；能增强起动转矩和起动转速；可延长蓄电池的使用寿命。

⚠ **特别提醒**：本品具有一定的腐蚀性，使用时注意不要溅在身上。

2. 蓄电池电解液的选用注意事项

1）蓄电池原液主要用于新普通酸性铅蓄电池和新干式荷电酸性铅蓄电池刚刚启用时的添加；也可用于大容量普通酸性铅蓄电池大修后的添加。

2）蓄电池补充液主要用于普通酸性铅蓄电池和干式荷电酸性铅蓄电池，在使用过程中由于电解液中的蒸馏水蒸发而导致电解液面降低时补充添加。

⚠ **提示**：免维护酸性铅蓄电池不需要添加蓄电池原液和补充液。普通酸性铅蓄电池和干式荷电酸性铅蓄电池在使用过程中由于电解液中的蒸馏水蒸发而导致电解液面降低时，也可添加干净的蒸馏水、雨水或雪水。但决不能将电解原液当成补充液使用，否则会导致蓄电池的电解液密度过高而腐蚀极板，缩短蓄电池的使用寿命。

4.1.3 蓄电池的合理使用

1. 蓄电池合理使用的必要性

蓄电池是汽车上的重要电气设备，其最要的任务是在起动发动机时为起动机提供强大的电流。而在发动机的起动、怠速、中等负荷、加速及全负荷等五大典型工况中，起动是最基本的工况。若车辆无法起动，则谈不上车辆的使用，因此蓄电池性能的好坏将直接影响车辆的正常运行。为此，对蓄电池的合理使用显得尤为重要。

2. 蓄电池的合理使用

（1）控制起动时间 每次起动均不得超过 5s，若 1 次不能起动，则必须间隔 15s 以上方可再次起动，若连续 3 次都不能起动，则必须停止起动，需查明原因排除故障后方可起动。

（2）合理分配用电 在车辆起动时，不要事先开启空调、前照灯等大电流用电设备；发动机熄火前，一定要先关闭空调、音响、前照灯等用电设备。若发现电量不足时，尽量不用空调，且少升降电动门窗玻璃。

⚠ **提示**：现代轿车上的电控自动设备越来越多，如自动空调、自动刮水器及电控前照灯等。这些自动控制系统的控制开关不同于手动开关，它们实质上都是开关传感器。因此，点按、拨拉这些开关时，它们只是给电控系统的 ECU 提供开关信号而已，然后再由 ECU 发出控制指令，使空调压缩机、刮水器电动机、门窗玻璃电动机等执行器工作。以自动空调为例，若发动机熄火后，再按空调的 OFF 开关，看似空调已关闭，但再次起动发动机时，发现空调会同步开启。原因就是发动机熄火前，若未按 OFF 开关，则熄火后的空调 ECU 也只会记忆空调的 AUTO 或 A/C 信息，故会出现上述情况。

（3）合理搭配使用 若将两块蓄电池串联起来使用，则两块蓄电池的容量应相等；若将两块蓄电池并联起来使用，则两块蓄电池的电压大小和新旧程度应相等。否则均会影响蓄电池的使用寿命。

> ⚠提示：目前市场上所提供的起动型酸性铅蓄电池基本上都是12V的标准电池，而大型柴油汽车的起动机均为24V。为此，大型柴油汽车必须将两块12V的标准电池串联起来使用。

（4）正确应急使用　若蓄电池的容量不足使车辆无法正常起动而需要援助跨接起动时，用红色电缆线分别连接两部车辆上蓄电池的正接柱，黑色电缆线的一头连接援助车辆蓄电池上的负接柱，而另一头必须连接被援助车辆的发动机、车身、车架等搭铁处（图4-17圈中部分）。否则，蓄电池的电流由于蓄电池的并联使用而翻倍，很容易烧坏两部车辆的电控系统甚至整个车辆。

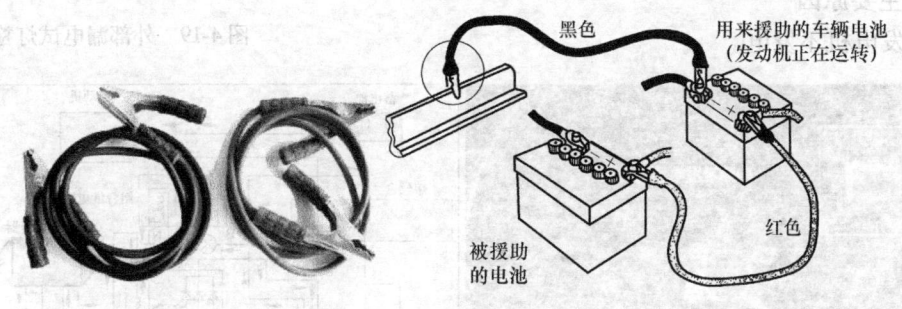

图4-17　蓄电池的应急跨接

4.1.4　汽车电源系统常见故障

汽车电源系统在使用过程中出现的故障，按部位可分为外部故障和内部故障。外部故障主要是蓄电池和发电机外部电路搭铁漏电。内部故障主要是蓄电池的自行放电、极板硫化、极板短路、极板活性物质脱落、极板拱曲、单格电池极性颠倒以及发电机内部扫膛、局部短路、断路、搭铁等。此外，还有充电指示灯故障以及发电机传动带过松过紧等故障。图4-18所示为汽车电源系统常见故障的部位及主要原因。

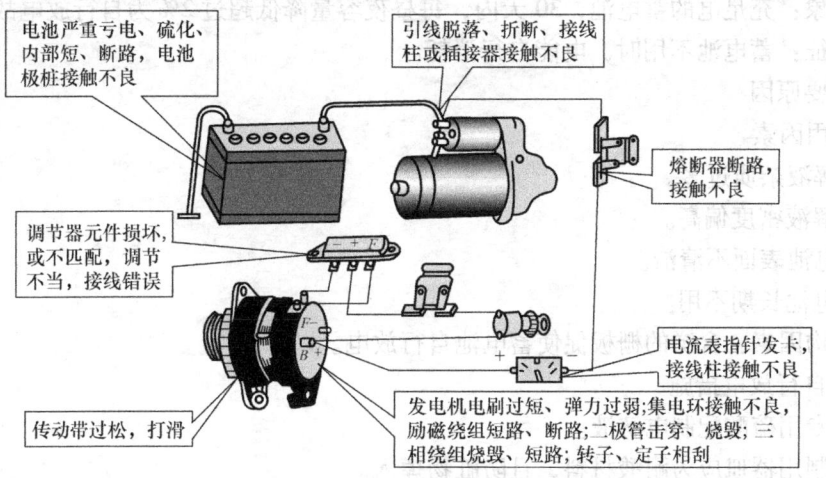

图4-18　电源系统常见故障部位及主要原因

蓄电池的外部搭铁漏电可在蓄电池负接柱与其负极搭铁线之间串联试灯的方法进行检测，如图 4-19 所示。关闭所有用电设备后，若所串接的指示灯还亮，则说明电源系统外部有漏电现象。此时可通过拔插熔丝和继电器的方法进行诊断，当拔到某一熔丝和继电器时，试灯熄灭而插回后又点亮，则说明该电路有搭铁漏电故障。

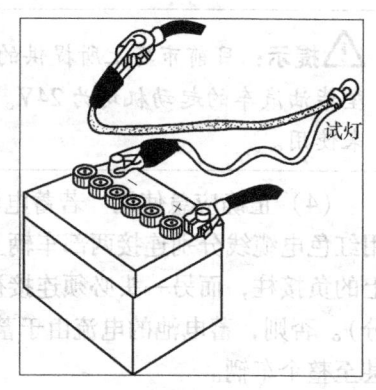

图 4-19　外部漏电试灯检查

1. 充电指示灯故障

1）现象：发动机起动后充电指示灯不熄灭，如图 4-20 所示。

2）主要原因

① 发电机不发电。

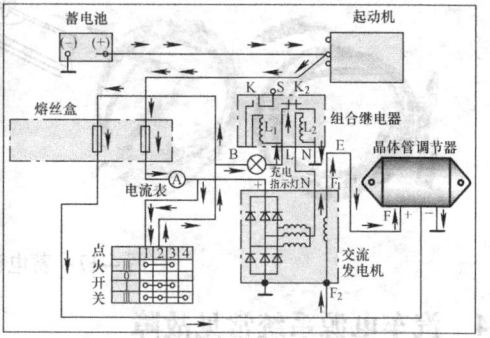

图 4-20　充电指示灯及汽车电源系统电路

② 充电指示灯电路有故障。

③ 电压调节器有故障。

2. 蓄电池常见故障

（1）自行放电

1）现象：充足电的蓄电池，30 天内，每昼夜容量降低超过 2% 为自行放电故障。

2）特征：蓄电池不用时，电能自行消耗。

3）主要原因

① 使用因素

a. 电解液杂质过多。

b. 电解液密度偏高。

c. 蓄电池表面不清洁。

d. 蓄电池长期不用。

② 结构因素：含锑的栅板促使蓄电池自行放电。

4）防自行放电措施

① 用专用硫酸配制电解液。

② 配制用器皿应为耐酸材料，且防脏物掉入。

③ 蓄电池盖、塞要装好。

④ 应经常清洁蓄电池表面，使其保持干燥。

(2) 极板硫化

1) 现象：内阻增大显著，极板上生成白色粗晶粒硫酸铅的现象，称为硫酸铅硬化，简称"硫化"，主要发生在负极板上。是导致蓄电池寿命终止的主要原因。

2) 特征

① 极板颜色不正常。

② 放电时，端电压下降快；充电时，端电压上升快；电池容量降低。

③ 电解液密度低于正常值；充电时密度增加很慢。

④ 充电时单格电压上升很快；单格电压过高（高出正常值 2.8~3.0V）。

⑤ 易早沸腾。

3) 主要原因

① 蓄电池长期充电不足或放电后不及时充电，温度变化时，硫酸铅发生再结晶。

② 蓄电池液面过低，极板上部发生氧化后与电解液接触，也会生成粗晶粒硫酸铅。

③ 电解液密度过高。

④ 电解液中含有较多杂质。

⑤ 气温变化剧烈。

4) 处理方法

① 程度较轻的可用过充电法进行处理。

② 较严重的可用小电流长时间过充电法进行处理。

③ 很严重的可采用水处理法进行处理。

5) 防硫化措施

① 保持蓄电池经常处于充足电状态。

② 将在用的蓄电池定期送充电间进行彻底充电。

③ 放完电的蓄电池须在 24h 内送充电间进行充电。

④ 电解液高度应符合规定。

(3) 极板短路

1) 现象：无法起动；蓄电池无电压。

2) 特征

① 充电时电解液温度迅速升高。

② 蓄电池电压和密度上升很慢。

③ 充电末期气泡很少。

④ 用高频放电计进行放电试验时，电压迅速下降为零。

⑤ 易早沸腾。

3) 主要原因

① 隔板损坏。

② 极板拱曲。

③ 活性物质大量脱落。

4) 处理方法：进行解体处理（一般适用于普通可维护型蓄电池）。

(4) 极板活性物质脱落

1) 现象：主要在正极板上发生，是蓄电池过早损坏的主要原因之一。

2)特征

① 容量下降。

② 充电时电解液浑浊,有褐色物质浮出。

3)主要原因

① 充电电流过大。

② 长时间"过充电",使电解水→产生 $H^2\uparrow$ 和 $O^2\uparrow$→冲击极板上的活性物质。

③ 低温大电流放电,造成极板拱曲。

④ 电解液不纯。

⑤ 汽车行驶时颠簸、振动。

4)处理方法

① 程度较轻的可清洗后更换电解液进行处理。

② 程度严重的可更换极板或报废。

(5)极板拱曲

1)主要原因:充电或放电电流过大,使极板活性物质的体积变化不一致而引起。

2)防止措施

① 避免大电流快速充电。

② 禁止使用脉冲直流充电机的24V电压档为12V蓄电池进行充电。

(6)单格电池极性颠倒

1)现象:单格电池原来的正极板变为负极板,负极板变为正极板,使蓄电池电压迅速下降,不能继续使用。

2)原因

① 维护不当,没有及时发现有故障的单格电池。如某一单格电池容量过低、过放电时,被其他单格电池反充电,造成极性颠倒。

② 充电时接反电极,从而造成单格电池极性颠倒。

3. 发电机常见故障

目前汽车上广泛采用的是硅整流三相交流发电机,其常见的故障主要有不发电(蓄电池不充电)、发电量不足(蓄电池充电不足)和发电机异响等。这里以上海帕萨特B5轿车充电系故障检修为例进行介绍。

⚠**注意:**

(1)对于发电机不发电或发电量不足等常见故障,应首先判断故障是发生在外部电路还是发电机内部。只有初步确定故障在发电机内部,方可将发电机从汽车上拆下来,对其进行检测、修理。

(2)在发电机解体前应先对其进行整机测试,以判定交流发电机有无故障和故障发生在哪个部位,以便进行针对性的修理。

整机测试包括:测量各接线柱之间的电阻、在万能试验台上进行空载电压和负载电流的试验、用示波器观察发电机输出波形。

① 测量各接线柱之间的电阻

a. 用万用表测量发电机的输出端子B(+)和搭铁端E(壳体或搭铁接线柱 -,图4-21)之间的阻值。通过测量可以判断交流发电机的硅整流器是否有故障,如有故障应将发电机解体进一步检测。

b. 如图 4-21 所示,测量发电机正电刷 F 接线柱和负电刷 E(-)之间的阻值。若通过测量各接线柱之间的阻值,还不能确定交流发电机是否有无故障时,应进行试验台试验。

② 试验台试验

a. 空载试验。空载试验是在交流发电机不带任何负载(不对外输出电流)情况下的一种试验。其目的是初步测定发电机是否有故障。其方法为,在发动机正极线接柱与蓄电池正负接线柱之间按图 4-22 所示方法连接一万用表进行试验。

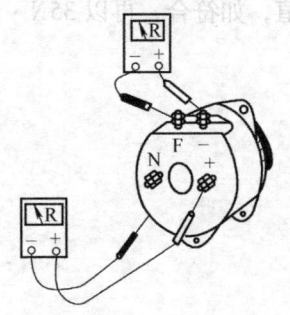
图 4-21 各接线柱之间电阻的测量

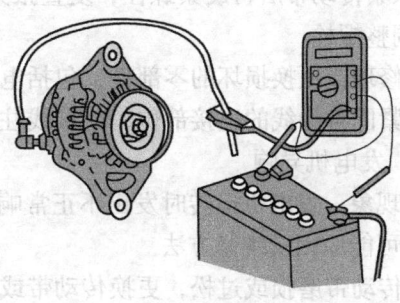
图 4-22 发电机的空载试验

b. 负载试验。负载试验就是在交流发电机带有负载(对外输出电流)情况下的一种试验。其目的是进一步测定发电机是否有故障。

⚠ 注意:交流发电机的有些故障,在没有电流输出的情况下是表现不出来的,所以在交流发电机空载试验正常情况下,还应再作负载试验。

③ 用示波器观察输出电压波形(有条件的情况下)。当交流发电机有故障时,其输出电压的波形将出现异常。因此,在有条件的情况下,可用示波器观察发电机的输出电压波形,根据输出电压波形可以判断交流发电机定子绕组故障还是硅整流器故障。

(1) 发电机不发电

1) 现象:接通点火开关,发动机在怠速或更高转速时,充电指示灯不熄灭。

2) 查找方法及可能原因

① 停止发动机运转,将发电机 D+ 的蓝色导线的插接器拔下并悬空,接通点火开关,若充电指示灯能点亮,则故障原因可能为充电指示灯线路有短路。检查线路,排除故障。

② 若将发电机 D+ 的蓝色导线的插接器拔下并悬空,接通点火开关,充电指示灯熄灭,可能的故障有:

a. 电压调节器损坏。

b. 发电机定子绕组损坏导致发电机不发电。

c. 电刷磨损或电刷弹簧损坏导致发电机不发电。

3) 维修方法:逐项检查后,修理或更换有关损坏零部件。

(2) 发电机发电量不足

1) 现象:用电量大时,输出电压降低。

2) 可能原因

① 传动带打滑。

② 电刷和集电环接触不良。

③ 整流器短路或断路。

④ 输出导线与发电机的连接接触不良或导线内阻增大，造成压降过大。

3) 维修方法

① 检查与调整发电机传动带张紧度。发动机熄火后，在曲轴带轮与发电机带轮中间位置，以拇指向下压传动带，最大挠度应小于5mm。如超过此值，需旋松调整支架上的调整螺栓，张紧传动带后再旋紧螺栓，复查张紧度是否达到规定值，如符合，再以35N·m的力矩拧紧调整螺栓。

② 修理或更换损坏的零部件，包括电缆。

③ 紧固各导线的连接部位，如接线柱。

（3）发电机异响

1) 现象：发电机运转时发出不正常响声。

2) 可能原因及维修方法

① 传动带磨损或过松，更换传动带或张紧传动带。

② 发电机轴承或电刷损坏，更换。

③ 转子与定子的铁心在运转时碰撞，分解发电机，查找原因。

4.1.5 汽车电源系统维护实训

1. 汽车电源系统维护仪器设备

汽车电源系统维护作业的仪器设备主要有玻璃管（图4-23a）、密度计（图4-23b）、高功率放电计（图4-23c）、容量测试仪、组合工具、万用表、跨接线、接线柱清洁器、刷子等。

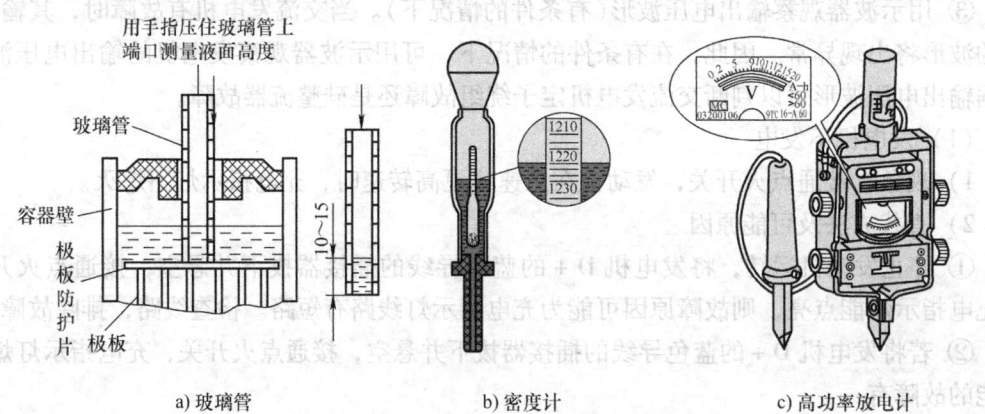

a) 玻璃管　　　　b) 密度计　　　　c) 高功率放电计

图4-23　汽车电源系统维护作业部分仪器设备

2. 汽车电源系统的维护项目、作业内容、操作要领及技术要求

（1）蓄电池的维护

1) 清洁蓄电池顶部等外表面。蓄电池顶部可用1:1的碳酸氢钠（小苏打）和水的溶液去除蓄电池顶部厚厚的灰尘和腐蚀物的聚集物。

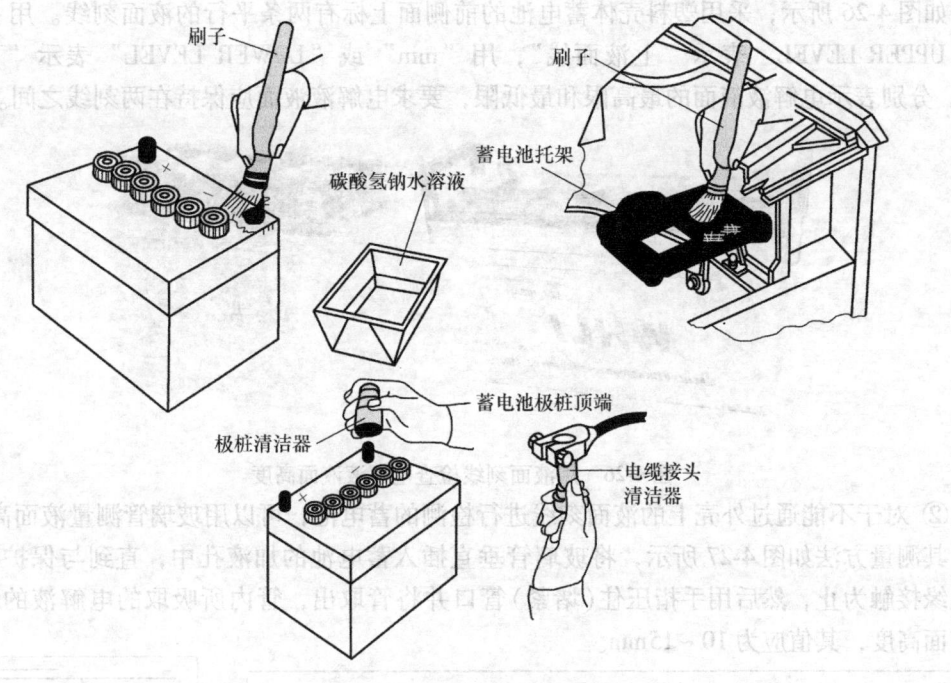

图 4-24 蓄电池的外部清洗

⚠提示：如图 4-24 所示，为清洗彻底，一般还要用到钢丝刷或硬毛刷以及专用的蓄电池接线柱清洁器进行刷洗，最后再用干净的水冲洗蓄电池顶部区域，并使之完全晾干。

2) 检查蓄电池的安装紧固程度。为防止蓄电池在车辆运行过程中出现松动，其安装必须要牢靠。如果蓄电池安装不牢靠，则车辆在道路上遇到凸起物或坑洼时，会引起上下跳动。所以，要经常检查蓄电池上的固定夹及其螺栓（图 4-25）等部件的紧固情况。

⚠注意：若蓄电池发生松动可能会发生以下几种情况：

① 蓄电池的正极接线柱可能会与车身上的搭铁（是指单线制的负极搭铁）部件接触，从而造成电路的短路。

② 经常性的振动和晃动易使正负极板上的活性物质脱落，从而缩短蓄电池的使用寿命。

③ 蓄电池松动会给接线柱和接线夹施加额外的负荷并导致其失效，而接线夹失效可能导致发动机意外失速。

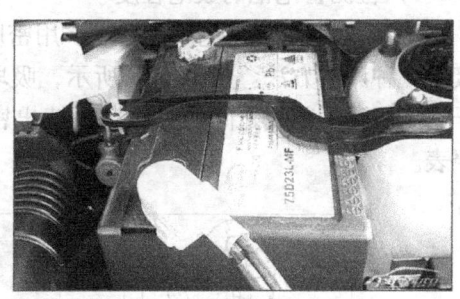

图 4-25 蓄电池的紧固状况检查

3) 检查电解液液面高度。为避免蓄电池的正负极板露出液面而氧化损坏，故一定要确保电解液液面高出极板上缘 10~15mm。

① 对于透明塑料壳体的蓄电池，可以直接通过外壳上的液面刻线进行检查。

如图4-26所示，采用塑料壳体蓄电池的前侧面上标有两条平行的液面刻线。用"max"或"UPPER LEVEL"表示"上液面线"，用"min"或"LOWER LEVEL"表示"下液面线"。分别表示电解液液面的最高限和最低限，要求电解液液面应保持在两刻线之间。

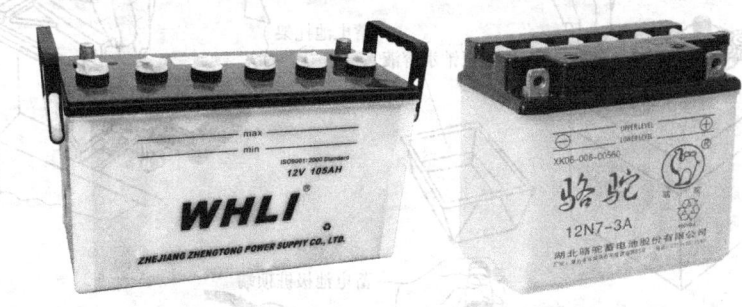

图4-26　用液面刻线检查电解液液面高度

② 对于不能通过外壳上的液面刻线进行检测的蓄电池，可以用玻璃管测量液面高度。

其测量方法如图4-27所示，将玻璃管垂直插入蓄电池的加液孔中，直到与保护网或隔板上缘接触为止，然后用手指压住（堵紧）管口并将管取出，管内所吸取的电解液的高度即为液面高度，其值应为10～15mm。

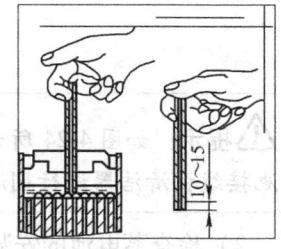

⚠️注意：

a. 如果是因为电解液挥发而导致液面过低，则不要加入蓄电池原液（会导致电解液密度过高），可加入补充液，最好加入蒸馏水。若没有蒸馏水，可加注干净的雨水或雪水，但不能加注自来水，因为自来水中的杂质会污染蓄电池。

b. 应避免因蒸馏水加注过度而导致电解液溢出情况发生。

图4-27　用玻璃管检测电解液液面高度

4）检测蓄电池的放电程度

① 用密度计测量电解液密度。用密度计测试电解液密度是检测蓄电池放电程度的最直接的一种测试方法。如图4-28所示，吸取蓄电池中的电解液，直到浮子浮起，然后检查浮子高度和浮子刻线之间的关系，可读出密度的数值。表4-1为蓄电池密度值与放电程度对照表。

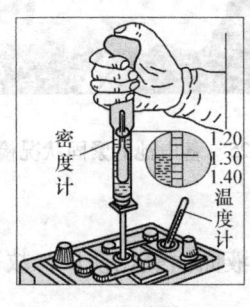
a) 吸取电解液

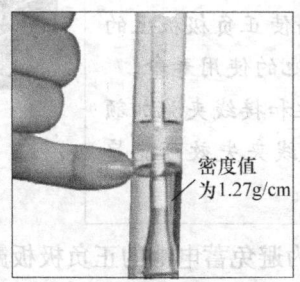
b) 读取高度值

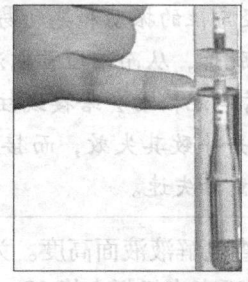
c) 电解液处于黄色区域

图4-28　用密度计检查蓄电池放电程度

⚠ **提示**：也可通过浮子彩色标记来判断蓄电池的放电程度。
  a. 电解液处于黄色区域(图4-28c)，说明电量充足。
  b. 电解液处于绿色区域，说明电量比较充足。
  c. 电解液处于红色区域则蓄电池必须充电。

表 4-1 蓄电池密度值与放电程度对照表

		^{0}Be	密度/(g/cm³)
	放电	16	1.12
常温地带充电	半充电	24	1.20
	完全充电	32	1.28
	放电	11	1.08
热带地区充电	半充电	18	1.14
	完全充电	27	1.23

注：^{0}Be 为 Beume 值。

② 用蓄电池高功率放电计测量蓄电池空载端电压。将点火开关置于关闭状态，按压高功率放电计(注意不要搞错正负极性)测试开关并保持5s后放开，待测试仪上的指针静止不动后读出读数(图4-29)，该读数即为蓄电池的端电压。

⚠ **注意**：如电压低于12V，则需要对蓄电池进行维护；如电压低于11V，则需更换蓄电池。

5) 通过观察孔判断蓄电池的技术状况。对于无加液孔的全密封型免维护蓄电池，由于不能采用传统的密度计通过测量电解液密度来判断其技术状况。为此，免维护蓄电池内部一般装有一只小型密度计(其结构参见图4-31)，通过顶端的检查孔(图4-30中圈中部分)观察其颜色可判断蓄电池的技术状况。

图 4-29 用高功率放电计
测量蓄电池空载端电压

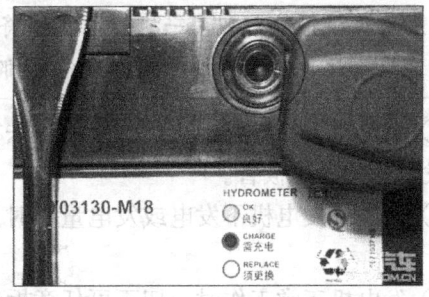

图 4-30 蓄电池技术状况检查

6) 检测蓄电池极桩的连接情况。如图4-32所示，将电压表正表笔接到蓄电池的正极桩上，负表笔接到正极桩电缆线的线夹上，接通起动机，使起动机带动发动机工作，这时电压

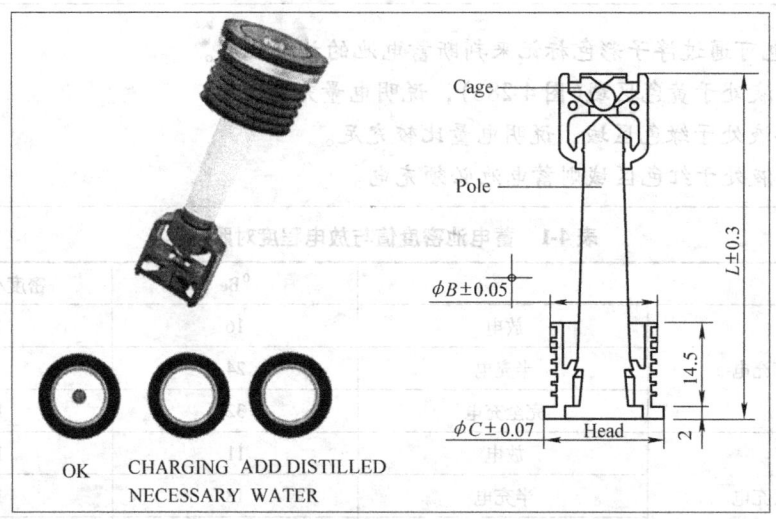

图 4-31　常见免维护蓄电池内部密度计结构尺寸

表的读数不得大于 0.5V，否则说明极桩与线夹接触不良，将产生起动困难。

> ⚠️**注意**：当极桩与线夹接触不良时，若是因极桩表面氧化而引起，应清除氧化物；若是因接触松动而引起，应重新紧固线夹。

（2）发电机及其调节器的使用与维护

1）发电机及调节器的使用注意事项

① 发电机及蓄电池的连接极性不能搞错。其正确连接方法是必须负极搭铁，不得接反。否则，会立即烧坏硅二极管。

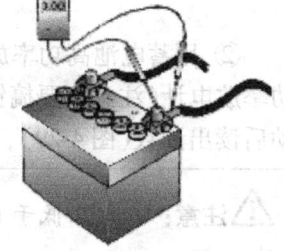

图 4-32　检测蓄电池极桩的连接情况

> ⚠️**提示**：现代汽车电气设备的特点是"低压、直流、并联、单线制"。所以汽车电源一般均采用负极搭铁，即用一根短电缆线将电源的负极与附近的汽车金属构件（作为零线）进行连接。此外，绝大多数用电设备也都采用单线制而就近搭铁。

② 发电机工作时，禁止用试火的方法检查发电机的正极接线柱是否发电，否则将立即烧坏发电机的硅二极管。

③ 当发现发电机不发电或发电量小时，应及时到修理厂检修，否则易导致蓄电池充电不足。

④ 发电机正常工作时，切不可任意拆卸、抖动用电设备的连接线，以防产生瞬时过电压，而损坏电子元件。

⑤ 发动机自行熄火时，应及时关闭点火开关，以防止蓄电池通过励磁电路放电。

⑥ 选用专用调节器（对外置式而言）。特殊情况临时使用代用调节器时，注意代用调节器的标称电压与搭铁极性必须一致。

⑦ 调节器与发电机的电压等级必须一致，否则电源系统不能正常工作。

⑧ 调节器与发电机（磁场线圈）的搭铁形式必须一致。

2）交流发电机的维护

① 发电机整机的检查。发电机整机检验最常用的方法为实车检验法。其方法如下：

a. 首先将发电机传动带张力调整好（图4-33），然后拆掉发电机的所有连线，另用一根导线把发电机"+"（电枢）接线柱与"F"（磁场）接线柱连接起来（图4-34）。

b. 将万用表拨至0~50V直流电压档，将其正表笔接"电枢"接线柱，负表笔接外壳。

图4-33 调整发电机传动带张紧力

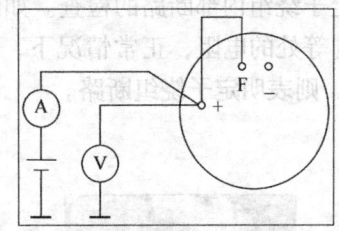
图4-34 就车检查发电机工作示意图

c. 起动发动机，把从发电机"电枢"接线柱上拆下来的来自蓄电池正极的导线与发电机"电枢"或"磁场"接线柱触碰一下，对发电机进行他激，然后慢慢提高发动机转速，观察电压表，若电压表电压值随发动机转速升高而增大，则说明发电机良好；若电压表无电压指示，则说明发电机不发电。

② 发电机的分解检查。通过发电机整机检查，若发现发电机不发电，则其故障可能是整流二极管击穿、电刷卡住、转子或定子绕组搭铁、短路或断路等。此时应进行分解检查，如图4-35所示。

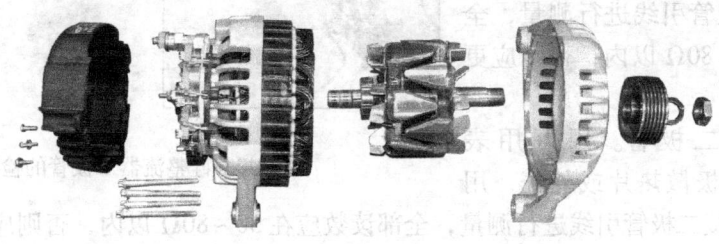
图4-35 硅整流发电机的分解示意图

A. 转子绕组的检查

a. 检查转子是否有搭铁短路。所测阻值应为无穷大（对于数字式万用表而言就是1，如图4-36所示）或在kΩ范围内，否则有搭铁故障。

b. 检查转子绕组间是否短路或断路。如图4-37所示，用万用表检查两集电环之间电

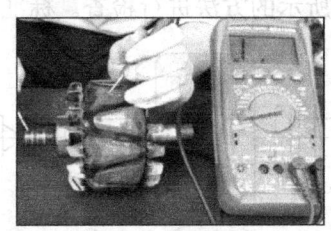
图4-36 检查转子是否对搭铁短路

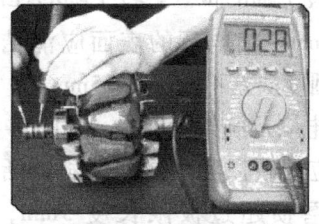
图4-37 检查转子绕组间是否短路或断路

阻，其阻值应为 2.8~3.0Ω。若测阻值在该范围，则说明绕组无短路、断路故障；若测得电阻值不在 2.8~3.0Ω 范围内，则说明转子有短路故障；若测得电阻值为无穷大或在 kΩ 范围，则说明转子有断路故障。

B. 定子绕组的检查

a. 定子有搭铁短路的检查。如图 4-38 所示，用万用表分别测量 1 和 2、1 和 3、1 和 4 等处的电阻，其阻值为无穷大或在 kΩ 范围内，否则有短路故障。

b. 定子绕组内部断路的检查。如图 4-39 所示，用万用表分别测量线圈抽头 1 和 2、1 和 3、2 和 3 等处的电阻，正常情况下，所测得的 3 个阻值都在 1Ω 以下且相等。若测量值在 kΩ 范围，则表明定子绕组断路。

图 4-38 检查定子是否对地搭铁短路

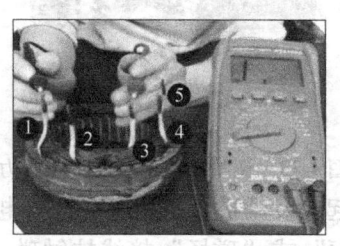
图 4-39 检查定子绕组间是否短路或断路

C. 硅整流器二极管的检查。用电烙铁熔开定子绕组，先将万用表调至检测二极管档，如图 4-40 所示。

a. 检测正二极管。用万用表"+"表笔接散热片或外壳，用"-"表笔逐个接二极管引线进行测量，全部读数应在 50~80Ω 以内，否则应更换二极管。

b. 检测负二极管。用万用表"-"表笔接负极散热片或外壳，用

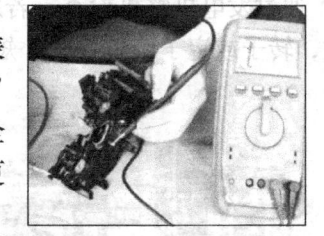
图 4-40 硅整流器二极管的检查

"+"表笔逐个接二极管引线进行测量，全部读数应在 50~80Ω 以内，否则应更换二极管。

c. 检测励磁二极管。用万用表"+"表笔接在励磁端，用"-"表笔逐个接二极管引线进行测量，全部读数应在 50~80Ω 以内，否则应更换二极管。

⚠ 提示：所有测试均需进行 3 次，然后取平均值。

D. 机械方面的检查

a. 转子轴的检查。转子轴的径向圆跳动可用图 4-41 所示的方法进行检查。标准应不大于 0.10mm。集电环的表面应清洁、平整、光滑，圆度误差不大于 0.25mm。

b. 电刷及刷架的检查。如图 4-42 所示，电刷架应无破损和变形，电刷能活动自如。若电刷磨损超过极限长度 5mm，应更换电刷。

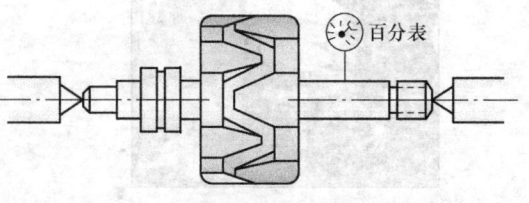
图 4-41 转子轴径向圆跳动的检查

c. 传动带张进度的检查。调整发电机传动带的张紧度,新传动带挠度为 2mm,旧传动带为 5mm 为适宜。

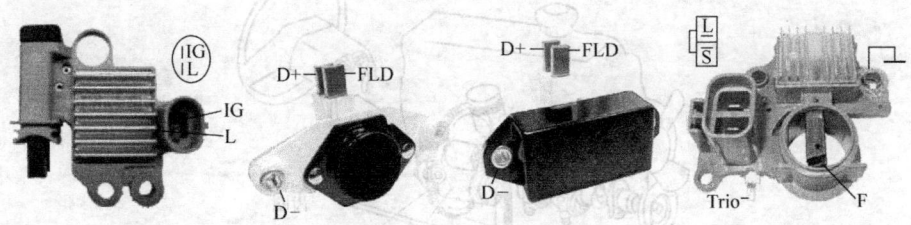

图 4-42　硅整流发电机常用的电刷及点刷架

E. 电压调节器的检查。电压调节器的工作性能可采用如图 4-43 所示的试验检查电路进行检查。试验用电源应采用可变直流电源。当开关闭合时,指示灯应点亮;调节可变直流电源,当电源电压达到被检测的调节电压值时,指示灯应熄灭。否则,说明电压调节器有故障。

> ⚠ 提示:
> 　　目前轿车上广泛采用的是三相交流硅整流发电机,简称硅整流发电机。该类型发电机体积小、质量轻、寿命长、低速发电量大,而且将电压调节器(图 4-44)、电刷及电刷架等元器件全部集中安装在发电机内部,使其整体性很强,故障率很低,维护更加方便。所以,不要轻易拆卸解体检查,若确定硅整流器、电子调节器等发生故障,则最好更换发电机总成。

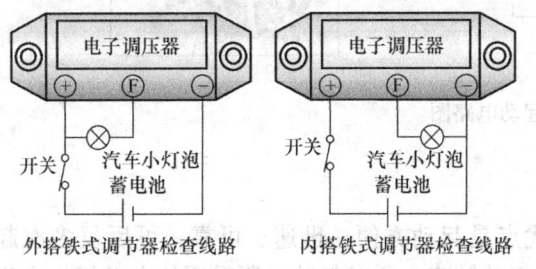

图 4-43　调节器试验检查电路

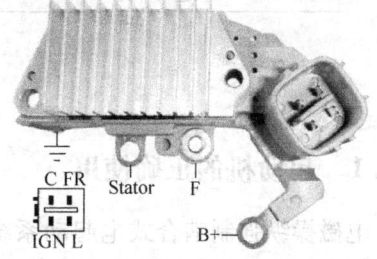

图 4-44　目前最常用内装式电子调节器

任务 4.2　汽车起动系统的使用与维护

> • 一辆 2010 款捷达王手动变速器轿车,接通起动电路时,发出"嗡嗡嗡"的沉闷响声,感觉十分无力,很难起动,反复几次起动,现象依旧,只好停止起动。

现代汽车基本上都采用电磁操纵强制啮合式电起动系统,如图 4-46 所示。主要由蓄电池、点火开关、起动继电器以及起动机总成等组成,其作用是将蓄电池的电能转变成起动机的机械能,通过起动机前端的驱动齿轮带动发动机的飞轮齿圈使发动机从静止状态进入自行运转状态。起动系统主要部件及连接如图 4-45 所示。

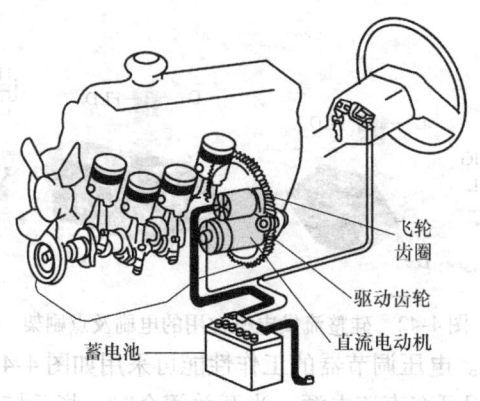

图 4-45　起动系统主要部件及连接情况

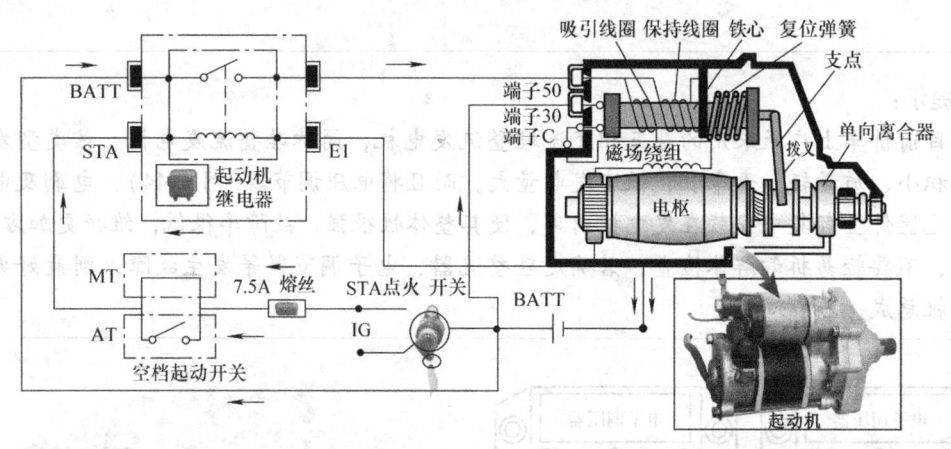

图 4-46　起动电路图

4.2.1　起动机的正确使用

电磁操纵强制啮合式电起动系统的最大优点是起动方便、迅速、可靠，可反复多次起动。但由于发动机起动需要强大的起动转矩和起动转速，所以起动机所采用的电动机大多为串激直流电动机，其瞬间（5s 内）电流可达 300~500A（冷起动时可达 600~1800A），而且电流全部由蓄电池提供。因此，为了延长起动机的使用寿命，并保证能够迅速、可靠、安全地工作，使用起动机必须注意以下事项：

1) 起动前应将变速器挂上空档，自动变速器的汽车应将操纵杆置于 P 位或 N 位，起动同时踩下离合器踏板或制动踏板（某些自动变速器汽车有此要求）。

2) 起动机是按短时间大电流工作设计的，因此，使用起动机时，每次工作时间不得超过 5s，重复起动时必须间隔 15s 以上；如果连续 3 次不能起动则应停止起动，在检查与排除故障的基础上停歇 2min 以后方可再次起动。

3) 在低温下起动发动机时，应先预热发动机后再起动。

4) 起动机电路的导线连接要牢固，导线的截面积不应太小。

5) 使用不具备自动保护功能的起动机时，应在发动机起动后迅速断开起动开关；在发动机正常运转时,切勿随便接通起动开关。

6)应尽可能使蓄电池处于充足电的状态,保证起动机正常工作时的电压和容量,减少起动机重复工作的时间。

7)应定期对起动机进行全面的维护和检修。

> ⚠️提示:电磁操纵强制啮合式电起动系统的起动大多采用点火开关上的 START 档(图4-47)进行起动。起动时,将点火开关由 ON(或 IG)位扭转至 START 位来接通起动电路而进行起动,当发动机自行运转起来后,应立即松手,使点火开关在复位弹簧的作用下自动由 START 位弹回 ON(或 IG)位,从而解除起动。目前,越来越多的高档轿车开始使用无钥匙按键式 START 开关(图4-48)来起动发动机,从而使发动机的起动变得更加方便、快捷。

图4-47 有钥匙扭转式 START 开关

图4-48 无钥匙按键式 START 开关

4.2.2 起动系统常见故障

汽车起动系统常见的故障主要有起动机空转、起动机不工作、起动机运转无力、起动打齿和不能解除起动等。

1. 起动机空转

(1)现象及原因

1)起动机空转时,有轻微的摩擦声。

可能原因:

① 起动机驱动齿轮不能与飞轮齿圈啮合而产生空转,即驱动齿轮还没有啮合到飞轮齿圈中,电磁开关就提前接通,说明主回路的接触盘行程过短,应进行起动机接通时刻的调整。

② 飞轮上的齿圈出现滑转。

2)起动机空转时,有严重的碰擦齿圈的"嘎嘎嘎"声音。

可能原因:

① 飞轮齿圈或起动机驱动齿轮严重磨损,从而啮合后又分离而打齿,应拆下起动机进一步检查,更换起动机驱动齿轮或飞轮齿圈。

② 驱动齿轮刚刚与飞轮齿圈进行啮合时,电磁开关就提前接通(正常情况下,驱动齿轮与飞轮齿圈全部啮合后,该开关才应接通),应进行起动机接通时刻的调整。

3)起动机空转时,速度较快但无碰齿声。

可能原因：起动机单向离合器打滑，应更换单向离合器总成。

（2）诊断与排除　将曲轴转动一定角度后重新接通起动开关，若起动正常，说明飞轮齿圈少数轮齿损坏，需更换齿圈。若起动机仍然空转，应拆检起动机。

> ⚠ 提示：起动机空转是汽车起动系统中现象最多、原因最复杂、诊断最困难的一种典型故障，故应重点掌握。

2. 起动机不转动

1）现象：点火开关旋至起动档或起动按钮接通，起动机不转动。

2）常见原因

① 蓄电池严重亏电或有故障。

② 蓄电池极桩严重氧化或桩头、导线连接松动。

③ 控制线路故障，如线路断路、点火开关或起动按钮损坏、起动继电器或复合继电器故障等。

④ 电磁开关故障，如吸拉线圈或保持线圈短路、断路、搭铁，接触盘和主接线柱严重烧蚀等。

⑤ 直流电动机故障，如换向器严重脏污或烧蚀，电刷磨损严重或在电刷架内卡死，电枢绕组或磁场绕组断路、短路或搭铁等。

3）诊断方法：由于起动系统控制电路的不同，故障诊断的方法也有差异，具体诊断方法视具体情况而定，这里不进行一一介绍。

3. 起动机运转无力

1）现象：点火开关旋至起动档或起动按钮接通，起动机转动缓慢或不连续，使发动机无法起动。

2）常见原因

① 蓄电池亏电或有故障。

② 蓄电池极桩氧化或桩头、导线连接松动。

③ 电磁开关故障，如接触盘和主接线柱烧蚀等造成接触不良。

④ 直流电动机故障，如换向器脏污或烧蚀，电刷磨损严重，电枢绕组或磁场绕组部分短路等。

3）诊断方法

① 检查蓄电池的技术状况是否良好。

② 检查蓄电池极桩和起动机主电路导线连接是否正常。

③ 如果蓄电池技术状况和主电路连接正常，起动机转动无力，表明起动机有故障。接通起动开关并用足够粗的导线直接将起动机两主接线柱短接，如果起动机运转正常，说明主接线柱和接触盘接触不良；如果起动机仍然转动无力，说明电动机有故障。

4.2.3　汽车起动系统维护实训

1. 汽车起动系统维护仪器设备

汽车起动系统维护作业的仪器设备主要有组合工具（图4-49a）、台虎钳、细砂纸、绝缘胶布、机油或机器万能除锈防滑剂（图4-49b）、软毛刷（图4-49c）、抹布等。

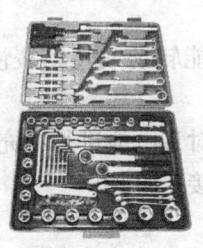  

a) 组合工具　　　　　　b) 万能除锈防滑剂　　　　　　c) 软毛刷

图 4-49　起动系统维护作业用部分仪器设备

2. 汽车起动系统的维护项目、作业内容、操作要领及技术要求

由于汽车起动系统始终在大电流、高负荷状态下工作，所以其控制装置上的各接线柱和触点、传动机构中的拨叉、拉杆和弹簧，以及电动机内的电枢和磁场线圈等，若使用不当、维护不周，则很容易损坏而影响车辆的正常使用。为此，必须加强起动系统的日常维护及其性能的检测。

（1）起动机的日常检查　在对车辆进行日常维护时，应顺便对起动机进行例行检查、维护。

① 若控制装置上的开关（两个触点，一个导电片，图 4-50 箭头所示）接触不良，可用细砂布磨光，如果弹簧（在图 4-50 中紧挨导电片左侧的小弹簧）或绝缘体坏，应及时更换。

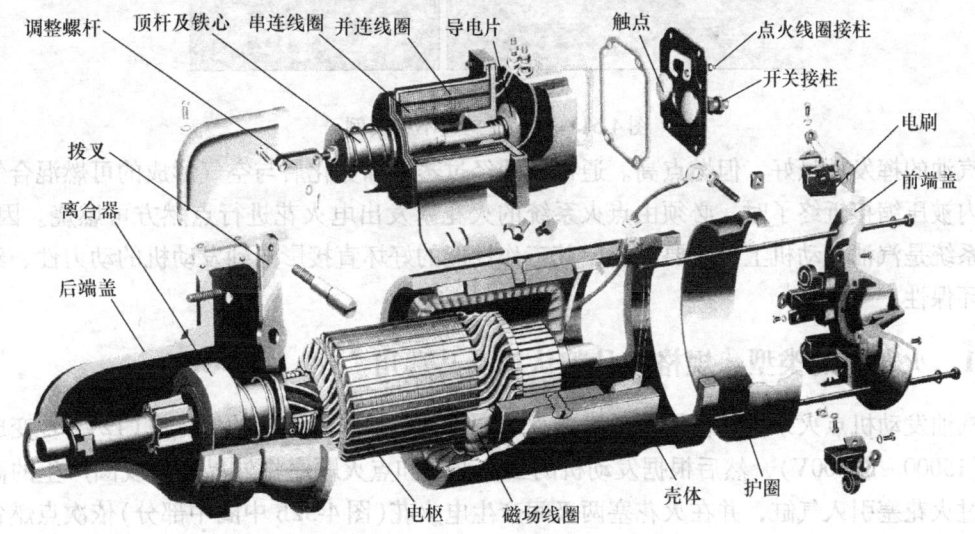

图 4-50　汽车起动机分解图

② 若拨叉（即移动杠杆）弯曲，应给予校正。

③ 若驱动弹簧（在图 4-50 中紧挨离合器右侧的大弹簧）折断，要配换新件，若是弹簧装置的螺母（在图 4-50 中导电片右侧，图中未画出）松脱，应将其旋紧。

④ 套管（图 4-50 中离合器右侧大弹簧卷绕部分）与驱动齿轮间有污垢阻塞，应将其洗刷干净，同时加入数滴机油或机器除锈防滑剂。

⑤ 吸铁式的移动杠杆失调，可拆下吸铁开关（即电磁开关），旋动拨叉与圆柱体（图 4-50 中的顶杆及铁心）之间的调整螺杆（图 4-50）进行调整。

⑥ 各线接头必须旋紧，应经常保持清洁与干燥，如发现导线损坏，可用胶布临时包扎。

⑦ 电刷弹簧如变软或折断，应更换新件。

（2）起动机工作性能检查　如在起动机的使用过程中出现不能转动或转动缓慢的现象时，应进行下列检查：

① 检查蓄电池是否没电或电力微弱，若是，应更换蓄电池或对蓄电池进行补充充电。

② 检查起动机线头是否松动或脱落，若是，应进行紧固或连接。

任务4.3　汽车点火系统的使用与维护

> • 一辆桑塔纳2000轿车，发动机运转时，发现怠速不稳、转速表在700~1200r/min范围内来回抖动，如图4-51所示；急加速时，发动机转速不能迅速提高，且机体发生剧烈颤抖。

图4-51　发动机怠速不稳实例

汽油的挥发性虽好，但燃点高。通常汽油经过蒸发和雾化后与空气形成的可燃混合气在气缸内被压缩接近终了时，必须由点火系统的火花塞发出电火花进行点燃方可燃烧。因此，点火系统是汽油发动机上的重要系统，其工作性能的好坏直接影响到发动机的动力性、经济性和环保性。

4.3.1　火花塞的类型、规格、品牌认识及其选用

汽油发动机点火系统的作用是通过点火线圈将蓄电池或发电机的低压电（12V）转变成高压电（15000~30000V），然后根据发动机的工作循环和点火顺序将外界点火线圈产生的高压电通过火花塞引入气缸，并在火花塞两极间产生电火花（图4-52b中圈中部分）依次点燃各缸可燃混合气，使可燃混合气迅速燃烧而产生强大的动力推动活塞向下运动，使曲轴旋转，发动机做功。

由此可见，汽油发动机点火系统中点火线圈和火花塞是两个重要的执行部件，尤其是火花塞的工作条件极为恶劣，它受到高压、高温以及燃烧产物的强烈腐蚀，因此对火花塞的使用要求很高，是点火系统中维护的重点内容，应注意认真掌握。

> ⚠提示：大多数火花塞由中心电极、侧电极（即搭铁电极）、钢壳、陶瓷绝缘体等组成。在中心电极和侧电极之间形成一个可以被高压击穿的间隙（普通点火间隙一般为0.6~0.9mm，电子点火间隙一般为1.0~1.2mm）称为火花塞间隙。

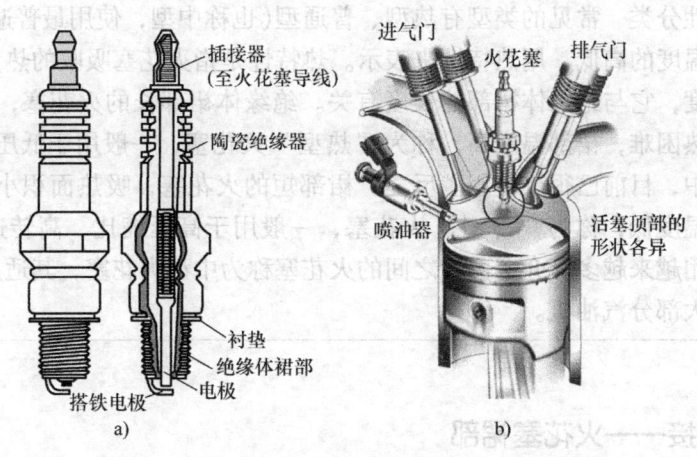

图 4-52 火花塞剖面及其一般安装位置和工作情况

1. 火花塞的类型

火花塞的类型一般按照其结构形状和热特性进行分类。

（1）按结构形状分类 常见的类型有标准型、绝缘体突出型、细电极型、锥座型、多极型和沿面跳火型等。此外，有些汽油机还采用 U 形槽型、电阻型和镭射型火花塞。

1）标准型：如图 4-53a 所示，绝缘体裙部略微缩入壳体端面，侧电极在壳体端面以外，目前使用最为广泛。

2）绝缘体突出型：如图 4-53b 所示，绝缘体裙部较长，突出于壳体端面以外。

3）细电极型：如图 4-53c 所示，电极很细，火花强烈，在严寒季节也能保证发动机迅速可靠起动。

4）锥座型：如图 4-53d 所示，其壳体和旋入螺纹制成锥形，不用垫圈既可保证良好密封。

5）多极型：如图 4-53e 所示，侧电极一般为两个或两个以上。优点是点火可靠，间隙不需经常调整。

6）沿面跳火型（也称沿面间隙型）：如图 4-53f 所示，它是一种最冷形火花塞，其中心电极与壳体端面之间的间隙是同心的。

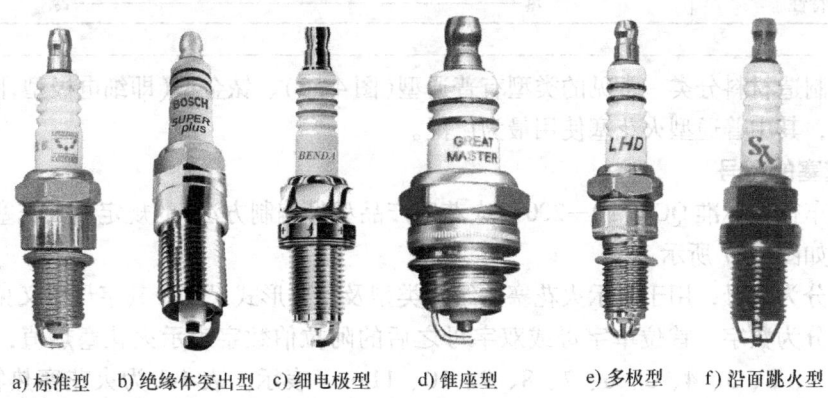

a) 标准型　b) 绝缘体突出型　c) 细电极型　d) 锥座型　e) 多极型　f) 沿面跳火型

图 4-53 火花塞按结构类型分类

（2）按热特性分类　常见的类型有热型、普通型（也称中型，使用最普遍）和冷型三种。

火花塞工作温度的高低，用热特性来表示。热特性是指火花塞吸收的热量与散发的热量达到平衡时的温度，它与绝缘体裙部的长度有关。绝缘体裙部长的火花塞，其受热面积大，传热距离长，散热困难，裙部温度高，称为"热型"火花塞，一般用于低压缩比、低转速、小功率的发动机中，目前已很少使用。反之，裙部短的火花塞，吸热面积小，传热距离短，散热容易，裙部温度低，称为"冷型"火花塞，一般用于高压缩比、高转速、大功率的发动机中，目前使用越来越多。介于两者之间的火花塞称为中型火花塞，其适用范围广，可用于无特殊要求的大部分汽油机。

知识链接——火花塞裙部

◇自净温度：不形成积炭的温度，称为火花塞的自净温度。自净温度一般在 500～600℃，若低于此温度，落在绝缘体裙部的油粒便不能立即燃烧掉，形成积炭而引起漏电。同时自净温度应小于 900℃，温度若太高，则混合气与炽热的绝缘体接触时，可能在火花塞产生火花之前就自行着火（这个温度又称之为炽热点火温度），从而引起发动机早燃，发生进气系统回火等现象。

◇热值：火花塞裙部所能吸收的热量称为热值。一般规定为热值越小，其吸热量就越高。

由表 4-2 可知，热值最小（小于 3）的火花塞称之为热型火花塞；热值最大（大于 9）的火花塞称之为冷型火花塞；热值在 4～8 的火花塞称之为中型火花塞。如图 4-54 所示。

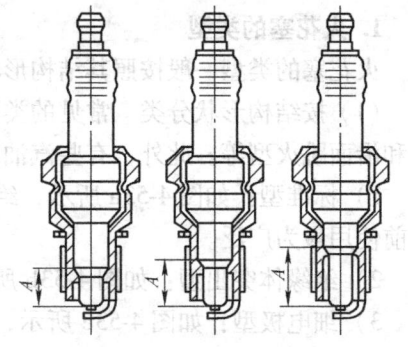

a) 冷型　　b) 中型　　c) 热型

图 4-54　火花塞按热值划分

表 4-2　裙部长度与热值的关系

裙部长度 A/mm	15.5	13.5	11.5	9.5	7.5	5.5	3.5
热值	3	4	5	6	7	8	9
热特性	热　　　　　　　　　　　　　　　　　　冷						

（3）按制造材料分类　常见的类型有普通型（图 4-55）、铱金型（即细电极型，图 4-56）和白金型三种，其中普通型火花塞使用最为广泛。

2. 火花塞的型号

根据汽车行业标准 QC/T 30—2005《火花塞产品型号编制方法》的规定，火花塞型号由三部分组成，如图 4-57 所示。

第一部分为字母，用于表示火花塞的结构类型及主要形式尺寸。其字母含义见表 4-3。

第二部分为数字，首位单字母或双字母之后的阿拉伯数字表示火花塞热值，由热至冷型，分别以 1、2、3、4、5、6、7、8、9、10、11……表示。表 4-3 为火花塞热特性参数。热特性是指火花塞吸收的热量与散发的热量达到平衡时的温度，它与绝缘体裙部的长度有关。

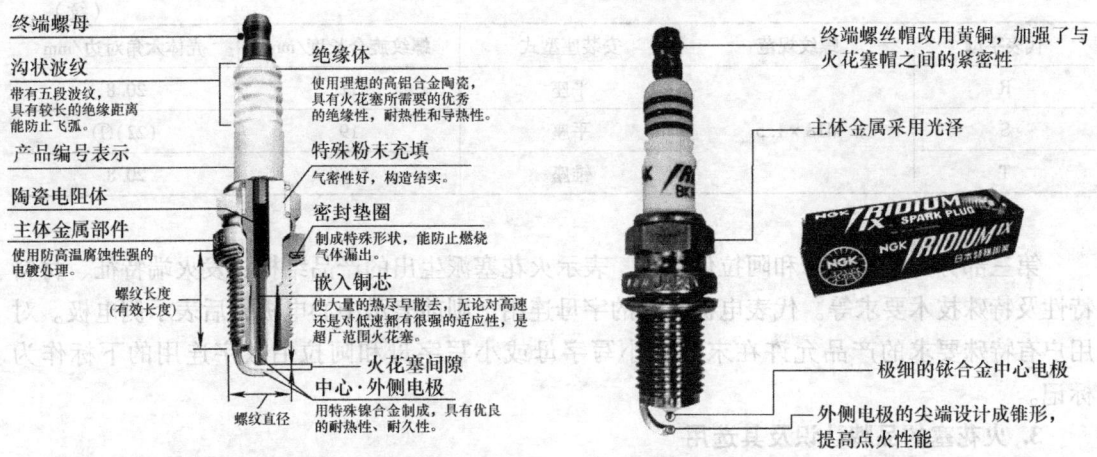

图 4-55　普通型火花塞的结构组成及特点

图 4-56　铱金型火花塞的结构特点

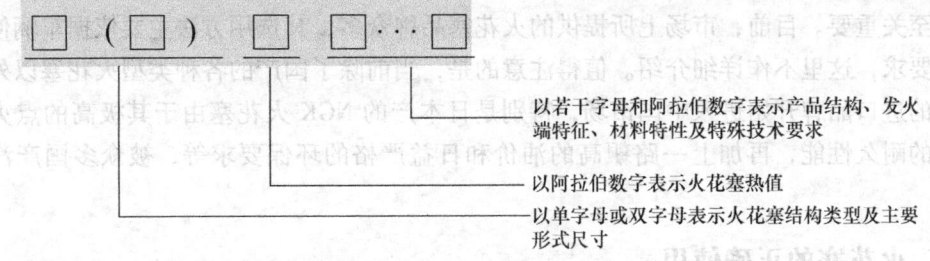

图 4-57　火花塞产品型号编制方法

表 4-3　火花塞参数

代表字母	螺纹规范	安装座型式	螺纹旋合长度/mm	壳体六角对边/mm
A	M10×1	平座	12.7	16
C	M12×1.25	平座	12.7	17.5
D	M12×1.25	平座	19	17.8
E		平座	12.7	20.8
F		平座	19	20.8
(G)		平座	9.5	20.8
(H)		平座	11	20.8
(Z)		平座	11	19
J	M14×1.25	平座	12.7	16
K		平座	19	16
L		矮型平座	9.5	19
(M)		矮型平座	11	19
N		矮型平座	7.8	19
P		锥座	11.2	16
Q		锥座	17.5	16

(续)

代表字母	螺纹规范	安装座型式	螺纹旋合长度/mm	壳体六角对边/mm
R	M18×1.5	平座	12	20.8
S		平座	19	(22)①
T		锥座	10.9	20.8

第三部分为若干字母和阿拉伯数字，表示火花塞派生出的产品结构、发火端特征、材料特性及特殊技术要求等。代表电极材料的字母连用，则前表示中心电极，后表示侧电极。对用户有特殊要求的产品允许在末位加小写字母或小写字母和阿拉伯数字连用的下标作为标记。

3. 火花塞的品牌认识及其选用

高性能汽油机会产生更高热量，因此它们需要温度较低的火花塞。如果火花塞温度过高，它会在产生火花之前便会点燃燃油而发生炽热点火，因此为汽油发动机选择合适类型的火花塞至关重要。目前，市场上所提供的火花塞品牌众多，其选用方法主要依据车辆使用说明书的要求，这里不作详细介绍。值得注意的是，当前除了国产的各种类型火花塞以外，越来越多的进口品牌开始进入中国市场，特别是日本产的 NGK 火花塞由于其极高的点火性能和极长的耐久性能，再加上一路飙高的油价和日益严格的环保要求等，被众多国产汽车所采用。

4.3.2 火花塞的正确使用

火花塞点火时刻的前后、点火能量的大小、自身受热程度的高低都将直接影响到发动机工作性能的好坏。因此正确选用火花塞显得尤为重要。

汽车火花塞使用的正确与否，主要取决于其热值选择的是否正确。通常压缩比小、转速低的小功率发动机为了避免火花塞温度低而使裙部产生沉积物，一般采用绝缘体的裙部长、受热面积大、散热困难、裙部温度高的"热型"低热值火花塞；压缩比大、转速高的大功率发动机为了避免火花塞温度过热而炽热点火，一般采用绝缘体的裙部短、受热面积小、散热容易、裙部温度低的"冷型"高热值火花塞；介于两者之间的其他汽油发动机，大多采用"普通型"中热值火花塞。

知识链接

目前，汽油机上基本采用的是分组点火(也称同时点火，图4-58)式和独立点火(也称直接点火，图4-59)式电子点火系统。这两种电子点火系统点火准确可靠，点火能量高，冷起动性能好，使用寿命长。但使用要求高，因此必须注意以下事项：

1) 安装时，接线必须正确、牢固，电源的极性绝不能接错，否则极易损坏点火器[由点火控制模块或电子控制单元(ECU)控制]。

2) 点火器必须搭铁良好，使用中应尽可能减少搭铁处接触电阻，确保电路稳定可靠地工作。

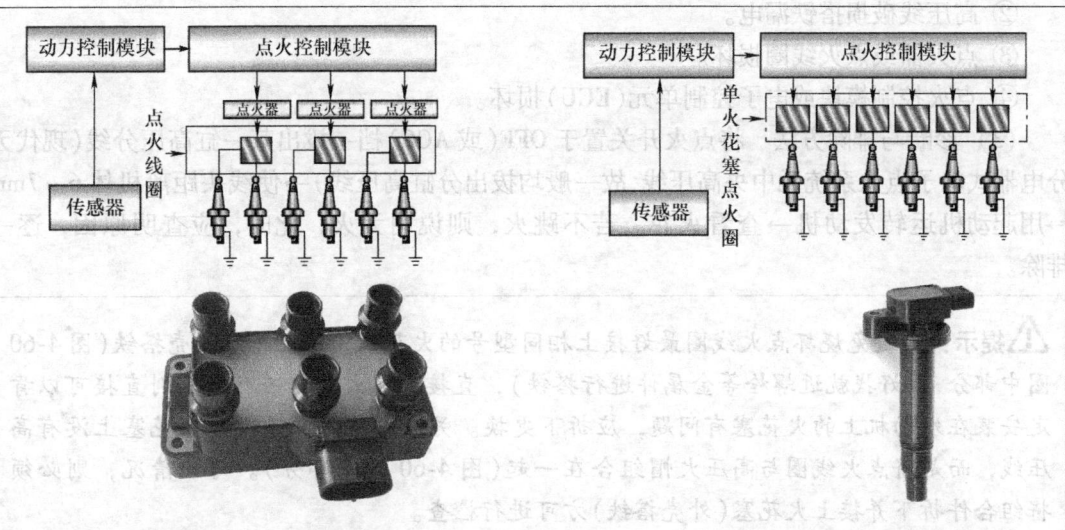

图 4-58 分组式点火系统的结构原理及配套点火线圈　　图 4-59 独立式点火系统的结构原理及配套点火线圈

3) 点火信号线应与高压线分开,避免高压线对点火系统产生干扰。

4) 洗车时,应尽量避免各种液体溅到点火系统各元器件。

5) 发动机在运转过程中,严禁拆卸蓄电池,也不可用刮火的方法试电,以免损坏点火器。

6) 电子点火系统的点火线圈一般都使用高能点火线圈,应避免用普通点火线圈替代。

7) 高压线必须连接牢靠,如果连接不牢,易使系统电压过高而损坏高压系统的绝缘。

8) 在判断点火系统的故障时,不要使高压电路处于开路状态,否则极易使点火器中的大功率晶体管损坏。

9) 当需要拆卸点火系统的连接导线或安装测试仪器时,应先关断点火开关或拆下蓄电池的负极导线(有些车型,需要事先存码)。

10) 点火器应安装在干燥、通风良好的部位,使用中应保持其表面清洁,以利散热。

4.3.3 点火系统常见故障

汽车点火系统常见的典型故障包括:没有高压电(简称无火)、高压电火花弱(简称火弱)、部分气缸没有高压电(简称缺火)、点火顺序错乱(简称乱火)、点火提前角过大(简称火早)和点火提前角过小(简称火晚)等 6 种。

1. 点火系统无火故障

(1) 故障现象　点火系统不产生高压电(即无火),发动机无法起动。

(2) 主要原因

① 火花塞电极间隙过大不能跳火或因积炭堵塞短路而不跳火。

② 高压线破损搭铁漏电。

③ 点火器或点火线圈损坏。

④ 点火控制模块或电子控制单元（ECU）损坏。

（3）诊断与排除方法　将点火开关置于OFF（或ACC）档→拔出某一缸高压分线（现代无分电器式电子点火系统无中央高压线，故一般均拔出分缸高压线）→使线头距离机体6～7mm→用起动机运转发动机→查看火花。若不跳火，则说明无火，此时，应查明原因，逐一排除。

⚠提示：为避免烧坏点火线圈最好接上相同型号的火花塞，将火花塞外壳搭铁（图4-60圈中部分，最好找就近螺栓等金属件进行搭铁），直接查看火花，若有火花则直接可以肯定安装在发动机上的火花塞有问题，应拆下更换。另外有些独立点火的火花塞上没有高压线，而是将点火线圈与高压火帽组合在一起（图4-60框中部分）。与此情况，则必须将组合件拆下并接上火花塞（外壳搭铁）方可进行检查。

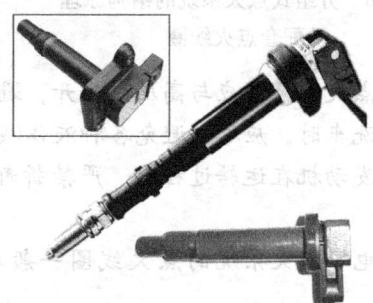

图4-60　点火系统无火检查

2. 点火系统火弱故障

（1）故障现象　点火系统产生高压电，但火花能量不足（即火弱），发动机起动困难、运转无力、加速变差、污染严重。

（2）主要原因

① 火花塞电极间隙过大或过小。

② 高压线或高压火帽破损，有局部搭铁漏电处。

③ 点火线圈有局部短路、搭铁等故障。

④ 点火控制模块或电子控制单元（ECU）有故障。

（3）诊断与排除方法　将点火开关置于OFF（或ACC）档→拔出某一缸高压分线→线头离机体6～7mm（最好接上相同型号的火花塞，将火花塞外壳搭铁，直接查看火花，以免烧坏点火线圈）→用起动机运转发动机→查看火花。若跳火，且火花发蓝，声音响亮（啪啪声），则说明点火正常；若跳火，但火花发红（图4-61），声音脆弱，则说明火弱，此时，应查明原因，逐一排除。

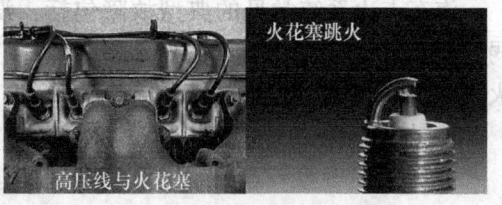

图4-61　火弱检查

3. 点火系统缺火故障

(1) 故障现象　发动机运转不稳、动力下降、污染严重。

(2) 主要原因

① 火花塞绝缘损坏、电极间隙过大或无间隙而不能跳火。

② 高压分线或高压火帽断路或局部破损搭铁而向外漏电。

③ 点火控制模块或电子控制单元(ECU)控制程序出现故障。

> ⚠提示：导致汽油机部分气缸不工作的原因除了缺火外还有不喷油或缸压不足。此时，一般按"一电、二油、三机械"的顺序依次进行排查。一电，即有无高压；二油，即有无油压；三机械，即有无缸压。

(3) 诊断与排除方法　如图4-62所示，逐一拔出分缸高压线进行"单缸断火"试验。

具体要领：起动发动机，冷却液温度达到正常，急速运转→逐一拔出分缸高压线(试完一缸，插回一缸)→查听发动机声音变化。若声音不变，则说明该缸原本就不工作(可能是缺火导致)；若声音变化，则说明该缸工作良好(可以肯定不缺火)。

图4-62　单缸断火检查

4. 点火系统乱火故障

(1) 故障现象　发动机运转不稳、动力下降、排气管放炮、污染严重，甚至不能运转。

(2) 主要原因

① 高压分线顺序插错。

② 相邻两缸高压分线或高压火帽之间绝缘损坏而连电。

③ 点火控制模块或电子控制单元(ECU)控制程序出现故障。

(3) 诊断与排除方法　如图4-63所示，逐一查看分缸高压线是否按发动机的点火顺序插好(或相邻两缸高压分线是否因绝缘损坏而连电)。若插错，应重插。

> ⚠提示：目前市场上存量不多的有分电器式点火系统的汽油机的分电器盖上有箭头和缸号，一般不会插错；而现代汽油机基本上都采用无分电器的电子点火系统，往往无记号，此时，应查看维修手册，不能凭借经验来插；但一般采用点火线圈和高压火帽组件的独立式电子点火系统，其点火线圈控制导线(图4-63圈中部分)的长度因点火线圈的安装位置不同而不同，不会插错。

图4-63　点火顺序检查

5. 点火过早故障

(1) 故障现象　起动发动机，使冷却液温度上升到80~90℃，急加速，如出现类似金属敲击声，说明点火过早。

(2) 主要原因

① 点火提前角过大。

② 点火正时不准确。

③ 火花塞热值选择不正确，高压缩比、高转速的发动机选用了低热值的火花塞而出现炽热点火。

④ 点火控制模块或电子控制单元(ECU)的控制程序出现错误。

(3) 诊断与排除方法　如图 4-64 所示，使用点火正时灯(仪)进行点火正时检查。

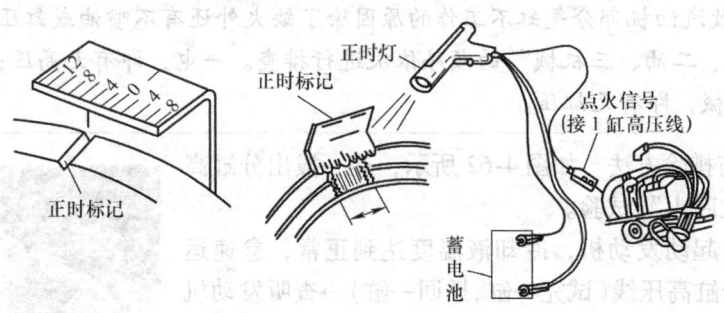

图 4-64　点火提前角的检测

查找并验证飞轮或曲轴前端带轮上 1 缸压缩终了上止点标记和点火提前角标记(即点火正时标记)→将正时灯的红色线和黑色线分别连接在蓄电池正极和负极上，信号线连接在 1 缸高压分线上→起动发动机至正常工作温度状态，保持在怠速下稳定运转→将测出的点火提前角与规定标准值进行对照，判断点火提前角的大小是否符合要求。

6. 点火过晚故障

(1) 故障现象　起动发动机，使冷却液温度上升到 80~90℃，急加速，如转速不能随之立即提高，感到发闷，或在排气管中有"突突"声，说明点火过迟。

(2) 主要原因

① 点火提前角过小。

② 点火正时不准确。

③ 火花塞电极间隙过大。

④ 点火控制模块或电子控制单元(ECU)的控制程序出现错误。

(3) 诊断与排除方法　与点火过早故障的诊断与排除方法相同。

4.3.4　汽车点火系统维护实训

1. 汽车点火系统维护仪器设备

汽车点火系统维护作业的仪器设备主要有点火正时灯(图 4-65a)、万用表、钢丝刷、钢锯条、火花塞套筒扳手(图 4-65b)、塞尺(图 4-65c)、一字槽螺钉旋具、气枪等。

2. 汽车点火系统的维护项目、作业内容、操作要领及技术要求

点火系统按照发动机的工作循环(进气、压缩、做功、排气)和点火顺序的要求与发动机的曲柄连杆机构、配气机构、燃油喷射系统等按一定的规律进行连续不断地同步工作，且发动机点火系统工作性能的好坏直接影响到汽车的动力性、经济性和环保性。其中，点火线圈由于其能量的不断变化(将低压电能转变成磁场能,又将磁场能转变成高压电)使初级线圈和次

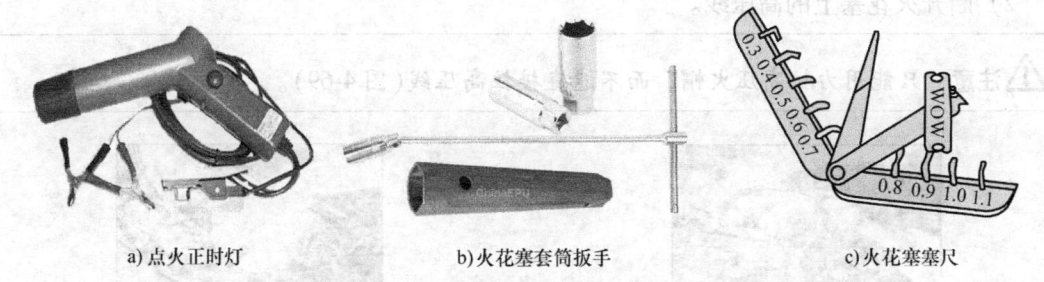

a) 点火正时灯　　　　b) 火花塞套筒扳手　　　　c) 火花塞塞尺

图 4-65　点火系统维护作业用部分仪器设备

级线圈容易产生高温而烧坏；而火花塞由于始终在高温、高压、高腐蚀的环境下工作，久而久之易被腐蚀、烧蚀及失去绝缘而发生损坏。因此，按时检查点火系统各部件，定期维护易损部件显得尤为重要。

(1) 点火线圈检测与维护的操作要领及技术要求　如图 4-66 所示，用万用表测量点火线圈的初级绕组和次级绕组电阻（测量部位分别见图 4-66 中圈中部分和万用表指针所示部位），如测量结果不符合标准值，则应更换点火线圈。

图 4-66　分组点火式点火线圈的初级线圈和次级线圈电阻的测量

(2) 高压导线检测与维护的操作要领及技术要求

1) 从火花塞上脱开高压线时应捏住橡胶护套，小心地从火花塞上拆下高压线。

⚠ 注意：不要抽拉或弯曲高压线，以避免损坏内部的导线。

2) 目视检查高压线表面有无龟裂、破损，如有则更换。

3) 为了减少对外界的无线电干扰，现代汽车的高压线一般都有一定的阻尼电阻。检查时用万用表检查其电阻，并与标准值（最大电阻为 25kΩ）比较，若符合要求，则说明高压线正常；若阻值不在正常范围之内，应更换高压线，如图 4-67 所示。

(3) 火花塞检测与维护的操作要领及技术要求

1) 用压缩空气除去火花塞周围气缸盖上的灰尘（图 4-68）。

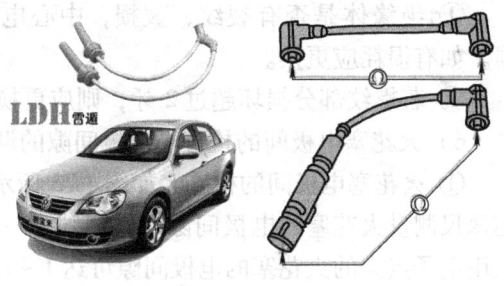

图 4-67　高压线电阻的检测

2）断开火花塞上的高压线。

⚠ **注意**：只能用力拉高压火帽，而不能直接拉高压线（图4-69）。

图4-68　火花塞周围的清洁　　　　　　　图4-69　高压线的拆卸

3）使用专用火花塞套筒扳手，拧松火花塞并取出火花塞（图4-70）。

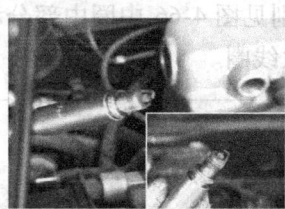 

图4-70　火花塞的拆卸

4）火花塞的清洗。将从发动机上拆下的火花塞用铜丝刷清洗或用专用清洁仪清洗，如图4-71所示。

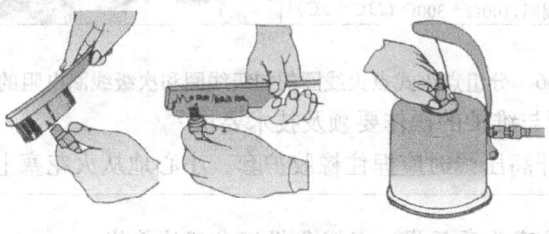

图4-71　火花塞的清洗

5）检查火花塞外观。着重检查以下几个地方，如图4-72所示。

① 绝缘体是否有裂纹、破损，中心电极、侧电极是否烧损。如有损耗应更换。

② 若螺纹部分损坏超过2牙，则应更换。

6）火花塞电极间的检查与电极间隙的调整

① 火花塞电极间的检查。如图4-73所示，首先用火花塞专用塞尺测量火花塞的电极间隙。其间隙 a 一般为0.6～0.8mm，采用电子点火的火花塞的电极间隙可达1～1.2mm。如果不符合要求，应调整到标准值。

图4-72　火花塞外观检查

② 火花塞电极间隙的调整。若间隙过大或过小应进行调整。如图4-74所示，用钢丝式专用火花塞塞尺，小心地弯曲侧电极来调整间隙。

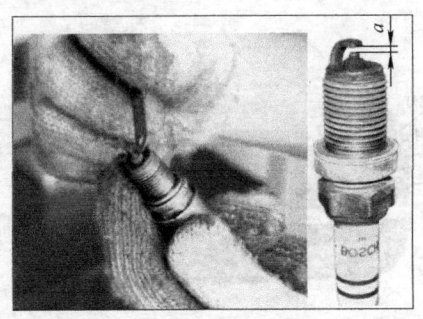

图 4-73 火花塞间隙的检查　　　图 4-74 火花塞电极间隙的调整

⚠注意：不能用敲击侧电极的方法来调整火花塞间隙。

7) 测量火花塞绝缘电阻。如图 4-75 所示，用绝缘电阻表测量火花塞电极间绝缘电阻值，正常应为 10MΩ 以上。

8) 火花塞的更换。若发现火花塞电极严重烧蚀或绝缘损坏，则应更换的新的火花塞。

⚠注意：确保使用规定热特性和规格尺寸的新火花塞。接线时不能推高压线，只能推保护罩或高压火帽（图 4-76）。

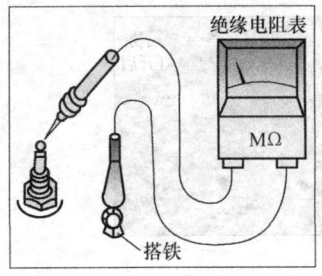
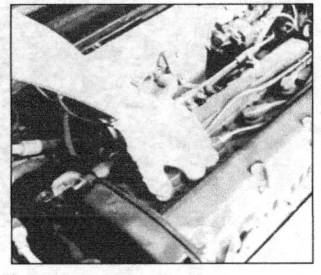

图 4-75 测量火花塞绝缘电阻　　　图 4-76 新火花塞的安装

任务 4.4　汽车照明系统的使用与维护

● 一辆 2010 款铃木雨燕两厢轿车，车辆在夜间行驶时，发现在没有路灯或路灯照明不良的路段打开远光灯时，其有效照射范围勉强达到 40m 左右（正常情况下，应达到 120~150m），且光线分布很不均匀，与同向行驶的其他车辆相比明显暗淡。

如图 4-77 所示，汽车的灯光包括示宽灯、近光灯、远光灯、雾灯、转向灯、倒车灯等。可以说，车灯就是车辆的眼睛。如果不会正确使用车辆灯光，就相当于一个人没有合格的视力，必定影响到行车安全。

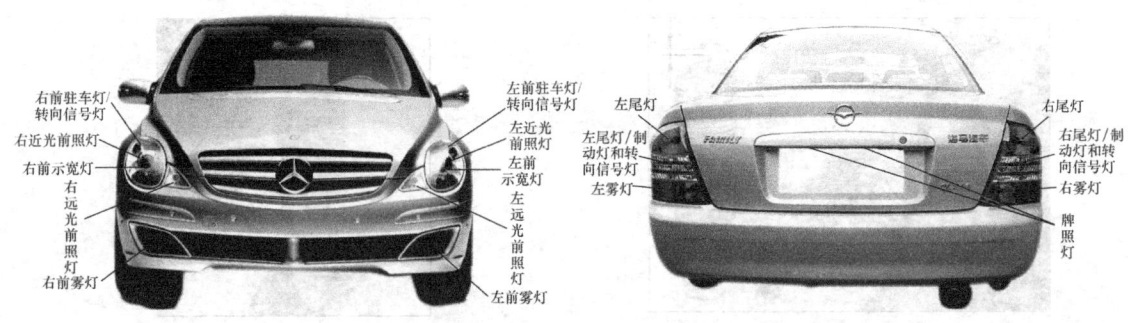

图 4-77　汽车灯光组成及其一般安装位置

4.4.1　汽车灯光的正确使用

1. 车辆灯光的使用

（1）示宽灯　灯光开关的第一档（图 4-78 中圈中部分）为示宽灯（也称行车灯或小灯），这时车内的仪表灯（图 4-79）全部点亮，车头和车尾也会点亮两盏小灯，这两盏灯的亮度不大，主要是为了让车身四角能被看见（所以称示宽灯）。一般在天色渐暗、雨天或在地下停车场等阴暗地方点亮该灯。

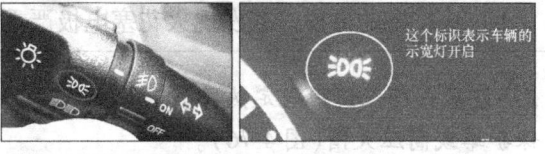

图 4-78　示宽指示灯

图 4-79　汽车灯光指示灯

⚠注意：车辆的灯光不仅仅是在光线不足的情况下提供照明，更重要的是起到警示作用，尤其是仪表指示灯（图 4-79）。所以即使在白天，人们也要注意亮着灯的车辆，以减少事故。

（2）前照灯　前照灯由近光灯和远光灯组成，俗称前大灯、头灯。前照灯是汽车的眼睛，是夜间行车的必备照明装置，是全车灯的"心脏"部位。近光灯和远光灯通常采用双丝灯泡，其中远光灯丝为 45~60W，近光灯丝为 20~50W。前照灯应保证汽车前方 100m 以内的路面上有明亮而均匀的照明，有些汽车的照明距离可达 150~270m（如氙气前照灯）。

1）近光灯。近光灯也称防眩目近光灯，一般用于白天雨雾天气、清晨和傍晚以及夜间路灯照明良好的路段。如图 4-80 所示，车辆在转弯路段将远光灯转变为近光灯的情况及其对应的近光指示。

近光灯的使用注意事项：

① 车辆在夜间遇有路灯照明良好的繁华街道（各种灯光交织在一起）或遇阴暗天气视线

 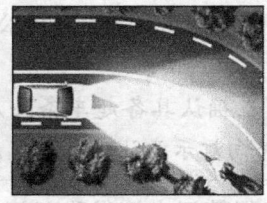 

图 4-80 汽车的远近光变换及近光指示

不清时，须开防眩目近光灯。

② 车辆夜间通过路口或转弯时（图 4-80），在距路口 100m 左右的地方应减速慢行，并将远光灯变为近光灯，以观察路口或转弯处有无车辆和行人。

2）远光灯。如图 4-81 所示，在夜间没有路灯或路灯照明不良的条件下行驶时，须开启汽车前照灯并使用远光灯，以保证

图 4-81 汽车远光灯的使用及其远光指示

驾驶人能辨明车前 100m 以内路面的任何障碍物（图 4-81 中的箭头所示）。

⚠提示：远光灯亮起时，车内仪表板上会亮起醒目的蓝色信号灯（图 4-81）以作提示。
远光灯的使用注意事项：
① 在夜间没有路灯或路灯照明不良的道路上，要距对面来车 150m 以外关闭远光灯，改用近光灯；不准在窄路、窄桥和与非机动车会车时，持续使用远光灯。
② 在夜间超车时，应连续变换远、近光灯，以提醒前车在条件许可下打开右转向灯靠右避让。
③ 在夜间会车时，若来车未及时变换灯光，可采用连续明灭前照灯示意，切忌用远光灯强光对射，以免伤害对方视觉，甚至酿成交通事故。

（3）转向灯　转向灯标示车辆的转弯方向、车道变更以及车辆的起步和停车，以提醒其他车辆和行人注意。汽车左右两侧前后至少各装一只转向信号灯（现代绝大部分轿车左右后视镜上也各装了一只转向信号灯）。车身总长超过 9m 的车辆（包括带挂车的汽车），车身两侧前方也应装设侧面转向指示灯。转向灯亮时，其光色为黄色，以 50~120 次/min 的频率闪烁，以引起前后车辆及行人的注意（一般白天在 100m 以外应能看清）。图 4-82 所示为汽车仪表板内的转向指示灯。

图 4-82 汽车转向指示灯

⚠提示：车前转向信号灯一般与示宽灯合装，通常用双丝灯泡，统称前小灯，但也有单独安装的。功率一般为 20W。
转向灯的使用注意事项：
① 向左转弯、向左变更车道、驶入环岛、驶离停车地点或掉头时，应开左转向灯，并注意观察前后有无车辆。

②向右转弯、向右变更车道、驶出环岛、高速公路上从匝道驶离高速公路、靠边停车时,应开右转向灯。

③超车前须开左转向灯,在确认具备超车条件后,方可超越。当后车有超车意图时,如前车条件许可,可开右转向灯示意让后车超越,待后车超越后关闭转向灯。

(4)危险报警闪光灯 危险报警闪光灯俗称双闪灯,打开时左右转向灯会同时频闪。其开关基本上为红底黄色三角形独立开关(不受电门钥匙控制,图4-83中圈中部分),一般设置于仪表台等显眼、好操纵的地方。

图4-83 汽车危险报警闪光灯及其开关位置

⚠提示:危险报警闪光灯亮起时,车内仪表板上会亮起醒目的黄色信号灯以作提示(图4-83)。

危险报警闪光灯的使用注意事项:

①危险报警闪光灯是专为紧急情况而设置的一种车灯,一般在特殊情况下使用。如车辆途中抛锚无法行驶,或送病人到医院急救等,应及时开启危险报警闪光灯,以提醒过往的车辆和行人,防止发生意外。

②因故障在城市公路边或在高速公路紧急停车带上作临时停留时,应打开危险报警闪光灯,以提醒来往车辆注意,以免发生危险。

③以车队前后列队方式通过时,应打开危险报警闪光灯,以提示其他驾驶人注意。

④在大雨中打开危险报警闪光灯,虽然能进一步增加汽车的能见度,但会丧失方向提示的功能,所以除了尾灯亮度不足的车辆外,一般不推荐使用。

(5)雾灯 雾灯的主要作用是帮助驾驶人在雾天、大雪、暴雨或尘埃弥漫的情况下行车时提高能见度,保证能被对面来车和后面欲超越的车及时发现,使对方采取措施,从而安全交会。雾灯一般采用光波较长、穿透力强的黄色配光或黄色灯泡。因这种光在雾中能照射较远的距离,从而更容易被其他车辆或行人及早注意到。

图4-84 汽车雾灯

雾灯分为前雾灯和后雾灯。前雾灯一般位于车辆前保险杠下部两侧,可以在光线稍暗和能见度差的情况下开启,以提供车前近距离的照明,提醒前方车辆。后雾灯一般为红色,位于后灯组件内,或位于后保险杠下部,一般为两盏左右对称。后雾灯一般在雾天和能见度很差的情况下开启,提醒后车,避免追尾。图4-84所示为汽车仪表板内的雾灯。

⚠ 提示：雾灯的使用注意事项：
  雾灯功率一般为35~55W，射出的光线倾斜度大，能照明车前30m以内的区域，其功率与前照灯相近，但散热空间远不如前照灯。因此，在行驶过程中需要间歇开启，停车时一定要及时关闭，以免导致过热而烧坏灯泡。

(6) 倒车灯　倒车灯安装在汽车后面，照射光线的主轴应向下，可以照明车后15m以内的道路。倒车灯光颜色一般为白色，由变速器控制，在变速器处于倒档位置时点亮，一方面可以照亮车尾的路面、障碍物，减少倒车时的盲区，另一方面也起到提醒车尾行人及来车的作用。

(7) 制动灯　制动灯装在汽车尾部，是车辆重要的外在安全标识，以警告后面尾随的车辆或行人，保持安全距离。制动灯光颜色一般为红色，功率为20W左右。正常情况下，当制动灯亮起时，车后相距100m左右的其他车辆应能看清前方车辆，从而使后车做出相应的减速或停车。

⚠ 提示：制动灯的使用注意事项：
  在雾、雨、雪的天气里要注意制动灯的运用，驾驶人在注意前方车辆灯光的同时，可以靠后视镜留意自己后车的位置，若发现后车离自己的车距太近，可轻踩制动踏板，使制动灯亮起，以提醒后车适当拉开车距，防止因紧急制动，使后车措手不及而发生追尾事故。

2. 灯光控制装置的分类及使用操作

汽车灯光控制装置的操控方式一般分为拨杆式和旋钮式两类。其中，拨杆式常见于日系、韩系、自主品牌等车型；旋钮式常见于欧系、美系等车型。

(1) 拨杆式灯光控制装置　该类控制装置将所有的控制功能集中在一根拨杆上（图4-85）。操作要领：顺序旋转操作杆端部便可以依次打开前后各种照明灯光；雾灯控制则位于操作杆的里侧（图4-85中椭圆圈中部分），同样依靠旋转进行控制；变换远近光则通过将拨杆前后推拉进行控制；转向灯则依靠将拨杆上下推拉进行控制（图4-85中双向箭头所示）。

⚠ 提示：有些车型的雾灯控制环可以双向旋转，以实现单独开启后雾灯的功能，而且十分利于操作。

图4-85　拨杆式灯光控制系统

(2) 旋钮式灯光控制装置　该类控制装置将所有的操作分为两部分。用于控制示宽灯、近光灯、前后雾灯的开关部分位于转向盘左侧的控制台上（图4-86a）。示宽灯、近光灯依靠旋转旋钮控制；雾灯则依靠向外拉起旋钮控制，拉起第一级为前雾灯，第二级为前后雾灯同时开启（不能实现后雾灯的单独开启）。

另一部分灯光的常用控制，如远近光变换、转向灯开启则还需依靠转向盘下的操纵杆控制（图4-86b），这种模式将常用和非常用的操作分离开，可以有效减少误操作。

a) 旋钮部分　　　　　　　　　　b) 拨杆部分

图 4-86　旋钮式灯光控制系统

知识链接

1. 灯光使用与安全驾驶

车辆的灯光照明除了为驾驶人提供一个清晰的视野之外，还能在黑夜为驾驶人提供一些判断路况的方法，以提高行车安全。

一是利用光柱的形态变化判断路况。如：光柱变窄可能是山口；光柱变短可能是弯道或上坡；光柱变长可能是弯道或下坡；光柱下缘出现缺口可能是坎坷或坑洼。

二是利用光线的位置变化判断路况。如：远光灯直射光线照射距离又远又清楚可判断前方道路平坦；若远光灯光线突然消失不再出现可判断前方有路口或弯道；若远光灯光线左右大幅度摆动可判断前方是弯曲道路；若远光灯光线上下浮动可判断前方是坡路。

三是利用光线的明暗变化判断路况。路面在光线的照射下明暗会发生变化，如：在车辆灯光照射下，平坦的道路一般呈现灰色，有积水的地方会呈现较亮的白色，而坑洼或泥泞处则会呈现较深的黑色。此时应牢记"走灰不走白，见黑停下来"。

⚠提示：如遇上述情况驾驶人都应谨慎驾驶，以确保行车安全。若同时使用转向灯，则应避免出现"打灯不转向，转向不打灯"的情况。

2. 自动前照灯功能认识

目前许多中高档车辆都具有自动前照灯功能，该功能在控制杆或旋钮上以"AUTO"标注（图 4-85）。具有"AUTO"功能的车型除了前照灯能够根据环境光线自动开启外，还可以设定"Follow me"前照灯延时熄灭功能，具体车型的操作和设定方法需参考各车型的使用手册。

4.4.2　汽车照明系统常见故障诊断与排除

汽车照明系统的故障多由熔断器和灯泡损坏引起。当熔断器烧断时，应更换新的标准熔断器，若换上的新熔断器又立即烧断，应准确找出并排除故障（即部分短路）点后，再换上新熔断器。查看灯丝有无烧断。若灯的亮度不够，可检查电路压降判明故障原因及位置。

1. 前照灯的故障诊断与排除

前照灯的常见故障主要有远近光不全和左右前照灯的亮度不同或黯淡。

（1）前照灯的远近光不全

1) 现象：车灯开关处于 2 档位置，用变光开关变换远近光，只有远光或只有近光灯亮。

2) 故障原因

① 变光开关损坏。

② 远近光中的一条导线断路。

③ 双灯丝灯泡中某灯丝烧断。

3) 故障诊断与排除：这种故障一般出在变光开关→熔断器→灯丝的线路中。

① 先检查熔断器是否熔断。如熔断，更换新熔断器，如灯仍不亮，可直接在变光开关上连接电源接线柱与不亮的远光或近光接线柱试验。

② 如灯亮，则是变光开关损坏，更换变光开关；如不亮，则说明故障在变光开关以后的线路中。可用电源短接法，直接在灯插头上给远近光灯供电，如灯亮，表明导线断路或插头接触不良；如灯仍不亮，则说明灯泡已损坏，更换前照灯泡。

（2）左右前照灯的亮度不同

1) 现象：前照灯开关接通后，不论是远光还是近光，有一侧灯较暗。

2) 故障原因

① 灯光暗淡一侧双灯丝灯泡的搭铁不良。

② 灯光暗淡一侧灯泡的插头松动或锈蚀使接触电阻增大。

③ 灯光暗淡一侧灯泡的反射镜积有灰尘或氧化。

④ 左右两侧灯泡的功率不同。

3) 故障诊断与排除

① 首先检查左右两侧灯泡的功率是否相同，可采用互换左右灯泡的方法进行判断。

② 在灯泡功率相同的情况下，用一根导线，一端接车身，另一端与灯光暗淡的灯泡搭铁接线柱相连，如恢复正常，即表明该灯搭铁不良（灯泡搭铁不良时，灯光暗淡的灯泡两根灯丝在不论接通远光还是近光时，都同时发出微弱灯光）。若灯泡单丝发光微弱，常为连接该灯泡灯丝的插头松动或锈蚀使接触电阻过大所致。若发现灯泡亮度正常，则不是灯泡搭铁不良故障，一般是前照灯反射镜有灰尘或氧化，可通过清除灰尘或更换反射镜来排除故障。

③ 也可用电源短接法迅速判明故障部位。

2. 转向灯的故障诊断与排除

转向灯的常见故障有单边不亮、频率不当等。

（1）转向灯单边不亮　转向灯只是单边不亮，说明电源电路到转向灯开关均正常，故障出在转向灯支路上，应检查灯丝有无烧断，灯泡是否接触不良，插头是否接触不良。

（2）转向灯频率不当　转向灯及危险报警闪光灯（即用专设独立开关同时打开所有转向灯）闪光频率应为 $(1.5±0.5)$ Hz，起动时间不得大于 1.5s。频率不当说明流经闪光器电流失常，一般有主灯丝烧断、灯泡与灯座接触不良、灯泡功率过小、个别转向灯导线有断路时，负载电阻增大，负载电流变小，使频率变快。

3. 制动灯的故障诊断与排除

汽车制动灯受行车制动器控制，其常见故障的诊断方法如下：

（1）制动灯全部不亮　先检查制动灯熔断器，若正常，可短接制动灯开关；若灯亮，说明制动灯开关损坏；更换制动灯开关后若仍不亮，应用试灯检查线路是否断路。

(2) 制动灯单边不亮 检查制动灯灯丝是否烧断，灯座是否接触不良，该侧灯导线是否折断。

(3) 开小灯时，尾灯亮，但踩下制动踏板时，尾灯反而灭。其原因是该尾灯双丝灯泡搭铁不良。

(4) 制动灯常亮 松开制动踏板，制动灯常亮。这种故障一般出在踏板控制式制动灯开关上。应检查踏板是否复位，开关中心顶柱是否磨损或开关内部是否短路。

4.4.3 汽车照明系统维护实训

1. 汽车照明系统维护仪器设备

汽车照明系统维护作业的仪器设备主要有前照灯检验仪（图4-87a）、试灯（图4-87b）、跨接线（图4-87c）、万用表、螺钉旋具等。

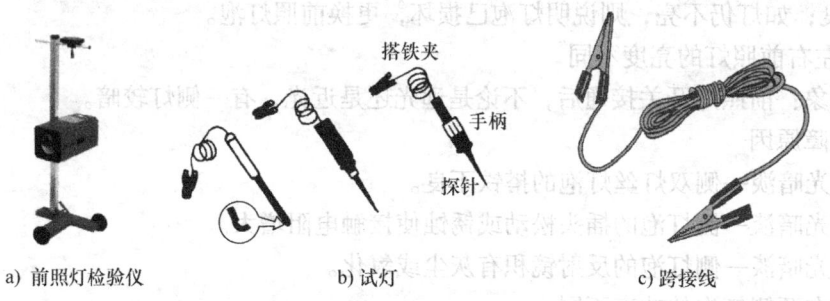

a) 前照灯检验仪　　b) 试灯　　c) 跨接线

图4-87　汽车照明系统维护作业用部分仪器设备

2. 汽车照明系统的维护项目、作业内容、操作要领及技术要求

汽车外部车灯的及时维护十分重要，因为直接关系到行车的安全性。在通常行驶情况下，驾驶人本人很难意识到前照灯（针对白天而言，夜间可通过观察光照强弱、远近来判断）、尾灯、转向灯或制动灯是否仍在正常工作。所以，汽车照明系统平时的维护就显得尤为重要。

(1) 前照灯的检验与调整方法　前照灯的检验与调整是为了使前照灯在规定的距离内将道路照得明亮而均匀，且不使对面来车的驾驶人眩目，以保证行车安全。

1) 前照灯的检验与调整。前照灯的检验与调整以近光灯丝的配光性为准，其方法如下：

① 在轮胎气压正常情况下，将被调整的车辆和前照灯检验仪的校验屏幕垂直停放在平直路面上，车辆和屏幕相距10m，前座坐一人或配重75kg。

② 调整灯光调节螺钉，使灯光明暗截止线与校验屏幕上的分离线重合，明暗截止线的拐点与中心标记重合，如图4-88所示。

⚠注意：灯光调整应单灯进行，在调整其中一个灯时，应该把另一个灯遮盖住，或者拔掉另一个灯的熔丝。

2) 前照灯的检验与调整实例。目前，前照灯光束调整标准各国略有不同，因此，调整时应参照该车说明书和技术手册进行。其调整作业以桑塔纳轿车为例，如图4-89所示，滚花螺钉A用于灯光垂直方向的调整，顺时针转动螺钉A，光束下移，逆时针转动螺钉

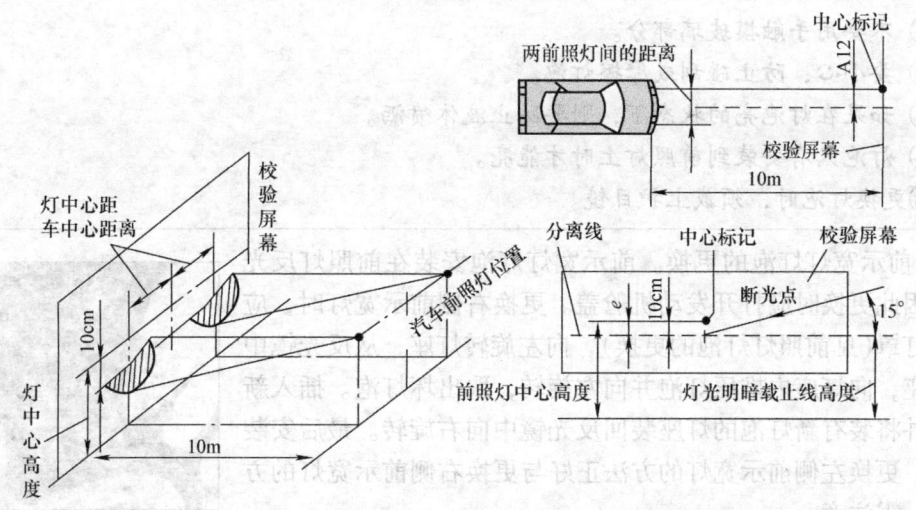

图 4-88 灯光校验屏与前照灯的调整关系

A,光束上移。滚花螺钉 B 用于灯光水平方向的调整,左右转动螺钉 B 可以实现光束的左右移动。

⚠ **注意**:调整前照灯照射位置时,汽车轮胎气压应在标准范围内,驾驶人座椅乘座一人或放置75kg重物,燃油箱应注满燃油,汽车上的随车装置应装备齐全。

(2) 及时更换灯泡
1) 前照灯灯泡的更换
① 将点火开关置于 OFF 位置,打开发动机舱盖。
② 待灯泡冷却后拧下前照灯固定螺栓(图 4-90)。

图 4-89 前照灯照射位置的调整

图 4-90 拆卸前照灯总成

③ 分离导线插接器。
④ 拆下防尘盖。
⑤ 按下安全弹簧,拆下灯泡,用同容量灯泡更换(图 4-91)。
⑥ 按拆卸的相反顺序安装。

⚠ **特别提醒**:若更换氙素灯泡,则必须注意以下事项。
① 待灯泡冷却后更换。

② 不要用手触摸玻璃部分。
③ 要小心，防止碰刮或摩擦灯泡。
④ 如果在灯泡亮的状态下，则要防止液体喷洒。
⑤ 灯泡只有安装到前照灯上时才能亮。
⑥ 更换灯泡时，须戴上护目镜。

2）前示宽灯灯泡的更换。前示宽灯灯泡安装在前照灯反光镜中，因此更换时应打开发动机舱盖。更换右侧前示宽灯时，应先拆去灯罩（见前照灯灯泡的更换），向左旋转灯座，从反光镜中取出灯座，向灯座内推压灯泡并向左旋转，取出坏灯泡。插入新灯泡，并将装有新灯泡的灯座装回反光镜中向右旋转。最后安装好灯罩。更换左侧前示宽灯的方法正好与更换右侧前示宽灯的方法相反，需注意。

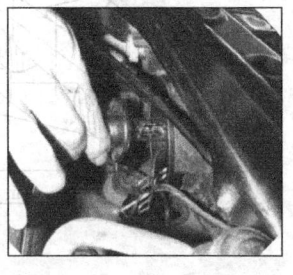

图 4-91 拆卸灯泡

3）前转向灯灯泡的更换。用螺钉旋具拧出转向灯罩固定螺钉，用一字槽螺钉旋具把转向灯罩从螺钉孔一侧小心地向前撬开，将灯座向左旋转，取出灯座（图 4-92）。向灯座中推压坏灯泡，向左旋转拉出坏灯泡。装入新灯泡向右旋转将其卡住。装上灯座，向右旋转卡住灯座。然后把螺钉卡口压入车身上的螺钉孔中，拧上转向灯罩固定螺钉。

4）尾灯灯泡的更换。打开行李舱盖，向灯座内推压两个定位片，取出灯架（图 4-93）。向灯座内推压坏灯泡，向左旋转取出坏灯泡。装入新灯泡，向右旋转将其卡牢。插入灯架，确保定位片到位。

图 4-92 转向灯泡的更换

图 4-93 后尾灯灯泡的更换

5）牌照灯灯泡的更换。拆下灯罩，拉出牌照灯总成，拆下坏灯泡。装入新灯泡，将灯座和灯罩装在一起（灯泡上的定位点必须与灯座上的定位点对正），然后与橡胶密封圈一起装入，拧紧灯罩固定螺钉，注意不能拧得太紧。

6）车内照明灯灯泡的更换。小心地向灯的中心推压与灯相对的定位弹簧，拆下车内照明灯总成，取出坏灯泡，换上新灯泡后，先将车内照明灯总成带开关的一侧装上，再将定位弹簧卡牢。

7）行李舱灯灯泡的更换。从行李舱灯前面的凹坑中插入螺钉旋具，小心地将灯撬下来。换上新灯泡，并将其从有导线接头一侧装上。

项目小结

1. 现代汽车的电源系统主要由蓄电池、发电机、电压调节器以及充电指示灯按一定的线路原理连接而成。

2. 蓄电池是汽车上重要的部件，其主要功能是在起动发动机时为起动机提供强大的电流，从而使起动机产生足够的转矩而克服发动机起动时的各种阻力，以使发动机能够顺利起动而进入正常的运转状态。

3. 目前市场上常见的国内外知名汽车蓄电池品牌有 OPTIMA、VARTA、AC 德科、罗伯特博世、风帆、统一、骆驼、万里、川西、光宇、天鹅、则良等。

4. 汽车上采用的基本上都是酸性铅蓄电池，其型号都是按照一定标准来命名的，在国内市场上使用的蓄电池型号主要是按照国家标准以及日本、德国和美国等国家的标准来命名的。作为汽车维修、使用及销售人员掌握好蓄电池的规格型号及其含义是非常必要的。

5. 汽车电源系统在使用过程中出现的故障，按部位可分为外部故障和内部故障。外部故障主要是蓄电池和发电机外部电路搭铁漏电。内部故障主要是蓄电池的自行放电、极板硫化、极板短路、极板活性物质脱落、极板拱曲、单格电池极性颠倒以及发电机内部扫堂、局部短路、断路、搭铁等。

6. 汽车电源系统维护作业的仪器设备主要有玻璃管、密度计、高功率放电计、容量测试仪、组合工具、万用表、跨接线、接线柱清洁器、刷子等。其维护内容主要有蓄电池和发电机及其调节器的各项维护。

7. 现代汽车基本上都采用电磁操纵强制啮合式电起动系统。其最大优点是起动方便、迅速、可靠，可反复多次起动。

8. 汽车起动系统常见的故障主要有起动机空转、起动机不工作、起动机运转无力、起动打齿和不能解除起动等。

9. 汽车起动系统维护作业的仪器设备主要有组合工具、细砂纸、绝缘胶布、机油或机器除锈油、软毛刷、抹布等。由于汽车起动系统始终在大电流、高负荷状态下工作，所以其控制装置上的各接线柱和触点、传动机构中的拨叉、拉杆、弹簧，以及电动机内的电枢和磁场线圈等，若使用不当、维护不周，则很容易损坏而影响车辆的正常使用。为此，必须加强起动系统日常的检查及其性能的检测。

10. 汽油机点火系统的作用是通过点火线圈将蓄电池或发电机的低压电转变成高压电，然后根据发动机的工作循环和点火顺序将点火线圈产生的高压电通过火花塞引入气缸，并在火花塞两极间产生电火花依次点燃各缸可燃混合气，使可燃混合气迅速燃烧产生强大的动力推动活塞向下运动，使曲轴旋转，发动机做功。

11. 汽油发动机点火系统中点火线圈和火花塞是两个重要的执行部件，尤其是火花塞的工作条件极为恶劣，它受到高压、高温以及燃烧产物的强烈腐蚀，因此对火花塞的使用要求很高，是点火系统中维护的重点内容，应注意认真掌握。

12. 火花塞点火时刻的前后、点火能量的大小、自身受热程度的高低都将直接影响到发动机工作性能的好坏。因此正确选用火花塞显得尤为重要。

13. 汽车点火系统常见的典型故障有无火、火弱、缺火、乱火、火早和火晚等 6 种。

14. 汽车点火系统维护作业的仪器设备主要有点火正时灯、万用表、塞尺、钢丝刷、钢锯条、火花塞套筒扳手、一字槽螺钉旋具、气枪等。其维护内容主要有火花塞的检测与维护、高压导线的检测与维护及点火线圈的检测与维护等。

15. 汽车的灯光包括行车灯、近光灯、远光灯、雾灯、转向灯、倒车灯等。可以说，车灯就是车辆的眼睛。如果不会正确使用车辆灯光，就相当于一个人没有合格的视力，必定影响到行车安全。

16. 汽车灯光控制系统的操控方式一般分为拨杆式和旋钮式两类。其中，拨杆式常见于日系、韩系、自主品牌等车型；旋钮式常见于欧系、美系等车型。

17. 汽车照明系统的故障多由熔断器和灯泡损坏引起。当熔断器烧断时，应更换新的标准熔断器，若换上的新的熔断器又立即烧断，应准确找出并排除故障（即部分短路）点后，再换上新熔断器。

18. 汽车照明系统维护作业的仪器设备主要有前照灯检验仪、试灯、跨接线、万用表、螺钉旋具等。汽车外部车灯的及时维护十分重要，因为直接关系到行车的安全性。

思考与实训

一、选择题

1. 关于喇叭声响不正常故障，甲说：喇叭声响不正常故障的原因可能喇叭支架松动；乙说：喇叭声响不正常故障的原因可能是蓄电池存电不足。你认为以上观点（　　）。
   A. 甲正确　　　　B. 乙正确　　　　C. 甲乙都正确　　　　D. 甲乙都不正确

2. 关于充电电流不稳故障的原因，甲说：充电电流不稳的原因可能是发电机内部定子或转子线圈某处有断路或短路；乙说：充电电流不稳的原因可能是电压调节器有关线路板松动或搭铁不良。你认为以上观点（　　）。
   A. 甲正确　　　　B. 乙正确　　　　C. 甲乙都正确　　　　D. 甲乙都不正确

3. 关于起动机不能与飞轮接合故障，甲说：故障的原因主要在起动机的控制部分；乙说：故障的原因主要在起动机的操纵部分。你认为以上观点（　　）。
   A. 甲正确　　　　B. 乙正确　　　　C. 甲乙都正确　　　　D. 甲乙都不正确

4. 关于起动机运转无力故障的原因，甲说：起动机运转无力的原因可能是起动机轴承过松；乙说：起动机运转无力的原因可能是起动机轴承过紧。你认为以上观点（　　）。
   A. 甲正确　　　　B. 乙正确　　　　C. 甲乙都正确　　　　D. 甲乙都不正确

5. 关于高压无火故障，甲说：高压无火故障的原因可能是点火线圈或点火控制器损坏；乙说：高压无火故障的原因可能是火花塞工作不良。你认为以上观点（　　）。
   A. 甲正确　　　　B. 乙正确　　　　C. 甲乙都正确　　　　D. 甲乙都不正确

6. 关于火花塞间歇性跳火故障的原因，甲说：火花塞间歇性跳火的原因是个别缸高压线断路；乙说：火花塞间歇性跳火的原因是点火电压不足。你认为以上观点（　　）。
   A. 甲正确　　　　B. 乙正确　　　　C. 甲乙都正确　　　　D. 甲乙都不正确

7. 关于发动机缺火。甲说：发动机点火线圈失效可导致发动机缺火；乙说：发动机点火器损坏可导致发动机缺火。二人中正确的是（　　）。
   A. 甲　　　　B. 乙　　　　C. 甲乙者都正确　　　　D. 甲乙者都不正确

8. 关于火花塞检测，甲说：定期或在对某缸火花塞性能有怀疑时，可进行单缸断火试验；乙说：根据发动机运转情况判断火花塞的好坏，若性能不良或有明显损坏时，一般应予更换。对于以上说法(   )。

A. 甲正确　　　　B. 乙正确　　　　C. 甲乙都正确　　　　D. 甲乙都不正确

9. 关于远光灯灯光暗淡故障，甲说：远光灯灯光暗淡故障的原因可能是远光灯线路连接不牢、搭铁不良、灯泡松动等；乙说：远光灯灯光暗淡故障的原因可能是所选用的灯泡功率太大。你认为以上观点(   )。

A. 甲正确　　　　B. 乙正确　　　　C. 甲乙都正确　　　　D. 甲乙都不正确

二、问答题

1. 蓄电池的使用注意事项有哪些？
2. 汽车电源系统的主要维护项目、作业内容、操作要领及技术要求有哪些？
3. 起动机的使用注意事项有哪些？
4. 汽车起动系统的主要维护项目、作业内容、操作要领及技术要求有哪些？
5. 火花塞的选用注意事项有哪些？
6. 汽车点火系统的主要维护项目、作业内容、操作要领及技术要求有哪些？
7. 汽车灯光的使用注意事项有哪些？
8. 汽车照明系统的主要维护项目、作业内容、操作要领及技术要求有哪些？

三、实操题

1. 蓄电池的检测及补充充电练习。
2. 车用蓄电池的品牌、规格识别练习。
3. 汽车电源系统的维护练习。
4. 汽车起动系统的维护练习。
5. 火花塞的类型、品牌、规格的识别练习。
6. 汽车点火系统的维护练习。
7. 汽车灯光、仪表的操作练习。
8. 汽车照明系统的维护练习。

项目 5 汽车车身的使用与维护

📖 教学目标与要求

- 掌握汽车车身各系统各部件的合理使用与正确维护。
- 学会针对性地安排和熟悉汽车车身各系统各部件的维护项目、作业内容、操作要领、技术要求以及注意事项等。
- 学会正确选择和使用汽车车身各系统各部件相关清洁补给作业所需养护及运行材料的品牌规格等。
- 学会汽车车身各系统各主要操纵部件的操作方法和使用注意事项。
- 会作汽车车身各系统各部件典型故障案例分析。

📖 教学重点

- 车身各系统各部件养护及运行材料的正确选用。
- 车身主要操纵部件的使用操作。
- 车身各系统的典型故障案例分析。
- 车门、座椅及安全带、刮水系统、空调系统、内饰、车身外表等汽车车身各系统各部件的维护。

📖 教学难点

- 车身各系统各部件的维护项目、作业内容及作业深度的确定。

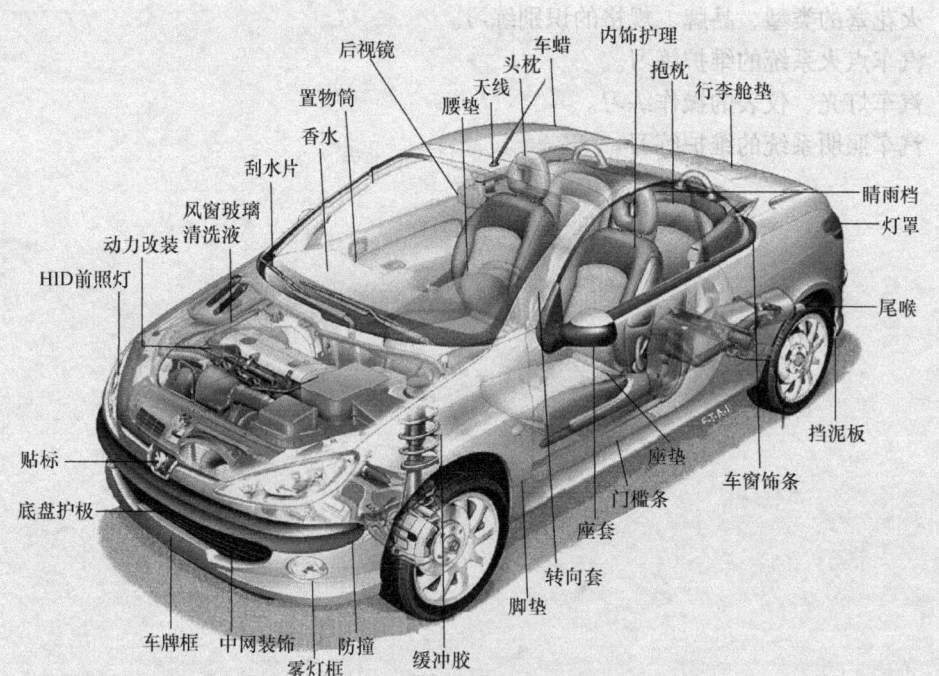

任务5.1　汽车车门的使用与维护

● 一辆2010款桑塔纳3000Gsi轿车，在车辆行驶时，车门发出异响，观察车门指示灯，发现该指示灯一直没有熄灭，随即打开右转向指示灯，将车辆停靠在允许停靠的道路右边，结果证实左侧后门没有关严，有一道很大缝隙，重关数次均不能关严（图5-1中车辆状态区）。

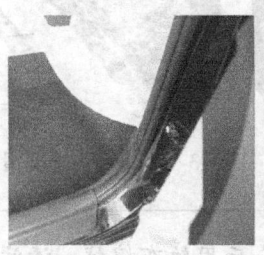 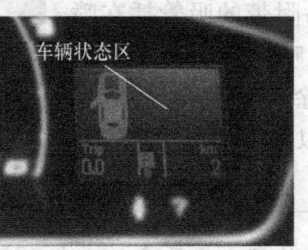

图5-1　汽车车门关闭不严

⚠ **重要提醒**：在车辆起步前，一定要关好所有车门，并注意观察车门指示灯是否熄灭，否则在车辆行驶过程中，若车门突然打开，很容易将乘员甩出车外（尤其是老人和儿童），并发生与其他正常行驶的车辆发生刮擦碰撞等严重的交通事故。

汽车车门的正确使用以轿车为例进行介绍。如图5-2所示，轿车车门是车身侧面最大的安全包围件，也是车身上使用频度最高的组成部分。它不仅要方便驾乘人员上下车，同时也要方便开启和可靠关闭，并要关闭严密，以防止车身外噪声、水汽、灰尘等进入车内。车门也是车身上结构最为复杂、安装难度最大的部件，在设计上一般都安装两道锁扣（轿车后排座还要安装儿童锁，以防止在车辆行驶过程中，儿童自行开启车门而发生意外）和车门指示灯，要求随着车辆的行驶颠簸、转弯以及较大程度的碰撞而不能自行开启以确保汽车行驶的安全。

为确保行车安全，不仅要求车辆制造商严格按着安全技术标准设计、制造和安装车门，同时也要求车辆驾乘人员应正确使用车门，以保障自身安全和延长车门的使用寿命。

图5-2　轿车车门

5.1.1 车门铰链润滑剂及车窗玻璃密封剂品牌认识及其选用

1. 车门铰链润滑剂品牌认识及其选用

目前市场上常见的车门铰链润滑剂为高渗透润滑剂。该产品的性能：能够消除摩擦噪声，排除金属湿气，专业解决汽车门铰链、门锁等部位异响，并具有防水及抗酸、碱、盐等作用。此类产品一般为罐装，产品上自带专用的吸管。主要适用于门铰链、锁、连杆、滑轨、天线等零部件的润滑。俗称"液态黄油"。使用时，若需要对准一个点喷射，可将产品附带的吸管插在喷嘴处，将管口靠近被喷涂物（例如图5-3中的天线），进行喷涂，适量即可；若想喷射一个面时，可以用喷嘴直接喷射，适量均匀即可。

图5-3　汽车高渗透润滑剂的使用方法

⚠ **提醒**：一般防锈处理，每月喷一二次，喷涂后用软布擦拭；清洁汽车表面时，先喷涂后用一般的抹布擦净；若喷涂在门铰链处则不需要擦干，靠其慢慢自然挥发掉即可。

2. 车窗玻璃密封剂品牌认识及其选用

车门的密封主要涉及两个区域，一个是门洞区域的密封，它主要是靠安装在侧围门洞翻边上的一圈内侧门密封条（图5-4中向上箭头所示）和安装在车门框上的一圈外侧门密封条（图5-4中向左箭头所示）来密封整个门洞。另外一个是门窗区域的密封，它主要是靠窗框上的玻璃导槽密封条和内外侧两根窗台密封条（图5-4中向下箭头所示）来实现密封；它们同时还要起到使门窗玻璃能够平稳上下升降的作用。

图5-4　车窗部分密封区域

⚠ **提示**：玻璃导槽密封条是整车密封系统中要求最高、结构最为复杂的部件，一定按要求选用。

目前市场上常见的门窗玻璃密封剂为3M系列聚氨酯胶粘剂(图5-5)。该产品无色透明，完全固化后形成紧密、坚固的粘接层，密封车窗周围的漏孔和缝隙。适用于密封玻璃、金属、木块和橡胶。其功能是能够杜绝湿气从车身外侵入车内，并具有高柔性以防止汽车门窗玻璃密封圈橡胶层干裂，还能消除碰撞与振动给车窗玻璃所造成的应力，从而防止玻璃破裂。

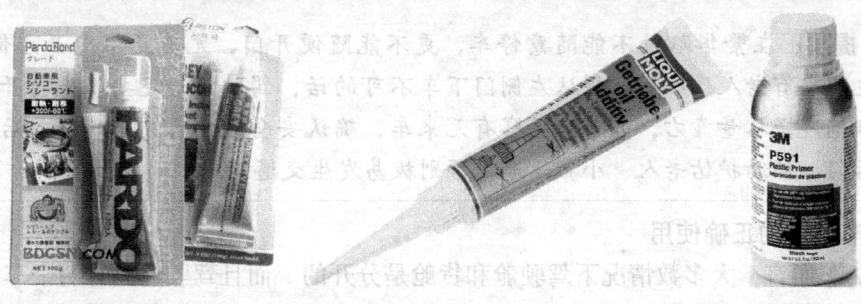

图5-5 汽车玻璃密封剂

⚠ **特别提醒**：车窗玻璃(以轿车为例)包括门窗玻璃、后排角窗玻璃、前后窗玻璃即前后风窗玻璃和天窗玻璃。车窗玻璃密封剂主要用于密封固定的汽车前后风窗玻璃，不能用车窗玻璃密封剂密封活动的门窗玻璃与密封条之间的缝隙，否则影响门窗玻璃的升降。

5.1.2 汽车车门的正确使用

1. 轿车车门的正确使用

随着我国进入汽车社会，家庭四门轿车的保有量已占轿车总量的70%以上，且基本上都配置了中控门锁(车外可用钥匙上锁解锁，也可用钥匙上的遥控器上锁解锁；车内可用中控开关上锁解锁，且大部分轿车都装有速控锁，当车速达到一定速度后，会自动上锁)、电动门窗、儿童安全锁、车门指示灯和二道锁扣，有的还加装了防撞杆。使用时应注意以下事项：

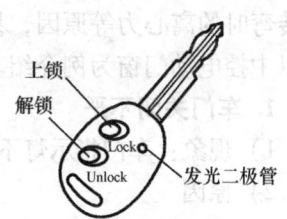

图5-6 带遥控器的车门钥匙

① 尽量使用遥控器(图5-6)开关车门，少用车门钥匙上锁解锁，以防钥匙孔过早磨损。

② 车辆起步前，驾驶人应注意及时用门窗中控台(在左侧车门门把手下面的台面上，图5-7中的长方框内向下箭头所示)锁止车门和门窗玻璃(图5-7中圈中部分)，并注意观察车

图5-7 车门中控及儿童锁

门指示灯是否熄灭。若有儿童应事先将儿童锁置于 LOCK 位置(图 5-7 中圈内斜上箭头所示),以免儿童在车辆行驶过程中升降玻璃而探头露臂,甚至误开车门而被甩出车外。

③ 打开车门时,不要用力过猛而一下子开到头,这样很容易损坏门板合页(图 5-10 中圈中部分),而且会影响其他车辆和行人的正常行驶。关门时,要轻声牢靠。

> ⚠ **特别提醒**:在繁华路段不能随意停车,更不能随便开门,尤其是不能开左侧车门。若后排左侧坐有老人、小孩非得从左侧门下车不可的话,驾驶人一定要事先打开右转向灯,让车辆慢慢尽量靠右,并前后观察有无来车,确认安全后自己先下车,然后帮助打开左侧后门,协助护佑老人、小孩下车。否则极易发生交通事故。

2. 货车车门的正确使用

对于货车而言,大多数情况下驾驶舱和货舱是分开的。而且驾驶舱只有两个车门,且位置较高,一般都设有脚踏板。上下车及开关车门的正确方法,可用以下歌谣诠释。

上车歌:"绕车一周到左门,衣扣对准车门缝;左手扭开车门把,扶住边缘做准备;左脚踏上脚踏板,右手拉住转向盘;侧身入内自然坐,轻声关门要牢靠"。

下车歌:"打开转向车靠右,待车停稳手制动;前后观察有无车,确认安全开启门"。

5.1.3 汽车车门常见故障诊断与排除

汽车车门是汽车上使用非常频繁的车身侧面大包围件之一。由于自身质量大,开关车门的人员用力大小不一,有的用力太小而关不严出现缝隙(易自行打开或下沉),有的用力太大虽然关严了但车门锁扣易受损,甚至振坏玻璃及密封条;再加上车辆高速行驶时的颠簸和急转弯时的离心力等原因,易出现关闭不严甚至不能关闭、异响、不能上锁解锁等故障。这里以中控电动门窗为例介绍车门关闭不严、车门不能上锁等几种典型故障。

1. 车门关闭不严

1) 现象:车门指示灯不能熄灭,车门边缘与门框不能合缝,车辆行驶时车门发出异响。

2) 原因

① 门洞翻边上的一圈内侧门密封条部分脱落、移位或门框上的密封条部分脱落、移位。

② 车门锁扣损坏。

③ 门板合页磨损旷动,使车门下沉;或新型三段式限位器门板合页(也称门轴)卡滞使车门关闭不严。

④ 门框及车门变形。

3) 故障排除方法:依据上述原因按图 5-8 ~ 图 5-10 顺序逐一检查修复。

图 5-8　检修车门各部位密封条

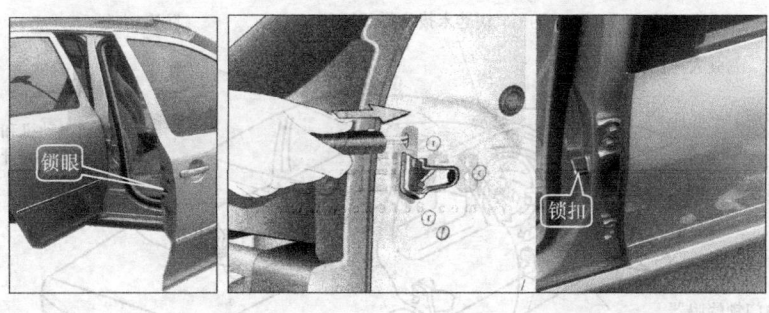

图 5-9　检修车门锁扣等部件

图 5-10　检修汽车门板合页

2. 车门不能上锁

1）现象：某一车门或所有车门不能上锁。

2）原因

① 若某一车门不能上锁，而其他车门能够上锁，则这一车门的门锁电动机（或电磁铁）不动作或锁杆（图 5-11 中的连杆右端，图中未画出）不落座。

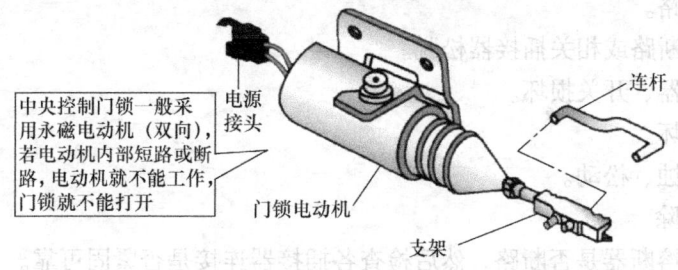

图 5-11　门锁开关故障

② 若不论用遥控器（图 5-12）还是用车门钥匙均不能使所有车门上锁，则可能是车门中控单元失效而发不出上锁指令。

③ 若只能用车门钥匙（图 5-13）使所有车门上锁而不能用遥控器上锁，则为遥控器失效而发不出开门信号所致。

3）故障排除方法：依据上述原因逐一检查修复。

3. 电动门窗玻璃常见故障

(1) 玻璃升降器不工作

1）主要原因

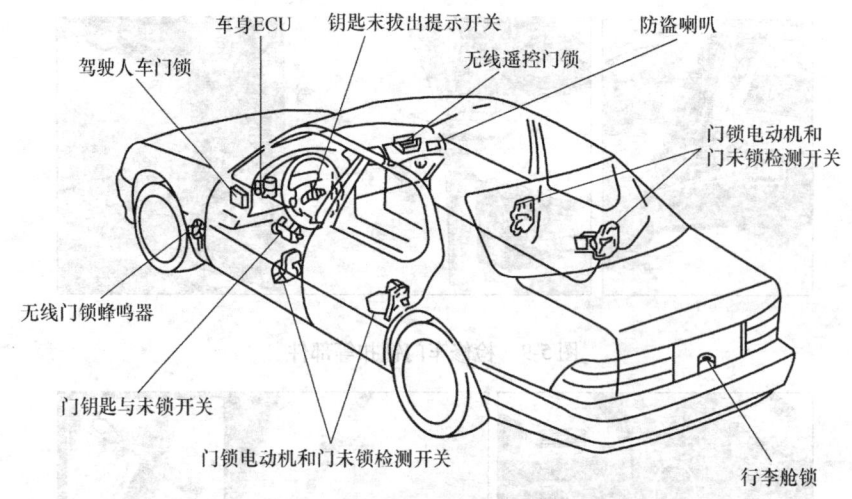

图 5-12　无线遥控门锁系统零部件位置图

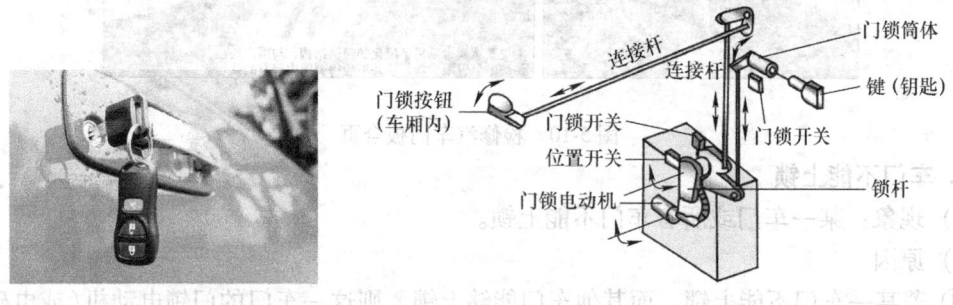

图 5-13　车门只能用钥匙上锁情境及电动机式门锁执行机构

① 熔断器断路。
② 连接导线断路或相关插接器松脱。
③ 有关继电器、开关损坏。
④ 电动机损坏。
⑤ 搭铁线锈蚀、松动。

2) 诊断与排除

① 首先检查熔断器是否断路，然后检查各插接器连接是否紧固可靠。
② 检查电源线是否有电，电压是否正常。
③ 检查搭铁线搭铁是否良好可靠。

⚠ 提示：一般电动车窗与中控门锁、电动天线共用一个搭铁线。当搭铁点搭铁不良或互相短路时若开关车窗，此时只有收音机、升降器指示灯等小功率电器起作用，而大功率电动车窗不好用。

④ 最后检查开关、继电器及电动机是否损坏，如确属零部件损坏则应更换新件。

(2) 某车窗不能升降或只能一个方向运动

1) 主要原因

① 该车窗开关或电动机损坏。
② 该处导线断路或插接器松脱。
③ 安全开关故障。
2) 诊断与排除
① 首先检查安全开关是否正常。
② 若正常, 再检查该窗的开关是否正常, 并通电检查该窗电动机是否正常, 如有故障应检修或更换新件; 若正常, 应检查连接导线是否有断路处。
③ 如车窗只能朝一个方向运动, 一般是开关故障或相关导线断路, 可先检查线路, 再检查开关。

(3) 升降器工作时有异响和卡滞现象
1) 主要原因
① 拆装电动车窗时安装位置不正确, 并未调整好。

⚠提示: 安装门窗玻璃的所有螺栓连接孔均为椭圆孔, 在车窗升降定位前若没有做好有无干涉试验, 则很难保证门窗玻璃安装后能够升降自如。

② 车门的尺寸精度不够, 使车窗升降器电动机卡滞而不能转动甚至烧坏, 而导致门窗玻璃不能升降。

⚠提示: 车门的尺寸精度将严重影响车窗升降器电动机的寿命。由于导槽安装在车门上, 升降器又在导槽中运动, 因此若车门发生变形, 升降器在导槽中的运动将大大受阻甚至不能运动。

③ 车门内板中的一层塑料防护层破损使车门的密封与防尘效果变差, 导致灰尘进入车门内而干涉了电动车窗的运动。

2) 故障排除方法: 这类机械故障一般是安装位置或精度偏差所致, 只需对所在位置的螺钉进行重新调整或紧固、矫正即可, 如图 5-14 所示。

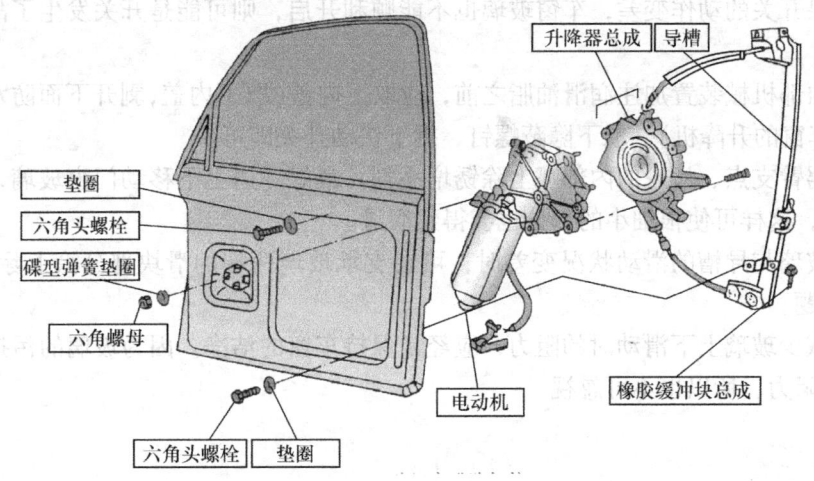

图 5-14 电动门窗升降机构

5.1.4 汽车门窗维护实训

1. 汽车门窗维护设备

汽车门窗维护的设备及材料主要有润滑脂(图 5-15a)、油脂枪(图 5-15b)、除锈增亮剂(图 5-15c)、螺钉旋具等。

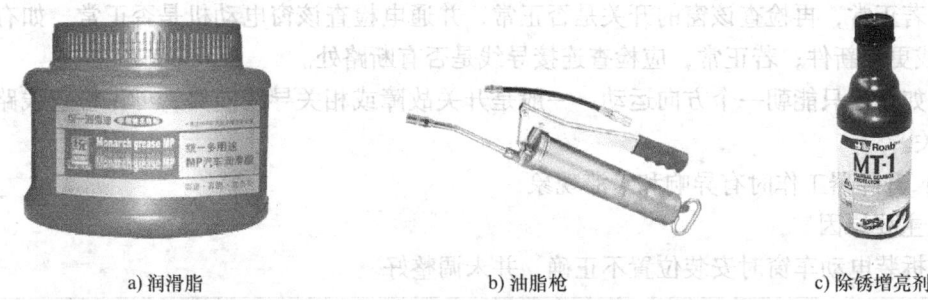

a) 润滑脂　　　　　　　　b) 油脂枪　　　　　　　　c) 除锈增亮剂

图 5-15　汽车门窗维护作业用部分仪器设备及材料

2. 汽车门窗维护项目、作业内容、操作要领及技术要求

电动门窗使用起来非常便捷，尤其是一触式驾驶侧门窗用起来更是优雅自如。但由于电动门窗结构复杂，又担负着中控防盗任务，特别是驾驶侧门窗由于进出电子控制或有人看守的停车场以及收费站时(ECT 车道除外)，必须升降玻璃而使用十分频繁。因此，如果使用维护不当，一旦发生故障，将给车辆使用带来非常大的困难(因无手动摇柄)，甚至不能正常使用。下面重点介绍电动车窗的维护要领及注意事项。

1) 当电动车窗动作不顺畅时，多为车门内部升降机里的油液耗尽。此时，应取下内盖加注润滑油脂。

2) 如果发现门窗玻璃完全不能动作，则可能是开关发生了故障。若确定是开关发生故障，则只能更换。

3) 如果电子装置不动作，则应仔细检查用于电动车窗的熔丝是否完好。若烧断更换即可。

4) 如果开关的动作变差，车窗玻璃也不能顺利开启，则可能是开关发生了故障。应仔细检查。

5) 为内部机械装置加注润滑油脂之前，应取下内盖(取下内盖，剥开下面防水用的塑料纸，便露出车窗的升降机)。取下隐蔽螺钉、拆下快动开关即可。

6) 在摇臂支点、齿轮的内部喷上除锈增亮剂。最好一边上下移动门窗玻璃，一边喷涂除锈增亮剂，这样可使很细小的部分也会得到润滑。

7) 当玻璃与导槽的滑动状况变差时，可在支承玻璃两端的滑块部分涂上除锈增亮剂，即可解决问题。

8) 为减少玻璃上下滑动时的阻力，应经常保持车窗的洁净。因为玻璃的污损也会成为玻璃滑动的阻力，所以也不可忽视。

任务5.2　汽车座椅及安全带的使用与维护

● 一辆2011款捷达王轿车，车辆使用还不到两年时间，行驶里程仅50000km，确发现真皮座椅多处龟裂，用手触摸，感觉干涩粗糙，如图5-16所示。

由于汽车室内通风条件差，长期受到污染，导致车内空气浑浊、有异味，从而不仅损害驾驶人和乘客身体健康，同时对真皮座椅寿命产生影响，再加上驾乘人员的来回揉搓和摩擦，使座椅真皮表面易干燥磨损。如不用皮革保护剂等护理用品定期进行去污、润湿、上光等维护，则很容易导致皮革过早龟裂。

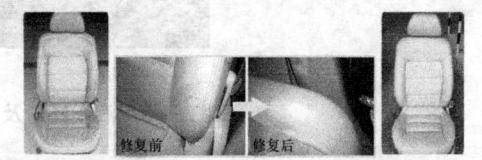

真皮座椅修补翻新前　　　真皮座椅修补翻新后

图5-16　汽车真皮座椅龟裂及其翻新

5.2.1　皮革保护剂的品牌认识及其选用

1. 皮革保护剂的品牌及其功用

如图5-17所示，皮革保护剂主要有皮革清洁剂和皮革护理剂两大类。其中，皮革清洁剂的主要功能是对座椅真皮表面及深层进行去污，皮革护理剂的主要功能是对座椅真皮表面进行深层滋润、润滑和上光。从而达到还真原皮的延展性，延长座椅使用寿命的目的。

2. 皮革保护剂的使用方法

① 用清水冲洗毛巾（或任何柔软不褪色抹布均可），然后用手拧干后折叠起来。

② 手持折叠好的毛巾，手持产品距离毛巾约10cm喷上皮革保护剂直到微湿，拭抹皮革，轻轻揉擦，切勿用力摩擦，按顺序拭抹每一部分。

③ 冲洗毛巾，喷洒保护剂，抹净皮革，去除尘埃污垢；继续清洗毛巾，直到完成清洁作业。

图5-17　汽车座椅皮革保护剂

3. 皮革保护剂的使用注意事项

① 首先应了解皮质的种类，切记使用前要先在皮革不显眼的地方试用，若有褪色现象，可加水稀释，直到满意为止。

② 每次清洁之后，要用皮革保护剂进行护理，且让皮革自然干透，避免直接暴露于热力或阳光下。

5.2.2　汽车座椅及安全带的正确使用

1. 汽车座椅的正确使用及注意事项

合理选择汽车座椅的前后距离、上下高低和靠背倾斜度（图5-18）。图5-19所示为八向调节的电动座椅的调节开关的安装位置（圈中部分）和靠背倾斜度的调节情形（箭头所示）。图 5-20 所示为手动调节座椅的操作要领。

图 5-18　汽车座椅及安全带的正确使用示范

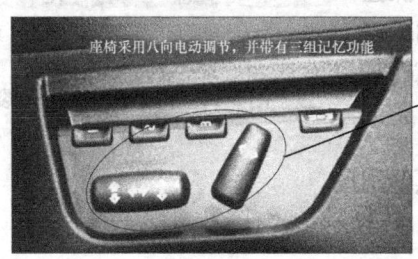 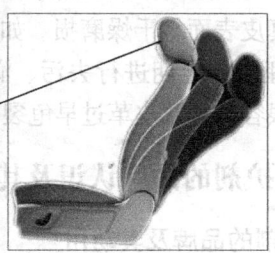

图 5-19　汽车电动座椅的使用

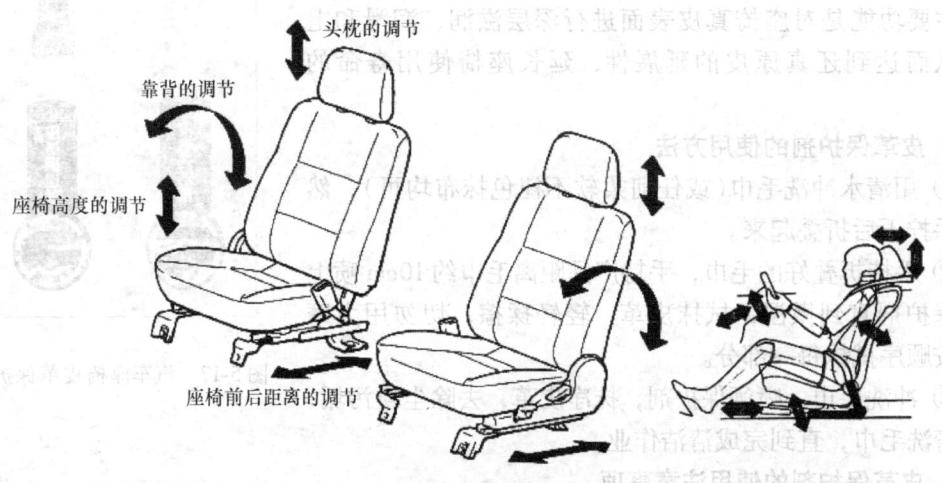

图 5-20　汽车前排手动座椅的调节示意图

⚠ **注意**：驾驶人座椅的前后距离、上下高低以及靠背倾斜度的大小，对驾驶人的安全操作、劳动强度、身心健康等具有重要的影响。因此，每位驾驶人在驾驶车辆前一定要按自己的高矮胖瘦、手脚长短、视野远近来进行精心调整，如图 5-21～图 5-23 所示。切不可在车辆行驶过程中去调节座椅的位置和姿势，否则易导致严重的交通事故。

2. 汽车安全带的正确使用及注意事项

座椅、头枕、安全带和安全气囊均能有效保护乘客的安全，但如果使用不当，则会影响其性能的有效发挥，甚至会影响车辆的行车安全。这里着重介绍安全带的正确使用方法及其注意事项。

1）驾驶人以及前后排乘客应采用直立坐姿乘座，背部靠紧座椅，椅背倾斜时（一般针对前排而言）不应超过30°，这样才能更有效地发挥安全带的性能，来保护驾乘人员的安全。如图5-24所示。

图5-21 装配底座的前排乘客手动座椅上下前后调节示意图

2）在冬季驾驶车辆时，驾驶人应避免穿戴过厚的衣服，否则会使安全带变得反应迟钝，不能发挥最佳的保护效果。

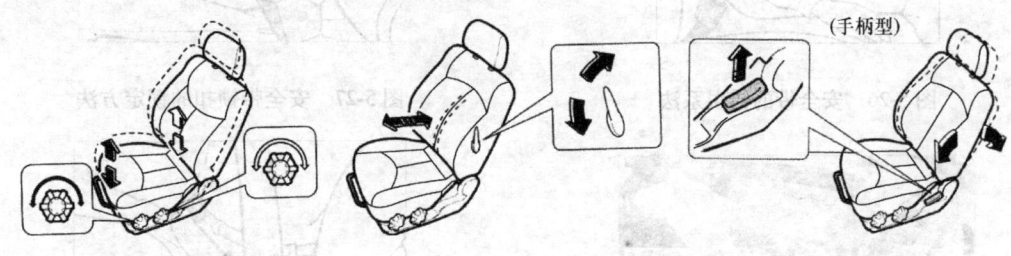

a)座垫前后位置的上下调节　　　　b)座椅靠背倾斜度的调节

图5-22 常见汽车驾驶人手动座椅位置及姿势的调节示意图

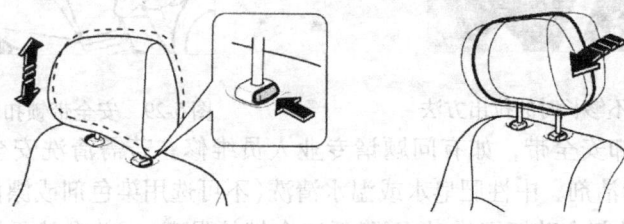

图5-23 常见汽车驾驶人手动座椅头枕的上下及前后倾斜角度调节示意图

3）应注意系安全带的方法，腰部安全带应勒住骨盆部分，肩部安全带应通过肩部中间斜穿胸前并贴紧身体（图5-25），注意不要使安全带经过颈部（图5-26），以免出现意外。

图5-24 使用安全带时坐姿选择

图5-25 安全带的正确系法

4）应注意安全带锁扣的使用方法，系安全带时将舌板插入带扣内（图5-27），直到听到"咔嗒"声，则说明安全带已正确锁定。若无法拉出安全带，就用力拉一下再放开（图5-28），安全带便能平顺拉出，但可不能拉得太猛，否则安全带会自动锁止。若欲解开安全带，则必须先用拇指按下锁止钮（图5-29），直到听到"咔嗒"一声，则说明安全带已解除锁定，此时方可取下安全带插头。

图5-26　安全带的错误系法

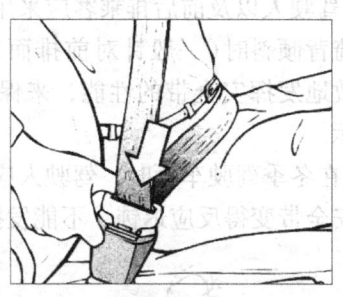

图5-27　安全带锁扣的锁定方法

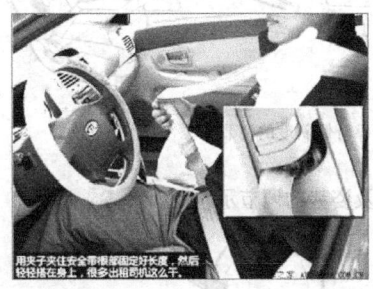

图5-28　安全带不够长时的拉出方法

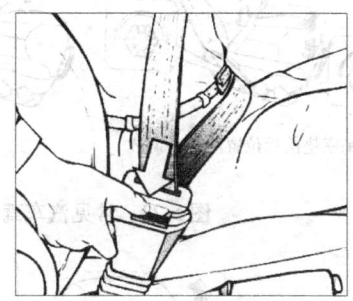

图5-29　安全带锁扣的解锁方法

5）禁止随便拆卸安全带，如有问题请专业人员维修。若需清洗安全带，应使用软布（图5-30）涂布车内清洁剂、中性肥皂水或温水清洗（不可选用染色剂或漂白剂等化学清洗剂进行擦洗，因化学清洗剂会破坏织物，从而降低安全带的强度），并自然干燥，不可采用烘烤等人工加热方法，否则会影响安全带的安全性能和使用寿命。

6）一个安全带只能提供给一个人使用，不能两个人（包括儿童）共用一个安全带（图5-31），安全带在使用时注意不能扭转，否则影响使用效果。

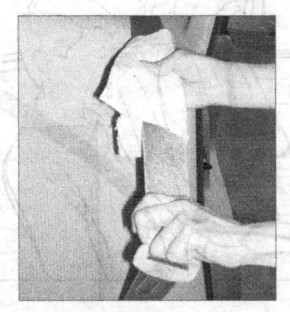

图5-30　安全带的清洁方法

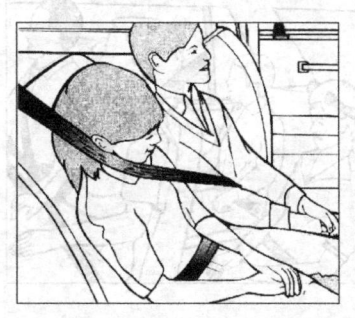

图5-31　安全带的错误使用

⚠ 提醒：一般我国后排乘客不习惯系安全带，乘小型客车出行时很少系安全带（图 5-32，坐在后排系上安全带，也挺舒服呀），乘中小型客车出行时基本上不系安全带。结果发生交通事故时，往往大部分都是未系安全带的乘客，因被甩出车外而死伤。目前我国已立法，要求新制造出厂的长途客车（2012 年）必须安装安全带和监控摄像头，明令乘客乘车出行时，必须系好安全带，并随时接受交通警察的检查。

图 5-32 系上安全带也是不错的选择

⚠ 注意：安全带不是万能的，只有座椅、头枕、安全带和安全气囊综合起来才能最有效地保护乘客安全，所以驾乘人员掌握安全带的正确使用方法是确保行车安全的前提。

5.2.3 汽车电动座椅常见故障诊断与排除

汽车电动座椅常见的故障主要有座椅完全不能动作或某个方向不能动作。

1. 座椅完全不能动作

1) 故障原因：熔丝熔断、线路断路、座椅开关故障等。
2) 诊断步骤
① 首先检查熔丝是否熔断。
② 若熔丝良好，则应检查所在线路及其插接器是否正常。
③ 最后检查开关。

⚠ 提示：对于有存储功能的电动座椅系统还应检查其控制单元（ECU）的电源电路及其搭铁线是否正常。

2. 座椅某个方向不能动作

1) 故障原因：该方向对应的电动机损坏、开关损坏、对应的线路断路等。
2) 诊断步骤
① 首先检查所在线路是否正常。
② 再检查电动机。
③ 最后检查开关。

5.2.4 汽车座椅维护实训

1. 汽车座椅维护设备

汽车座椅维护设备用具及材料主要有多功能泡沫清洁剂（图 5-33a）、皮革保护剂、汽车专用软毛巾（图 5-33b）、蒸汽清洗机（图 5-33c）等。

2. 汽车座椅的维护项目、作业内容、操作要领及技术要求

1) 应经常检查电动座椅的各种调节机构，保证其工作的可靠性，以适应不同驾驶人、乘员在不同条件下获得最佳驾驶及乘坐位置，从而提高驾乘人员的乘坐舒适性。

a) 多功能泡沫清洁剂　　b) 汽车专用软毛巾　　c) 蒸汽清洗机

图 5-33　汽车座椅维护作业用部分仪器设备

2) 应定期检查汽车座椅移动滑槽等固定部件的紧固程度,使座椅具有充分的强度、刚度与耐久性,以保证行车安全。

3) 应定期检查汽车座椅弹簧、海绵等部件的完好情况,使座椅具有良好的振动特性,能吸收从车厢地板传来的振动,从而具有良好的静态与动态舒适性。

4) 应定期(尤其是在干旱季节)加强对皮革座椅的清洁护理,否则易过早发生龟裂。

⚠提示:人造革和真皮座椅的表面有许多细小的纹理,容易积聚灰尘污垢,且用一般的人工方法很难彻底清除干净。所以,最好用专用设备进行清洁。

5) 应定期(尤其是在潮湿季节)加强对丝绒座椅的清洁护理,否则易过早发霉破损。

⚠提示:丝绒座椅表面绒毛容易吸附灰尘污物,因此,丝绒座椅用久了会失去绒毛材料的柔顺性和使用寿命。

⚠特别提示:蒸汽清洗机可用于清除汽车驾驶室及车厢内的各种污渍,可对丝绒、化纤、塑料、皮革等不同材料进行清洗。它不仅具有较强的去污功能,而且还具有杀菌消毒的作用,特别是对带有异味的污垢有很强的清洗作用,能使皮革恢复弹性,丝绒化纤还原至原有光泽,是汽车内室清洁护理的首选设备。应熟练掌握其使用方法。

任务5.3　汽车刮水系统的使用与维护

● 一辆2008款上海别克轿车,在刮水器刮扫过程中将刮水器开关置于关闭位置时(OFF位置)随关随停,不能自动复位,阻碍驾驶人的视线,严重影响了行车安全,如图5-34所示。

轿车的刮水器开关大多设置在转向盘右下方、偏上方的转向管柱装饰罩上。绝大多数轿车只装有前风窗玻璃刮水器,只有少数车辆同时也装配有后风窗玻璃刮水器,甚至有些车辆还装有前照灯刮水器。图5-34中FRONT为前风窗玻璃刮水器组合开关,共有MIST(喷雾开

项目5 汽车车身的使用与维护

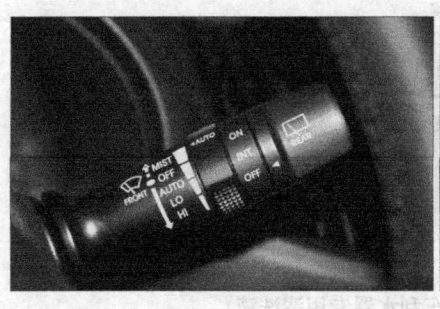

图 5-34 汽车刮水器不复位

关)、OFF(关闭开关)、AUTO(自动开关)、LO(低速开关)和 HI(高速开关)等 5 个控制开关;REAR 为后风窗玻璃刮水器组合开关,共有 ON(接通开关)、INT(间歇开关)、OFF(关闭开关)等 3 个控制开关。

5.3.1 门窗及风窗玻璃洗涤液品牌认识及其选用

1. 汽车玻璃专用清洁剂

车身经过清洗后,有时会发现玻璃雾蒙蒙的,用一般的清洗方法很难消除,特别是前风窗玻璃,影响行车安全。遇此情况,应使用图 5-35 所示的专用玻璃清洁剂进行清洗。

图 5-35 常见汽车专用玻璃清洗剂

(1) 特性 该产品属于柔和型水质去油去垢剂。主要用于清除门窗玻璃上积淀的白色雾状膜,即各种内室清洗剂、清新剂以及烟雾等造成的静电油脂膜,也可有效地去除油污、尘土等。该产品含挥发剂,用后很快风干。

(2) 使用方法 直接喷到玻璃上,用干布擦拭。

(3) 适用范围 门窗玻璃、前风窗玻璃及后视镜。

2. 汽车刮水器清洗液

汽车在风砂或尘土较多的环境中行驶时,会由于灰尘落在风窗玻璃上而影响驾驶人的视线。因此很多汽车的刮水系统中安装了清洗装置,必要时向风窗玻璃喷水或专用清洗液(图 5-36),在刮水器的配合下,保持风窗玻璃的洁净。

图5-36 常见汽车刮水器专用清洗液

> ⚠ **提醒**：现代汽车基本上都配备了汽车刮水器专用清洗液（俗称玻璃水或雨刮水、雨刷精），无论是南方还是北方都不宜用水清洗。一则水里含水垢，易堵塞水道和喷口，二则水的冰点低，北方地区冬季若用水，很容易冻裂储液罐或输液管。因此，应采用市场上销售的汽车刮水器专用清洗液。

（1）常见类型及其选用　目前，市场上零售的汽车刮水器清洗液可分为三种：一种是全国夏季及南方冬季（气温不低于0℃，即一年四季都不结冰的地区）用的通用型玻璃清洗液，在清洗液里添加了除虫胶成分，可以快速清除撞在风窗玻璃上的飞虫残留物；一种是冬季气温低于0℃地区用的防冻型玻璃清洗液，可保证在外界气温低于-20℃时都不会结冰；一种是特效防冻型玻璃清洗液，可保证在-40℃时都不会结冰，适合我国最北部地区的严寒冬季使用。

（2）使用注意事项　市场上零售的或汽车4S店所提供的汽车刮水器清洗液大多为浓度很高的"母液"，不能直接加注。否则不仅造成浪费，而且易腐蚀橡胶软管和风窗玻璃等。使用时，应注意以下事项：

① 要注意稀释使用。一般购买回来的刮水器清洗液均需按照说明书上的要求稀释使用。

② 要注意刮水器清洗液容量。汽车刮水器清洗液的容量为1.5L左右，因此选择稀释刮水器清洗液的容器用1.25～1.5L即可。也可用矿泉水瓶替代。

③ 要注意不能加太满。自己动手添加刮水器清洗液时，要注意不要加得过满。如果容器口有一些泡沫，不影响使用，无需担心。

④ 南方车辆冬季跨地区到气温低于0℃地区行驶时，要注意使用防冻型刮水器清洗液。尤其是习惯了南方气候的驾驶人去到北方时千万不能忽略此事。

5.3.2 汽车刮水器的正确使用

电动刮水器的结构（图5-37）比较脆弱，在使用中稍有不当就很容易造成刮水器部件的损坏，因此，在使用刮水器时应注意以下几个方面：

1）定期检查刮水片，当发现其严重磨损或有脏污时应更换或清洗，否则将降低刮水器的工作效能，影响驾驶人视线。

> ⚠ **提醒**：清洗刮水器时，可用蘸有酒精清洗剂的棉丝沿刮水方向擦去刮水片上的污物。切不可用汽油清洗和浸泡刮水片，否则会引起变形，影响其工作效能。

2) 如图 5-38 所示，在检查刮水器工作情况时，先启动清洗装置，用刮水器清洗液先润湿风窗玻璃，否则会刮伤玻璃，同时由于刮水片摩擦阻力大，还有可能损伤刮水片或烧坏电动机。

⚠️提醒：在试验时应注意电动机有无异常噪声，尤其应引起注意的是当刮水器电动机"嗡嗡"作响而不转动时，说明刮水器机械传动部分有锈死或卡住的地方，这时应立即关闭刮水器开关，以防烧毁电动机。

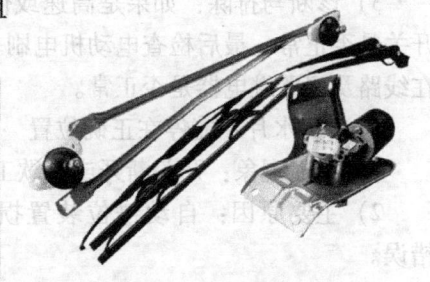

图 5-37 汽车电动刮水器的主要零部件

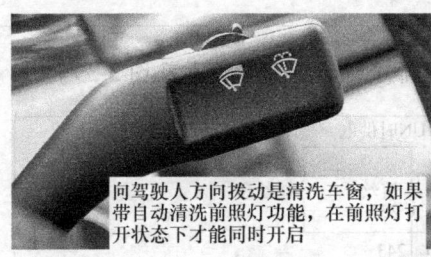 

图 5-38 汽车电动刮水器的清洗装置

3) 一般不要拆下刮水器电动机，若因故障必须拆下时，要防止电动机跌落损坏。因为刮水器电动机大多使用永磁直流电动机，其磁极多采用陶瓷材料，比较脆弱。

4) 刮水器电动机大多制成封闭式，不可随意拆卸。若必须拆卸，装配时要保持内部的清洁，不可将铁屑之类的污物落在其内，装配时还要注意向含油轴承的毛毡上加注少许润滑油，并更换或补充减速器内的润滑脂。

5) 在冬季使用刮水器时，若发现刮水片被冻结或被雪团卡住时，应立即关闭开关，清除冰块、雪团后方可继续使用，否则会因刮水片阻力过大而烧坏刮水器电动机。

5.3.3 汽车刮水器常见故障诊断与排除

1. 刮水器故障的诊断与排除

汽车刮水器的常见故障主要有刮水器在各档都不工作、在个别档位不工作和刮水片不能停在正确位置。

(1) 刮水器在各档都不工作

1) 故障现象：接通点火开关后，刮水器开关无论置于哪一档位，刮水器均不工作。

2) 主要原因：熔丝烧断；刮水器电动机或刮水器开关有故障；机械传动部分故障；线路断路或插接器松脱。

3) 诊断与排除：首先检查熔丝是否熔断，插接器是否松脱，线路有无断路；然后检查开关是否正常；最后检查电动机及机械传动部分。

(2) 在个别档位不工作

1) 故障现象：接通点火开关后，刮水器在个别档位（低速、高速或间歇档）不工作，其余正常。

2) 主要原因：刮水器电动机或开关有故障；间歇继电器有故障；线路断路或插接器

松脱。

3）诊断与排除：如果是高速或低速档不工作，可先检查该档位对应的线路是否正常，开关是否正常，最后检查电动机电刷。如果是间歇档不工作，应检查刮水器开关的间歇档所在线路及间歇继电器是否正常。

(3) 刮水片不能停在正确位置

1）故障现象：开关断开或间歇工作时，刮水片不能停在前风窗玻璃（风窗）底部。

2）主要原因：自动停位装置损坏；刮水器开关损坏；刮水臂调整不当；线路连接错误。

3）诊断与排除：首先检查刮水臂的安装是否正确；开关线路连接是否正确；最后检查自动停位机构的触片和滑片接触是否良好。

⚠ 实例链接：上海别克轿车风窗刮水器故障排除练习，见表5-1及图5-39。

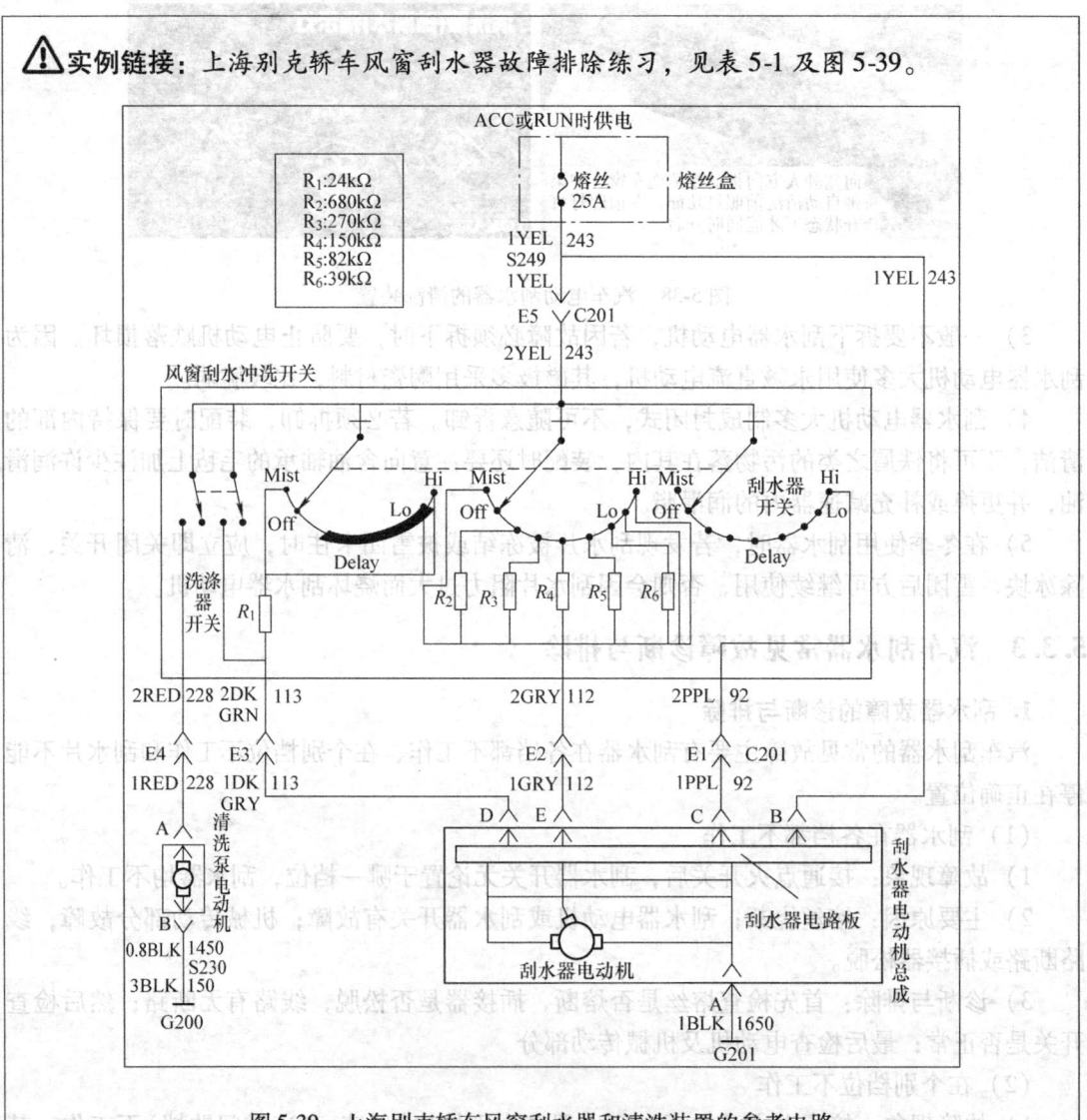

图 5-39 上海别克轿车风窗刮水器和清洗装置的参考电路

表 5-1 上海别克轿车风窗刮水器故障的排除要领

步骤	操作方法	正常	不正常
1	将点火开关置于 RUN 位置	刮水器以低速动作。洗涤器开关在 ON 位置时，喷嘴向风窗喷清洗液。释放开关后，清洗液停止喷射，刮水片再动作 2～4 个循环后停止	洗涤设备不工作
2	将洗涤器开关保持在 ON 位置	刮水器完成一个循环后间歇 1～22s 再进行下一个循环。间歇时间可通过转动刮水器开关进行调整	除湿、延时、低速模式不工作
3	将刮水器开关转至 "Delay" 位置（脉冲延时模式）	只要洗涤器开关在 ON 位，喷嘴就向风窗喷清洗液。此时刮水器低速运转，在洗涤器开关释放后，刮水片再动作 2～4 次之后以脉冲模式工作	刮水器 Mist、Delay 和 Lo 模式都不工作
4	将刮水器开关转至 Delay 位置	刮水器以低速连续工作	所有模式都不工作
5	保持洗涤器开关在 ON 位置 1～2s	刮水器以高速连续工作	所有模式都不工作
6	将刮水器开关置于 Lo 位置	刮水器以低速转回停止位置	开关关闭后，刮水片仍一直工作
7	将刮水器开关置于 Hi 位置	刮水器进行一个刮水循环，然后转回停止位置	Mist、Delay 和 Lo 模式不工作

2. 风窗清洗系统故障的诊断与排除

风窗清洗系统的常见故障主要有所有喷嘴都不工作和个别喷嘴不工作。

1）故障现象：所有喷嘴都不喷清洗液和个别喷嘴不喷清洗液。

2）故障原因：清洗电动机或开关损坏；线路断路或插接器松脱；清洗液液面过低或连接管脱落；喷嘴堵塞。

3）诊断与排除

① 如果所有喷嘴都不工作，先检查清洗液液面和连接管是否正常；然后检查清洗电动机电路及插接器是否有断路及松脱处；再检查开关和电动机是否正常。

② 如是个别喷嘴不工作，则是喷嘴堵塞或输液软管出现泄漏或堵塞等问题。如图 5-40 所示。

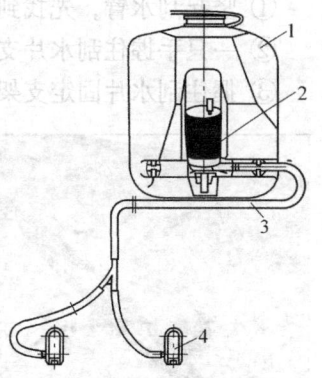

图 5-40 桑塔纳轿车风窗玻璃洗涤器
1—储液箱 2—洗涤泵
3—输液软管 4—喷嘴

⚠ 提示：由于风窗清洗装置的开关和刮水器开关为一个组合开关，故其系统故障的检查参见表 5-1 即可。

5.3.4 汽车刮水系统维护实训

1. 汽车刮水系统维护仪器设备

汽车刮水系统的维护仪器设备主要有汽车刮水系统电路图、刮水器清洗液（图 5-41a）、万用表、高压气枪（图 5-41b）、喷嘴疏通液及注射器（图 5-41c）、牙签等。

  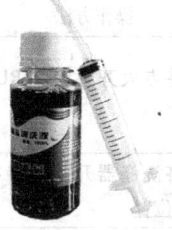

a) 刮水器清洗液　　　　　　b) 高压气枪　　　　c) 喷嘴疏通液及注射器

图 5-41　汽车刮水系统维护作业用部分仪器设备

2. 汽车刮水系统的维护项目、作业内容、操作要领及技术要求

（1）刮水器的检查

1）刮水片的检查

① 需经常检查刮水片的工作情况及磨损状态（图 5-42）。

② 更换刮水片时，压下并分离弹簧夹后拔出刮水片即可。

③ 折卸刮水臂时，把刮水片向外翻后提起刮水器盖，拧下螺母，左右转动刮水臂并从操纵臂上拆下，按原来的角度安装新的刮水臂。

2）刮水片的拆卸，如图 5-43 所示。

① 竖起刮水臂，先找到小开关，为更换刮水片做准备。

② 一只手握住刮水片支架，另一只手往上提紧小开关。

③ 握住刮水片固定支架，两端用力将刮水片从刮水片固定支架上分离并卸下来。

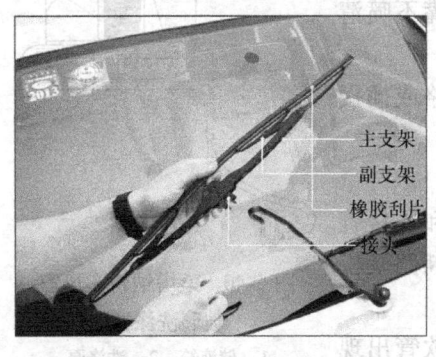 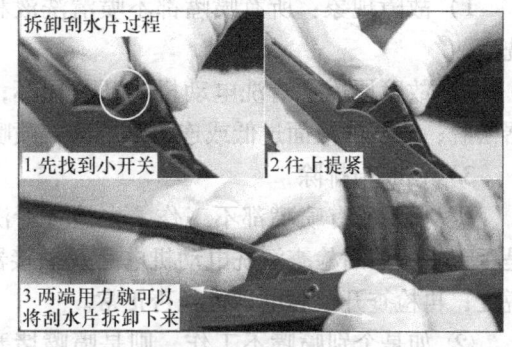

图 5-42　刮水片的检查　　　　　　图 5-43　刮水片的拆卸

3）刮水片的安装

① 把新的刮水片水平放置后将固定杆朝下，然后将刮水片孔对准固定杆并向下插入（图 5-44）。

⚠ 注意：刮水片在分离状态时，应避免刮水臂碰到风窗玻璃，以免损坏玻璃。汽车型号不同刮水片的型号也不同，不能随意更换。

② 把刮水片朝上推到最高位置，然后把固定杆安装到刮水臂上。听到"咔嗒"声为安装位置正确（图 5-44）。

 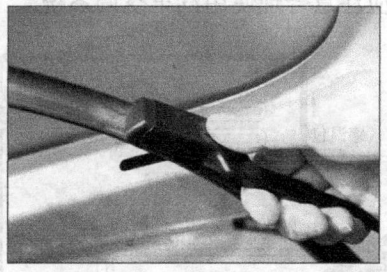

图 5-44　刮水片的安装

⚠ **提醒**：为了防止损伤刮水片，不要用汽油、苛性钠或其他清洗剂清洗风窗玻璃。

（2）刮水器清洗液的检查

① 应经常检查洗涤器储液罐中的清洗液量是否充足，如图 5-45 所示。

② 切勿在没有清洗液的情况下操作喷水洗涤器，否则易损坏喷水电动机和刮坏风窗玻璃。

③ 夏季可以使用自来水暂时替代，但冬季必须加注防冻清洗液。

 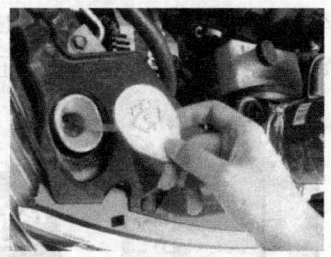

图 5-45　刮水器清洗液的检查

⚠ **提醒**：切勿使用发动机防冻液替代清洗液，如果发动机防冻液喷到车体上会破坏漆面保护层。

任务 5.4　汽车空调系统的使用与维护

> • 一辆 2010 款桑塔纳 3000Gsi 轿车，在炎热夏季打开空调制冷系统运行很长时间，但仍然感觉车内很热。用手摸管路检查发现，压缩机低压吸气管凉而不冻、高压排气管热而不烫，车主认为空调制冷不足，如图 5-46 所示。

合理使用汽车空调系统，不仅节约能源、减少故障，而且能够保证汽车空调系统具有良好的技术状况，从而发挥最大效率，并延长使用寿命。

现代轿车基本上都装用非独立式汽车空调系统，其操作使用比较方便。但如果使用不当，则对空调的使用性能及寿命、发动机的工作稳定性及功耗、乘员的舒适性都将产生很大影响。为此,应注意合理使用汽车空调系统。

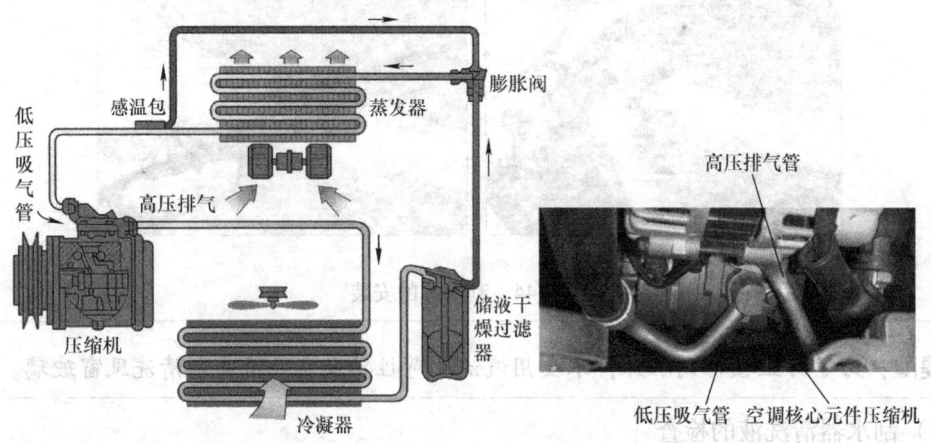

图 5-46　汽车空调制冷系统组成

5.4.1　汽车制冷剂品牌认识及其选用

我国于 1992 年发文规定:各汽车厂从 1996 年起在汽车空调中逐步用新制冷剂 R134a 替代 R12,在 2000 年生产的新车上不准再用 R12。因此,汽车使用和维修人员必须了解和熟悉新制冷剂 R134a 的特点,以便能够熟练、正确地使用制冷剂(图 5-47)。

图 5-47　汽车制冷剂识别练习

1. 制冷剂 R134a 的主要特点

1) R134a 不含氯原子,不破坏大气臭氧层。
2) R134a 有良好的安全性能(不易燃、不易爆,无毒,无刺激性、无腐蚀性)。
3) R134a 的传热性能好,因此制冷剂的用量可大大减少。

2. 制冷剂的使用注意事项

1) 检修制冷系统时应做好安全防护,避免手和眼睛等处皮肤接触液态制冷剂,以免被冻伤。
2) 由于 PAG 油与 R134a 在高温区和低温区会产生"两者分离"现象,因此在加注 R134a 时需要将它放在盛热水的容器里进行加热,但温度不要超过 40℃。绝对禁止用喷灯一类的加热装置加热,要尽量防止出现"两者分离"现象,以免给压缩机的排气压力和制冷带来不良影响。
3) R134a 系统必须使用专用密封圈与密封垫,否则会起泡失效,从而导致制冷剂泄漏。

4) 在加注 R134a 时，应使盛 R134a 的容器保持在直立状态，确保 R134a 以气态方式进入系统，否则，R134a 可能会以液态方式进入压缩机，使压缩机损坏。另外，加注作业必须在空气流通的地方进行，以防操作人员因缺氧而窒息。

5) 储液干燥器（或气液分离器）必须密封保存，其安装要迅速，否则，空气进入储液干燥器后会使干燥剂吸湿能力减弱，甚至失效。

5.4.2 汽车空调系统的合理使用

1. 汽车空调系统的合理使用

汽车空调制冷系统的结构组成如图 5-48 所示。

1) 使用空调前应先起动发动机，待发动机暖机稳定运转后，再打开鼓风机至某一档位，然后再按下空调开关（A/C，制冷强制开关，手、自动空调均设有此开关，如图 5-49 所示；AUTO，自动空调开关，如图 5-50 所示）以起动空调压缩机，调整送风温度和选择送风口，空调即可正常工作。

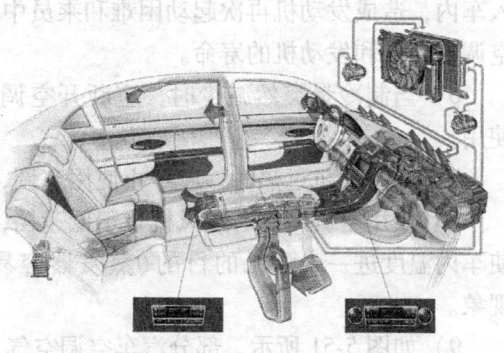

图 5-48 汽车空调制冷系统的结构组成及使用练习

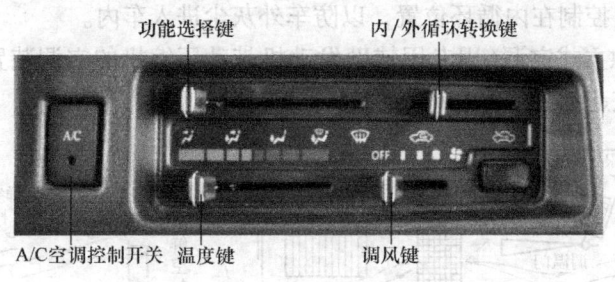

图 5-49 手动空调控制面板

⚠**注意**：当温度调节推杆处于最大制冷位置时，应尽量使用鼓风机的高速档，以免蒸发器因过冷而结冰。

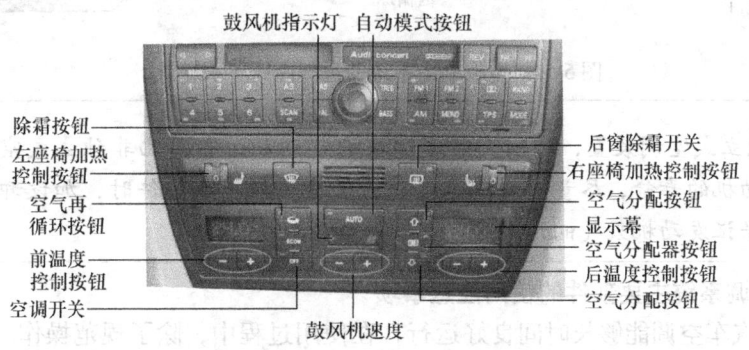

图 5-50 自动空调控制面板

2）在空调系统运行时，若听到空调装置（如压缩机、鼓风机等）有异常响声或发生其他异常情况，应立即关闭空调，并及时查明原因并排除故障。

3）若汽车空调系统无超速自动停转装置，在爬长坡或超车时应暂时断开压缩机的运行（即关闭空调强制 A/C 开关），以免发动机动力不足或发动机超负荷运行而过热。

4）在夜间行驶时，由于整车耗电量较大，不应长时间使用空调以免引起蓄电池亏电。

5）汽车停驶时不要长时间使用空调制冷装置，以免耗尽蓄电池的电能和防止废气被吸入车内，造成发动机再次起动困难和乘员中毒，还可避免因冷凝器和发动机散热不良而影响空调的性能和发动机的寿命。

6）当制冷量突然减少时，应断开空调强制开关 A/C，待排除空调系统故障后再继续使用。

7）当发动机过热时，应停止使用空调，待发动机工作温度正常后再使用。

8）使用空调时，若鼓风机置于低速档，冷气温控开关不宜调得过低。否则不仅达不到使车内温度进一步降低的目的（蒸发器容易结霜，产生风阻），而且容易出现压缩机液击现象。

9）如图 5-51 所示，部分汽车空调空气入口的控制有外循环（FRESH，也称新鲜空气循环模式）和内循环（RECIRC，也称空气再循环模式）两个控制位置。若汽车在尘土飞扬的道路上行驶，应将空气入口控制在内循环位置，以防车外灰尘进入车内。

10）对于装有独立式空调（用专用辅助发动机带动压缩机的空调装置）的汽车，应严格按使用说明书的规定起动和运行空调器。

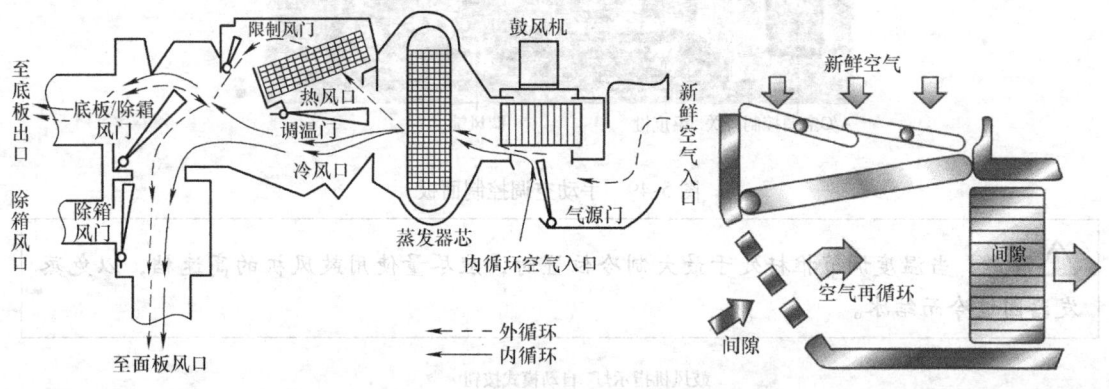

图 5-51 空调制冷系统的进气内循环示意图

⚠ **注意**：独立式空调装置，控制辅助发动机的起动和运行要比非独立式空调复杂；为延长辅助发动机的寿命，尽量做到低速起动，低速关机。有条件时，加设卸载起动装置的同时，应保证发动机吸气的清洁度。

2. 汽车空调系统主要部件的使用注意事项

为了确保汽车空调能够长时间良好运行，在使用过程中，除了规范操作、合理使用外，应掌握主要部件的使用注意事项。图 5-52 所示为汽车空调系统中使用最为频繁的制冷系统主要部件的布置位置。

(1) 压缩机　压缩机在空调制冷系统回路中起压缩、驱动制冷剂的作用。使用时应注意以下事项：

① 压缩机的安装支架不得松动。

② 在车辆低速运行或停驶状态下，尽量不要使用空调压缩机。

③ 在行车中遇到交通堵塞时，千万不要为了提高制冷效果而使发动机高速运转，否则会影响发动机和压缩机的使用寿命。

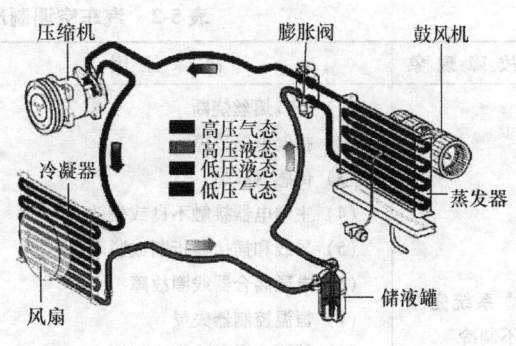

图5-52　汽车空调制冷系统主要部件的布置位置

④ 在空调停用季节，应每隔一周左右时间就应运转压缩机几分钟，以免压缩机油封老化而漏油。

⑤ 空调压缩机传动带松紧度要合适(为376N±50N)。传动带太紧，易造成压缩机带轮轴承过早磨损，会导致压缩机噪声大，易造成离合器过早损坏；传动带太松，易导致传动带打滑，使压缩机转速下降，制冷效果变差。

(2) 冷凝器　冷凝器在空调制冷系统中起到把从压缩机出来的高压、高温的制冷剂，冷却成高压、低温液体的作用。使用时应注意以下事项：

① 应保持冷凝器表面的洁净。为防止油污、灰土或其他杂物附在冷凝器上，应该经常对冷凝器进行清洗。

② 应经常对冷凝器和散热器之间的缝隙进行清理。如果两者缝隙被杂物堵塞，易造成发动机冷却液温度过高，使制冷效果下降。

(3) 蒸发器　蒸发器在空调制冷系统中起到使经过膨胀阀减低了压力的制冷剂，在蒸发器中吸收车室内的热量而蒸发为气体(使其周围空气温度降低而制冷)，进而再进入压缩机进行循环的作用。使用时应注意以下事项：

① 应定期清洗蒸发器进风口处的空气滤网，防止车内的灰尘、杂物吸附在空气滤网上而阻碍空气流通，造成冷气不足，影响制冷效果。

② 应保证排水道畅通，否则易造成排水道堵塞，严重时会造成蒸发器的损坏。

5.4.3　汽车空调常见故障诊断与排除

汽车空调系统是一个完全密封的循环系统。其中任何一个零部件损坏都会使空调能力下降或不能制冷、制热。由于系统密封性要求较高，所以给故障的诊断及排除带来一定的困难。

1. 汽车空调制冷系统常见故障诊断与排除

汽车空调制冷系统的常见故障一般分为电气故障、功能部件的机械故障、制冷剂和冷冻润滑油引起的故障等。这些故障产生后，集中表现为系统不制冷、制冷不足、制冷时有时无或系统噪声太大等。这里以自动空调为例，介绍汽车空调制冷系统常见故障的原因及排除方法，见表5-2。

表 5-2　汽车空调制冷系统故障原因及排除

故障现象	故障原因	排除方法
系统完全不制冷	(1) A/C 熔丝烧断 (2) 控制电路故障 (3) 传感器故障 (4) 主继电器接触不良或失效 (5) 导线和插接器折断或脱落 (6) 电磁离合器线圈故障 (7) 恒温控制器失灵 (8) 储液干燥器或膨胀阀堵塞 (9) 送风系统故障 (10) 传动带松弛或折断 (11) 高压开关或低压开关故障 (12) 制冷剂全部漏光 (13) 压缩机内部损坏	(1) 查明原因，更换熔丝 (2) 查明原因，予以排除 (3) 检测各传感器，更换传感器 (4) 检测主继电器，修理或者更换 (5) 检测线路及插接器，接通线路 (6) 检测线圈，修理或更换 (7) 更换 (8) 查明堵塞原因，检修或更换 (9) 检测电动机、继电器，修理或更换 (10) 调整或更换 (11) 检测开关，查明原因，更换 (12) 查明漏点，修理并重新抽真空、充注 (13) 修理或者更换
系统制冷不足	(1) 蒸发器风扇转速失控 (2) 恒温开关、放大器故障 (3) 电磁离合器打滑 (4) 压缩机进气阀、排气阀窜气 (5) 储液干燥器、膨胀阀堵塞 (6) 冷凝器的气流不畅通 (7) 蒸发器的气流不畅通 (8) 蒸发器压力控制阀故障 (9) 系统中制冷剂过多或不足 (10) 冷冻机油过多 (11) 系统内含水过多 (12) 蒸发器结霜堵塞	(1) 检测、修理调速电阻、风扇 (2) 检测、修理恒温开关、放大器 (3) 更换磨损的离合器零件 (4) 更换缸垫或者压缩机 (5) 清洗或更换滤网、干燥器、膨胀阀 (6) 清理冷凝器表面杂物 (7) 清理蒸发器表面 (8) 调整或者更换 (9) 压力检测并按照规范调整 (10) 检测并排出多余的冷冻机油 (11) 排空、抽真空、充注 (12) 调整恒温开关或蒸发器压力控制器
制冷时有时无	(1) 系统电路接触不良 (2) 离合器打滑或磨损严重 (3) 主继电器、风扇继电器有故障 (4) 系统内含水过多 (5) 风扇调速器故障 (6) 电动机故障 (7) 恒温器或放大器有故障 (8) 恒温器故障 (9) 膨胀阀失灵 (10) 蒸发器压力控制器故障	(1) 检查测量，排除故障 (2) 清洗油渍，更换磨损零件 (3) 检修更换继电器 (4) 排空、抽真空、充注 (5) 检修、更换调速器 (6) 检修、更换电动机 (7) 更换恒温器或放大器 (8) 重新调整或者更换 (9) 更换膨胀阀 (10) 调整或者更换
系统噪声太大	(1) 传动带松弛、磨损引起打滑 (2) 离合器轴承磨损、间隙过大、打滑 (3) 冷冻机油过少 (4) 制冷剂过量或者不足 (5) 压缩机零件磨损或者安装松动 (6) 送风电动机磨损或者安装松动 (7) 制冷系统水分过量	(1) 调整传动带张紧力 (2) 检修、更换离合器 (3) 加注冷冻机油，保持正确油平面 (4) 按照规范进行压力检测并调整 (5) 修理或更换压缩机 (6) 调整、维修或更换系统零件 (7) 更换干燥器，系统重新抽真空，充注制冷剂

2. 汽车空调取暖系统常见故障诊断与排除

汽车空调取暖系统的常见故障一般分为电气故障、功能部件的机械故障等。这些故障产生后，集中表现为：不供暖或暖气不足、调节控制失效等。这里以自动空调为例，介绍汽车空调取暖系统常见故障的原因分析及排除方法，见表5-3。

表5-3 汽车空调取暖系统故障原因及排除

故障现象	故障原因	排除方法
不供暖或暖气不足	(1) 空调器鼓风机损坏 (2) 鼓风机继电器、调温电阻器损坏 (3) 温度真空驱动器损坏 (4) 热风管道堵塞或漏风 (5) 冷却液管阻塞 (6) 加热器积垢堵塞 (7) 热水开关或真空驱动器失效 (8) 发动机节温器失效	(1) 用万用表检查排除 (2) 用万用表检查排除 (3) 更换真空驱动器 (4) 清理管路 (5) 清理冷却液管 (6) 清理积垢 (7) 检修或更换 (8) 更换节温器
调节控制失效	(1) 熔断器断路或开关接触不良 (2) 鼓风机调速电路失效 (3) 操纵开关不灵活 (4) 真空泄漏	(1) 检查熔断器和开关 (2) 更换调速模块或调速电阻 (3) 调整或修理 (4) 检修真空系统管路和驱动器

5.4.4 汽车空调系统维护实训

1. 空调维护仪器设备

汽车空调维护作业所需的仪器设备主要有制冷剂回收加注机（图5-53a）、各种检漏仪（图5-53b）、歧管压力表（图5-53c）、制冷剂注入阀（图5-53d）、制冷剂（图5-53e）等。

2. 汽车空调的维护项目、作业内容、操作要领及技术要求

在车辆平时使用过程中做好汽车空调系统的日常及定期维护是至关重要的。因在空调系统的使用维护过程中能及时发现故障先兆，从而及时采取措施、排除故障、消除隐患，充分发挥空调的效能，保证空调系统的正常运行。图5-54和图5-55所示分别为小型客车和中型

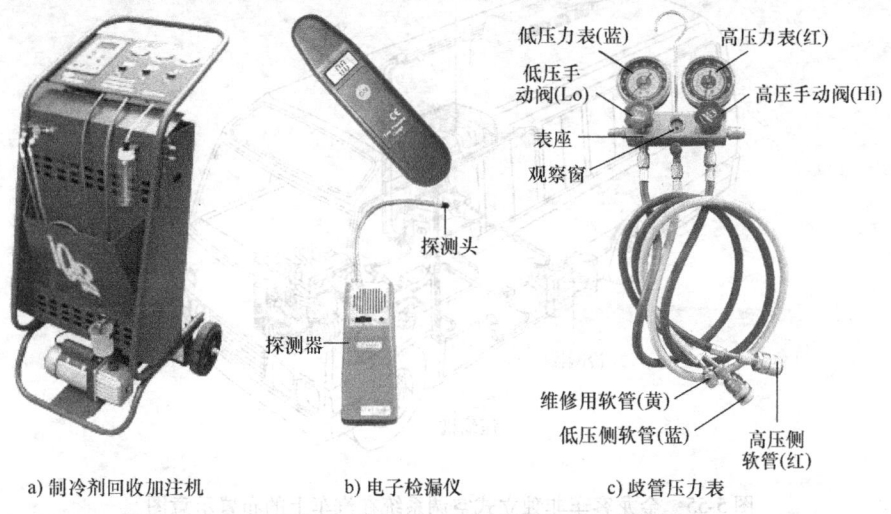

a) 制冷剂回收加注机　　　b) 电子检漏仪　　　c) 歧管压力表

图5-53 汽车空调系统维护作业用部分仪器设备

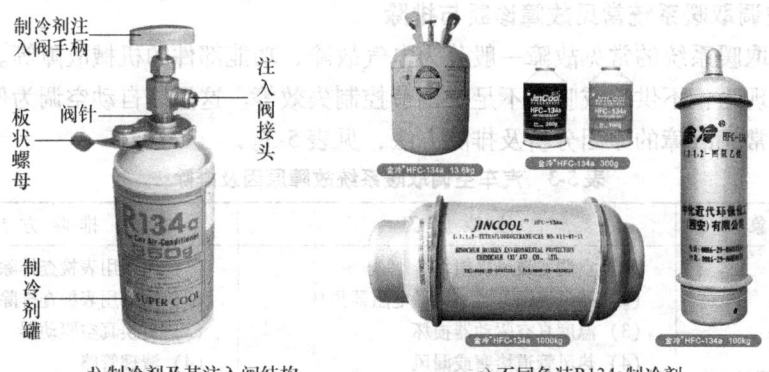

d) 制冷剂及其注入阀结构　　e) 不同包装R134a制冷剂

图 5-53　汽车空调系统维护作业用部分仪器设备(续)

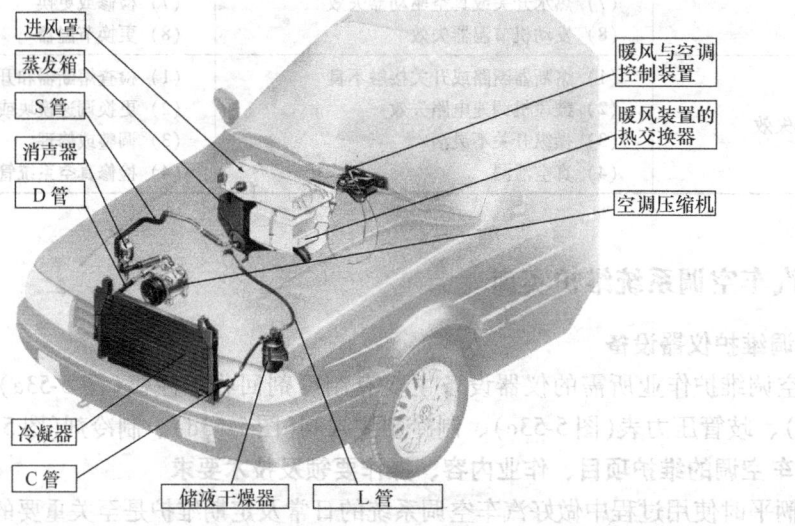

图 5-54　桑塔纳轿车非独立式空调系统在汽车上的布置示意图

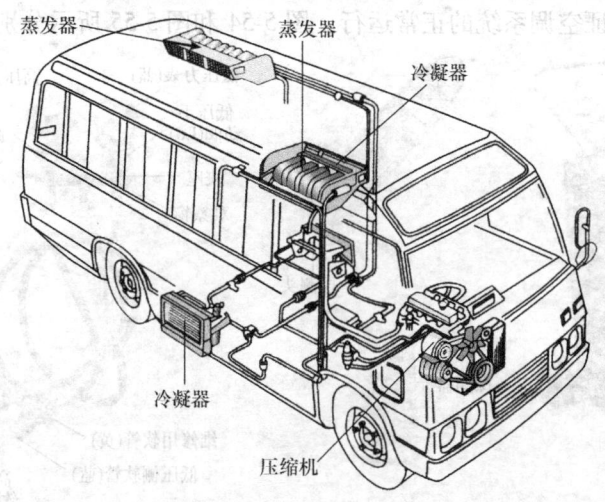

图 5-55　金龙客车非独立式空调系统在汽车上的布置示意图

客车空调系统各部件的安装位置,维护时可进行参考。

(1) 汽车空调系统的日常维护

1) 保持冷凝器和蒸发器的清洁。冷凝器和蒸发器的清洁程度直接影响到它们的热交换效果,所以应经常检查其表面有无污物、散热片是否弯曲或被阻塞等现象。如发现表面脏污,应及时用压缩空气吹净或用压力清水清洗干净,以保持良好的散热条件。

⚠️**提醒:** 在清洗冷凝器的维护过程中,应注意不要把散热片碰弯,更不能损伤制冷管路。否则,会因散热不良而造成冷凝压力和温度过高、制冷能力下降。

2) 保持进风通道空气进口滤网的清洁。如图5-56所示,送入车厢内的新鲜空气都要经过空气进风罩滤网的过滤,如果滤网堵塞会使风量减少。因此,应经常检查过滤网是否被灰尘、杂物所堵塞,并及时加以清洁,以保证进风量充足。一般每星期应检查一次。如发现堵塞,可打开蒸发器检查门,卸下滤网。然后用压缩空气或带有中性洗涤剂的温水洗净。也可将滤网浸在水中,用毛刷刷净污物。

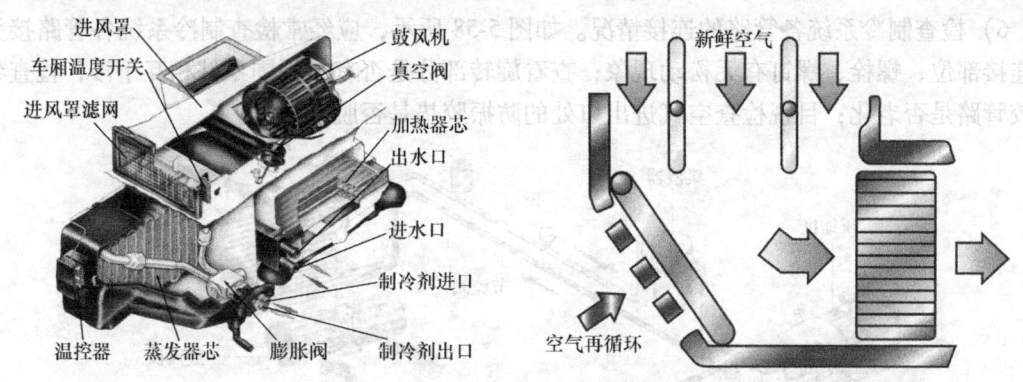

图 5-56　桑塔纳轿车空调系统进风口的布置及原理示意图

3) 检查制冷剂是否充足。如图5-57所示,可低速运转空调,从检视窗上察看是否有气泡出现。如出现气泡说明制冷剂不足,应及时进行检修或补充。

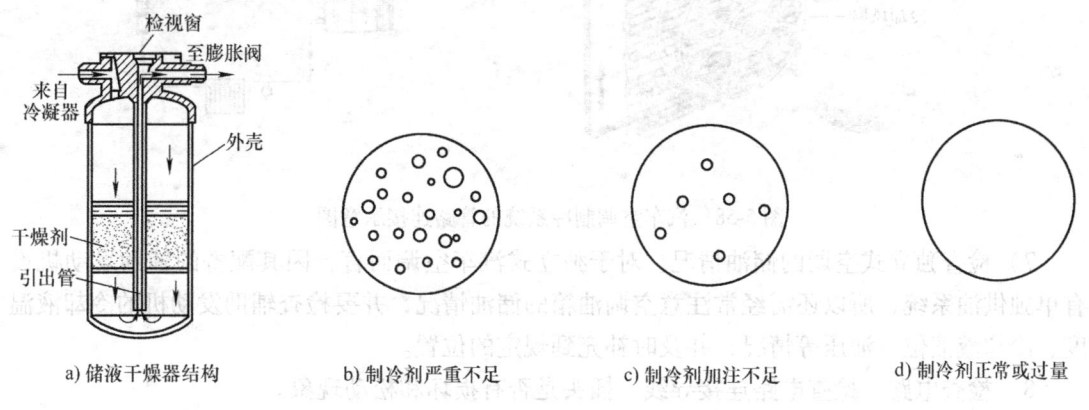

a) 储液干燥器结构　　b) 制冷剂严重不足　　c) 制冷剂加注不足　　d) 制冷剂正常或过量

图 5-57　检查制冷剂是否充足

4) 定期检查制冷压缩机传动带的使用情况和松紧程度。传动带过紧会增加磨损,导致轴承损坏。传动带过松则易使转速降低,造成制冷不足,甚至发出异响。若传动带过紧或过松应及时调整；若发现传动带裂口或损坏应及时进行更换。

⚠️**提醒**：新装空调压缩机传动带在使用 36~48h 后会有所伸长，应按规定力矩重新张紧。

5）定期起动空调压缩机，防止密封失效，轴承卡滞。在春秋或冬季不使用空调的季节里，应每周或至少每半个月起动空调压缩机一次，每次运行 5-10min。其目的是让制冷剂在循环过程中把冷冻机油带至系统内的各个部分，从而防止系统管路中各密封垫圈、压缩机轴承油封等因缺油干燥而引起密封不良和制冷剂泄漏，避免压缩机、膨胀阀以及系统内各活动部件因结胶或生锈而导致动作黏滞。

⚠️**提醒**：在进行这项维护时，应在环境温度高于 4℃ 时进行，否则，环境温度过低会导致冷冻机油黏度过大而流动性变差，使压缩机起动后不能立即将冷冻机油带到需要润滑的部位而造成压缩机磨损加剧甚至损坏。

6）检查制冷系统各管路的连接情况。如图 5-58 所示，应经常检查制冷系统各管路接头的连接部位、螺栓、螺钉有无松动现象；查看旋转部分是否有与周围零件相互干涉；检查各橡胶管路是否老化；目视检查空气进出口处的防振胶垫是否脱或损坏。

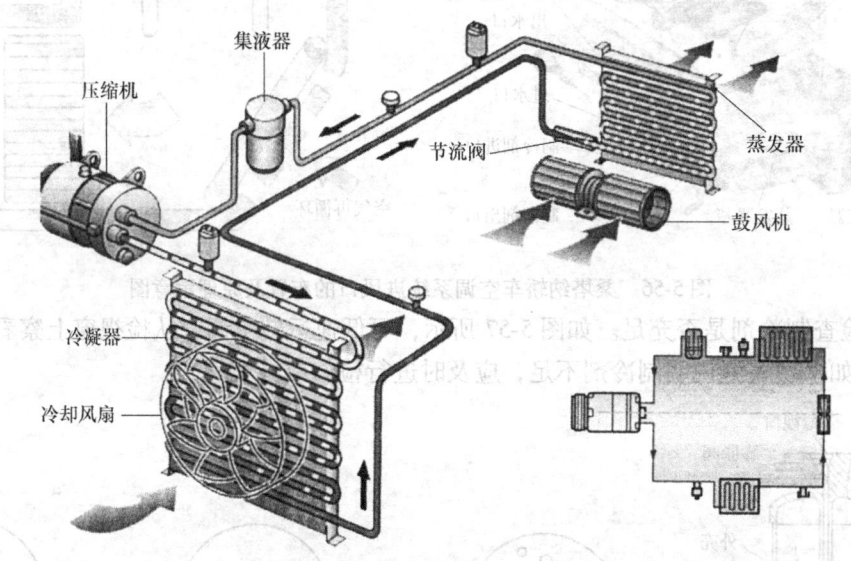

图 5-58 汽车空调制冷系统的管路连接示意图

7）检查独立式空调的储油情况。对于独立式汽车空调而言，因其配备的辅助发动机设有单独供油系统，所以还需经常注意空调油箱的储油情况，并要检查辅助发动机的冷却液温度、冷却液液位、油压等情况，并及时补充到规定的位置。

8）检查电路。检查电路连接导线、插头是否有损坏和松动现象。

9）检查有无异响、异味。应注意检查空调在运行中有无不正常的噪声、异响、振动和异常气味，如有应立即停止使用，并送专业修理部门及时检查和修理。

（2）**汽车空调系统的定期维护** 汽车空调作为汽车非常重要的一个系统，除了完成上述日常维护外，在汽车空调的使用过程中，还应由汽车空调专业维修人员对空调系统各总成和部件做一些必要的检查、调整等定期维护工作，这样不仅可以保证空调的使用性能和发挥空调的最佳效果，而且可以更好地保证汽车空调的使用寿命和工作可靠性，减少维修工作量。

汽车空调的定期维护方法主要有与汽车的维护同步进行的维护和与其制订的维护周期独立进行的维护两种，其维护项目主要有以下几项内容。

1）压缩机的检查和维护。压缩机的检查和维护一般每两年进行一次，主要检查进、排气压力是否符合要求，各紧固件是否松动，有无漏气现象。

> ⚠️**重要提醒**：目前，我国轿车空调压缩机主要依靠进口，压缩机配件尤其是与其相配套的压缩机修理包（内装压缩机的易损件，如密封件、轴封等）十分奇缺。因此，国内各厂家及维修企业基本上不具备对压缩机进行拆卸维护的条件，往往都是压缩机出现了故障时去更换整个压缩机总成。

2）冷凝器及其冷却风扇的检查和维护。冷凝器及其冷却风扇（也称散热风扇，参见图5-58）的检查和维护一般每年进行一次，维护内容主要是彻底清扫或清洗冷凝器表面的杂质、灰尘，用扁嘴钳扶正和修复冷凝器的散热片，仔细检查冷凝器表面是否有异常情况，并用检漏仪检查制冷剂是否泄漏。如防锈涂料脱落，应重新涂刷，以防止生锈穿孔而泄漏。检查冷凝器冷却风扇是否运转正常，检查风扇电动机的电刷是否磨损过量。

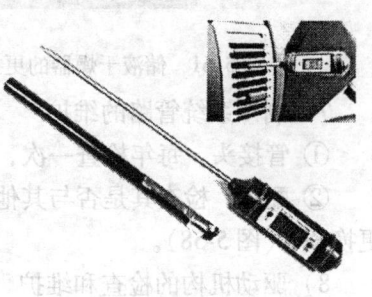

图5-59 检漏作业示意图

3）蒸发器的检查和维护。如图5-59所示，蒸发器的检查和维护一般应每年用检漏仪进行一次检漏作业，每2～3年应卸开蒸发器盖，对蒸发器内部进行清扫，清除送风通道内的杂物（可用压缩空气来吹）。

4）电磁离合器的检查和维护。如图5-60所示，电磁离合器的检查和维护应每1～2年

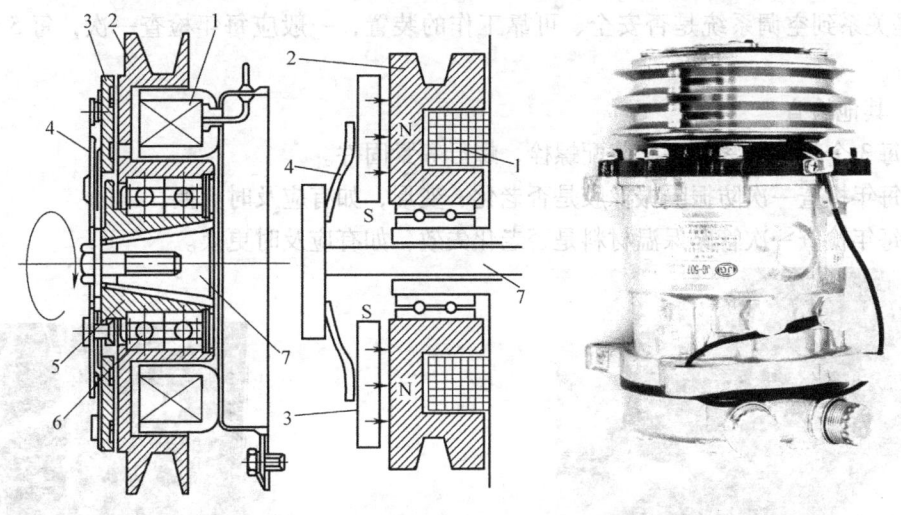

图5-60 电磁离合器的结构原理与实物图

1—电磁线圈 2—V带轮 3—离合器吸盘 4—离合器吸盘复位片簧 5—固定套筒 6—滚动轴承 7—压缩机轴

检修一次,重点检查其动作是否正常,是否有打滑现象;接合面、离合器轴承是否严重磨损。同时,还必须用塞尺检查其电磁离合器间隙是否符合要求。

5) 储液干燥器的更换。如图5-61所示,轿车空调在正常使用情况下,一般每3年左右需更换储液干燥器,如因使用不当使系统进入水分后应及时更换。另外,如系统管路被打开时,一般也应更换储液干燥器。

6) 膨胀阀的维护。如图5-62所示,膨胀阀的维护一般每1~2年检查一次其动作是否正常,开度大小是否合适,进口滤网是否被堵塞,如不正常应更换或作适当调整。

图5-61 储液干燥器的更换

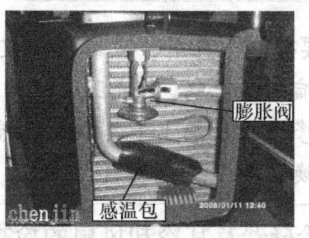
图5-62 膨胀阀的维护

7) 制冷系统管路的维护

① 管接头。每年检查一次,并用检漏仪检查其密封情况(图5-59)。

② 配管。检查其是否与其他部件相碰,软管是否有老化、裂纹现象,一般每3~5年应更换软管(图5-58)。

8) 驱动机构的检查和维护

① V带。每使用100h检查一次张紧度和磨损情况(图5-63)。

② 张紧轮及轴承。每年检查一次,并加注润滑油。使用3年左右应更换新品。

9) 冷冻机油的更换。冷冻机油一般每两年左右检查或更换一次,当管路有较大泄漏时,应及时检查或补充冷冻机油。

10) 安全装置的检查与更换。高压开关(图5-64中箭头所示)、低压开关、冷却液温度开关等是关系到空调系统是否安全、可靠工作的装置,一般应每年检查一次,每5年更换一次。

11) 其他检查

① 每3个月检查紧固一次装配螺栓、螺母等紧固件。

② 每年检查一次防振隔振橡胶是否老化、变形,如有应及时更换。

③ 每年检查一次管路保温材料是否老化失效,如有应及时更换。

图5-63 V带的检查

图5-64 开关的检查

④ 每两年进行一次制冷状况的检查，一般测量进、出风口温度差应在 7~10℃。

⚠提醒：空调的定期维护周期，应根据空调运行的具体情况和相应车辆的维护手册进行，不可生搬硬套。例如，对于空调使用十分频繁的南方地区，可适当缩短维护周期，而对于北方地区，每年空调运行时间相对较短，因此，可适当延长维护周期。

任务5.5 汽车内饰的维护

● 一辆 2010 款桑塔纳 3000Gsi 轿车，在炎热夏季打开空调制冷系统运行时，发现仪表台各出风口处湿汽很重甚至冒出水汽（图 5-66）。对此情况，驾驶人一直没有理会，过了一段时间，驾驶人发现汽车音响声音越加沙哑，并渐渐发出"嘶嘶"声，直至放不出声音了，才感觉到事态的严重性，最后到了汽车音响专业维修店，方知是水汽惹得祸。

汽车仪表台（图中 5-65 中圈中部分）、操控台（图中 5-65 中竖框部分）及顶篷（图中 5-65 中横框部分）等处过早积垢，不仅影响汽车的美观度和舒适性，将来以二手车方式出售时还会降低评估价格。若空调等操控台出风口处冒出水汽（图中 5-66 中箭头部分，大多数原因是由安装于仪表台中的空调蒸发器导水、出水槽堵塞造成），则很容易弄湿音响主机等设备，使其过早产生故障。

图 5-65 仪表台及操控台位置

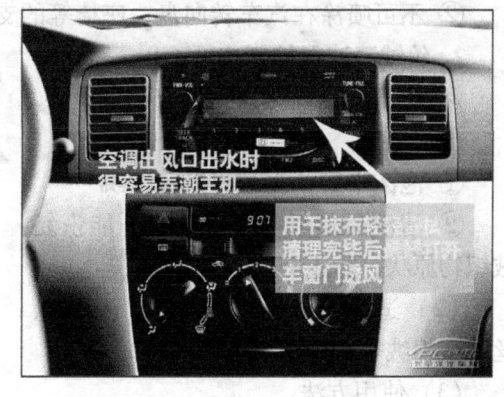

图 5-66 空调出风口及其控制开关的位置

5.5.1 车内清洁剂品牌认识及其选用

根据汽车内饰各部件材料的不同，汽车内饰清洗剂主要以下几种。

1. 内饰表面清洁剂

如图 5-67 中所示，表面清洁剂又称全能清洁剂，分水剂（全能水）和泡沫剂，又称汽车内饰万能清洗剂。使用非常广泛。

（1）特性

① 保持车内人造皮革及真皮革的光泽。
② 使灰尘无法玷污汽车内饰。
③ 有柠檬味，不含硅力康等有害物质。
④ 不会破坏漆面。

图 5-67　常见汽车内饰表面清洁剂

（2）适用范围　主要适用于车门、仪表板、车内合成橡胶、塑胶、真皮制品等。

（3）使用方法
① 均匀喷涂在待清洁内饰物表面。
② 再以软布轻轻擦拭。

（4）使用注意事项
① 本品为易燃物，应注意防火。
② 不可喷涂在汽车转向盘、座椅等的支承处，以免腐蚀金属件。

2. 丝绒清洁保护剂

常见汽车丝绒清洁剂如图 5-68 所示。

（1）特性
① 泡沫丰富，去污力强。
② 清洗后形成硅酮保护膜，能恢复绒织物原状，防止脏物侵入内部。

（2）适用范围　主要适用于毛绒、丝绒、棉绒等织物的清洁和护理。

（3）使用方法
① 先在瓶内轻轻摇晃均匀，然后喷在需清洁的部位。

图 5-68　常见汽车丝绒清洁剂

② 待形成泡沫后，再用清洁干布将泡沫擦净即可。

（4）使用注意事项
① 不宜喷得过多，切不可喷得流淌。
② 污渍明显处，应反复喷涂擦拭。

3. 化纤清洁剂

常见汽车化纤清洁剂如图 5-69 所示。

图 5-69　常见汽车化纤清洁剂

(1) 特性　具有多功能清洗剂的特性又有清洗汽车内室化纤制品的功能。

(2) 适用范围　主要适用于车内地毯、脚垫、靠垫等化纤制品上的油泥和时间不太长的果汁、血迹等污物，且不伤害化纤制品。

(3) 使用方法

① 先将产品倒入桶中，然后用高压喷枪按比例注水并摇匀。

② 用毛巾蘸水中的泡沫去清洗污物，最后用干净抹布擦净即可。

(4) 使用注意事项

① 泡沫不宜蘸得过多，切不可蘸淌水。

② 污渍明显处，应反复蘸泡擦拭。

4. 塑胶清洁上光剂

塑胶清洁上光剂，又称表板蜡，如图 5-70 所示。

(1) 特性　在塑胶制品表面形成一层保护膜，并具有翻新效果。

(2) 适用范围　主要适用于塑料及橡胶制品的清洁和护理。

其使用方法与使用注意事项与化纤清洁剂大同小异。

图 5-70　塑胶清洁上光剂的使用

5. 真皮清洁上光剂

常见汽车真皮清洁上光剂如图 5-71 所示。

(1) 特性　在清除污垢的同时能在皮革制品表面形成一层保护膜，并具抗老化、防水、防静电，延长皮革使用寿命的作用。

(2) 适用范围　主要适用于皮革制品的清洁和护理。

其使用方法与使用注意事项与塑胶清洁上光剂大同小异。

6. 多功能内饰上光剂

常见汽车内饰上光剂如图 5-72 所示。

(1) 特性　具有上光、保护、杀菌等多重功能，并具有防止内饰部件老化、龟裂及褪色之功效。

(2) 适用范围　适用范围广，可用于化纤、皮革、塑料等多种材料的内饰物品进行清洗。

图 5-71 常见汽车真皮清洁上光剂

 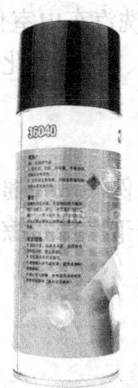  

图 5-72 常见汽车内饰上光剂

(3) 使用方法　方法简单，只需一喷一抹，即可光亮如新，增加美丽光泽。使用注意事项与真皮清洁增光剂大同小异。

5.5.2　汽车座椅衬套的合理选用

1. 汽车座椅衬套的功用

合理使用汽车座椅衬套可提高驾乘人员的舒适性，因为柔软的汽车座椅衬套使身体与座椅更服贴，可减缓汽车颠簸时产生的振动，从而减轻旅途疲劳；同时可改善透气性，尤其是夏季使用的硬塑料或竹制品座椅衬套具有良好的透气性，给人以凉爽的感觉，可降温消汗提高驾驶安全性；此外，还具有增强保健的性能，有些汽车保健座椅衬套可通过振动按摩或磁场效应，改善乘员局部新陈代谢，促进血液循环，消除紧张疲劳，从而达到保健目的。

2. 汽车座椅衬套的种类

(1) 柔式座椅衬套　如图 5-73 所示，柔式座椅衬套主要由棉、麻、毛及化纤等材料制成。棉麻混纺座椅衬套具有透气性能优良、韧性强、易于日常清洁护理等特点；棉毛混纺座椅衬套具有柔软、舒适、透气性能好等特点；化纤混纺座椅衬套透气性好、价格低，但易产生静电。

(2) 帘式座椅衬套　如图 5-74 所示，该类座椅衬套主要由竹、石或硬塑料等材料制成小块单元体，然后将单元体串接成帘状制成座椅衬套。该衬套具有极好的透气性，是高温季

a) 棉料座垫　　　　b) 皮毛座垫　　　　c) 棉麻座垫

图 5-73　各种柔式座椅衬套

图 5-74　帘式座椅衬套

节防暑降温的佳品。

（3）保健座椅衬套　该类座椅衬套是根据人们的保健需求而制成的高科技产品，当驾乘人员随汽车颠簸振动时可起到自动按摩效果。另外，衬套的磁场、药植物（图 5-75）等效应对人体保健也大有益处。

3. 汽车座椅衬套的选用

（1）根据气温条件选用　当气温不高时应选用柔式座椅衬套，利于保温，并提高舒适性；高温季节应选用帘式坐垫，以利于降温防暑。

（2）根据汽车档次选用　中高档轿车可选用材质极好的纯毛座椅衬套或保健座椅衬套，另外中高档轿车空调效果较好，高温季节也不必使用帘式座垫，以提高舒适性。

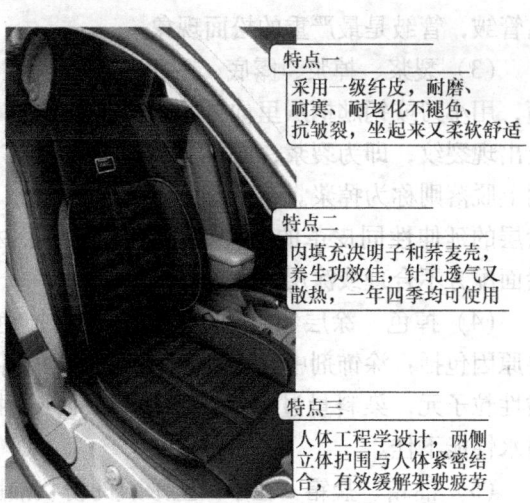

图 5-75　保健座椅衬套

5.5.3　汽车内饰常见损伤与修复

随着我国进入汽车社会，越来越多的人们，不仅满足于拥有一部自己的爱车，而且也越来越重视汽车的各项品质，尤其对汽车内饰件的挑剔也越来越苛刻。由于真皮座椅美观耐用，容易清理，还可增加制冷效果。所以，各汽车生产厂家为了提高市场份额，将黄牛皮等高级装饰面料也越来越多地运用在经济型轿车的装饰中，如驾驶室、座椅、仪表板、顶篷内衬、车身内护面等部位都逐步采用优质的黄牛皮面料进行装饰。这里，汽车内饰常见的损伤及修复主要以具有代表性的皮革面座椅为例进行介绍。

1. 汽车座椅皮革面损伤类型

皮革面座椅在使用过程中常见的缺陷主要是皮革面龟裂，此外还有松面，裂浆、掉浆、露底，掉色，油霜、盐霜，革面发黏，僵硬无弹性等损伤。

（1）龟裂　汽车真皮座椅表面龟裂是比较普遍的现象。如图 5-76 所示，用拇指拨按皮革表面，便露出许多细小裂纹。其主要原因是选用了碱性较大的清洁剂清洗了皮革，再加上长时间太阳的暴晒都会使皮革龟裂，还有一方面可能是因为真皮座椅的质量问题而出现了龟裂。

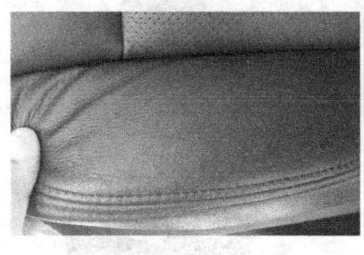

图 5-76　汽车座椅真皮面龟裂

（2）松面　如图 5-77 所示。将皮革制品向内弯曲 90°，粒面上如出现较大的皱折且展平后不易消失时，即为皮革制品管皱，管皱是最严重的松面现象。

（3）裂浆、掉浆、露底　一手将革面按住，一手拉开基面，用小刀或钥匙柄从里向外顶革面，并来回划动，若粒面上出现裂纹，即为裂浆，而仅呈现底色称为露底，涂层从革面上脱落则称为掉浆。造成裂浆、露底、掉浆的主要原因是涂层的延伸性同皮革的延伸性不一致，涂层材料使用不当，涂面配方不合理或涂层过厚等。

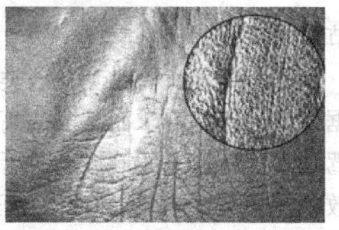

图 5-77　汽车座椅真皮面松面

（4）掉色　涂层经干擦或湿擦后产生掉色现象称掉色。产生的主要原因包括：涂饰剂中含有的颜料过多或颜料颗粒较粗，涂饰剂中有酸性粒子元，染料量过大。涂层耐干擦而不耐湿擦，主要原因是涂层防水性能不佳。

（5）油霜、盐霜　在革面上形成的粉状油脂渗出物称为油霜（图5-78）。尤其在天气较冷的情况下，更容易形成油霜，且擦去后不久仍会出现。其产生的主要原因是原料皮本身含有的高熔点硬脂酸等脂类物质没有除净，或加脂剂中含有较多的该种物质。在皮革的干燥或放置过程中，在粒面上出现的一层灰色霜状物，称为盐霜。这是由于皮革在中和后未经充分水洗，皮革中还含有大量的可溶性盐渗出所致。

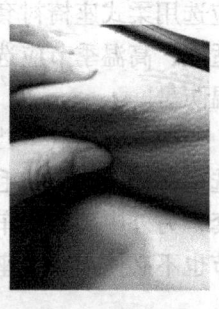

图 5-78　汽车座椅真皮面油霜

⚠ 提示：鉴别油霜与盐霜的方法是，用热熨斗熨烫一下，油霜可被皮革吸收而盐霜则不能。

（6）革面发黏　用手触摸革面时有黏手的感觉，或将革面相对叠在一起，在分开时发出黏结声，则称为涂层发黏。这主要是软性树脂用量过大造成的。涂层发黏的皮革易吸附灰尘，故应及时修复。

（7）僵硬无弹性　用手触摸革面或乘坐时感觉皮面僵硬无弹性。产生的主要原因包括：使用时间太长，皮革内油脂渗出太多或皮革自然老化；水浸或洗涤不当，晾干后变硬；上光打蜡或上浆上色选用的材料不当或涂层太厚；粒面吸收太强或粒面磨损，以前翻新时吸收浆料太多。

5.5.4　汽车内饰维护实训

1. 汽车内饰维护设备

汽车内饰维护材料及设备主要有：麂皮、细海绵、软海绵、护理套餐、消毒机、软毛刷等，如图 5-79 所示。

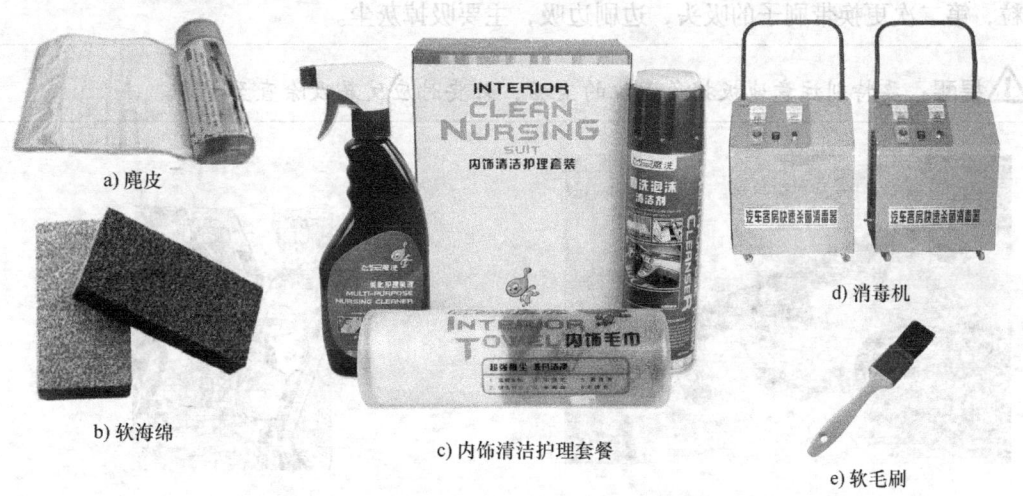

图 5-79　汽车内饰护理部分材料及工具设备

2. 汽车内饰的维护项目、作业内容、操作要领及技术要求

汽车内饰维护的主要作业内容是清洁和护理。

（1）汽车内饰清洁护理的必要性　现代汽车已越来越注重车身内部的装饰，特别是一些轿车，装备有外表美观、结构精良的仪表、空调、音响、电视（VCD）、各类电控装置，以及丝绒或真皮座椅等。因此要创造一个良好的乘坐环境，保持车内的清洁和做好各项护理工作已显得非常重要。

汽车内饰部件平时受到外界油、尘、泥砂、吸烟、驾乘人员汗渍及空调循环等不良因素的影响而受污染。内饰中的地毯、真皮或丝绒座椅、空调风口、行李舱等处，经常接触潮湿的空气和水渍，使丝绒发霉、真皮老化，甚至产生难闻的气味。另外，天长日久还会滋生细菌，既影响身心健康又不利于驾驶心境。因此，汽车内饰的清洁护理非常重要，一般每 3 个月应做一次全套室内清洁和专业护理。

（2）汽车内饰的清洗和护理工艺　汽车内饰的清洗和护理是一项系统细致的护理作业，一定要遵循规范的操作程序。其基本步骤主要包括室内除尘、内饰的清洁与护理、车内消毒和喷洒空气清新剂等。

1）室内除尘。除尘吸尘是汽车内饰清洁护理的第一步。汽车内饰最忌受潮，潮气会使内饰发霉、变质，并发出难闻的气味。因此室内除尘应避免采用水洗的方法。

专业的车内清洁步骤如下：

① 首先将车内的脚踏垫和杂物取出，抖去尘粒，倒掉烟灰。

② 对于汽车内的制动踏板等部件，可以用小牙刷或蘸有清洗剂的抹布（图5-80）进行刷洗。

⚠️**重要提醒**：要特别注意的是离合器踏板、制动踏板、加速踏板部分，应认真清扫，务必清除上面的油脂类污垢，避免开车时脚掌打滑而影响行车安全。

③ 用真空吸尘机进行细致吸尘（图5-81）。应遵循从高到低的原则。首先进行顶篷的除尘，然后依次是仪表板、座椅、车门内侧及行李舱。地板的吸尘要分二次操作，第一次吸掉砂粒，第二次更换带刷子的吸头，边刷边吸，主要吸掉灰尘。

⚠️**提醒**：要特别注意地板拐角部位的尘垢，必要时应反复吸除直至干净。

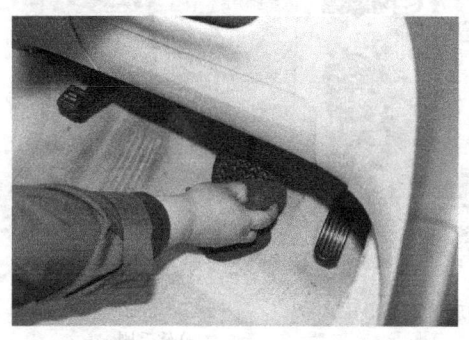

图5-80　汽车制动踏板的清洁　　　　图5-81　汽车内饰真空吸尘

2）内饰清洁与护理。汽车室内的内饰件除尘结束后，还应和汽车外观一样，进行清洗，以营造一个清新的车内环境。内饰清洁与护理的步骤如下：

① 全车"桑拿"（根据需要选择）。对汽车内饰进行清洁与护理前最好用蒸汽清洗机给汽车"蒸个桑拿"（图5-82），以增加污物的活性，使污物在清洁时容易从载体上分离脱落。

图5-82　汽车内饰桑拿

具体方法是在蒸汽清洗机中加入适量清水，对车内除顶篷和仪表板外的其他部位（包括行李舱）进行"桑拿"，同时也可去除车内的异味。

② 顶篷的清洁与护理。顶篷多为毛料或纤维绒布制成，因其位置特殊，黏附的油污不多。其主要污染物是烟雾、粉尘及人体头部的油脂等。这些污物如果不及时清除，则在顶篷绒布的吸附和空气中水汽的作用下便黏附在顶篷上，且难以清除。

⚠️ **提醒**：顶篷污物的清除，难以使用机器，只能人工操作，如图5-83所示。

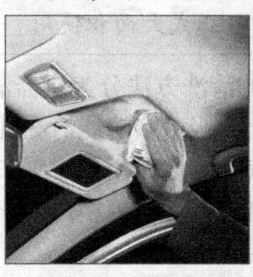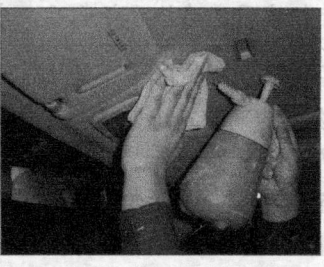

图5-83 汽车顶篷清洁护理

对于化纤织物，应选用专用的化纤织物清洁剂，不能使用碱性较强的洗衣粉或洗洁净。因为这些碱性物质在清洁过程结束后，仍会有一部分残留在织物内部，使化纤织物变黄、腐蚀。

此外，汽车顶篷内填充的是隔热吸声的材料，其吸收水分的能力很强，清洁时抹布一定要干一些，否则湿乎乎的抹布会使清洗剂浸湿车顶材料，以至很难干燥。

③ 仪表板等塑胶件的清洁护理。仪表板与杂物箱大多为塑胶制品，外表多为细条纹，其上沾染的成分简单，多为灰尘，容易清除。清洁方法是先用湿毛巾擦拭（图5-84），再使用专用塑胶护理上光剂处理。只需轻轻擦拭、清洁、上光便可得到一个干净光亮的表面。如果个别部位积垢太多，无法清除时，可喷洒塑料皮革清洁剂（图5-85），然后用软毛刷刷除，再用蘸有清水的毛巾擦拭，最后用麂皮吸去其上的水分。

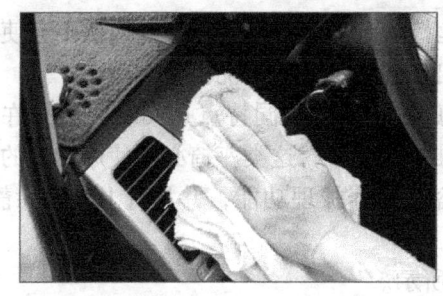

图5-84 汽车仪表板的清洁护理　　图5-85 汽车仪表板及转向盘保护处理

⚠️ **提示**：仪表板清洁完成后可喷涂一层皮革（或塑料）保护剂，3～5min后再用绒布擦拭，即能起到很好的保护作用。

⚠️ **注意**：仪表板部位在使用清洁剂擦拭时，动作要轻柔，避免划伤仪表板。

④ 座椅的清洁护理。座椅的使用率极高，其面料上沾有大量的人体汗渍、油渍和细菌，是车内清洁的重点。座椅的清洁护理应根据座椅面料的材质来确定。座椅面料一般采用化纤织物、人造革或真皮等材质。不同的面料要使用不同的清洁剂清洁，否则不科学的清洁方法会给面料带来损害。

> ⚠ **重要提醒**：织物和皮革的颜色是通过吸收染料而形成的，有机染料会与某些清洁剂发生化学反应，出现褪色（氧化）现象。因此对某些品牌的清洁剂首次使用时，应先在座椅面料的不显眼处进行试用，确认无褪色后，才可正式大面积使用。

a. 化纤织物座椅的清洁护理。化纤织物座椅的清洗方法分为机器清洗和手工清洗两种。机器清洗是将化纤织物清洁剂装入电热式喷水/吸尘/吸水多功能清洗机中，并喷洒在座椅表面。对污物严重的地方可以重点喷涂，对于座椅表面则应使用小喷头来清洗。这种机器可以循环使用清洁剂，直至其所吸收的污物、油脂达到饱和后再更换。由于化纤织物清洁剂具有清洁、柔顺和着色三重功能，因此清洁护理可以一次完成。

手工清洗主要用来清洗小的缝隙（机器喷头难以接近、清洗的地方）。取一块洁净的干毛巾，使用小包装且带有喷头的化纤织物清洗剂喷到污染处，停留 1~2min，使污物充分溶解软化，然后将毛巾用力压在污物处，挤出溶解了的油垢、污物的液体，再从四周向中间仔细擦拭（或用毛刷刷洗），直到清除污迹。然后用干毛巾或麂皮吸干，对于特别重的污迹可多次重复上述过程。

化纤织物的特点是柔顺、色泽丰富、乘坐舒适，但容易吸附烟尘和汗渍。因此这类座椅的清洁应注意以下事项：

第一，根据织物的质地不同选择合适的清洁剂。清洁时要充分考虑织物纹理的变化和规律，一般采用纵横双向清洁，除去面料表面及渗入内部的各类污物和油垢，恢复座椅的本来面貌。

第二，采用专用的清洁剂进行处理，绝不可用汽油、稀料或丙酮等清洁剂，更不能用碱性较强的洗衣粉或洗洁精，以保持或恢复绒毛即纤维性材料本身的柔顺性。否则将影响绒毛制品的柔顺性、光亮度及颜色。

第三，在选用化纤织物清洗剂时，应在车室座椅隐蔽的部位进行试用，确认不会使织物变质、变色后再进行大面积使用，以防止清洗后出现颜色不一的情况。

b. 人造革、真皮座椅的清洁护理。人造革、真皮座椅的共同特点是其表面都有许多细纹，这些细纹内极易吸附许多污垢，一般方法很难去除干净，这类座椅必须使用专用的皮革清洁护理剂。专用的皮革清洁护理剂具有清洁美容和保养护理功能，并具有上光、除静电、增强保护的功能。

人造革、真皮座椅的清洁护理方法如图 5-86 所示。

第一，将专用的皮革清洁护理剂喷洒到座椅表面，稍停片刻，用软布从四周向中间逐渐仔细擦拭（擦拭时，不可将座椅弄得太湿，以免清洁剂顺着接缝渗入座椅内部）。如果污渍较多，可用软毛刷进行刷洗，但不要用力过猛。

第二，用一块干的软毛巾将座椅表面擦干，并打开车门，使空气流通，晾干皮革上的水分。

第三，将真皮上光保护剂喷在打蜡海绵上，如同打蜡一样，均匀涂在座椅表面，10min 后用干毛巾擦干作为最后的上光处理。保护剂能在座椅的表面形成一层保护膜，可以免受污垢的直接侵蚀，并具有耐磨、抗紫外线、易清洁和防止龟裂等功效。

 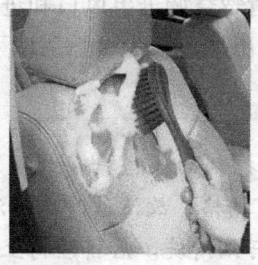 

图5-86 汽车真皮座椅的清洁护理

⚠️提示：
对于较脏的皮革座椅，可以先用化纤织物清洁剂进行预处理。因为有些污垢可能深藏在皮革表面，使用化纤织物清洁剂能有效润湿和充分分解油污，使下一步清洁工作更加彻底。如果皮革座椅不太脏时，可以直接用真皮上光保护剂进行清洁上光。

⚠️注意：
① 如果座椅上装有座椅套和头枕套时，应取下用高效多功能洗衣机清洗。
② 不要用湿毛巾擦拭人造革、真皮座椅，因为这样看起来似乎很干净，但其上积聚的油污等是无法擦掉的。更不可用水清洗，否则不但影响美观，而且会产生裂纹而缩短座椅的使用寿命。

⑤ 门饰板的清洁护理。一般汽车的门饰板距离驾乘人员很近，最容易因"手"而脏，而且油污等较多。门饰板也有化纤织物和皮革两类，其清洁护理可参照座椅的清洁方法进行，如图5-87所示。

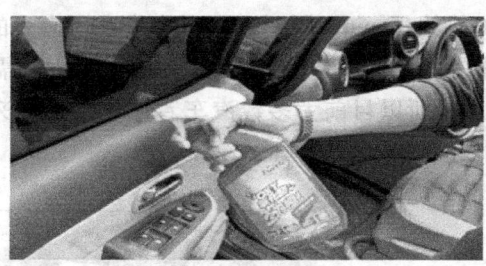 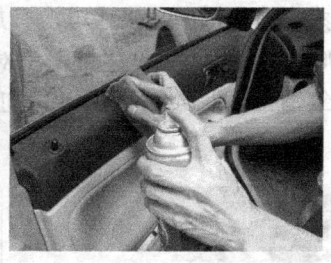

图5-87 汽车门饰板的清洁护理

⑥ 地毯和踏脚垫的清洁。地毯和踏脚垫多为纤维织物制作。对于不可拆卸的地毯，应用电热式喷水/吸尘/吸水多功能清洗机清洁，或用蒸汽清洗机进行消毒处理，最后喷涂保护剂和光亮剂。对于可拆卸的地毯或踏脚垫，取下后先用敲击法弹掉附着在其上的砂砾、碎屑，然后用压缩空气吹落灰尘。如果地毯很脏，去掉灰尘后，用泡沫清洗液或专用地毯清洗液清洗，并且用清水冲洗干净，再将其折叠起来，放入专用脱水机内脱水后放回车内即可。

⑦ 空调通风口的清洁。空调系统为驾乘人员提供了舒适的乘坐环境。但汽车在行驶时，大量的灰尘污物会进入空调的进风口，吸附在风道内侧；在高湿的环境下，还会滋生大量的

细菌，危害人体健康。

清洁空调通风口时，需事先搞清楚空调进出风口和进气滤网的位置（有的车型无进气滤网）。清洁时，用真空吸尘机对各进出风口吸尘，然后取下进气滤网，拍去灰尘，再用湿毛巾擦去进出风口的灰尘和污垢。

> ⚠️**提醒**：空调系统的进出风口和控制面板材料多为硬质塑料，沾染的污垢简单，基本为粉尘沉降物。由于空调通风口有栅格，故清洁时使用海绵条蘸取塑料清洗剂进行擦拭，也可用软毛刷（图5-88）配合进行仔细清洗。后排座椅上的控制面板由于较易沾染油脂和汗渍，故应采用塑料清洗剂进行清洁，喷涂后用毛巾轻轻擦拭，但切勿用力过大，以免损坏电控开关和刮伤面板上的其他饰件。

 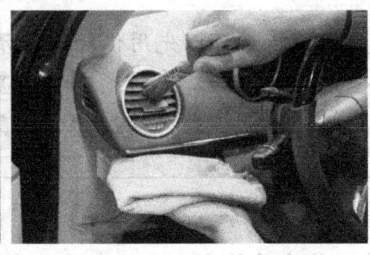

图5-88 汽车空调通风口的清洁

3) 室内消毒和喷洒空气清新剂。车内吸尘、清洁后，复装地毯、踏脚垫、座椅衬套和头枕套，使车内焕然一新。但仍然有许多看不见的细菌无法彻底清除。尤其是冬天，驾驶人一般很少开窗通风透气，从而使车内积聚大量细菌。即使经常打开车窗，保持车内空气流通，但遗留在车内座椅、内饰、顶篷等处的细菌却很难排出，加之车内卫生死角较多，所以对车内进行彻底的消毒是很有必要的。

汽车室内一般是采用清水产生的高温蒸汽（图5-89）进行杀菌消毒。其方法是将一定量的清水倒入蒸汽清洗机中，接通电源，加热约30min，同时观察温度表和压力表的读数，当温度达到400℃时，即可用产生的蒸汽对汽车内部进行逐一消毒，整个过程大约需要1h。此外，由于臭氧消毒（图5-90）更加迅速彻底，所以目前大多数汽车专业养护店越来越喜欢采用此方法。

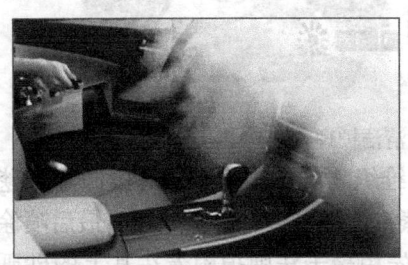 

图5-89 汽车室内蒸汽消毒　　　　　图5-90 汽车室内臭氧消毒

> ⚠️**注意**：
> ① 消毒时应避免接触电器部分。

② 消毒完可选择少量合适香型(图 5-91)的空气清新剂喷洒车室，使乘坐环境更为舒适。

图 5-91　汽车室内空气清新处理

⚠ 提示：
完成车室清洁后，为节约时间也可用空气清新剂进行清新杀菌处理，净化室内空气。其方法是将发动机熄火，将空调设置在进风状态，向空调各出风口处喷施空气清新剂，连续喷 10s；起动发动机，打开空调系统，将其设置为内循环(图 5-91 中圈中部分)和最大出风量(图 5-91 中方框部分)，在各进风口处连续喷洒空气清新剂 10s 进行杀菌去除异味；发动机持续运转 5min，然后打开车门使空气流通；最后再喷洒空气清新剂。

任务 5.6　汽车车身外表的维护

● 刘先生购买的 2010 款北京现代索纳塔轿车使用还不到 3 年，却发现车身漆面非常黯淡。经过交谈得知，刘先生家住一条小溪附近，他喜欢带着家人、小孩经常到小溪边洗衣、玩耍，并顺便就地取材，用河水加衣物洗涤剂勾兑成洗车液洗车。经过笔者指点，刘先生才恍然大悟。

街上来来往往、五颜六色的汽车，有的光艳，有的暗淡，看车身的色泽是明亮还是黯淡便可分辨出车龄和档次，这便是车身涂漆的作用。涂层质量的优劣直接影响人的视觉感受、汽车销量及使用价值。汽车车身漆面过早黯淡的主要原因是汽车长期风吹、日晒、雨淋而缺少美容维护或维护不当。如用洗衣粉、洗洁精等洗涤剂洗车而且极少打蜡、封釉、镀膜、抛光，使汽车车身漆面过早黯淡。

汽车表面漆层黯淡后的抛光处理如图 5-92 所示。

图 5-92　汽车表面漆层黯淡后的抛光处理

知识链接

喷漆主要指汽车车身喷漆,又称车身涂装即涂漆,是指对装焊完的车身及其部件进行喷漆处理。车身涂装是汽车的护肤美容性护理,所以漆面维护显得尤为重要。

车身涂装均是多层涂装,涂层一般由底漆层(其下即为腻子层,图中未画出,腻子层底下便是车身金属,即钣金,如图 5-93 所示)、中间漆层(图中未画出)和面漆层组成,各层使用不同的油漆,每个涂层要求干燥迅速,各层间结合力优良。

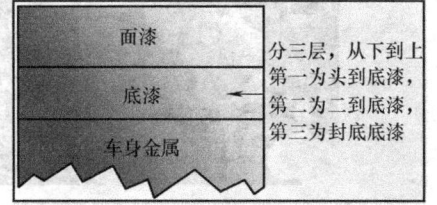

图 5-93 汽车表面漆层的基本组成

5.6.1 车身外表清洁、护理剂品牌认识及其选用

根据汽车车身外表面各部位材料的不同,汽车车身清洗剂及护理剂主要以下几大类。

1. 汽车车身漆面清洁、护理剂

(1) 水性清洗剂 目前市场上最常见的水性清洗剂为洗车香波。其中超浓缩洗车香波又称高效洗车液。由于液体浓缩、泡沫丰富、使用成本低等特点,使用最为广泛。常见水性清洗剂如图 5-94 所示。

1) 特性:pH 值(酸碱度)为 7.0,呈中性;不腐蚀漆面,不脱蜡,伴有柠檬香味;能清洗车身漆面,除油污,去静电。

2) 使用方法

① 用适量净水稀释。

② 涂抹于车身漆面进行清洗。

③ 用干布擦净。

3) 适用范围:各种车型的车身漆面。

4) 使用注意事项:清洗剂比例不能过多,喷洒后在车身表面不宜停留过长时间(3~4min)。喷洒要均匀,冲洗要彻底。

图 5-94 常见水性清洗剂

知识链接——车外多功能清洗剂

此类清洗剂主要用于清洗汽车表面灰尘、油污等,且在清洗的同时进行漆面护理。常见的品种如下:

1) 汽车清洁上蜡香波 本品也称清洁上蜡二合一,既有清洗功能,又有上蜡功效,可以满足快速清洗兼打蜡的要求。

特性:性质温和,呈中性,不伤漆面,不脱蜡,伴有芳香味;具备除油污、去静电及给车身涂一层蜡膜护理、上光的功用。

使用方法

① 用适量的净水稀释。

② 将本剂涂洒于车身漆面进行清洗。

③ 洗车后直接用毛巾擦干,再用无纺棉轻轻抛光。

使用范围:车身比较干净的汽车。

2) 电脑洗车机用高泡香波

特性:pH值为中性,超深缩高泡沫清洗剂;具备强有力的清洗功能;丰富的泡沫起到较好的润滑作用,可有效延长设备寿命。

使用范围:所有车型的车身。

3) 电脑洗车机用上蜡香波

特性:加速汽车表面的除水及干燥过程;并且清洗之后无任何斑点;在汽车漆面留下一层光亮蜡膜,起到防护作用。

适用范围:作为电脑洗车的最后工序,适用于所有车型的车身。

(2) 有机清洗剂 对于车身表面的沥青或油脂等不溶于水的污垢应采用有机清洗剂进行清洗。目前,市场上常见的有机清洗剂主要是柏油沥青去除剂(图5-95)和油脂清洗剂。

⚠提示:在用二合一清洗剂或香波清洗剂清洗完车身后,如果是浅色车,会发现车身下部有许多小麻点,这就是沥青(俗称柏油)。沥青可以用柴油或煤油去除,但效果并不理想,且容易损伤车身漆面、塑料及橡胶。所以最好采用专门为车身去除沥青而配制的清洗剂即沥青去除剂(俗称柏油精)。

图5-95 常见有机清洗剂

⚠**特别提醒:**

在使用过程中,应避免有机清洗剂喷触到塑料、橡胶等部件。因为有机清洗剂含有汽油或煤油等易燃成分,会腐蚀塑料和橡胶。同时也要避免在明火附近使用,应在通风良好的地方使用。

(3) 溶解清洗剂 溶解清洗剂简称"溶剂",是一种溶解功能很强的清洗剂,不仅能清除车身上的焦油、沥青、鸟粪、树胶、漆点等水不溶性污垢,而且还可用于"开蜡",因此有些品种直接取名为开蜡水。

知识链接——龟博士

目前,市面上常见的溶解清洗剂为龟博士系列溶剂。其主要品种如下:

① 污垢软化剂:产品代号为P-470。该产品属于柔和性溶剂,主要用于车身、玻璃等部位的清洗。另外对于较硬的运输蜡,可用该产品进行开蜡。使用时将该产品喷在车身上,浸泡5min后用布将蜡擦除,再用清水冲净即可。

② 蜡质开蜡水:产品代号为P-460。该产品属于生物降解型溶剂,它的主要原料由橙皮中提炼。该产品不易燃、对环境无污染。使用时一般不需稀释,若蜡不厚,可按1∶1的比例稀释。

③ 树脂开蜡水:产品代号为P-461。该产品含有一种树脂聚合物的溶解元素,能溶解树脂蜡,且不含腐蚀剂,不会侵蚀风窗玻璃、电镀层及铝合金件。在使用时必须用水以1∶3左右的比例稀释,且最好用热水,这样开蜡水中的表面活性剂最为"活跃",除蜡效果最佳。

特别提醒:溶解清洗剂的碱性较强,废水应妥善处理,操作时应注意劳动保护。

2. 汽车轮胎清洁、护理剂

目前,市场上常见的汽车轮胎清洁、护理剂主要是轮毂清洁剂和轮胎泡沫光亮剂。

(1) 轮毂清洁剂

1) 特性:能有效去除轮毂上的油渍,氧化色斑,并清洁上光。本剂呈弱酸性,对轮毂及轮胎无腐蚀作用。

2) 使用方法:把清洁剂喷涂在汽车轮毂上,再用软布擦拭即可,如图5-96所示。

3) 适用范围:所有汽车轮毂。

图5-96 常用轮毂清洗剂及其使用

(2) 轮胎泡沫光亮剂 轮胎使用一段时间后,会变成灰白色,易老化,失去了原有黑色光泽,既不美观又影响其使用寿命,应采用专用轮胎泡沫光亮剂进行恢复性美容。

轮胎泡沫光亮剂呈乳白色液体,适合于黑色橡胶制品,特别适于清洁维护轮胎。它能迅速渗透于橡胶表层内，分解侵入的有害物质，延缓轮胎橡胶老化，且具有增黑增亮功能。

图 5-97　常用轮胎上光剂及其使用

如图 5-97 所示，其清洁步骤十分简单，只需喷上本品泡沫，轻轻擦拭或冲洗，令轮胎立刻恢复光洁亮丽，持久如新，而且不损害车轮轮辋及扣盖等金属部件。

3. 汽车蜡及其选用

（1）汽车蜡的功用　汽车蜡的主要成分是聚乙烯乳液或硅酮类高分子化合物，并含有油脂和其他添加成分。均匀涂布在车身漆面，经过擦拭、研磨、抛光后形成一层薄膜，从而达到防水、防紫外线、防静电、防氧化、防划伤、上光、研磨抛光及抗高温等功效。

（2）现代车蜡的常见种类

1）按物理状态分。如图 5-98 所示，汽车蜡按其物理状态的不同可分为固体蜡、半固态蜡、液体蜡和喷雾蜡等。这些汽车蜡的黏度越大光泽越艳丽、持久性越强，但去污性越弱，而且打蜡操作越费力。相反，黏度越小的汽车蜡越便于使用，但持久性越弱。

a) 固体蜡　　　　b) 半固态蜡　　　　c) 液体蜡　　　　d) 喷雾蜡

图 5-98　常见车蜡形态

2）按作用不同分。如图 5-99 所示，车蜡按其作用不同，可分为去污蜡、防水蜡、防静电蜡、防划痕蜡、防高温蜡、防紫外线蜡、复活蜡、抛光蜡以及上光蜡等多种。

（3）汽车蜡的选用

1）根据不同的车辆选择

① 高级轿车应选用高档车蜡。

② 进口轿车最好选用进口车蜡。

③ 普通车辆选用普通的珍珠色或金属漆系列车蜡。

图 5-99　常见车蜡品种

2) 根据车身颜色选择

① 白色、黄色和银色等颜色的车身应选用浅色系列的车蜡。

② 红色、黑色和深蓝等颜色的车身，应选用深色系列的车蜡，以掩盖车身表面的细小划痕，使车身显得更加光滑、美观。

3) 根据运行环境选择

① 沿海地区应选用防盐雾功能较强的车蜡。

② 化学工业区应选用防酸雨功能较强的车蜡。

③ 多雨地区应选用防水性能优良的车蜡。

④ 夏天应选用防紫外线、抗高温性能优良的车蜡。

⑤ 行驶环境较差应选用保护作用突出的树脂车蜡。

5.6.2　车外漆面养护用品的合理选用

汽车车身漆面的护理如图 5-100 所示。

图 5-100　汽车车身漆面的护理

车外漆面养护用品的合理选用,以汽车车身漆面镜面封釉养护为例进行针对性介绍。由图 5-101 可知,通过沥青清洗剂、强力去污泥胶、粗细研磨膏、镜面釉、至尊氟蜡等漆面养护用品对车身漆面分别进行漆面沥青清洁护理、泥胶漆面去除铁粉处理、划痕研磨处理、漆面镜面还原处理、增光增艳封釉处理及至尊氟素养护后,可达到去除漆面氧化和细小划痕、还原车身镜面感、形成漆面水润感、强力防酸雨和紫外线、保持光泽持久的功效。

车身漆面镜面封釉施工流程中,漆面研磨、抛光、还原工序尤为重要。若不合理选用这些养护用品,不按技术要求规范操作,不但完不成车身漆面镜面封釉的养护任务,反而容易损伤车身漆面,甚至导致"漆面毁容"。下面重点讲解研磨、抛光、还原用品及其选用。

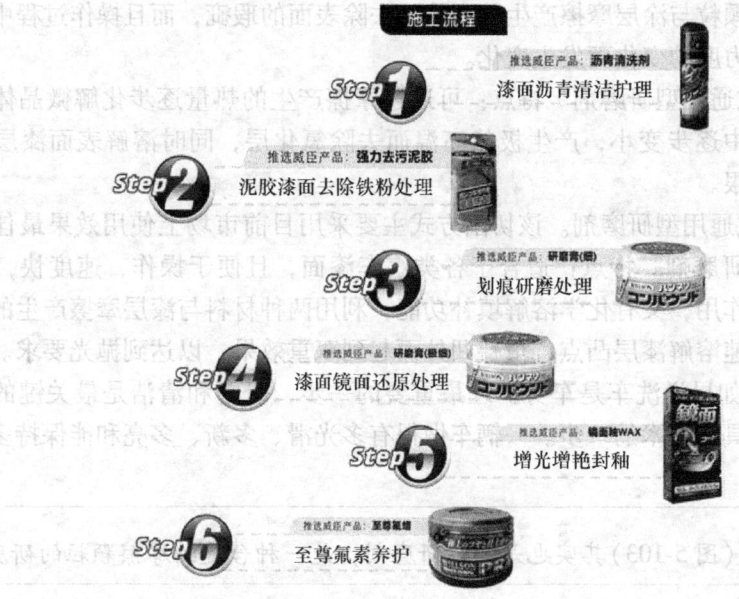

图 5-101 汽车车身漆面镜面封釉养护流程图

1. 研磨、抛光、还原用品

(1) 研磨剂 研磨剂为修复性护理产品,主要用来去除氧化、微划痕等不同程度的漆面损伤。研磨剂按使用范围不同分为普通型研磨剂和通用型研磨剂两种。

1) 普通型研磨剂。普通型研磨剂一般选用坚固的浮岩作为摩擦材料。根据浮岩颗粒的大小,普通型研磨剂分为深切、中切和微切三类,如图 5-102 所示。

图 5-102 普通型研磨剂

⚠ **特别提醒**：普通型研磨剂主要用于治理普通漆不同程度的氧化、划痕、褪色等漆膜缺陷。坚硬浮岩如用在透明漆上很快就会把透明漆层打掉，因此绝不能用普通型研磨剂对透明漆进行研磨。

2）通用型研磨剂。通用型研磨剂对普通漆和透明漆均可使用，该研磨剂中的摩擦材料为微晶体颗粒和合成磨料，它们具有一定的切割功能，但不像浮岩那样坚硬。

通用型研磨剂按切割方式可分为物理切割式、化学切割式和多种切割式三类。

① 物理切割式通用型研磨剂。该切割方式有浮岩型和陶土型两种。特点：材料坚硬，切割速度快，利用颗粒与涂层摩擦产生的高热，去除表面的瑕疵，而且操作过程中颗粒体积不会因切割速度和力度的变化而发生变化。

② 化学切割式通用型研磨剂。特点：可通过摩擦产生的热量逐步化解微晶体颗粒，使其体积在操作过程中逐步变小，产生极热高温而去除氧化层，同时溶解表面漆层凸出的部分，填平凹处的针眼。

③ 多种切割式通用型研磨剂。该切割方式主要采用目前市场上使用效果最佳的内含陶土和微晶体的中性研磨剂。特点：适合于各类汽车漆面，且便于操作，速度快，研磨力度小；既有物理切割作用，又有化学溶解填补功能，利用两种材料与漆层摩擦产生的热量，去除氧化层，同时迅速溶解漆层凸点，填补凹处而起到双重效果，以达到抛光要求。

（2）抛光剂　如果说洗车是车身护理最重要的一步，研磨和清洁是最关键的一步，抛光则是车体护理最具有艺术的一步。一辆车做得有多光滑、多新、多亮和能保持多久主要取决于抛光的好坏。

⚠ **提示**：抛光剂（图5-103）其实也是一种研磨剂，是一种含更细摩擦颗粒的研磨剂。

图5-103　抛光剂

⚠ **特别提醒**：抛光的目的是去除车身漆面上的多余部分，而不是磨掉漆面、牺牲漆面，如果抛光剂选用不当，抛光机操作不当，则很容易毁漆，使车漆发白发暗。

（3）还原剂　如图5-104所示，"还原"是介于抛光与打蜡之间的一道工序，还原剂可使研磨和抛光等工作成果再上一个台阶。还原剂中有些产品又称"增光剂"。

> ⚠提示：还原剂与抛光剂本质的区别在于还原剂含蜡（或上光剂），而抛光剂不含蜡（或上光剂）。
>
> 应注意还原剂与抛光剂在使用上的区别：
> ① 因抛光剂不含蜡，使用抛光剂可切实检验出抛光的质量。
> ② 因还原剂加入了蜡或上光剂，在抛光功效上比纯抛光剂要差些。
> ③ 还原剂实际上是一种集抛光和打蜡为一体的二合一产品，可以缩短工作时间。
> ④ "还原"是上蜡前的一道工序，可以进行一步完善抛光的效果。
> ⑤ 还原剂虽然有蜡的效果，但还原剂一般保持时间不长，接触几次水后就会流失。要取得长久保持的效果，还原剂上还应再加一层高质量的蜡。

图 5-104　漆面还原剂及镜面封釉养护蜡

2. 研磨与抛光用品的正确选用及注意事项

市场上出售的汽车研磨、抛光用品，无论是包装还是型号方面都可谓五花八门。因此，选用时应注意以下事项。

（1）应注意漆面种类的不同　风干漆与烤漆，其表面都可作研磨、抛光处理，但其所用的研磨、抛光用品是不一样的，因为这类漆本身所含溶剂不同，用错会造成漆膜变软、裂口及变色。

纯色漆与金属漆所使用的研磨、抛光用品也应区分清楚。金属漆所专用的研磨、抛光用品不但可以增加漆面亮质，而且能使金属（或珍珠）的闪光效果更清澈，更富立体感。

（2）应注意漆面颜色的不同　浅颜色漆与深颜色漆所用的研磨、抛光用品不能混用。浅颜色漆若用了深颜色漆的研磨、抛光用品会使漆膜颜色变深，出现花脸；反之，漆膜颜色会变淡，出现雾影，严重影响外观。

（3）要分清研磨剂与抛光剂　研磨剂在研磨时先用，然后再用抛光剂进行抛光。如果颠倒使用不但浪费抛光剂，而且达不到应有的研磨效果。

（4）要分清机器用品与手工用品　机器用研磨、抛光用品必须配合专用研磨/抛光机使用；手工用品则是用棉布直接手涂研磨（抛光）。机器用品用手工操作费工费时，且效果极差，手工用品用机器操作则浪费严重。

（5）要分清漆膜保护增光剂与镜面处理剂　镜面处理剂是对漆面进行增光处理的专用

剂，其保护作用不如保护增光剂；保护增光剂含有许多成分，可在漆面上形成一层保护膜，抵御外界紫外线、酸雨、静电粉尘、水渍等的侵害。

（6）应分清含硅产品与不含硅产品　含硅产品在修理厂应尽量避免使用，因为漆膜一旦粘有硅质，对漆面修补是很难处理的。

5.6.3　汽车车身常见故障诊断与排除

汽车车身是汽车上的最大覆盖件，也是汽车上最容易受伤害的地方。汽车（尤其是轿车）车身往往由于碰撞、刮擦、日晒、雨淋等原因而发生变形、划伤、褪色、腐蚀等故障。若不及时加以处理、养护和修复，则会影响汽车的安全、舒适、美观等性能。

1. 车身漆面被划伤留下划痕

（1）原因　刮蹭树枝；洗车划伤；恶意刮划。

（2）修复方法　如划痕没有触及钣金，且范围不大，长度不长，可采用简易方法进行修复。否则，应按规范程序进行修复。图5-105所示为浅划痕的简易处理方法，操作要领如下：

第一步：上漆。用瓶内笔刷将油漆一点一点涂上，重复多次，使油漆凸出平面。必要时，可用胶布遮护四周。

第二步：水研磨。一周后，用2000号耐磨水砂纸蘸水轻轻研磨凸出部分至平滑。

第三步：上光、上蜡。涂上一层"亮光金油"即可光泽如新。若无"亮光金油"也可以通过上蜡抛光取得同样的效果。

 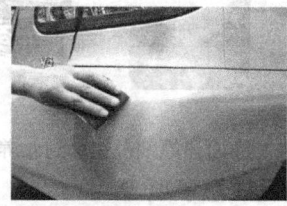 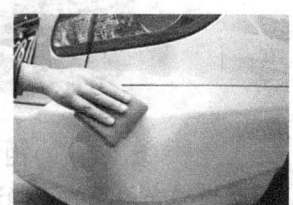

a) 上漆　　　　　　　　b) 水研磨　　　　　　　　c) 上光、上蜡

图5-105　汽车车身划痕简易处理

2. 车身漆面被腐蚀褪色而黯淡

（1）原因　长久风吹日晒；长期不打蜡封釉；洗车美容不当；洗涤剂酸碱度超标；树汁鸟屎腐蚀；在久旱少雨（雨中含酸）季节被雨淋而不及时洗车等。

（2）修复方法　打复活蜡；研磨抛光处理；镜面封釉处理（见第5.6.3小节，这里不再赘述）。

1）打复活蜡。对于深颜色车身漆面黯淡的车辆，可先打打复活蜡试试。由于复活蜡不仅具备去污、上光、镀膜等功效，同时还具有上色功能。如果车辆褪色黯淡不严重，打打复活蜡一般都会奏效。其操作要领如下：

① 清洗车辆，待车身完全干燥后才能上蜡。

② 手工打蜡（图5-106），应将适量车蜡涂在海绵块上，然后在车身表面作直线往复涂抹，不可将蜡液倒在车身上乱涂或做圆圈式涂抹。一次作业要连续完成，不可涂涂停停。车蜡在车身上涂抹5~10min，待蜡渗透于面漆内，再用鹿皮均匀擦拭，将蜡层擦得如镜般光滑为止。

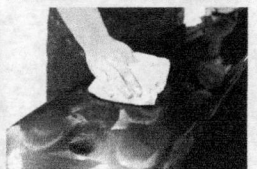

图 5-106 手工打蜡

③ 使用上蜡机打蜡时(图 5-107),将车蜡涂在海绵垫上,操作人员不可用力过大,以免将原漆打起。

④ 打蜡作业完成后,应清除车灯、车牌、车门和行李舱等处缝隙中的残留车蜡,这些车蜡如不及时清除,不仅影响车身美观,而且还可能产生锈蚀。因此,应仔细检查,彻底清除干净。

2) 研磨抛光

① 研磨。研磨可修整划痕、去除氧化膜、网纹及除去无法清洗掉的污渍,使汽车漆膜表面相对平整光滑。

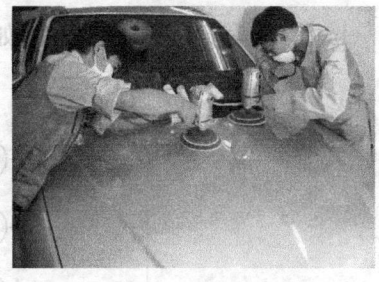

图 5-107 机器打蜡

研磨应选用研磨剂,研磨剂颗粒较大,可将车身表面不平漆面或粗粒磨去,使车身表面漆膜平滑细腻、漆层变薄。其操作要领如下(图 5-108):

a. 先将研磨机起动,然后再与涂膜表面接触。

b. 研磨机与涂膜表面应平行,不能倾斜。

c. 两手抓牢研磨机并轻轻下压,用力应均匀。

d. 研磨机不能长时间在一个位置工作,要来回移动,否则会发热起皱。

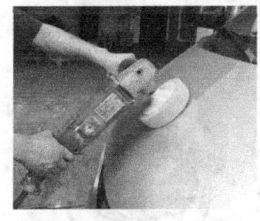
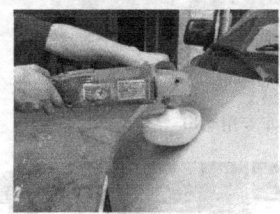
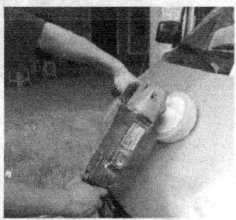
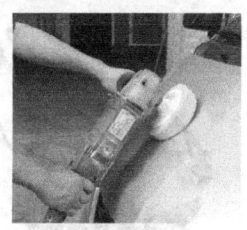

a) 与涂膜表面平行接触　　b) 错误的操作方法　　c) 轻轻下压,用力均匀　　d) 来回移动

图 5-108 研磨操作

② 抛光

a. 汽车车身漆面的抛光时机。研磨后,应选用抛光剂进行全车抛光,以除去漆面上更细小的划痕及研磨所遗留的研磨痕等,使漆面达到光洁如镜的程度,其抛光方法与研磨大致相同。

⚠提醒:抛光之后应在漆面涂一层还原剂,以起密封和增亮作用。

⚠注意:目前市场上销售的绝大部分为打蜡、研磨、抛光多用途机。机身相同,只是头部材料不同而已,应注意区别,如图 5-109 所示。

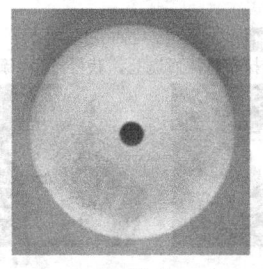  

a) 打蜡头　　　　　　　b) 研磨头　　　　　　　c) 抛光头

图 5-109　操作头材料

b. 汽车车身漆面的抛光流程如图 5-110 所示。

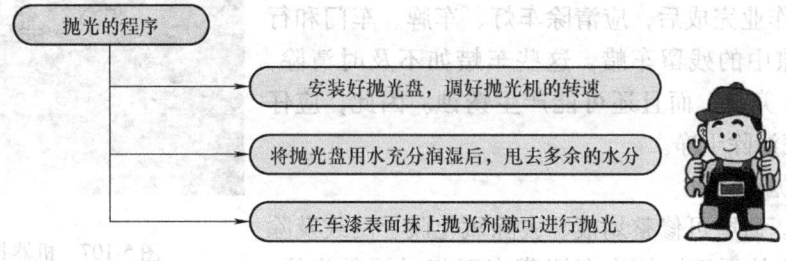

图 5-110　抛光流程图

5.6.4　汽车车身外表维护实训

1. 汽车车身外表维护设备

汽车车身外表维护的主要材料及设备主要有：洗车机、专用毛巾、清洁护理套餐、多功能机等，如图 5-111 所示。

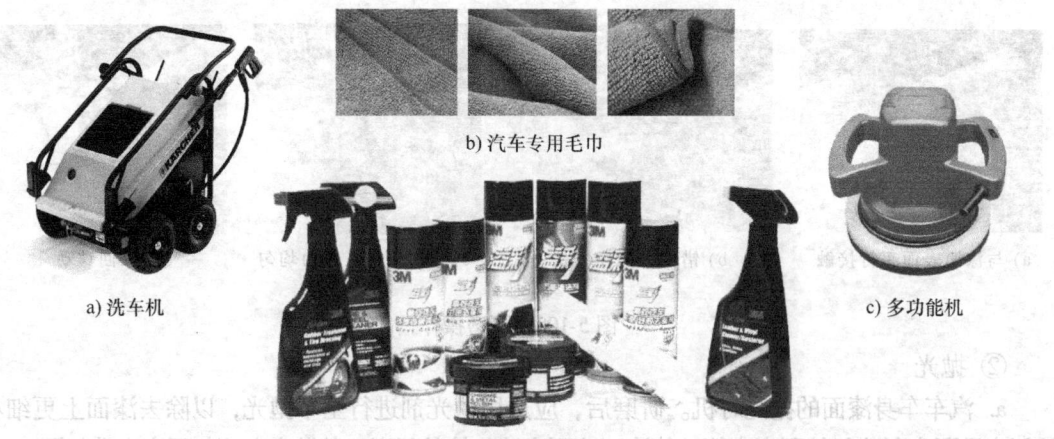

a) 洗车机　　　　　　　b) 汽车专用毛巾　　　　　　　c) 多功能机

d) 车身清洁护理套餐

图 5-111　汽车内饰护理产品及工具

2. 汽车车身外表的维护项目、作业内容、操作要领及技术要求

汽车车身维护的主要作业内容是车身外部漆面护理。维护操作要领参见第 5.6.4 小节相关内容。

(1) 汽车车身外部漆面护理的必要性　汽车涂膜是汽车金属等物体表面的保护层，它使物体表面与空气、水分、日光以及外界腐蚀物质隔离，起着保护漆面、防止腐蚀的作用，从而延长钣金等部件的使用寿命。

汽车在使用过程中，由于风吹、日晒、雨淋等自然侵蚀，以及环境污染的影响，涂膜会出现失光、变色、粉化、起泡、龟裂、脱落等老化现象，另外交通事故、机械撞击等也会造成涂膜损伤。一旦涂膜损坏，钣金等金属部件便失去了保护的"外衣"。为此，加强车身外部漆面护理，维护好汽车表面涂膜是保护钣金等金属部件的前提。

(2) 汽车车身外部漆面护理工艺　汽车车身外部漆面护理主要包括翻新美容、护理美容和修复美容3个方面。

1) 翻新美容。汽车漆面翻新美容是指受污染的漆面不需喷漆，就能达到原来效果的特殊护理。汽车油漆表面经过日常使用，会受空气中的有害气体侵害、紫外光照射、酸雨等的侵蚀且长时间未做任何漆膜保护，或汽车在高速行驶时与空气摩擦产生静电，将有害气体的分子和灰尘吸附粘结于车身漆面，而形成一层氧化膜，使车身颜色变暗，同时严重影响上蜡质量。因此要对车身漆面进行翻新美容。汽车车身漆面进行翻新美容的施工工艺如下（部分操作要领参见第5.6.4小节相关内容）：

① 在确认没有严重刮伤的情况下，使用中性清洗液彻底清洗车身表面的尘污等。

② 去掉氧化膜。用费斯托电动细磨机ET2E或气动圆形细磨机LEX150/3M配合费斯托专用超软连接垫和费斯托超软型尼龙细砂网S1200，中低速将氧化膜除掉，再用快干清洁剂清洁。

③ 调整漆膜纹理。用费斯托中号抛光机RAP150.03E和费斯托粗海绵球配合水溶性抛光粗蜡（将抛光蜡涂于海绵球表面），用中速（1600r/min）将车身扩散研磨一遍。

④ 将水溶性抛光细蜡加少许水后均匀涂抹在需抛光部位，改用羊毛球、选中高速（1900~2200r/min）的抛光机将砂纸纹抛掉，使漆面产生光泽。

⚠ **特别提醒**：为防止因过热而损伤漆面，在抛光过程中应尽量使羊毛球保持湿润。

⑤ 用水溶性漆膜上光保护蜡和费斯托细海绵球，将蜡均匀涂抹在车身表面，10min后再用洁净的羊毛球抛光进行上光封闭保护。

2) 护理美容。汽车护理美容是指汽车在正常使用中所进行的护理。目的是保护漆膜而使漆面光泽持久，避免粗糙失去弹性和光泽。汽车漆膜护理美容的施工工艺如下（部分操作要领参见第5.6.4小节相关内容）：

① 用中性清洗液清洗车身各部位油污和斑点等。

② 用费斯托中号抛光机RAP150.03E及细海绵球配合水溶性漆膜保护蜡进行抛光。先将漆膜保护蜡涂于海绵球的表面，用中低速（900~1600r/min）均匀涂抹在车身表面；封闭10min后改用羊毛球进行抛光，除去表面浮蜡。

3) 修复美容。汽车修复美容是指对喷漆后的漆面问题所进行的处理。用于喷漆的压缩空气会或多或少由于在没有专用喷烤设备的车间喷漆，或者虽在喷漆房，但喷漆房的通风净化不洁净、过滤系统失效、空气压差不稳等原因，致使修补漆的漆面产生种种缺陷，如流挂、收缩、起颗粒、发白、发花、气泡等。出现这些问题，必须经过修复才能达到高质量的漆面效果。漆面修复美容的施工工艺如下（部分操作要领参见第5.6.4小节相关内容）：

① 磨平

a. 新喷涂的漆面必须完全干燥后才能进行打磨，因此，要严格遵循涂料制造商提供参照的干燥时间，确定干燥的温度及涂层可抛光的时间。

> ⚠ **特别提醒：**
> 当碰到处理大面积缺陷时，用费斯托电动偏心振动圆形细磨机 ET2E 或气动圆形细磨机 LEX150/3M，调中档转速，配费斯托专用美容砂纸 P1500，尽量使磨垫底盘平放在打磨位置并均匀打磨，并加少量水，这样可获得更好的平稳性，既可减少损坏涂料表面的机会，又避免因高速打磨产生的热量，使磨削的粉尘粘在砂纸表面后造成漆面新的划痕。

b. 当碰到小面积缺陷或点状颗粒的处理时，用费斯托手动小磨头 D36，配费斯托自粘式专用水砂纸 P2500 平稳打磨。在打磨时要保持打磨头垂直于物体表面，磨头要在尽可能小的圆圈内移动，并在砂纸表面涂抹一些肥皂，以减少砂纸的堵塞；将有问题的漆面打磨平滑后再进行抛光。

② 抛光。将水溶性抛光蜡均匀涂在已处理好的表面，用费斯托中号抛光机 RAP150.03E 配合费斯托抛光用软毛毡进行抛光，注意先将抛光机转速调整为 900～1600r/min，进行扩散抛光，把磨削过的砂纸痕迹磨平；然后再将转速调整为 1900～2500r/min，进行高光洁度抛光。为防止发热后抛光剂和漆面粘着，在抛光过程中使用喷雾瓶向被抛光表面及抛光毛毡喷水，如图 5-112 所示。

③ 上光蜡保护。经过抛光后的漆面要上光蜡保护，即用费斯托中号抛光机加细海绵球及水溶性漆膜保护蜡，用中低速涂匀，封闭 10min，使汽车蜡中的高分子聚合物覆盖于漆膜表面后，再用中号抛光机配费斯托洁净羊毛球进行保护性抛光。

图 5-112 车身抛光作业

项目小结

1. 在车辆起步前，一定要关好所有车门，并注意观察车门指示灯是否熄灭，否则在车辆行进过程中，若车门突然打开，很容易将乘员甩出车外（尤其是老人和儿童），并发生与其他正常行驶的车辆发生刮擦碰撞等严重的交通事故。

2. 目前市场上常见的车门铰链润滑剂为高渗透润滑剂。该产品的性能：能够消除摩擦噪声，排除金属湿气，专业解决汽车门铰链、门锁等部位异响，并具有防水、抗酸、碱、盐等作用。

3. 车门的密封主要涉及两个区域，一个是门洞区域的密封，它主要是靠安装在侧围门洞翻边上的一圈内侧门密封条或是安装在车门上的一圈外侧门密封条来密封整个门洞。另外一个是门窗区域的密封，它主要是靠窗框上的玻璃导槽密封条和内外侧两根窗台密封条来实现密封。

4. 轿车车门是车身侧面最大的安全包围件，也是车身上使用频度最高的组成部分。它不仅要方便驾乘人员的上下车，同时也要方便开启和可靠关闭，并要关闭严密，以防止车身外噪声、水汽、灰尘等进入车内。由于自身质量大，开关车门的人员用力大小不一，有的用力太小而关不严出现缝隙（易自行打开或下沉），有的用力太大虽然关严了，但车门锁扣易受损，甚至振坏玻璃及密封条；再加上车辆高速行驶时的颠簸和急转弯时的离心力等原因，易出现关闭不严甚至不能关闭、异响、不能上锁解锁等故障。

5. 汽车门窗维护设备主要有油脂枪、润滑脂、除锈增亮剂、螺钉旋具等。电动门窗结构复杂，又担负着中控防盗任务，特别是驾驶侧门窗由于进出电子控制或有人看守的停车场以及收费站时（ECT 车道除外），必须升降玻璃而使用十分频繁。因此，如果使用维护不当，一旦发生故障，将给车辆使用带来非常大的困难（因无手动摇柄），甚至不能正常使用。

6. 汽车室内通风条件差，长期受到污染，导致车内空气浑浊、有异味，从而不仅损害驾驶人和乘客身体健康，同时对真皮座椅寿命产生影响，再加上驾乘人员的来回揉搓和摩擦，使座椅真皮表面易干燥磨损。如不用皮革保护剂等护理用品定期进行去污、润湿、上光等养护，则很容易导致皮革过早龟裂。

7. 皮革保护剂主要有皮革清洁剂和皮革护理剂两大类。其中，皮革清洁剂的主要功能是对座椅真皮表面及深层进行去污，皮革护理剂的主要功能是对座椅真皮表面进行深层滋润、润滑和上光。

8. 驾驶人座椅的前后距离、上下高低以及靠背倾斜度的大小，对驾驶人的安全操作、劳动强度、身心健康等具有重要的作用。因此，每个驾驶人在驾驶车辆前一定要按自己的高矮胖瘦、手脚长短、视野远近来进行精心调整。切不可在车辆行驶过程中去调节座椅的位置和姿势，否则易导致严重的交通事故。

9. 座椅、头枕、安全带和安全气囊均能有效的保护乘客的安全，但如果使用不当，则会影响其性能的有效发挥，甚至会影响车辆的安全行驶。

10. 汽车电动座椅常见的故障主要有座椅完全不能动作或某个方向不能动作。

11. 汽车座椅维护设备主要有多功能泡沫清洁剂、皮革保护剂、汽车专用软毛巾、蒸汽清洗机等。蒸气清洗机可用于清除汽车驾驶室及车厢内的各种污渍，可对丝绒、化纤、塑料、皮革等不同材料进行清洗。它不仅具有较强的去污功能，而且还具有杀菌消毒的作用，特别是对带有异味的污垢有很强的清洗作用，能使皮革恢复弹性，丝绒化纤还原至原有光泽，是汽车内室清洁护理的首选设备。

12. 轿车的刮水开关大多设置于转向盘下偏上方的转向管柱装饰罩上。绝大多数轿车只装有前风窗玻璃刮水器，只有少数车辆同时也装配有后视窗风窗玻璃刮水器，甚至有些车辆还装有前照灯刮水器。

13. 电动刮水器的结构比较脆弱，在使用中稍有不当就很容易造成刮水器部件的损坏，因此，在使用刮水器时应注意相关规定。

14. 汽车刮水器的常见故障主要有刮水器在各档都不工作、在个别档位不工作和刮水片不能停在正确位置。

15. 汽车刮水系统维护设备主要有汽车刮水系统电路图、刮水器清洗液、万用表、高压气枪、喷嘴疏通液、注射器、牙签等。其主要维护项目包括：刮水器的检查、刮水器清洗液的检查等。

16. 我国于 1992 年发文规定：各汽车厂从 1996 年起在汽车空调中逐步用新制冷剂

R134a 替代 R12，在 2000 年生产的新车上不准再用 R12。因此，汽车使用和维修人员必须了解和熟悉新制冷剂 R134a 的特点，以便能够熟练、正确地使用制冷剂。

17. 合理使用汽车空调系统，不仅节约能源、减少故障，而且能够保证汽车空调系统具有良好的技术状况，从而发挥最大效率，并延长使用寿命。汽车空调系统是一个完全密封的循环系统。其中任何一个零部件损坏都会使空调能力下降或不能制冷、不能制热。

18. 汽车空调制冷系统的常见故障一般分为电气故障、功能部件的机械故障、制冷剂和冷冻润滑油引起的故障等。这些故障产生后，集中表现为系统不制冷、制冷不足、制冷时有时无或系统噪声太大等征兆。汽车空调取暖系统的常见故障一般分为电气故障、功能部件的机械故障等。这些故障产生后，集中表现为不供暖或暖气不足、调节控制失效等征兆。

19. 空调维护仪器设备主要有制冷剂回收加注机、各种检漏仪、歧管压力表、制冷剂注入阀等。在车辆平时使用过程中做好汽车空调系统的日常及定期维护是至关重要的。因在使用维护过程中能及时发现故障先兆，从而及时采取措施、排除故障、消除隐患，充分发挥空调的效能，保证空调系统正常运行。

20. 根据汽车内室各部件材料的不同，汽车内室清洗剂主要有内饰表面清洁剂、丝绒清洁保护剂、化纤清洁剂、塑胶清洁上光剂、真皮清洁上光剂、多功能内室上光剂等。

21. 合理使用汽车座椅衬套可提高驾乘人员的舒适性，因为柔软的汽车座椅衬套使身体与座椅更服贴，可减缓汽车颠簸时产生的振动，从而减轻旅途疲劳。同时可改善透气性，尤其是夏季使用的硬塑料或竹制品座椅衬套具有良好的透气性，给人以凉爽的感觉，可降温消汗提高驾驶安全性。

22. 皮革面座椅在使用过程中常见的缺陷主要是皮革面龟裂，此外还有松面、裂浆、掉浆、露底、掉色、油霜、盐霜、革面发粘、僵硬无弹性等损伤。

23. 汽车内室维护设备主要有细海绵、软海绵、护理套餐、鹿皮、软毛刷等。汽车内室维护的主要作业内容是清洁和护理。

24. 汽车车身漆面过早黯淡的主要原因是汽车长期风吹、日晒、雨淋而缺少美容维护或维护不当。如用洗衣粉、洗洁精等洗涤剂洗车而且极少打蜡、封釉、镀膜、抛光，使汽车车身漆面过早黯淡。

25. 根据汽车车身外表面各部位材料的不同，汽车车身清洗剂及护理剂主要有汽车车身漆面清洁、护理剂，汽车轮胎清洁、护理剂及汽车蜡等。

26. 汽车车身是汽车上的最大覆盖件，也是汽车上最容易受伤害的地方。汽车(尤其是轿车)车身往往由于碰撞、刮擦、日晒、雨淋等原因而发生变形、划伤、褪色、腐蚀等故障。

27. 汽车车身外表维护设备主要有洗车机、专用毛巾、清洁护理套餐、多功能机等。汽车车身维护的主要作业内容是车身外部漆面护理。

思考与实训

一、选择题

1. 关于驾驶人侧电动车门锁不能开启故障，甲说：驾驶人侧电动车门锁不能开启故障的原因可能是车门锁拉杆卡住；乙说：驾驶人侧电动车门锁不能开启故障的原因可能是搭铁不良或遥控器方式故障。你认为上述观点（　　）。

  A. 甲正确　　　　　B. 乙正确　　　　　C. 甲乙都正确　　　　　D. 甲乙都不正确

  2. 关于驾驶人电动座椅不能动故障，甲说：驾驶人电动座椅不能动故障的原因可能是熔断器烧断或主控开关搭铁不良；乙说：驾驶人电动座椅不能动故障的原因可能是主控开关搭铁线断路或驾驶人侧开关发生故障。你认为上述观点（　　）。

  A. 甲正确　　　　　B. 乙正确　　　　　C. 甲乙都正确　　　　　D. 甲乙都不正确

  3. 关于电动刮水器不能复位故障，甲说：电动刮水器不能复位故障的原因可能是自动停位装置损坏；乙说：电动刮水器不能复位故障的原因可能是刮水器开关损坏、刮水臂调整不当或线路连接错误。你认为上述观点（　　）。

  A. 甲正确　　　　　B. 乙正确　　　　　C. 甲乙都正确　　　　　D. 甲乙都不正确

  4. 关于空调压缩机不运转故障，甲说：空调压缩机不运转故障的原因可能是空调系统内无制冷剂；乙说：空调压缩机不运转故障的原因可能是传动带过松。你认为以上观点（　　）。

  A. 甲正确　　　　　B. 乙正确　　　　　C. 甲乙都正确　　　　　D. 甲乙都不正确

  5. 关于调整膨胀阀调节螺钉，甲说：顺时针方向拧，内弹簧减弱，开度增大；反之，开度减小。乙说：拧一圈，温度变化1℃，一般在1/2~1圈范围内微调，切忌乱拧。你认为以上观点（　　）。

  A. 甲正确　　　　　B. 乙正确　　　　　C. 甲乙都正确　　　　　D. 甲乙都不正确

  6. 关于蒸发器，甲说：蒸发器安装在车辆驾驶室内用于冷却室内空气；乙说：蒸发器安装在车辆驾驶室内用于除去空气中湿气。你认为以上观点（　　）。

  A. 甲正确　　　　　B. 乙正确　　　　　C. 甲乙都正确　　　　　D. 甲乙都不正确

  7. 关于汽车真皮座椅过早龟裂故障，甲说：汽车真皮座椅过早龟裂故障的原因可能是汽车经常暴晒所致；乙说：汽车真皮座椅过早龟裂故障的原因可能是车主很少对座椅真皮进行养护或养护不当，如选用碱性较大的清洁剂清洗皮革。你认为上述观点（　　）。

  A. 甲正确　　　　　B. 乙正确　　　　　C. 甲乙都正确　　　　　D. 甲乙都不正确

  8. 关于汽车车身漆面过早黯淡故障，甲说：汽车车身漆面过早黯淡的原因可能是长期风吹、日晒、雨淋而缺少美容维护或维护不当所致；乙说：汽车车身漆面过早黯淡的原因可能是车主用洗衣粉、洗洁精等洗涤剂洗车而且极少打蜡、封釉、镀膜、抛光所致。你认为上述观点（　　）。

  A. 甲正确　　　　　B. 乙正确　　　　　C. 甲乙都正确　　　　　D. 甲乙都不正确

二、问答题

1. 汽车车门的使用注意事项有哪些？
2. 汽车座椅及安全带的使用注意事项有哪些？
3. 汽车刮水系统的使用注意事项有哪些？
4. 汽车刮水系统的主要维护项目、作业内容、操作要领及技术要求有哪些？
5. 汽车空调系统的使用注意事项有哪些？
6. 汽车空调系统的主要维护项目、作业内容、操作要领及技术要求有哪些？
7. 汽车内室清洗剂主要有哪些产品？使用注意事项有哪些？
8. 汽车内饰的主要维护项目、作业内容、操作要领及技术要求有哪些？

9. 汽车车身清洗剂及护理剂主要有哪些产品？使用注意事项有哪些？
10. 汽车车身外表的主要维护项目、作业内容、操作要领及技术要求有哪些？

三、实操题

1. 汽车车门的使用与维护练习。
2. 汽车座椅及安全带的使用与维护练习。
3. 汽车刮水系统的使用与维护练习。
4. 汽车空调系统的使用与维护练习。
5. 汽车内饰的维护练习。
6. 汽车车身外表的维护练习。

项目 6　汽车特殊情况下的使用与维护

教学目标与要求

- 掌握汽车在各种特殊情况下的正确使用与按需维护。
- 学会针对性地安排和熟悉汽车在走合期、高温下、严寒中、高原地以及冰雪天等特殊情况下的维护项目、作业内容、操作要领、技术要求以及注意事项等。
- 学会在各种特殊情况下正确选择和使用汽车燃料、润滑油、冷却液、电解液、防滑链以及轮胎等常用零配件的品牌、型号、规格等。
- 学会在各种特殊情况下汽车各主要操纵部件的操作方法和使用注意事项。
- 会分析汽车在各种特殊情况下常见故障的原因。

教学重点

- 汽车在各种特殊情况下，燃料、润滑油、冷却液、电解液、防滑链以及轮胎等常用零配件的品牌、型号、规格的正确选用。
- 汽车在各种特殊情况下主要操纵部件的使用操作。
- 汽车在各种特殊情况下的故障原因分析。
- 汽车在走合期、高温下、严寒中、高原地以及冰雪天等特殊情况下的正确使用和按需维护。

教学难点

- 汽车在各种特殊情况下的维护项目、作业内容及作业深度的确定。

哈，太阳公公你真热情，让我和爱车浑身冒热气

任务6.1　汽车走合期内的使用与维护

6.1.1　汽车走合期间的车况特点

1. 汽车走合的相关知识

（1）汽车走合的概念　新车、大修车以及刚装用大修过发动机的汽车在初始一段里程内所进行的维护称为走合，过去称为磨合。

（2）汽车走合的原因　汽车出厂前虽然按规定进行了走合处理，但零件表面仍然比较粗糙，加之新零配件之间有较多的金属颗粒脱落，使磨损加剧。此外，零件在加工、装配时存在一定的偏差和难以发现的隐患，在走合期间很可能出现发热和渗漏等故障。

（3）汽车走合的目的　汽车经过初期使用阶段的走合，使各运动部件摩擦表面之间进行相互研磨，不断提高配合精度，从而顺利过渡到正常使用状态。汽车的使用寿命、工作可靠性和经济性在很大程度上取决于汽车使用初期的走合，而且走合的好坏将直接影响到汽车的大修间隔里程。因此，汽车走合的目的就是使各运动部件快速适应各种工况，并大大延长汽车的使用寿命，降低维修成本。

（4）汽车的走合期及各项维护　汽车的走合期是指新车或大修后的汽车在最初行驶的一段里程，一般规定为1000~2500km，或按汽车使用说明书规定的里程执行。

⚠提示：汽车的走合里程是保证零件充分接触、摩擦、互研、适应、定型的基本里程，故不能随意改变或取消。

汽车在走合期的各项维护作业，要按汽车使用说明书的规定执行，一般分为走合前、走合中和走合后三个阶段的维护。

2. 汽车走合期间的车况特点

（1）零件磨损快　汽车走合期内相对运动的零部件表面之间（也称摩擦副）实际接触面积小，因此磨损较快。当接触表面增大并形成一层光滑耐磨的工作面后，磨损速度变慢，汽车走合阶段结束。

（2）行车故障多　汽车走合期间所有总成零部件开始工作，由于零部件装配不当等因素，各种故障也开始显现和暴露。如因紧固件、连接件松动出现异响，漏油、漏水、漏气、漏电等；因发动机负荷过大，而使机体过热，甚至拉缸抱瓦等。

（3）润滑油易变质　汽车在走合期间，因零部件表面粗糙，再加上配合间隙较小，易使润滑油温度升高；同时，许多金属颗粒被磨掉而混入润滑油中，易使润滑油氧化、浑浊而变质。

（4）燃油消耗量大　为确保走合期内的汽车在小负荷状态下运行，大多数汽车安装了限速片，但是由于众多驾驶人员在汽车走合方面的知识缺乏，往往出现"大节气门低速行车"的现象，从而极易造成混合气过浓，使燃油消耗量增加。

6.1.2　汽车走合前的使用要求与维护要点

1. 汽车走合前的使用要求

1）各大操纵部件的试用。从车辆的购置入户、检测上牌、缴交保险，开始走合前，应对汽车的转向系统、制动系统、加速装置、换档机构等操纵部件进行逐一试用和全面的安全检查。

2) 走合前应事先减好载。汽车装载时应低于规定的载质量或人数，更不能超载。若超载会加重发动机、变速器、驱动桥及悬架等部件的负担，从而加速磨损，对车辆造成损害。

⚠ **注意**：汽车在走合期内的装载量不得超过额定载荷的 75%。

3) 选择使用优质润滑油。要进行走合的汽车，其发动机应事先加注好低黏度的优质润滑油，以确保机油的及时供给，使摩擦表面得到良好的润滑，以减缓零件的磨损。

⚠ **提示**：根据目前市场所提供的润滑油黏度及使用级别，汽油机应选用 API SE 级及以上的机油、柴油机应选用 API CL-4 级及以上的黏度较小的机油为佳。

4) 合理使用燃料。汽油机应根据发动机压缩比的高低，选择加注规定牌号的清洁优质汽油；柴油机应根据当地季节最低气温，选择加注规定牌号的含硫量较少的清洁优质柴油。

⚠ **注意**：切勿添加抗磨损的油精，以免里程数已够而走合不足。

2. 汽车走合前的维护要点

汽车走合前的维护是为了防止汽车出现机械事故和过早损伤，保证顺利地完成走合，其维护内容如下：

1) 清洁全车，尤其对库存期较长的新车一定要进行一次全面的清洁。
2) 检查和紧固外部各种螺栓、螺母。
3) 检查各部位润滑油、制动液、冷却液的数量和质量，根据需要进行添加或更换，并检查各部位有无渗漏现象。
4) 检查轮胎的气压和蓄电池的充放电、电解液的密度和液面高度等情况，必要时给予添加或补充。
5) 检查制动效能，必要时进行调整。
6) 检查各操纵机构和部件是否灵敏有效。
7) 检查发动机运转情况，查听有无异响，观察各仪表、灯光和信号装置等是否齐全有效。

6.1.3 汽车走合中的使用要求与维护要点

1. 汽车走合中的使用要求

1) 车辆起步前先进行调压预热。目前，要求所有电喷车在起动前，先将点火钥匙转到 ON 位置后等待 5~10s，再起动。其目的是点火钥匙打开后，就让电动燃油泵开始工作，使油压及喷油量得到调整，从而使发动机得到更好的保护。此外，必须等到发动机预热后，再起步，以免因机油提供不及时，而加速发动机的磨损。

2) 选择路况好的道路进行走合。为减少车身和动力系统的负荷，应尽量选择平坦、宽阔、视线良好的路面行驶，避免因汽车零部件之间的振动和冲撞等因素而影响汽车的走合效果。

3）汽车走合中应避免紧急制动。紧急制动不仅使走合中的制动系统受到冲击，还会加大底盘和发动机的冲击负荷，从而影响汽车的走合效果。

> ⚠️ 提示：在汽车初次行驶的500km内，最好避免紧急制动，应多采用"预见性制动"。

4）走合中应避免长途高速行驶。车辆在走合期内跑长途，发动机连续工作的时间就会增加，易造成零件磨损。此外，车辆在走合期内有限速要求，国产车一般在40~70km/h，进口车一般在90km/h内。

> ⚠️ 注意：当加速踏板踩到底时，车速不能超过最高时速的80%，且在行驶中注意观察发动机转速表和车速表，确保发动机转速和车速在中速工作。一般情况下，走合期内发动机转速在2000~3500r/min为宜。

5）汽车在走合期间应及时换档。通过及时换档来避免汽车在高档位低转速和低档位高转速行驶。应避免长时间用一个档位行驶，也不要在各个档位使车速达到极限。一般而言，各档位时速应控制在极限速度的3/4以内。以5档手动变速器为例，1档为25km/h、2档为40km/h、3档为60km/h、4档为90km/h、5档为100km/h。

2. 汽车走合中的维护要点

一般在汽车行驶500km左右时进行走合中的维护，其维护内容如下：

1）清洗发动机润滑系统，用煤油或柴油清洗油底壳，更换润滑油、机油滤芯或滤清器。

2）在全车各润滑点加注齿轮油或润滑脂。

3）检查各部位有无渗漏，必要时加以紧固或密封。

4）检查并按规定力矩紧固气缸盖以及进、排气歧管螺栓或螺母。

5）汽车初驶30~40km时，应检查变速器、分动器、驱动桥和轮毂等是否有过热和异响，如不正常，应查明原因予以排除。

6）检查制动效能及各连接螺栓、螺母和管路的紧固性、密封性，必要时进行调整。

7）按规定力矩紧固前、后轮毂螺母。

6.1.4 汽车走合后的使用要求与维护要点

1. 汽车走合后的使用要求

1）车辆走合结束后，应及时到汽车生产厂家所指定的维修站点进行全面的走合维护后，方可继续使用车辆，否则会严重影响车辆的使用寿命。

2）车辆走合结束后，应注意车辆载质量、行驶速度、急加速、急减速等工作参数的平滑过渡。应避免走合结束后的车辆与走合前的车辆工况发生大幅度转变，从而缩短车辆的使用寿命。

2. 汽车走合后的维护要点

走合期结束后，应对汽车进行全面的检查、紧固、润滑和调整等作业。有限速装置的要拆除限速装置，使汽车达到良好的运行速度，投入正常运行。其维护内容如下：

1）清洗润滑油路、机油集滤器、机油滤清器和油底壳，更换润滑油和机油滤芯。

2）按规定顺序和拧紧力矩紧固气缸盖螺栓。
3）检查和调整制动踏板、离合器踏板的自由行程。
4）测量气缸压力，按需要调整气门间隙（配置液压挺杆的除外）。
5）检查、紧固和调整前桥转向机构的技术状况。

任务6.2　汽车高温条件下的使用与维护

6.2.1　汽车高温下的车况特点

我国大部分南方地区和西北高原的炎热夏季，气温高、热辐射强。在高温条件下，发动机冷却系统的散热温差小，发动机易过热。由此会出现发动机的充气系数下降、燃烧不正常、润滑性能变差、供油系统气阻等现象，使发动机的动力性、燃料经济性和安全可靠性变坏。

1. 高温条件对汽车性能的影响

1）发动机充气系数下降，动力降低，污染加剧。气温越高，空气密度越小，发动机的实际进气量减少。由于发动机过热，发动机舱内温度更高，发动机充气能力降低。充气系数下降，造成发动机功率下降，使汽车行驶无力。另外，由于充气系数下降，混合气相对变浓，汽车尾气排放中的 CO、HC、NO_x 及炭烟等有害物质浓度增大，使污染加剧。

2）散热困难，易使发动机过热，发生不正常燃烧。大气温度越高，进入气缸的混合气温度也越高，发动机整个工作循环的温度也越高，同时由于冷却系统散热能力下降，导致发动机过热，使燃烧室内压缩接近终了的可燃混合气受热量大，加剧了燃烧前的反应，使发动机在爆燃敏感条件下运转，从而容易产生爆燃。另外，过热的发动机使积存于活塞顶部、燃烧室壁、气门顶部及火花塞电极上的积炭形成炽热点，造成可燃混合气的早燃。

⚠提示：发动机的爆燃和早燃等不正常燃烧，会加剧发动机的过热现象，形成恶性循环，使发动机零部件热负荷和机械负荷上升，从而导致气缸体和缸盖产生热变形甚至裂纹，严重时会烧坏气缸垫、气门及气门座等部件。

3）润滑油易氧化变质和受污染使零部件磨损加剧。机油在高温、高压下工作时，其抗氧化安定性、粘温性及清净分散性等性能变差，从而加剧了机油的热分解、氧化和聚合的过程。机油与燃烧不完全的产物、凝结的水蒸气以及进气中夹带的灰尘混合，加速机油的变质。另外，机油温度高，黏度会下降，使机油变稀，油性变差，机油压力降低，发动机零部件表面不易形成润滑油膜。同时，金属零部件由于高温热膨胀，使零部件之间的正常配合间隙变小，从而加速零件磨损，大大缩短发动机的使用寿命。

⚠提示：在我国西北高原，夏季炎热而干燥，空气中的灰尘很多；而处于热带和亚热带的南方地区，空气中的水蒸气浓度很大。这些灰尘和水蒸气通过进气系统或曲轴箱通风口等处进入发动机而容易污染润滑油。因此，应勤检查机油品质，并及时进行更换。

2. 高温条件下的车况特点

1）制动效能变差，行车安全系数降低。汽车在高温条件下行驶时，制动器制动产生的热量不能及时扩散，特别是汽车在山区坡陡、弯急、狭窄等路况复杂的条件下行驶时，频繁使用制动，使制动摩擦片温度急剧升高，易产生热衰退，制动效能很快下降，从而导致行车安全系数降低。

2）产生各种气阻，影响有关系统和机构的正常工作。高温下供油系统受热后，部分燃油以气态形式存于供油管路和油泵当中，不仅增大了燃油流动阻力，同时由于气体的可压缩性，使油泵无法输送燃油，导致供油中断，并使喷油器等部件无法喷油。

采用液压制动的汽车，液压制动管路中的制动液，因高温容易沸腾而产生气阻，使制动突然失灵，易导致车毁人亡。

3）高温下容易爆胎，威胁行车安全。汽车运行时，外界气温越高，轮胎散热就越慢，橡胶老化速度加快，强度降低。同时由于空气的热膨胀特性，使过热的轮胎气压会继续升高，从而容易引起爆胎。

⚠**注意**：车速越快，轮胎产生的热量越大，更容易发生爆胎。切记：高温下不能高速行驶，轮胎最好充注惰性气体氮气，以防爆胎。

4）排放污染加剧，环保性能变差。大气温度通过空气密度、空燃比和燃料蒸发等因素对发动机排气污染物产生复杂的影响。实验表明，排气中 CO、HC、NO_x 等有害气体的实际浓度随环境温度的升高而变大。

⚠**提示**：NO_x 的浓度对发动机温度的敏感度更高，发动机温度越高则 NO_x 的浓度就越大。这也是现代电喷汽车装配废气再循环系统（EGR）的原因所在。

5）蓄电池易损坏，点火性能变差。在高温条件下行车，蓄电池电解液蒸发速度加快，其电化学反应加快，使极板容易弯曲而损坏，同时易产生过充电现象，影响蓄电池使用寿命。另外，汽车在高温环境中行驶时，因点火线圈过热而使高压火花减弱，容易产生发动机高速断火现象。

6.2.2 汽车高温下的使用要求与维护要点

1. 汽车高温条件下的使用要求

1）加强冷却效能，提高发动机冷却强度。及时清除水垢，确保节温器正常工作，保持冷却系统技术状况良好，行车中防止发动机过热。增加风扇叶片数、风扇直径或改变叶片角度；提高风扇转速；采用圆滑的护风圈等。尽量使冷却气流畅通、分布均匀、阻力小，避免热风回流。

2）各总成和轮毂轴承换用夏季润滑油或润滑脂。在条件许可的情况下，对连续在高温环境里行驶的车辆加装机油散热器，选用优质机油。并加强日常维护，经常检查油面高度，及时补充机油，适当缩短换油周期。

3）减小充电电流，避免蓄电池过充电而提早损坏。夏季汽车用电量小，为防止大电流充电，应调小发动机调节器充电电流（对可调式电压调节而言）。高温条件下蓄电池电解液蒸发快，所以应经常检查电解液液面高度，不足时应及时加注，并注意保持通气孔的畅通。

4）采取隔热、防热措施，避免产生气阻。对汽油机供油系统采取通风、隔热、降温等有效措施，以防止气阻的产生。对采用液压制动系统的汽车，为防止汽车在高温条件下行驶时，制动液中可能产生气阻而影响行车安全，应采用沸点高的合成型制动液。

5）调整点火提前角，防止发动机发生爆燃。高温时，混合气燃烧速度快，易产生冲击波，所以应事先适当减小点火提前角，防止发动机发生爆燃等不正常燃烧。

6）限速、减载，防止爆胎。行车中应经常检查轮胎的温度和气压，若胎温过高，应将汽车停放在阴凉处，待胎温自然降低后再继续行驶，不得采用浇泼冷水或放气的办法降低轮胎气压。

> ⚠ 提示：应根据轮胎速度符号，控制车速，严禁超载超速。轮胎负荷能力以速度为基础，行驶速度提高，负荷能力应相应减少。轮胎负荷也用胎侧相应标记标明。例如：桑塔纳2000型轿车的轮胎型号195/60 R14 85H。其中：H为速度符号，表示汽车的最高时速为210km/h；负荷指数为85，表示承载能力为515kg。

2. 汽车高温条件下的维护要点

1）拆除发动机附加的保温罩，检视百叶窗（对大型货车而言，南方地区可拆除百叶窗）能否全开；清除发动水套和散热器内的水垢，测试节温器性能，检查冷却液液面高度（图6-1）。

2）按车辆使用说明书的要求或视具体情况，放掉发动机油底壳、变速器、减速器、转向器等各总成内的润滑油，清洗后加注夏季用油（加注冬、夏通用润滑油的除外）。

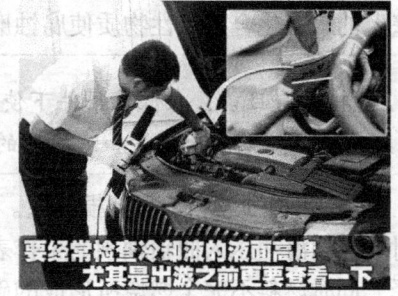

图6-1 检查冷却液液面高度

3）清洗燃料供给系统的燃油箱、滤清器、汽油机的燃油分配管、柴油机的输油泵、喷油泵、喷油器和所有管路；调整汽油机的燃油分配管及柴油机的喷油泵、喷油器等部件；进排气歧管上有预热装置的应调整至"夏"字位置。

4）汽油机要调整火花塞间隙（适当增大）和点火正时（适当推迟点火提前角）；柴油机要调整供油提前角（适当减小）和喷油正时（适当推迟喷油提前角）。

5）调整蓄电池电解液密度（适当降低，免维护蓄电池除外）；校正发电机调节器（对部分大型货车所装配的振动触点式调节器而言），适当降低充电电流、电压，并清洁调节器触点。

6）采取相应的防暑降温措施。炎热的气温、强烈的阳光、多尘多雨季节，均会加大驾驶人的劳动强度，从而影响行车安全和乘坐舒适性。为此，在高温条件下使用车辆，应加装空调设备、遮阳板；或加强驾驶室、车厢的通风，并防止漏雨。

7）及时维护车身，防止涂层和钣金受损。汽车在高温下使用时，涂层易发生老化、褪色、失光、粉化、开裂和起泡等现象。因此，应加强汽车外表的维护作业，注意喷漆前除锈并采用耐腐蚀、耐磨性高的涂层。

任务6.3 汽车严寒条件下的使用与维护

6.3.1 汽车严寒下的车况特点

我国大部分北方地区和西南高原的寒冷冬季,气温低(内蒙古及黑龙江的北部边疆地区气温有时会降低到-45℃以下,可谓天寒地冻)、寒流强。在严寒条件下,燃油蒸发雾化困难,使发动机起动困难,热效率降低,动力下降。润滑油黏度增大,导致润滑不及时,使汽车各总成磨损严重。气压制动管路结冰,液压制动系统的橡胶制品强度减弱,使汽车的安全可靠性变坏。

1. 严寒条件对汽车性能的影响

1) 气缸壁磨损加剧。在起动过程中,气缸壁润滑条件本来就差,加上冷起动时,大部分燃料以液态形式进入气缸,从而冲刷了气缸壁的润滑油膜,使润滑变差,磨损加剧(图6-2)。另外,燃油的含硫量对气缸壁磨损的影响也很大。这是由于燃油在燃烧过程中产生的氧化硫与凝结在气缸壁上的水滴化合成酸性物质使腐蚀磨损加剧。

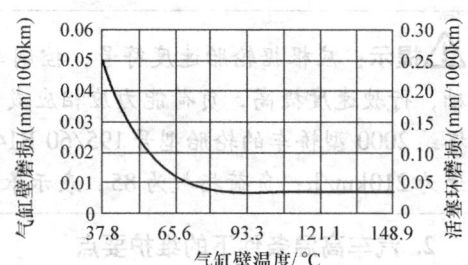

图6-2 气缸壁和活塞环磨损率与气缸壁温度的关系

⚠️**提示**:目前,在低温条件下使用的燃油含硫量不得大于0.1%。尤其是电控高压共轨柴油机,对柴油含硫量和清洁度的要求更为严格。

2) 曲轴轴颈和轴瓦磨损严重。低温起动时,润滑油黏度大,流动性差,机油泵不能及时地将润滑油压入曲轴轴颈的工作表面,使润滑条件恶化。润滑油被窜入曲轴箱中的燃料稀释,同时燃料不完全燃烧所形成的碳化物也窜入曲轴箱而污染润滑油。在严寒条件下,由于轴瓦的合金、瓦背与轴颈的热膨胀系数不同,使配合间隙变小,而且很不均匀,加速了轴颈与轴瓦的磨损。

3) 传动系统各总成严重磨损。严寒条件下,传动系统齿轮油或液力传动油的黏度增加,使运动阻力相应增大,传动系统各总成在起步后很长一段时间内的负荷较大,使传动零件磨损加剧。另外,严寒条件下,齿轮油油温升速很慢,使齿轮和轴承得不到充分润滑而使零件磨损增大。

2. 严寒条件下的车况特点

寒风凛烈、冻人刺骨,人怕冷,汽车也怕冷。冬季行车易引发许多故障或事故。在天寒地冻的冬季里,尤其是经过一个晚上露天的风吹霜寒后,车身变得冰凉,难以起动,车况急剧下降。

1) 汽车难以起动或无法起动。由于严寒低温,使燃油蒸发雾化困难不易形成可燃混合气,机油黏度过大使起动阻力增大,加上蓄电池容量下降等原因使起动转速下降,从而导致起动困难。

> ⚠️ 提示：汽车无法起动往往是经过一个晚上的室外低温后，汽车冷却液结冰或机油冷凝、电解液流动困难等原因造成的。冷却液的防冻作用在冬季显得非常重要，如果不及时更换冷却液，汽车的冷却循环将受到阻碍，会导致发动机水套"开锅"，而散热器却结冰甚至冻裂。

2）急速不稳，容易熄火。这大多是由于温度太低，蓄电池的物理性能、化学性能降低。汽车的蓄电池最怕低温，低温下蓄电池的电容量比常温时的电容量低得多。在常温下正常使用的蓄电池一遇寒冷电容量会突然下降甚至一下子没电了，加上冬季冷车起动时，耗电量特别大。因此，装用使用两年左右蓄电池的车辆特别容易产生这一故障。

3）磨损严重，易产生噪声。发动机噪声过大，往往是由于机油黏稠而导致零部件润滑不及时，使磨损严重、间隙过大。发动机70%左右的磨损均发生在冷车起动，这种磨损是渐进性的，损伤最大。

> ⚠️ 提示：发动机机油都有黏度等级（即SAE级别），一般冬、夏两季应使用不同黏度等级的机油（四季通用的机油除外）。如果进入冬季了还在使用夏季黏稠的机油，就会加快发动机的磨损。这是因为，冬季气温下降后，机油的黏度会增大，流动性变差，供油不及时，导致运动零件的摩擦阻力增大，从而加快了发动机的磨损。因此，应及时将夏季用机油换成冬季用机油。

4）空调的取暖效果变差。空调在秋天停用了一段时间后，某些运动部件会出现"咬死"现象，造成起动阻力加大，使空调电磁离合器打滑，过度磨损。长时间停用空调，还会使轴封干枯、粘连而失效，造成制冷剂泄漏。

5）制动效果变差，制动距离变长，安全性能下降。气压制动系统的储气筒上的进气阀、排气阀、制动管路等处易结冰而堵塞气道，使压缩空气压力下降甚至中断，从而导致制动效能下降或制动失效。液压制动管路中的制动液，由于黏度增大，流动变慢，从而导致制动效能下降。

6）转向阻力增大，转向困难，操纵性能下降。转向器齿轮油、转向助力液等由于低温使流动性下降，阻力增大，从而导致转向困难，操纵变差。

6.3.2 汽车严寒下的使用要求与维护要点

1. 汽车严寒条件下的使用要求

1）在严寒条件下，汽车起步前应先预热。预热方法可采用热水、热蒸汽、热空气、电热器和红外辐射加热装置等。

> ⚠️ 提示：一般来说，环境气温低于-25℃时，汽车应采用"热态起动"；而高于-25℃的低温环境时，可采用"冷态起动"。

2）在严寒地区，应采取保温措施。如对发动机和散热器采用保温套保温；蓄电池放在具有夹层的木质保温箱内保温；发动机油底壳采用双层油底壳等。

3）合理使用燃料与润滑油。如条件允许，应选择专门牌号的汽油和柴油供给汽车在严寒地区使用。

> ⚠️ **注意**：对柴油车而言，柴油能否流动是柴油车能否正常使用的决定因素。目前，内蒙古及黑龙江的北部边疆地区在严寒冬季，可提供 -50 号柴油。

4) 改善汽车在严寒低温下的起动条件。进行进气预热和加注易燃燃料改善混合气的形成条件；采用专门的起动燃料即起动液进行辅助起动。

5) 严寒地区，发动机冷却系统可使用专门的特效防冻液。防冻液是一种低冰点的液体，有毒。

> ⚠️ **提示**：水 + 防冻剂 + 防腐剂 = 防冻冷却液。种类有酒精型、甘油型和乙二醇型。乙二醇型沸点高(197℃)，冰点低(-68℃)，而被广泛采用。

6) 驾驶室和车厢应装设取暖设备。在风窗玻璃上涂 30% 饱和盐水加 70% 甘油的溶液，以降低露水的凝点。可在行车时装用防滑链并采取"两轻两少"的行车要领，即"轻踩油门，轻打转向，少换档，少制动"。

2. 汽车严寒条件下的维护要点

1) 安装发动机附加保温罩及检修起动预热装置，测试节温器效能。
2) 发动机和底盘各总成均换用冬季用润滑油(加注冬、夏通用润滑油的除外)。
3) 清洗燃料供给系统的燃油箱、滤清器、汽油机的燃油分配管、柴油机的输油泵、喷油泵、喷油器和所有管路；调整汽油机的燃油分配管及柴油机的喷油泵、喷油器等部件；有进气预热阀装置的调整到"冬"位置。
4) 相应的调整发电机调节器(对部分大型货车所装配的振动触点式调节器而言)，适当增大充电电流、电压，并适当减小点火提前角和火花塞间隙。
5) 调整蓄电池电解液的密度(适当增大，免维护蓄电池除外)。
6) 采取防寒、防冻、防滑等保护措施。

任务6.4 汽车高原条件下的使用与维护

6.4.1 汽车高原下的车况特点

我国的青藏、云贵、内蒙古及黄土等高原地区，海拔高、气压低、空气稀薄、日照强。在高原条件下，发动机充气量减小，使其动力性和燃油经济性下降，而且冷却系统容易"开锅"。液压制动系统容易产生气阻，气压制动系统储气压力下降，加上弯多、坡陡，制动频繁，使车辆行驶安全性能下降。

1. 高原条件对汽车性能的影响

1) 发动机动力下降，油耗增加。海拔对发动机动力性能的影响很大。随着海拔的升高，气压逐渐降低、空气密度减小，使气缸充气量减少，发动机动力下降。通常，海拔每增加 1000m，大气压力下降约 11.5%，空气密度约减少 9%，功率下降 10% 左右。具体见表 6-1。

表6-1 海拔与大气压力、密度、温度及发动机功率的关系

海拔高度/m	大气压力/kPa	气压比例	空气温度/℃	空气密度/kg·m⁻³	密度比	发动机功率/%
0	101.325	1	15	1.2255	1	100
1000	90.419	0.837	8.5	1.1120	0.9074	88.6
2000	79.487	0.7845	2	1.006	0.8215	78.1
3000	70.101	0.6918	-4.5	0.9094	0.7421	68.5
4000	61.635	0.6082	-11	0.8193	0.6685	59.8
5000	54.009	0.533	-17.5	0.7363	0.6008	51.7

⚠ **注意**：海拔也影响汽车的加速性能（图6-3）。实验证明，海拔每增高1000m，加速时间和加速距离加长约50%。海拔每增高1000m，最高车速降低约9%，急速降低约5r/min。

如图6-4所示，汽车在高原条件下使用，空气密度会下降，导致混合气变浓，使发动机油耗上升。高原山区坡陡且长，车辆经常用低档行驶，使发动机工作温度过高，也会引起油耗增加。另外，大气压力降低时，燃油蒸发性会提高，燃料系统易产生气阻及渗漏，也使油耗增大。

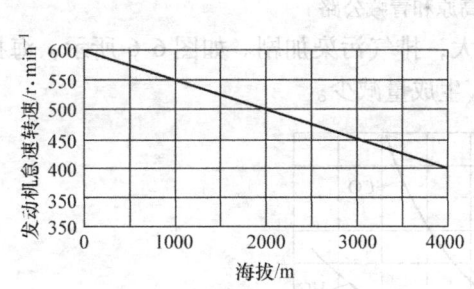

图6-3 海拔与发动机急速转速的关系　　图6-4 海拔对汽车行驶油耗的影响

2）冷却效果变差、润滑性能下降，发动机寿命缩短。随着海拔的增加，大气压力的降低，冷却液的沸点也会降低，冷却液容易发生沸腾现象，且蒸发量增大。同时，由于冷却液的沸腾和经常添加，冷却系统易形成水垢，其散热能力进一步降低，使发动机温度过高，磨损加剧。

由于在高原地区行驶的汽车动力性下降，使发动机长时间满负荷工作，从而容易产生过热现象，导致机油变稀，润滑性能下降，发动机磨损加剧。另外，过浓混合气燃烧不完全，窜入曲轴箱，冲淡机油，润滑作用下降，又加剧了零件的磨损，从而缩短了发动机的使用寿命。

2. 高原条件下的车况特点

1）制动效能下降，行车安全性能降低。如图6-5所示，汽车在高原山区行驶，制动频繁，导致制动器摩擦片和制动鼓（或盘）发热。特别是下长坡时，制动器摩擦片温度高达

400℃左右，很容易超过其所能承受的250℃的温度限度而发生"热衰退"。此时，制动器摩擦片的摩擦系数急剧下降，严重时可导致制动失灵。另外，制动器摩擦片持续高温，磨损加剧，会出现破裂现象。

⚠ **特别提醒**：气压制动的汽车，因高原山区空气稀薄，空气压缩机的供气压力不足，而且频繁制动，增大了耗气量，所以常常不能保证汽车，特别是汽车列车的安全制动，从而使汽车的行车安全下降。

图 6-5　我国著名的青藏高原和青藏公路

2）发动机动力不足，车辆行驶无力，油耗增大，排气污染加剧。如图 6-6 所示，海拔增加，使空燃比变小，CO 和 HC 生成量增加，NO_x 生成量减少。

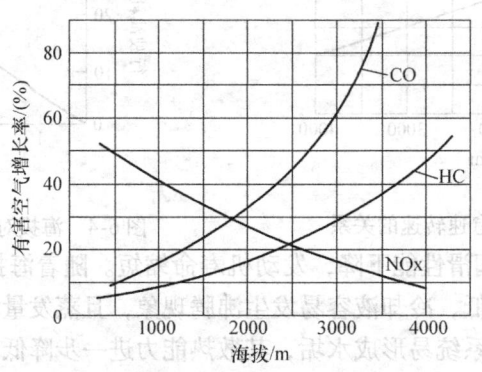

图 6-6　海拔与发动机排放污染的关系

6.4.2　汽车高原下的使用要求与维护要点

1. 汽车在高原条件下的使用要求

（1）提高发动机功率，保证汽车动力充沛

1）通过将原缸盖减薄等措施，适当提高发动机的压缩比。提高发动机压缩比不仅可以提高压缩终了的温度和压力，改善燃烧过程，减少热损失，还可采用较稀的可燃混合气，从而提高发动机的动力性和经济性。

2) 合理选择配气相位，提高气缸充气效率。配气相位的确定，应与发动机的实际转速范围相适应。为了适应高原和山区的行车环境(一般针对大型车辆而言)，可将气门间隙适当调大，缩短气门开启期，使配气相位更为有利，从而提高汽车的低速动力性。

3) 合理调整油路、电路，改善燃烧条件。按海拔调大空气量，减小燃油量，以改善混合气质量，提高发动机的动力性和经济性。海拔越高，发动机压缩终了的压力就越低，火焰传播速度就越慢，因此可将点火提前角比平原地区略为提前 $2°\sim3°$，并适当调大火花塞间隙，以产生较强的电火花，从而改善可燃混合气的燃烧条件。

4) 使用含氧燃料，提高发动机的热效率。含氧燃料就是在汽油中掺入酒精、丙酮及其他含氧化合物。这些物质的分子中含有氧，使燃烧过程中的氧气量增加，发动机的热效率得到提高，从而弥补了高原行车气压低、空气量不足的缺陷。

5) 采用增压设备，提高发动机的动力性和经济性。装有增压器的发动机，进气压力增大，进气量增加，改善了燃烧条件，使发动机有效功率得到提高。

⚠️**提示**：发动机有效功率的增加与增压压力基本上成正比。现代汽车发动机的增压压力一般不超过156.8kPa。此外，柴油机装配增压器后，增加了充气量，使压缩终了的空气压力和温度有很大提高，从而改善了发动机的动力性和经济性。目前，越来越多的汽油机也开始采用增压器，并逐步解决了汽油机产生爆燃的问题。

(2) 增强制动效能，确保行车安全

1) 采用排气辅助制动器，增强制动效能。辅助制动器有电力涡流式、液力涡流式和发动机排气制动式3种，前两种体积较大，结构复杂，多用于山区或矿用重型汽车上。发动机排气制动是一种有效而简便的措施，它是在发动机排气管内装一个片状阀门，利用关闭发动机的排气通道来牵阻发动机的转速，以达到控制车速的目的。

2) 采用矿油型制动液，防止产生气阻。液压制动的汽车大多数使用醇型制动液，其所含的酒精极易挥发和吸水。在高原山区行车，因制动频繁，使制动管路容易发生气阻现象，导致制动失灵，给行车安全带来极大威胁。矿油型制动液具有制动压力传递快、制动效果好、不易挥发变稠等特点，因此可采用矿油型制动液，以确保行车安全。

⚠️**注意**：使用矿油型制动液时，必须换用耐矿物油的橡胶软管和皮碗等，以免制动时橡胶软管突然破裂，皮碗突然被踩翻。

3) 改进制动器摩擦材料，提高摩擦系数。目前国内生产的石棉制动摩擦片，其最高耐温是250℃，这对高原山区行驶的汽车显然是不够的，因此，必须提高摩擦片的耐高温性能。

4) 制动鼓淋水散热，提高制动效能。为了防止制动器过热，在下坡前开始对制动鼓外圆淋水进行冷却，以防止摩擦片被烧蚀。

⚠️**提示**：制动鼓淋水的方法被大多被长途大型客货车所采用，一般小型客车很少采用。另外，该方法虽然简单有效，但缺水地区却无法使用。

2. 汽车在高原条件下的维护要点

1) 汽车在高原条件下的维护周期应适当缩短。大部分高原山区的道路等级低,制动、转向、换档次数明显增加,轮胎磨损加快。因此,应特别加强对轮胎等安全部件的的维护,以防止爆胎等事故的发生。

2) 加强制动系统的检查和维护工作,保证制动系统的技术状况完好,并严禁下坡熄火滑行。

> ⚠️ 提示:高原地区的冬季一般兼有严寒地区的低温特点,因而应遵照上述严寒地区的使用要求加以维护。

任务6.5　汽车冰雪天气下的使用与维护

6.5.1　汽车冰雪天气下的车况特点

我国长江以北的大部分地区冬季都比较寒冷。其中长江以北广大华中、华东及部分华北南部地区冬季常伴有雨雪天气,且雨雪相伴、相互交融、边下边化边结冰形成冰雪路面。大部分华北、西北及东北地区冬季下雪频繁、白天道路上的积雪根本来不及清理(城市主干道除外)使积雪越积越厚,表层积雪在中午较暖时段融化成雪水,早晚又冻成冰,然后被车辆碾压的又实又滑,使路面附着系数变得极低,车轮非常容易打滑,行车的危险性远超下雨和严寒天气。

1. 冰雪天气对汽车性能的影响

1) 车辆的行驶稳定性、通过性、制动性变差,行车安全系数急剧下降。冬季有冰雪的道路附着系数锐减,有时会降低到0.1以下,特别是松软雪层厚度增加时,汽车的通过性明显下降。使用经验表明,雪层的厚度大于汽车最小离地间隙的1.5倍,雪的密度小于0.45g/cm^3时(雪层的密度与气温和压实的程度有关,气温越低,雪层密度越小,雪层干而硬),汽车便不能通过。

> ⚠️ 提示:汽车通过冰封的渡口时,应特别注意冰层厚度的承载能力是否允许车辆通过。在气温低于0℃的情况下,汽车通过冰封的渡口时,冰层的最小厚度见表6-2。

表6-2　冰层厚度与承载能力的关系

汽车(汽车列车)的总质量/t	冰层厚度/cm (气温 -1 ~ -20℃)	从渡口到对岸的最大距离/m	
		海冰	河冰
≥3.5	25 ~ 34	16	19
≥10	42 ~ 46	24	26
≥40	80 ~ 100	38	38

2) 汽车的动力性、经济性和环保性均大幅下降。具体原因与汽车严寒条件基本相同。

2. 冰雪天气下的车况特点

1) 车辆起步困难,驱动轮易原地打滑。由于冰雪路面的附着系数很低,加上有些驾驶人的操作不当(如"油门"较大,手动变速器汽车用较低档位起步,且离合器抬起太快等不当操作),车辆在冰雪路面上起步时,驱动轮很容易原地打滑,甚至出现摆尾现象(驱动轮的附着力不同)。

2) 车辆经常出现甩尾和跑偏现象,容易与其他车辆和行人发生碰撞和刮擦事故。由于路面的结冰情况和积雪软硬不同,导致各个车轮与路面之间的附着力不同,使车辆在行驶过程中经常出现甩尾和跑偏等现象,从而偏离行驶路线,与其他车辆和行人发生碰撞和刮擦等事故。

3) 制动距离变长,易发生追尾事故。由于冰雪路面的附着系数很小,附着力很低,加上有些驾驶人遇事不冷静,不会使用"发动机制动"、"档位制动"、"间歇制动"等预见性制动措施,采取急制动而发生追尾事故。

6.5.2 汽车冰雪天气下的使用要求与维护要点

1. 汽车在冰雪条件下的使用要求

1) 应经常检查胎压,确保胎压合适。胎压过高会降低轮胎的附着力;两侧车轮的胎压不同,则在制动时易导致车辆甩尾。因此,在冰雪天气行车前应仔细检查胎压,保持两侧车轮胎压相同。

⚠️**提示**:对大中型车辆而言,如果没有胎压表,可对比两侧车轮触地的花纹长度来估计两侧车轮胎压的异同情况。但对于采用超低压胎的大多数小型客车而言,不宜采用该方法。

2) 提高车轮与冰雪路面之间的附着力,必要时采取防滑措施。可适当降低轮胎气压,使其与路面的接触面积增大,滚动阻力减小,改善附着条件。

⚠️**注意**:轮胎气压降低后轮胎变形大,使用寿命降低,因此不能长期使用降低轮胎气压的方法在冰雪路面上行驶。

如图 6-7 所示,可针对性地选择越野轮胎,因越野轮胎花纹横向排列、花纹沟槽深、凸出面积小、与地面附着力大,抗刺扎和耐磨性好,适合在冰雪条件下使用。另外,必要时为了提高车轮与路面之间的附着力或减少轮胎对地面的压力,防止车轮滑转,可在驱动轮上装防滑链,如图 6-8 所示。

图 6-7 常见越野轮胎花纹　　　　　　　图 6-8 轮胎上安装防滑链

> ⚠️ **提示**：防滑链的缺点是链条太重，拆装不方便，使汽车的动力性和经济性均下降。特别是在干硬路面上行驶时冲击力大，使轮胎和驱动桥磨损增大。所以应谨慎采用，通过冰雪上下坡路后，应及时拆除。

3) 保持车身清洁，确保车辆视野良好。在冰雪天气行车前应将前后风窗玻璃和前后门玻璃上的冰雪清除干净，确保视线不受影响。

4) 车辆起步时，应缓踏加速踏板，保证车辆平稳起步。对于手动变速器汽车而言，如果在起步时出现车轮打滑现象，可挂入比平时高一级的档位。手动变速器轿车可用 2 档起步，离合器要慢抬，最好采用半联动。节气门比平时起步要小，只要发动机不熄火即可。而对于设有"雪地模式"的自动变速器轿车而言，起步时应将行车模式切换到"雪地模式"。

5) 行车中要保持低速平稳，避免相互追尾。制动距离会随着车速的提高而加大，所以控制车速和与前车保持较大的安全距离是冰雪路面行车的关键。

> ⚠️ **提示**：一般来说，多高的行驶速度，就要保持多长的安全行车距离，如 30km/h 的车速，就应保持 30m 长的距离。因为驾驶人从发现情况到踏下制动踏板的反应时间最快也要 0.03s，而机械反应时间也需要 8.33m 的距离。所以，如果车辆行驶速度过快，两车之间的安全距离就越小，遇紧急情况则后果不堪设想。

6) 行车中应避免猛打转向盘，防止车辆失控。在冰雪路面上需要转向时，应事先减速，适当加大转弯半径，并慢打转向盘。

> ⚠️ **注意**：转动转向盘时要匀顺缓和，否则就会发生侧滑。这是因为转向过猛，会使转向轮横向偏移，造成车辆前轮阻力突然加大，在惯性的作用下车尾向外甩出。特别是在郊区的山区公路上，有时冰雪路面是间断的，打转向盘时，最好提前采取措施在间断处完成。如果在冰雪路面猛打转向盘，很可能因侧滑横在路上或冲出路基发生重大交通事故。

7) 正确使用车辆制动系统，避免紧急制动，防止车辆失控。驾驶没有装配 ABS 的手动变速器车辆在冰雪路面减速停车时，应先快速逐级收油、减档，利用发动机的"牵阻力"（即发动机制动）减速，再反复"间歇"踩踏制动踏板平稳停车。驾驶装配 ABS 的手动变速器车辆在冰雪路面减速停车时，也可换到低速档，先期利用发动机的"牵阻力"减速，但是制动必须一次平稳踩到底，同时控制好转向盘，千万不能用"点制动"的方法，否则 ABS 不发挥作用，反而易发生危险。

> ⚠️ **注意**：无论有无 ABS 的车辆在雪地上都不要空档行驶，制动时靠雪的阻力和发动机阻力减速；在冰路上，尽量采取减档、拖档制动（即不摘档放松加速踏板的发动机制动）等预见性制动措施，这样，即使打滑，因驱动轮有动力，同时受力，远比空档打滑好得多，而且轮胎不易抱死。

8) 保持横向安全距离，避免发生碰撞、侧擦等事故。冰雪路面行车进出主路、通过十字路口、左右转弯、双方会车，以及遇有行人和自行车时，要始终保持较大的横向安全距离。

> ⚠ 提示：最好不要闪灯鸣笛催促，以免引起他人的烦躁和恐慌。自行车和行人可能会在混合路段的非机动车道内，因路滑不慎摔倒，驾驶人宁可停车让行，也不要抢道行驶。

2. 汽车在冰雪条件下的维护要点

1）加大检查力度，进行针对性维护，确保行车安全。驾驶车辆在冰雪路面行驶之前，应加大对车辆的冷却液、制动液、润滑油、蓄电池、玻璃清洗液、暖风系统等进行必要的检查，并对汽车的轮胎、转向、制动、刮水器等安全操纵部件进行针对性维护，以确保车辆在冰雪路面上的行车安全。

> ⚠ 提示：大雪过后，在发动汽车之前必须清除汽车风窗玻璃、前照灯、反光镜上的积雪，保证行车时视线不受影响。最好预备一块棉布，可在行驶途中停车休息时，擦拭车窗内侧雾汽和反光镜，以保持良好的视线。如有条件，可在车内玻璃上涂抹专门的防雾霜用品以减少凝结雾霜的机会。

> ⚠ 注意：在寒冷冬季冰雪天气使用刮水器前，应先检查刮水片是否已冻结在车窗上。如果清晨出门发现刮水器被雪水或由于结霜而粘在风窗玻璃上，则千万不要用热水直接冲洗，否则易使车窗因温度骤变而炸裂、刮水器变形。正确的方法是将空调开至热风，吹风模式旋转到"风窗玻璃"档，使刮水器自然化开。这样，既简便省力，还不会对刮水片产生物理性损坏。

2）合理选择燃滑料和冷却液等，以适应冰雪路况的行车需要。冰雪天气对柴油车辆的燃油牌号要求很高。为防止柴油结冰，通常按低于当地季节最低气温 3~5℃ 选择柴油的牌号，如当地平均气温若为 -30℃，则应选择 -35 号柴油为宜。

大雪过后，气温骤降，一定要注意检查机油的黏度是否符合标准。因冰雪天气气温急剧下降，机油黏度会增加，使车辆冷起动变得非常困难，为此应更换黏度较低的机油。通常，冬夏通用机油只能抵御 -25℃ 左右的低温，因此，在温度持续降低时，应更换更高级别的优质稀机油。

冰雪天气，应注意及时检查和更换发动机冷却液，必要时进行冷却液的冰点测试。应按车辆使用说明书的规定添加含防冻剂的冷却液。当冷却液面降低时，应禁止补充自来水等，以免降低冷却液的防结冰能力，从而冻裂机体和散热器等部件。另外，应使用品质较高的玻璃清洗液，以防止风窗玻璃洗涤器喷水孔结冰堵塞。

3）及时清洁车身，防止车身发生腐蚀磨损。大雪过后车身较脏，所以应及时到专业洗车场进行清洗。尤其是北方的城市街道，为减轻路滑，一般路政部门会喷撒融雪剂清雪，雪后如果不及时清洗车辆，融雪剂里的化学物质会对车身造成腐蚀。

4）注意防风保暖，避免车辆电动门窗冻结。夜间停车时尽量避免将车辆停放在风口处。车辆大部分是由金属组成的，尤其是发动机气缸内部，经过一夜的风吹降温，金属的吸热特性和传导性都会使发动机内部产生结霜现象，内部温度会降得非常低，不但给发动机的起动带来很大困难，而且润滑条件变得很差。所以，冬季车辆起动后不要马上行驶或"轰油门",一定要暖机后再行驶,以免严重损伤发动机。另外,如果冰雪天汽车长时间停在室外,会使玻璃和门边的密封胶因为寒冷而被冻住。因此,上车之后不要马上使用车门升降器,应等到车内温度升高后再使用,避免出现玻璃脱出、电动机烧损等问题。

项 目 小 结

1. 新车、大修车以及刚装用大修过发动机的汽车在初始一段里程内所进行的维护称为走合,过去称为磨合。汽车经过初期使用阶段的走合,使各运动部件摩擦表面之间进行相互研磨,不断提高配合精度,从而顺利过渡到正常使用状态。

2. 汽车的走合期是指新车或大修后的汽车在最初行驶的一段里程,一般规定为1000~2500km,或按汽车使用说明书规定的里程执行。汽车的走合里程是保证零件充分接触、摩擦、互研、适应、定型的基本里程,故不能随意改变或取消。走合期间,应注意正确使用车辆,并合理安排各项针对性的维护。

3. 汽车在高温条件下,发动机冷却系统的散热温差小,发动机易过热。由此会出现发动机的充气系数下降、燃烧不正常、润滑性能变差、供油系统气阻等现象,使发动机的动力性、燃料经济性和安全可靠性变坏。与此条件,应注意正确使用车辆,并合理安排各项针对性的维护。

4. 汽车在严寒条件下,燃油蒸发雾化困难,使发动机起动困难,热效率降低,动力下降。润滑油黏度增大,导致润滑不及时,使汽车各总成磨损严重。气压制动管路结冰,液压制动系统的橡胶制品强度减弱,使汽车的安全可靠性变坏。与此条件,应注意正确使用车辆,并合理安排各项针对性的维护。

5. 汽车在高原条件下,发动机充气量减小,使其动力性和燃油经济性下降,而且冷却系统容易"开锅"。液压制动系统容易产生气阻,气压制动系统储气压力下降,加上弯多、坡陡,制动频繁,使车辆行驶安全性能下降。与此条件,应注意正确使用车辆,并合理安排各项针对性的维护。

6. 大部分华北、西北及东北地区冬季下雪频繁、白天道路上的积雪根本来不及清理(城市主干道除外)使积雪越积越厚,表层积雪在中午较暖时段融化成雪水,早晚又冻成冰,然后被车辆碾压得又实又滑,使路面附着系数变得极低,车轮非常容易打滑,行车的危险性远超下雨和严寒天气。与此条件,应注意正确使用车辆,并合理安排各项针对性的维护。

思考与实训

一、选择题

1. 关于车辆在走合期间的正确使用,甲说:汽车在走合期内车速应控制在正常车速的80%以内;乙说:汽车在走合期内的装载质量不得超过额定载质量的75%。你认为以上观点( )。

A. 甲正确 B. 乙正确 C. 甲乙都正确 D. 甲乙都不正确

2. 关于高温条件对车辆使用性能的影响,甲说:气温越高,空气密度越小,发动机的实际进气量就越少,且发动机容易过热,使发动机动力下降、磨损加剧;乙说:大气温度越高，进入气缸的混合气温度也越高，使燃烧室内压缩接近终了的可燃混合气受热量大，加剧了燃烧前的反应，从而容易产生爆燃。你认为以上观点（　　）。

A. 甲正确　　　　B. 乙正确　　　　C. 甲乙都正确　　　　D. 甲乙都不正确

3. 关于车辆在严寒条件下的车况特点，甲说：由于严寒低温，使燃油蒸发雾化困难不易形成可燃混合气，机油黏度过大使起动阻力增大，加上蓄电池容量下降等原因使车辆起动困难；乙说：汽车无法起动往往是经过一个晚上极低的室外温度后，汽车冷却液结冰或机油冷凝、电解液流动困难等原因造成的。你认为以上观点（　　）。

A. 甲正确　　　　B. 乙正确　　　　C. 甲乙都正确　　　　D. 甲乙都不正确

4. 关于车辆在高原条件下的维护要点，甲说：大部分高原山区的道路等级低，制动、转向、换档次数明显增加，轮胎磨损加快。因此，应特别加强对轮胎等安全部件的的维护，以防止爆胎等事故的发生。乙说：应加强制动系统的检查和维护工作，保证制动系统的技术状况完好，并严禁下坡熄火滑行。你认为以上观点（　　）。

A. 甲正确　　　　B. 乙正确　　　　C. 甲乙都正确　　　　D. 甲乙都不正确

5. 关于车辆在冰雪条件下的使用要求，甲说：在冰雪路面上需要转向时，应事先减速，适当加大转弯半径，并慢打转向盘；乙说：在冰雪路面上应多采取"发动机制动"、"档位制动"、"间歇制动"等预见性制动措施，应避免采取紧急制动，否则易发生追尾事故。你认为以上观点（　　）。

A. 甲正确　　　　B. 乙正确　　　　C. 甲乙都正确　　　　D. 甲乙都不正确

二、问答题

1. 汽车在走合期间的使用注意事项有哪些？
2. 汽车走合期间的主要维护项目、作业内容、操作要领及技术要求有哪些？
3. 汽车在高温条件下的使用注意事项有哪些？
4. 汽车在高温条件下的主要维护项目、作业内容、操作要领及技术要求有哪些？
5. 汽车在严寒条件下的使用注意事项有哪些？
6. 汽车在严寒条件下的主要维护项目、作业内容、操作要领及技术要求有哪些？
7. 汽车在高原条件下的使用注意事项有哪些？
8. 汽车在高原条件下的主要维护项目、作业内容、操作要领及技术要求有哪些？
9. 汽车在冰雪条件下的使用注意事项有哪些？
10. 汽车在冰雪条件下的主要维护项目、作业内容、操作要领及技术要求有哪些？

三、实操题

1. 汽车走合期间的维护练习。
2. 汽车在高温条件下的维护练习。
3. 汽车在严寒条件下的维护练习。
4. 汽车在高原条件下的维护练习。
5. 汽车在冰雪条件下的维护练习。

项目 7 汽车应急情况下的使用与维护

教学目标与要求

- 掌握汽车燃料系统、冷却系统、电气系统、行驶系统及制动系统在应急情况下的使用与维护要点。
- 学会应急处理车辆在使用过程中燃料、冷却、电气、行驶及制动等系统中个别零部件所发生的破损、卡滞、失效等故障。
- 知道车辆在使用过程中燃料、冷却、电气、行驶及制动等系统中个别零部件发生破损、卡滞、失效等故障时的应急使用方法。
- 学会在各种应急情况下汽车各主要操纵部件的操作方法和使用注意事项。
- 会分析汽车零部件在各种情况下发生破损、卡滞、失效等突发故障的原因,从而进行针对性的预防和维护。

教学重点

- 汽车燃料系统、冷却系统、电气系统、行驶系统及制动系统在应急情况下的使用与维护要点。
- 汽车在各种应急情况下主要操纵部件的使用操作。
- 汽车在各种应急情况下的故障原因分析。
- 汽车在使用过程中燃料、冷却、电气、行驶及制动等系统中个别零部件发生破损、卡滞、失效等故障时的应急使用方法。

教学难点

- 汽车在各种应急情况下的使用方法和维护要点。

任务7.1 汽车燃料系统的应急使用与维护

7.1.1 燃油管路破裂的应急使用与维护

1. 燃油管路破裂的应急使用

汽车在行驶途中,由于车辆的颠簸、振动、冲击、热胀冷缩等原因有时会发生燃油管路破裂或折断的故障。通常情况下,除焊补和更换外,在没有维修条件的行车中途,可以采用下列方法进行应急使用。

1) 如果燃油管路破裂,用缠绕转向盘的塑料带或塑料布剪成长条,将燃油管路破裂处用力拉紧缠绕5~6层(图7-1a中方框所示),再将接头用火烧结贴好(注意防火)。为了可靠,可用同样方法再重复加固一遍。

2) 如果燃油管路折断,可用车辆上所携带的充气胶管,取适当长度,将两端分别插入折断的管路里,再用铁丝、胶布等捆紧,确保严密不漏。

3) 如果燃油管路接近喇叭形状的地方(图7-1b中方框所示)折断,则先将燃油管路拆下来,用锉刀锉平或磨平燃油管路断头,用十字槽螺钉旋具和有锥度的冲子,在管口周围轻轻的撬扩出一个简易的喇叭口。这样,应急使用起来可防止漏气和漏油。

a) 渗漏点进行缠绕密封　　b) 软硬管路接合部位的喇叭形接口

图7-1 燃油管路破裂的应急使用

2. 预防燃油管路突发故障的维护要点

在汽车的行驶途中,若发生燃油管路(尤其是发动机舱中燃油管路,图7-2中箭头所示)破裂,不仅影响车辆的正常使用,而且会由于燃油的挥发性强(汽油)、燃点低(柴油)容易引发火灾而威胁行车安全。因此,平时应加强对燃油管路的检查和维护。

1) 注意保持燃油管路的清洁。若有灰尘应及时进行清洁;若蘸有油渍应用抹布蘸上少许汽油、煤油等有机溶剂进行擦拭并吹干。

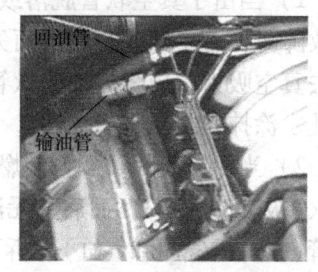

图7-2 燃油管路破裂的应急使用

⚠**注意**:应严防制动液、电解液、冷却液等腐蚀性较强的工作液溅落到燃油管路上,若不慎溅上,应及时清理干净,不得残留,否则极易腐蚀橡胶燃油管路,使管路发生破损而泄漏。

2) 目视检查燃油管路和接头是否干涉、磨损、老化或泄漏。

3) 应注意检查金属燃油管路和橡胶燃油管路之间的接合部位,尤其是喇叭形接口部位是否存在老化裂纹、弯折变形等缺陷。有条件时,可将车辆举升,从车底进行全面检查。发现燃油管路存在老化、裂纹、变形、渗漏等现象时,应及时维修或更换。

7.1.2 油压调节器失效的应急使用与维护

1. 油压调节器失效的应急使用

油压调节器是现代汽车所装配的电控燃油喷射系统的常用部件之一。其作用是由连接在油压调节器膜片室上部的真空管(另一端连接到发动机进气总管或进气歧管上,图7-3)根据发动机负荷的大小,自动调节燃油回油量的多少,从而保持喷油器进油管中的油压(汽油机为燃油分配管,柴油机为燃油共轨管)和喷油器喷孔处的气压之差恒定,以确保燃油喷射的精度。图7-3所示为汽油发动机、柴油发动机所装用的油压调节器的安装位置。

通常,油压过低主要是由油箱中燃油少、油泵滤网堵塞、油泵故障、油泵出油管松动泄漏、汽油滤清器堵塞等原因引起。此时,应逐一检查、维修或更换。而油压过高的主要原因是油压调节器发生失效或回油管堵塞。此时,应对油压调节器和回油管进行检测、维修或更换。但在没有维修条件的行车中途,可以采用下列方法进行应急使用。

 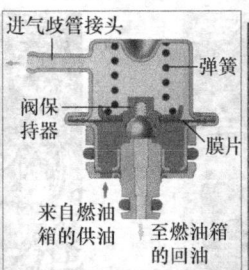 

a) 电控汽油机油压调节器及其安装位置　　b) 油压调节器构造　　c) 电控柴油机油压调节器及其安装位置

图7-3　电控发动机的油压调节器

1) 当由于真空软管脱落或破损,使油压调节失效(不回油了,图7-3 b)而发生油压过高的故障时,若是因软管脱落而失去真空吸力,应将脱落的软管重新插回,若是因管路破损而失去真空吸力,应将破损的软管取下用各种胶布、塑料袋(撕成条状)或口香糖等进行临时包扎、涂抹密封后重新插回。

2) 当由于膜片破裂,使燃油通过真空软管而流入节气门体内或气缸内,使发动机自行熄火(被燃油淹死),而后又无法起动时,应将真空软管从进气总管(上有节气门体)或进气歧管(挨着进气门和气缸)上拆下,用螺钉、胶带、布团、棉球或口香糖等物品塞住并包扎缠紧。

⚠ **注意**：如图7-3 b所示,油压调节器中膜片上为真空室下为燃油室,因此膜片一旦破裂上下两室就会连通,使燃油通过真空软管流入节气门体或气缸内将发动机"淹死"。为防止膜片破裂后"淹死"发动机,必须临时塞住真空软管而取消油压调节器的调压作用。因为此时只来油而不回油油压会很快升高,所以应打开闪灯放慢车速小节气门回家,以防喷油器密封圈破裂或针阀损坏。

2. 预防油压调节器突发故障的维护要点

1)注意检查油压调节器真空软管的清洁情况。若蘸有油渍等腐蚀性物质,应及时清洁。

2)注意油压调节器附近的通风情况。必要时应对真空软管等易损部件采取隔热措施,以防管路老化。

3)注意起动时,千万不要猛踩加速踏板,应急速预热,等待暖机后再起步,以防油压调节器中的膜片因上下剧烈频繁运动而破裂。

7.1.3 喷油器堵塞或卡死的应急使用与维护

1. 喷油器堵塞的应急使用

由于日益严格的节能减排要求,国内绝大部分汽油车、柴油车均装用了电子控制燃油喷射系统,其中最核心最终端的执行器就是喷油器。因此,一旦发生喷油器的喷孔堵塞、喷孔歪斜、喷孔扩大等故障,都会使喷油器的喷雾数量、喷雾质量发生重大变化,将严重影响燃油喷射的精度。特别是大部分气缸的喷油器的喷孔若全部堵塞或卡死,发动机将无法起动,车辆将无法行驶。此时,应对喷油器进行检测、维修或更换。但在没有维修条件的行车中途,可以采用下列方法进行应急使用。

(1)电控汽油机喷油器堵塞的应急措施 近年来,越来越多的汽油车广泛采用电控多点燃油顺序喷射系统。由于国内油品清洁度不够、道路状况不良、行车条件恶化等原因,喷油器往往被喷孔附近渐渐形成的积炭堵塞而导致汽车动力性、经济性下降和排放恶化等问题。此时,应对喷油器进行检测、维修或更换。但在没有维修条件的行车中途,可以采用下列方法进行应急使用。

① 当喷油器有轻微堵塞时,会出现挂一档起步,车辆轻微抖动;逐级增档加速时,抖动又消失的现象。此时,基本上可确定为喷油器被积炭轻微堵塞了。遇此情况,可采取"挂低档拉高速"(以5档手动变速器轿车为例,在限速100km/h的路段内,挂3档或4档,以3500~4000r/min的发动机转速,接近100km/h的车速,连续行驶3min左右)的应急措施,将喷油器喷孔处的轻微积炭和胶质喷走(吹走)或溶解掉,可恢复发动机的动力等性能。

② 当喷油器有严重堵塞时,会出现起动困难、起步容易熄火、车辆严重抖动等现象。此时,最好到附近加油站购买一支喷油器积炭清洁剂加入到油箱中,同时补足燃油将清洁剂搅拌到燃油中,然后"挂低档拉高速"清积炭,去堵塞。

> ⚠ 提示:汽油机很少会出现所有喷油器同时都堵塞的情况,就如同汽油机很少会出现所有火花塞同时都缺火的情况。此时,可采用"单缸断油"(即在点火钥匙处于OFF状态下,拔掉喷油器上的导线接头)的方法,查找有堵塞的喷油器。但需要注意的是,在野外没有维修和防护条件的情况下,千万不要拆卸喷油器,以防损坏喷油器的各个密封件,使油路失去密封性,甚至发生火灾而烧毁车辆。

(2)电控柴油机喷油器堵塞或卡死的应急措施 电控柴油机的喷油系统中有三对精密

偶件，其中喷油器中的针阀偶件配合极为精密。若柴油中含有水分或酸性物质，则很容易使针阀锈蚀而被卡死。另外，针阀密封锥面受损后，缸内的工作混合气也会窜入配合面中形成积炭，使针阀卡死（咬死），喷油器便失去喷油作用，致使该缸停止工作。此时，应对喷油器进行检测、维修或更换。但在没有维修条件的行车中途，可以采用下列方法进行应急使用。

① 将卡死的喷油器整体清洁后放入柴油或机油内加热（长途大型客货车应随车携带一些如烧杯、酒精炉、研磨膏、牙膏、新旧机油等应急物品），然后再拆下针阀偶件，将其置于废机油中加热至沸腾冒烟为止；然后取出，用垫着软布的手钳夹住针阀尾部慢慢活动，将其抽出后沾上清洁机油；让针阀在阀体内反复活动研磨，直到把针阀偶件倒置时（图7-4）针阀能从阀体内自行缓缓退出为止。

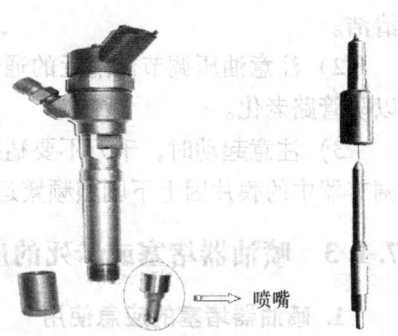

图7-4　电控柴油机喷油器及其针阀偶件

② 如针阀的密封面有烧伤的痕迹，应当用研磨膏或牙膏进行研磨。研磨时要注意掌握研磨膏的用量和研磨时间。将用柴油清洗干净的针阀偶件重新装回喷油器壳体内，并调整好喷油压力后即可应急使用。

2. 预防喷油器突发堵塞或卡死等故障的维护要点

（1）预防电控汽油机喷油器积炭堵塞的维护要点

① 长期在市区道路上走走停停的车辆，适当找机会跑跑高速。靠开大节气门，增大进气量的方法，冲刷各个进气通道及其管壁上的积炭，并喷掉喷孔周围的积炭，以防喷孔堵塞。

② 车辆每行驶2000km左右，找准燃料即将用完，并上高速公路行驶的机会，先添加喷油器清洗剂，然后加满汽油搅拌，"挂低档拉高速"，以清除喷油器喷孔处的积炭。

⚠ 提示：若发现发动机怠速抖动厉害，可不到2000km就应进行上述操作。

③ 进行添加汽油的补给作业时，应注意汽油品质的选择。跑长途前，要计算好用油量，尽量添加中石油、中石化、嘉德士、壳牌等知名企业所设立的正规加油站的油品。最好不加边远地区及小型私人加油站的土炼油或小作坊生产的汽油，以防因汽油的辛烷值不足，清洁度不够，而烧结或堵死喷孔。

（2）预防电控柴油机喷油器锈蚀卡死的维护要点

① 进行添加柴油的补给作业时，应特别注意柴油品质的选择。不论何时何地，均应添加中石油、中石化、嘉德士、壳牌等知名企业所设立的正规加油站的油品。以免因柴油中的水分和含硫量过高而锈蚀喷油器针阀偶件。

② 应及时清洁喷油器外部。以免喷油器调压弹簧、挺杆等零件上的脏物通过喷油器挺杆移到喷油器针阀上部，或油路上用于防止漏油的棉绳、铅丝经高压油管进入喷油器使针阀偶件卡死。

③ 应按时更换柴油滤清器，若发现各供油管路或接头松动而泄漏时，应及时修复或更换。

④ 应确保发动机在正常的温度范围内工作,以避免因机体温度过高使喷油器冷却不良,造成针阀偶件卡死。而供油时间过迟、冷却水道水垢过多或堵塞、水泵叶轮端面磨损、发动机长期超负荷等又会使发动机过热。

⑤ 安装喷油器时,应注意检查是否漏装垫片或垫片损坏。否则会造成漏气,引起喷油器局部温度过高而使针阀偶件被卡死。

任务7.2 汽车冷却系统的应急使用与维护

7.2.1 散热系统破漏的应急使用与维护

1. 散热系统破漏的应急使用

发动机散热系统的某些部位因颠簸、振动、冲击而破损,是导致冷却液的泄漏,造成发动机过热的最主要原因。散热系统可能破漏的部位包括水管、散热器、加热器芯、水泵、恒温器罩、气缸垫、气缸体和气缸盖水套、防冻塞以及液力传动油冷却器等。

汽车行驶中,若散热系统的某些部位破裂而发生泄漏时,驾驶人可根据不同情况采取不同措施进行应急使用。

1)若回水管和去水管(分别见图7-5a中的箭头和圈中部分所示)发生少许破裂时,可用胶布涂上一层肥皂包扎在漏水部位,再用铁丝或线绳捆紧。如破裂严重用胶布包扎不住时,可将软管拆下,从破裂处用刀切成两段,再用适合的竹管或铁管套在软管之间,用铁丝或细绳捆紧,然后安装就位。如果是散热器去水软管的接头处产生裂口而漏水,可用剪刀剪掉损坏的部位,然后将软管再重新插到散热器去水口接头上,并用卡子(图7-5b中的圈中部分)或铁丝卡紧。如果裂口在软管中段(图7-5c中的圈中部分),可用胶布缠扎漏水裂口。如果没胶布,也可先将塑料纸缠在裂口上,然后用旧布剪成条状缠在软管上。

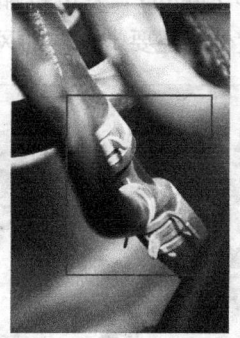
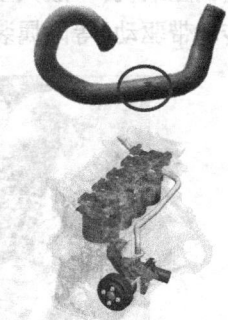

a) 冷却系统各水管及其安装位置　　b) 冷却系统去水管接头及卡子　　c) 拆下的去水管及机体水套

图7-5 汽车发动机的散热系统

2)若上下储水室有破洞,可用棉布和木塞堵塞后捆紧。

3)若散热器铜管有较微漏水,可用肥皂或口香糖把漏水处糊住。若漏水较严重,可将贴近散热器芯的漏水铜管用钳子轻轻地夹扁,使之不再漏水。

4)若散热器突然破漏,可以用502胶水掺和肥皂或大米饭进行修补。具体措施是把肥皂用水泡软后，用手捏成橡皮泥状再掺和502胶水，压进散热器漏水的部位，填压散热片可以暂时止漏。大米饭则用手捏软掺和502胶水后，再压进散热器漏水的部位，填压散热片也可以暂时止漏。

2. 预防散热系统突发故障的维护要点

1）检查散热器及散热器软管接头、水泵及水泵软管接头、加热器及加热器软管接头、散热器及气缸体防冻螺塞等处有无冷却液泄漏。

2）检查所有橡胶软管是否有泄漏或异常膨胀。检查所有软管夹是否安装妥当。

3）保持散热系统各部件的清洁，防止因油渍等腐蚀使散热管路过早老化破损。若发现橡胶软管老化应及时更换。

4）应及时清理散热器内的水垢，防止因散热不良，使发动机温度过高，导致冷却液沸腾，从而导致散热器内的气压过高而使散热器破裂。

5）应按车辆使用说明书的维护里程或使用时间，添加、补充和更换规定品牌和规格的冷却液。应避免使用软水和硬水，不管软水还是硬水，因沸点都只有100℃，所以都容易沸腾而引起气压过高，易导致散热器破裂。特别是硬水还容易形成水垢而影响散热，因此更不能随意添加江河水、井水和山泉水等硬水。

6）通过"搓板路"时，应放慢车速，防止因车辆发生共振而颠破散热器芯等易损部件。

7.2.2 风扇传动带折断的应急使用与维护

1. 风扇传动带折断的应急使用

现代绝大部分小型客车都采用电控风扇进行散热，此时风扇传动带所带动的主要是水泵、空调压缩机、发电机和转向助力泵等附属装置；而大部分大型货车、大型客车和部分中型客车和货车一般采用硅油风扇进行散热，此时风扇传动带（图7-6a中箭头所示）除了带动水泵、空调压缩机（一般大型客车除外）、发电机和空气压缩机（气压制动车辆装配，一般用单独的传动带驱动）等附属装置外，还要带动硅油风扇进行旋转。

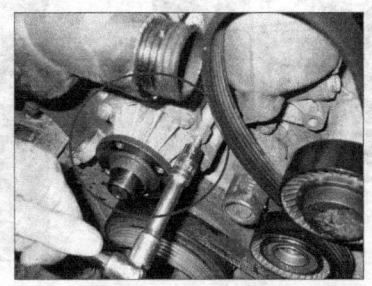

a) 硅油风扇传动带　　　　　　　b) 风扇传动带的拆卸

图7-6　发动机散热系统的风扇传动带

许多驾驶人都遇到过汽车风扇传动带折断的情况，此时不仅失去了风扇（对硅油风扇而言，电控风扇除外）的辅助散热，而且水泵也失去了旋转使冷却液无法循环，再加上天气炎热发动机发热量大，使散热系统很快就会"开锅"。此外，由于发电机也停止了转动而失去了发电功能，因此理论上讲，只要汽车风扇传动带折断了就只能原地等待救援了。但在没有维修条件的行车中途，尤其是荒郊野外，也不能干等救援，可尝试采用下列方法进行应急使用。

1）如果传动带破裂，可用女式尼龙丝袜将破裂的部分扎紧，然后打双闪灯小节气门低车速稳定行驶。应尽量避免换档行驶，以防止传动带折断。

2）如果传动带已断裂，因发电机停转而马上会停止充电，充电警告灯会亮起。此时应立即停车，可用女尼龙丝袜或棉麻料绳索将曲轴、水泵、发电机3个带轮连起来，尽量拉紧打个死结，并将剩余长出的部分剪掉。另外，还可以把断裂的传动带用铁丝串联扎好（若阻碍串接，可将水泵前端的风扇先拆下来，但不要拆卸水泵，图7-6b中圈中部分），采用走走停停的方法，把车辆开到就近修理厂进行维修。

> ⚠ **注意**：此方法只能用于短距离移动，并应随时监测冷却液温度表和充电指示灯，若需带动空气压缩机为制动系统充气，则更要注意观察气压表的读数和报警提示，以免影响行车安全。

2. 预防风扇传动带折断的维护要点

1）应注意检查风扇传动带的张紧度。其张紧度应符合厂家规定，必要时进行调整，避免因过紧而断裂。

2）应注意检查风扇传动带的清洁度。若蘸有油渍等污物应及时清洁，避免风扇传动带因污物腐蚀而老化断裂。

3）应避免猛踩加速踏板、猛抬离合和紧急制动等错误操作。以免导致车辆刨动，使风扇传动带断裂。

任务7.3　汽车电气系统的应急使用与维护

7.3.1　蓄电池损坏的应急使用与维护

1. 蓄电池损坏的应急使用

由于车辆的颠簸、冲击、振动和蓄电池固定夹具的松动移位刮碰等原因，很可能导致蓄电池的壳体破裂、接线柱（桩头）折断等突发故障。若车辆在人迹罕至，过往车辆很少的荒郊野外行驶途中蓄电池突然损坏而严重影响车辆的正常使用时，可尝试采用下列方法进行应急使用。

（1）蓄电池的壳体破裂　汽车蓄电池的壳体在使用中出现破裂，不仅影响正常使用且渗出的电解液会腐蚀蓄电池支架及附近机体。如果发现蓄电池外壳破裂时，可采用下列方法进行堵漏而应急使用。

松开蓄电池的固定夹（尽量不要拆除电缆线，以免音响等装置进入防盗锁止程序），将蓄电池倒向不漏的一侧，擦干外漏的电解液，在蓄电池上盖处挖些沥青（对于大容量需维护蓄电池而言），在排气管上烘热后补漏。如果是长条状裂缝，应用钢锯开V形槽后再补漏。如果电解液已基本漏光，补好后可加注普通水，静止20min后摇车（若装摇把）或推拉发动汽车。

⚠ 注意：带有音响防盗密码的汽车，拆下蓄电池后，需要重新设定密码。因此，蓄电池发生壳体裂纹时，应由汽车维修部门的专门人员处理，避免音响进入防盗锁止程序而后期无法打开使用。

（2）蓄电池的桩头损坏　蓄电池桩头损毁严重时，则需要修复桩头尺寸来解决接触不良的问题，通常汽车电器修理工通过特殊工具浇铸桩头来加以修复（图7-7a）。但在没有维修条件行驶途中，可采用下列方法进行应急使用。

 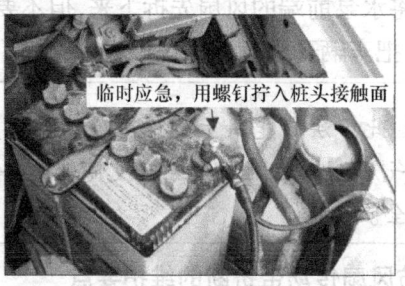

a) 蓄电池桩头的浇铸修复　　　　　b) 蓄电池桩头的应急修复

图 7-7　蓄电池桩头损坏的常规及应急修复

当蓄电池桩头遭遇腐蚀后会变细而无法保证正常接触。此时，用自攻螺钉拧入接触面（图7-7b），可临时应急使用。

当蓄电池某一桩头从胶木壳上面平齐断掉或低于胶木壳上平面时，可把该单格电池跨过去不用。具体措施以6单格12V蓄电池为例，假如负极桩断掉（现代汽车均为负极搭铁），可把搭铁线移到同一单格的另一桩头上，紧固好后通常也能够起动发动机。若发现起动困难，可用搭铁线接在断掉的桩头上，然后一人用力将其压紧在断茬上（这样原电压、容量不变）。待发动机起动后，再用一根导线将搭铁线接在断掉桩头那一格的另一桩头接柱上，以保证车辆的正常用电和向蓄电池充电。

⚠ 提示：该方法只能适用于可维护的有外露联条的蓄电池，而不适用于免维护蓄电池和无外露联条的蓄电池的应急使用。

（3）蓄电池断路　蓄电池断路分为内断路和外断路。内断路可以用试火的方式查找出故障出在哪一格。从正极桩头上引一根导线，逐一单格向后试火，有火无火之间为断路处。此时，用足够粗的导线跨过断路的单格即可发动车辆。用起动机时，会受到一定影响，但摇车（如有摇把）或助推一般都能起动。外部断路时可用肉眼能够观察到断路断在哪一格，其解决方法大同小异。

⚠ 提示：该方法只能适用于可维护的有外露联条的蓄电池，而不适用于免维护蓄电池和无外露联条的蓄电池的应急使用。

2. 预防蓄电池突发故障的维护要点

1) 应注意检查蓄电池壳体的固定和清洁情况（图7-8）。防止因蓄电池壳体松动而撞击车身车架而破裂；防止因蓄电池壳体被油渍污染而发生腐蚀破损。

2）应经常检查蓄电池正负桩头与桩头卡子之间的连接紧固情况（图7-9）。若桩头与卡子之间出现松动，尤其是正极桩头与卡子之间出现松动，则在发动机的起动过程中很容易出现火花而烧穿桩头。

图7-8　蓄电池固定不牢
可能会导致蓄电池外壳破裂

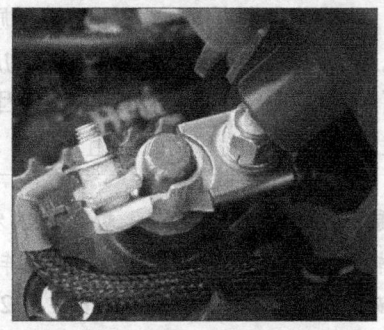

图7-9　检查电极接线柱处有无松动

3）对于普通维护型蓄电池而言，应注意检查电解液面的高度和加液塞的拧紧情况。防止因液面过高和加液塞未拧紧使电解液溅出而腐蚀桩头。

4）应谨慎规范驾驶，避免因车辆的严重刨动而使蓄电池发生破裂等突发故障。

7.3.2　发电机不发电的应急使用与维护

1. 发电机不发电的应急使用

汽车在行驶途中，一旦发生发电机不发电（此时充电指示灯亮起，说明充电系统不充电）的突发故障时，许多驾驶人不知如何应急处理。尤其是一些经验不足的驾驶人往往抱着侥幸心理继续开着各种辅助用电装置行驶以寻找汽车维修点。然而，这样会因点火线圈、电控喷油器等必要用电设备的工作电压低于规定值而最终导致汽车被迫抛锚停驶。如果此时车辆处于远离人烟的荒郊野外，则比较危险。此时，为避免遭遇险境，可尝试采用下列方法进行应急使用。

由发电机结构原理可知，发电机不发电的主要原因有定子线圈和转子线圈断路或短路，集电环损坏，电刷磨损接触不良，整流器损坏，发电机带轮打滑等。其中最常见的故障是整流器的二极管短路或断路，以及电刷损坏接触不良。

⚠️提示：一旦发生发电机不发电的故障时，首先应检查和观察发电机传动带是否松动或沾有油污，造成传动带打滑，使发电机转速不够而造成发电机不发电。

1）如果是单个二极管短路，可把该二级管线头剪断，让该二极管断路；如果二极管断路，则发电机还能发电，但电量较小，此时只须关掉汽车的附属用电设备，让汽车在最少用电量条件下行驶，直到行驶到维修店即可。

2）如果电刷接触不良，则需拆下打磨修复；如果电刷损坏，可把蓄电池的桩头（蓄电池的桩头材料是金属铅，相对较软，韧性好且容易加工）锯下一小块，通过锤子敲击铆合，把引线一端埋入铅块一端头，然后敲击成形，最后用锉刀修磨，制成代用电刷。

⚠ 提示：如图7-10所示，现代硅整流发电机的体积较小，电刷很容易拆下来。另外，铅块制成的电刷，因铅金属本身比较柔软，不容易损坏集电环，故可临时替代，但滑动阻力较大，因此车辆驶出荒郊野外后应及时更换。

3）由发电机结构原理可知，转子励磁绕组线圈电流的供给为"先它励而后自励"。即发动机起动时发电机还未正常发电前的励磁电流由蓄电池供给，而发电机正常发电后的励磁电流则由发电机输出端B直接供给。因此若调节器损坏，则先拆下汽车倒车灯灯泡，将其串接在发电机输出端和励磁绕组之间，以起限流作用而应急使用。

⚠ 提示：如图7-11所示，对内搭铁发电机（较常见），可在发电机输出端B与转子励磁线圈输入端F之间串接一个21W倒车灯；对外搭铁发电机，可在发电机输出端B与转子励磁绕组输入端F1之间串接一个21W倒车灯，转子励磁线圈输出端F2搭铁，并确保发电机输出端B与蓄电池正极连接可靠。

图7-10　电刷及电刷架

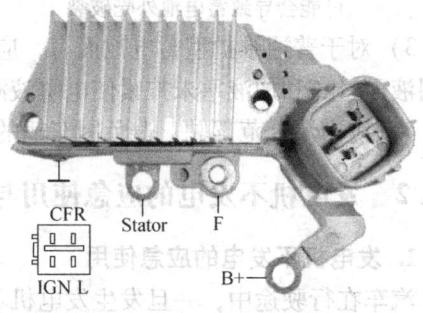

图7-11　内搭铁发电机调节器

4）如果发电机总成损坏暂时不能修理时，可将发电机接线全部拆下并进行必要的包扎后悬空不用，只依靠蓄电池向电控燃油喷系统、点火系统（汽油机）、信号系统等必要的用电系统进行临时（2h左右，详解见提示）辅助供电。

⚠ 提示：蓄电池容量的大小决定着蓄电池向用电系统进行辅助供电的时间长短。蓄电池容量的大小通常用安培·小时（A·h）来表示，其具体含义以如图7-12所示微型汽油车常用的"6-QA-40TI"型蓄电池为例进行介绍。

6表示该蓄电池由6个电压为2V的单格电池串接而成为12V的蓄电池；QA表示该蓄电池为起动型干式荷蓄电池；40表示该蓄电池为容量为40A·h；TI表示该蓄电池栅格中含有锑元素。其中的40A·h，一般解释为：20h常规放电率和2h储备放电率。可理解为该蓄电池在正常情况下，以2A电流可连续供电20h，使其每个单格蓄电池的电压由2V降低到最低电压为1.75V的临界供电电压；在应

图7-12　蓄电池型号规格

急情况下,以20A电流可连续供电2h,使其每个单格蓄电池的电压由2V降低到最低电压为1.75V的临界供电电压。

2. 预防发电机突发故障的维护要点

1)应注意检查发电机各连接端子的紧固情况。以避免各连接端子松动虚接出现火花而烧坏硅二极管。

2)禁止用"打火法"(即将发电机的B接柱,通过螺钉旋具或跨接线与发电机壳体搭铁划火)检查发电机是否发电,否则会立即烧坏硅二极管。

3)应定期检查发电机传动带的张紧度。应避免发电机传动带过紧而损坏轴承,使发电机转子出现跳动而损坏炭刷。也要注意防止因发电机传动带过松而打滑,影响发电机的正常发电。

7.3.3 点火线圈损坏的应急使用与维护

1. 点火线圈损坏的应急使用

点火线圈是汽油机点火系统中最重要的执行器。不论何种结构类型的点火系统均离不开点火线圈的升压变压(电磁互感应原理)功能,将蓄电池或发电机的12V低压电转变成15000~30000V的高压电,然后通过火花塞将高压电引入到燃烧室中,并在火花塞电极间产生电火花,点燃气缸内的可燃混合气。

⚠ 提示:目前绝大部分汽油机都采用分组点火或独立点火的电子点火系统,其点火线圈基本采用闭磁路点火线圈。图7-13所示为电子点火系统常用的闭磁路点火线圈。

a)集中点火系统用点火线圈　　b)分组点火系统用点火线圈　　c)独立点火系统用点火线圈

图7-13　电子点火系统常用的闭磁路点火线圈

点火线圈损坏较轻时,往往会出现点火线圈发热,高压电火花减弱,发动机动力不足、转速不高等现象。对于集中点火(即所有气缸共用一个点火线圈)的系统而言,当点火线圈损坏较重时,除点火线圈发热严重外,会失去高压电火花或使高压电火花变得很微弱,使发动机不能起动或中途熄火。点火线圈损坏时,一般需要进行维修或更换。但在没有维修和更换条件的行驶途中,可采用下列方法进行应急使用。

1)集中电子点火系统点火线圈不良的应急使用。若冷车起动良好,加速正常,但发动机冷却液温度上升后,反而加速不良,严重时热车起动不了,待温度下降后,又能起动,温度上升后又出现上述现象,可判断为点火线圈不良。此时,一般用湿毛巾给点火线圈进行降温应急使用。也可将点火线圈移装到通风良好处,以加速点火线圈的散热。

⚠️**注意**:不要让湿毛巾和水沾染到接线柱上,以防漏电或发生短路。

2)分组和独立电子点火系统点火线圈损坏的应急使用。以四缸汽油机为例,如果有三个气缸工作正常时,可用低档高发动机转速(可将发动机转速保持在2500r/min以上)应急行驶。但此时对车辆的发动机、机座、连接部件等均非常不利。如果有超过2个或2个以上气缸的点火线圈烧毁了,则应避免应急使用,否则很容易毁坏发动机。

⚠️**注意**:驾驶部分气缸不工作的车辆,对行车安全十分不利。在上坡路段行驶,尤其是上坡起步时,发动机负荷增大,抖动更加明显,非常容易出现瞬间熄火,经验不足的驾驶人容易产生慌张,从而发生向后溜车,易导致交通事故。

2. 预防点火线圈突发故障的维护要点

1)应经常检查、清洁、紧固点火线圈各线路接头,以避免点火线圈的初级和次级绕组发生短路、搭铁不良、散热不好等故障。

⚠️**注意**:若点火线圈过脏或线路接头连接不牢,还容易造成跳火过热而引起点火线圈过热烧坏。另外,中央高压线(对集中点火而言)或高压分线未插紧、长期跳火和碰伤外部等,也容易引起点火线圈过热而损坏。

2)应保持点火线圈的良好通风,以免因点火线圈受高热或潮湿而损坏。

3)应注意检查发电机电压调节器所限定的最高电压。若电压过高,易使点火线圈发热,从而导致绝缘漆和密封胶熔化而发生断路、短路等故障。

4)发动机熄火后,应及时关闭点火开关。

任务7.4 汽车行驶系统及制动系统的应急使用与维护

7.4.1 汽车钢板弹簧折断的应急使用与维护

1. 汽车钢板弹簧折断的应急使用

钢板弹簧是广泛应用于大、中型客货车前后桥,中、小、微型面包车前后桥,SUV、MPV以及部分大型豪华轿车后桥悬架中的一种弹性元件。如图7-14所示,钢板弹簧是由若干片等宽但不等长(厚度可以相等,也可以不相等)的合金弹簧片组合而成的一组近似等强度的弹性梁。

汽车在坑洼不平的路段行驶时,钢板弹簧很容易折断。个别叶片折断,一般不会对行驶产生过大的影响,但如果断片较多,钢板弹簧无法承受载荷,车身严重倾斜,甚至车轮会碰到翼子板支架或车厢底板,造成无法行驶。在车辆的行驶途中,若钢板弹簧发生折断,可视具体情况采用不同措施进行应急使用。

1)在行驶途中,若钢板弹簧发生折断,且附近有路边店等维修条件时,可拆下钢板弹簧总成,将折断钢板的两头用砂轮打斜口,用电焊机堆焊,再用砂轮将焊缝打磨平整,最后

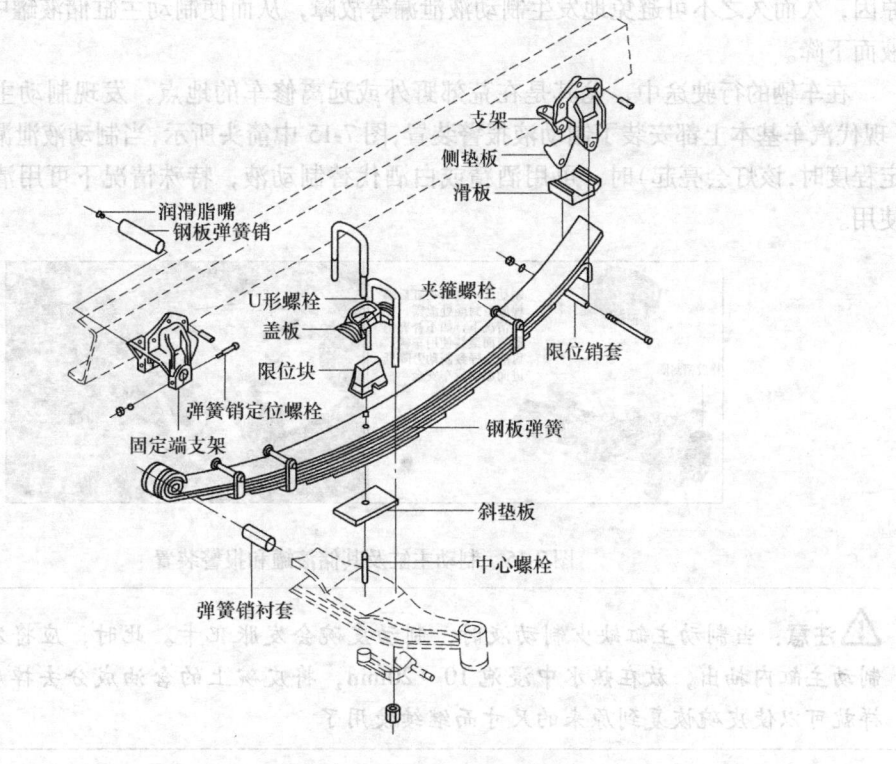

图 7-14 钢板弹簧的安装位置及其附件

装复使用。

2) 在行驶途中，若钢板弹簧单边发生折断而使车辆一侧沉落，且没有维修条件时，可用千斤顶把沉落一边的车架边梁顶起，并根据折断的程度和部位，在钢板弹簧、车架和车桥之间垫上木板，再用铁丝或绳索捆牢，或用钢板弹簧卡子固定。经过初步应急处理后，将车辆以低速档缓慢行驶到有修理条件的地方进行修理。

2. 预防汽车钢板弹簧折断的维护要点

1) 应经常检查夹箍螺栓、U 形螺栓（骑马螺栓）和中心螺栓的紧固情况。若发生松动，则钢板弹簧易发生窜动、移位、撞击而折断。

2) 应防止钢板弹簧叶片发生锈蚀。若原车出厂时的各钢板弹簧叶片上的防锈纸膜脱落或油脂挥发掉，则应拆下全部钢板弹簧叶片，涂匀专用石墨钙基润滑脂后，再装复使用。可防止钢板弹簧叶片生锈，从而大大延长钢板弹簧的使用寿命。

3) 应避免超载、偏载，紧急制动和猛打转向盘。以减轻钢板弹簧的负荷，减少钢板弹簧发生折断的概率。

7.4.2 汽车制动主缸缺少制动液的应急使用与维护

1. 汽车制动主缸缺少制动液的应急使用

液压制动系统由于无能耗、无噪声、结构简单、制动柔和而广泛应用于绝大部分中、小、微型客货汽车。但由于制动液的不可压缩性和与橡胶的配伍性等液压制动系统所特有一些性能，以及制动橡胶软管、橡胶密封圈、橡胶皮碗的老化和制动不当（点制动、急制动）等原因，久而久之不可避免地发生制动液泄漏等故障，从而使制动主缸储液罐中的制动液减少液面下降。

在车辆的行驶途中，尤其是在荒郊野外或远离修车的地点，发现制动主缸缺少制动液（现代汽车基本上都安装了制动液报警装置，图7-15中箭头所示，当制动液泄漏液面下降到一定程度时，该灯会亮起）时，可用酒精或白酒代替制动液，特殊情况下可用清水代替而应急使用。

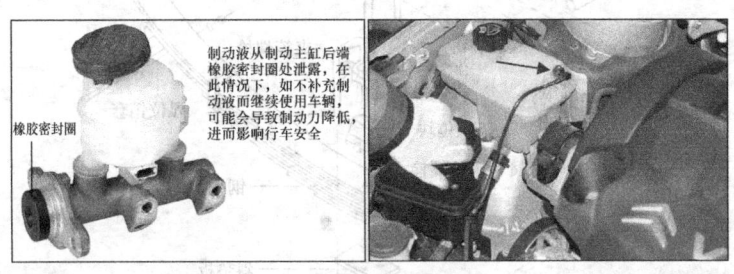

图7-15　制动主缸及其储液罐和报警装置

⚠注意：当制动主缸缺少制动液时，制动皮碗会发胀犯卡。此时，应将发胀的皮碗从制动主缸内抽出，放在热水中浸泡10～20min，将皮碗上的含油成分去掉后再装回，这样就可以使皮碗恢复到原来的尺寸而继续使用了。

2. 预防制动主缸缺少制动液的维护要点

1）平时应注意检查制动主缸储液罐中的制动液液面高度。若发现制动液液面下降过快时，应仔细查找泄漏点，并及时加以维修。

2）应及时清洁各制动管路，尤其是橡胶制动软管。若发现橡胶制动软管上或橡胶制动软管与制动铜管接口处有油污时，应及时清洁，以防软管老化发生破损而泄漏制动液。

3）应按车辆使用说明要求及时更换制动液，以防制动液吸潮沸腾产生压力波动，使制动软管发生破损而泄漏制动液。

4）应避免紧急制动，多采用发动机制动或间歇制动，以防制动软管发生破损而泄漏制动液。

7.4.3　汽车制动轮缸漏油或轮缸油管破裂的应急使用与维护

1. 汽车制动轮缸漏油或轮缸油管破裂的应急使用

行车途中，如果车辆的某侧轮缸或轮缸油管破裂漏油时，可采取封闭单侧管路的方法来保障其他几个车轮的制动功能而应急使用。

1）制动轮缸泄漏制动液时，可在轮缸管路接头处用铁皮、铜皮做个小垫子，将管路堵死。也可用与油管接头同一尺寸的螺钉旋入油管接头内，再旋紧螺钉，堵塞油孔，切断油路，使该轮不起制动作用。

2）轮缸管路破裂或折断时，可截下破裂或折断的轮缸油管，在油管内塞入棉纱团堵死油孔，然后用钢丝钳夹扁油管端部，将其卷成蜗牛形，切断油路，使该轮不起制动作用。

> ⚠️ **注意**：采用以上方法进行应急处理后，应向制动主缸内补足制动液，若无制动液可添加酒精、白酒或水应急，并排放油液中的空气。
>
> 采取单侧堵漏措施后，由于单边车轮已失去制动能力，制动时会产生跑偏和甩尾现象。因此，使用制动时要特别小心，尽量减少使用制动的次数，避免使用紧急制动。

2. 预防汽车制动轮缸漏油或轮缸油管破裂的维护要点
1）检查制动管路是否损坏或过度锈蚀。
2）检查制动管路是否安装在正确位置。
3）检查制动软管是否龟裂、损坏、扭曲或膨胀。
4）应避免紧急制动，多采用发动机制动或间歇制动，以防制动软管发生破损而泄漏制动液。

项 目 小 结

1. 汽车在行驶途中，由于车辆的颠簸、振动、冲击、热胀冷缩等原因有时会发生燃油管路破裂或折断的故障。通常情况下，除焊补和更换外，在没有维修条件的行车中途，可以采用一些应急方法进行应急使用。

2. 在汽车的行驶途中，若发生燃油管路破裂，不仅影响车辆的正常使用，而且会由于燃油的挥发性强（汽油）、燃点低（柴油）容易引发火灾而威胁行车安全。因此，平时应加强对燃油管路的检查和维护。

3. 通常，油压过低主要是由油箱中燃油少、油泵滤网堵塞、油泵故障、油泵出油管松动泄漏、汽油滤清器堵塞等原因引起。此时，应逐一检查、维修或更换。而油压过高的主要原因是油压调节器发生失效或回油管堵塞。此时，应对油压调节器和回油管进行检测、维修或更换。

4. 由于日益严格的节能减排要求，国内绝大部分汽油车、柴油车均装用了电子控制燃油喷射系统，其中最核心的执行器就是喷油器。因此，一旦发生喷油器的喷孔堵塞、喷孔歪斜、喷孔扩大等故障，都会使喷油器的喷雾数量、喷雾质量发生重大变化，将严重影响燃油喷射的精度。

5. 发动机散热系统的某些部位因颠簸、振动、冲击而破损，是导致冷却液的泄漏，造成发动机过热的最主要原因。汽车行驶中，若散热系统的某些部位破裂而发生泄漏时，驾驶人可根据不同情况采取不同措施进行应急使用。

6. 由于车辆的颠簸、冲击、振动和蓄电池固定夹具的松动移位刮碰等原因，很可能导致蓄电池的壳体破裂、接线柱（桩头）折断等突发故障。若车辆在人迹罕至、过往车辆很少的荒郊野外行驶途中蓄电池突然损坏而严重影响车辆的正常使用时，可尝试采用一些应急方法进行应急使用。

7. 发电机不发电的主要原因有定子线圈和转子线圈断路或短路、集电环损坏、电刷磨损接触不良、整流器损坏、发电机传动带轮打滑等。其中最常见的故障是整流器的二极管短路或断路，以及电刷损坏接触不良。

8. 点火线圈损坏较轻时，往往会出现点火线圈发热、高压电火花减弱、发动机动力不足、转速不高等现象。点火线圈损坏时，一般需要进行维修或更换。但在没有维修和更换条件的行驶途中，可采用一些应急方法进行应急使用。

9. 汽车在坑洼不平的路段行驶时，钢板弹簧很容易折断。个别叶片折断，一般不会对行驶产生过大的影响，但如果断片较多，钢板弹簧无法承受载荷，车身严重倾斜，甚至车轮会碰到翼子板支架或车厢底板，造成无法行驶。在车辆的行驶途中，若钢板弹簧发生折断，可视具体情况采用不同措施进行应急使用。

10. 在车辆的行驶途中，尤其是在荒郊野外或远离修车的地点，发现制动主缸缺少制动液时，可用酒精或白酒代替制动液，特殊情况下可用清水代替而应急使用。行车途中，如果车辆的某侧轮缸或轮缸油管破裂漏油时，可采取封闭单侧管路的方法来保障其他几个车轮的制动功能而应急使用。

思考与实训

一、选择题

1. 关于燃油管路折断的应急措施，甲说：可用车辆上所携带的充气胶管，取适当长度，将两端分别插入折断的管路里，再用铁丝、胶布等捆紧，确保严密不漏；乙说：先将燃油管路拆下来，用锉刀锉平或磨平燃油管路断头，用十字槽螺钉旋具和有锥度的冲子，在管口周围轻轻的撬扩出一个简易的喇叭口，应急使用可防止漏气和漏油。你认为以上观点(　　)。
   A. 甲正确　　B. 乙正确　　C. 甲乙都正确　　D. 甲乙都不正确

2. 关于预防电控汽油机喷油器积炭堵塞的维护要点，甲说：靠开大节气门，增大进气量的方法，冲刷各个进气通道及其管壁上的积炭，并喷掉喷孔周围的积炭，以防喷孔堵塞；乙说：车辆每行驶2000km左右，找准燃料即将用完，并上高速公路行驶的机会，先添加喷油器清洗剂，然后加满汽油搅拌，"挂低档拉高速"，以清除喷油器喷孔处的积炭。你认为以上观点(　　)。
   A. 甲正确　　B. 乙正确　　C. 甲乙都正确　　D. 甲乙都不正确

3. 关于散热器突然破漏的应急方法，甲说：把肥皂用水泡软后，用手捏成橡皮泥状再掺和502胶水，压进散热器漏冷却液的部位，填压散热片可以暂时止漏；乙说：把大米饭用手捏软掺和502胶水后，再压进散热器漏冷却液的部位，填压散热片也可以暂时止漏。你认为以上观点(　　)。
   A. 甲正确　　B. 乙正确　　C. 甲乙都正确　　D. 甲乙都不正确

4. 关于预防风扇传动带断裂的维护要点，甲说：应注意检查风扇传动带的张紧度，其张紧度应符合厂家规定，必要时进行调整，避免因过紧而断裂；乙说：应注意检查风扇传动带的清洁度，若蘸有油渍等污物应及时清洁，避免风扇传动带因污物腐蚀而老化断裂。你认为以上观点(　　)。
   A. 甲正确　　B. 乙正确　　C. 甲乙都正确　　D. 甲乙都不正确

5. 关于蓄电池桩头突然被烧穿的说法，甲说：桩头与卡子之间出现松动，尤其是正极桩头与卡子之间出现松动，则在发动机的起动过程中很容易出现火花而烧穿桩头；乙说：桩头与卡子之间接触不良，特别是负极桩头与卡子之间接触不良，则在发动机的起动过程中很容易出现火花而烧穿桩头。你认为以上观点(　　)。

A. 甲正确　　　B. 乙正确　　　C. 甲乙都正确　　　D. 甲乙都不正确

6. 关于预防点火线圈突发故障的维护要点，甲说：应保持点火线圈的良好通风，以免因点火线圈受高热或潮湿而损坏；乙说：应经常检查、清洁、紧固点火线圈各线路接头，以避免点火线圈的初级和次级绕组发生短路、搭铁不良、散热不好等故障。你认为以上观点（　　）。

A. 甲正确　　　B. 乙正确　　　C. 甲乙都正确　　　D. 甲乙都不正确

7. 关于制动轮缸泄漏制动液的应急措施，甲说：可在轮缸管路接头处用铁皮、铜皮做个小垫子，将管路堵死；乙说：可用与油管接头同一尺寸的螺钉旋入油管接头内，再旋紧螺钉，堵塞油孔，切断油路，使该轮不起制动作用。你认为以上观点（　　）。

A. 甲正确　　　B. 乙正确　　　C. 甲乙都正确　　　D. 甲乙都不正确

二、问答题

1. 汽车燃料系统在应急情况下的使用与维护要点有哪些？
2. 汽车冷却系统在应急情况下的使用与维护要点有哪些？
3. 汽车电气系统在应急情况下的使用与维护要点有哪些？
4. 汽车行驶系统在应急情况下的使用与维护要点有哪些？
5. 汽车制动系统在应急情况下的使用与维护要点有哪些？

三、实操题

1. 汽车燃油管路破裂的应急处理练习。
2. 汽油机、柴油机喷油器堵塞或卡死的应急处理练习。
3. 蓄电池桩头变细的应急处理练习。
4. 发电机硅整流二极管烧坏的应急处理练习。
5. 点火线圈工作不良的应急处理练习。
6. 制动管路破裂的应急处理练习。

参考文献

[1] 邱伟明. 汽车使用与日常养护[M]. 北京：高等教育出版社，2007.
[2] 谭本忠. 汽车维护与保养图解教程[M]. 北京：机械工业出版社，2008.
[3] 刘彦成，张吉国. 汽车使用[M]. 北京：北京大学出版社，2009.
[4] 蒋浩丰. 汽车使用与维护[M]. 北京：国防工业出版社，2011.
[5] 叶新娜，刘景春. 汽车运用基础[M]. 北京：化学工业出版社，2011.
[6] 夏长明. 汽车维护[M]. 北京：机械工业出版社，2011.
[7] 蒋红枫，邢亚林. 汽车维护与保养[M]. 北京：人民交通出版社，2011.
[8] 毛彩云，柯志鹏. 汽车运用工程[M]. 北京：人民交通出版社，2012.
[9] 郭远辉. 汽车维护[M]. 2版. 北京：人民交通出版社，2012.
[10] 杨柏青. 汽车使用与技术管理[M]. 北京：北京大学出版社，2012.
[11] 刘东亚. 汽车维护[M]. 北京：机械工业出版社，2013.